TENER DEMASIADO

Tener Demasiado

Ensayos Filosóficos sobre el Limitarismo

Editado por Ingrid Robeyns
Traducción por Héctor Iñaki Larrínaga Márquez

https://www.openbookpublishers.com/

©2024 Ingrid Robeyns (ed.). Traducción en español 2024 © Héctor Iñaki Larrínaga Márquez. Los derechos de autor de los capítulos individuales permanecen en manos de los autores de los capítulos.

Este trabajo se encuentra protegido por una licencia Atribución-NoComercial-SinDerivadas 4.0 Internacional (CC BY-NC-ND 4.0).

Usted es libre de: Compartir, copiar y redistribuir el material en cualquier medio o formato. Bajo los siguientes términos: Atribución – Usted debe dar crédito de manera adecuada , brindar un enlace a la licencia, e indicar si se han realizado cambios. Puede hacerlo en cualquier forma razonable, pero no de forma tal que sugiera que usted o su uso tienen el apoyo de la licenciante. NoComercial - Usted no puede hacer uso del material con propósitos comerciales. SinDerivadas - Si remezcla, transforma o crea a partir del material, no podrá distribuir el material modificado.

El reconocimiento de la autoría debe incluir la siguiente información:

Ingrid Robeyns (ed.), *Tener Demasiado: Ensayos Filosóficos sobre el Limitarismo*. Cambridge, UK: Open Book Publishers, 2024, https://doi.org/10.11647/OBP.0354

Para obtener información detallada y actualizada sobre este tipo de licencia, visite https://doi.org/10.11647/OBP.0354#copyright

Más detalles sobre la licencia CC BY-NC-ND se encuentran disponibles en https://creativecommons.org/licenses/by-nc-nd/4.0/

Todos los enlaces externos se encontraban activos en el momento de la publicación. Si en el texto se indica lo contrario, éstos se habrán recogido en el Archivo Wayback Machine, a consultar en https://archive.org/web

El material digital y los recursos asociados con este volumen se encuentran disponibles en https://doi.org/10.11647/OBP.0354#resources

ISBN Cubierta blanda: 978-1-80511-080-4
ISBN Cubierta dura: 978-1-80511-081-1
ISBN Digital (PDF): 978-1-80511-082-8
ISBN Digital ebook (EPUB): 978-1-80511-083-5
ISBN Digital ebook (XML): 978-1-80511-085-9
ISBN DIGITAL ebook (HTML): 978-1-80511-086-6
DOI: 10.11647/OBP.0354

Imagen de la portada: *Rascacielos*, foto de Roland Pierik, CC BY-NC-ND 4.0
Diseño de la portada: Jeevanjot Kaur Nagpal

Índice

Prefacio del traductor   vii
Héctor Iñaki Larrínaga Márquez

Prefacio   ix
Ingrid Robeyns

1. Introducción a la filosofía del limitarismo   1
Ingrid Robeyns

2. Tener demasiado   17
Ingrid Robeyns

3. Los límites a la riqueza en la historia de la filosofía occidental   69
Matthias Kramm e Ingrid Robeyns

4. Razones basadas en la autonomía a favor del limitarismo   103
Danielle Zwarthoed

5. Limitarismo: ¿Patrón, principio o presunción?   147
Dick Timmer

6. Los límites del limitarismo   171
Robert Huseby

7. ¿Por qué el limitarismo?   197
Ingrid Robeyns

8. Limitarismo presuntivo: Una respuesta a Robert Huseby   227
Dick Timmer

9. Suficiencia, límites y perspectivas de umbrales múltiples   245
Colin Hickey

10. Un argumento neorrepublicano a favor del limitarismo   277
Elena Icardi

11. El argumento del autorrespeto a favor del limitarismo 303
Christian Neuhäuser

12. Cambio climático, justicia distributiva y límites "preinstitucionales" a la apropiación de recursos 331
Colin Hickey

13. Límites ecológicos: Ciencia, justicia, políticas y la vida buena 373
Fergus Green

14. Limitarismo y generaciones futuras 401
Tim Meijers

Biografías de los colaboradores 435

Índice analítico 439

Prefacio del traductor

Traducir este volumen de obras filosóficas sobre el limitarismo tiene como objetivo principal el hacer estos textos especializados accesibles a un número mayor de lectores y lectoras en el mundo académico de habla hispana. Esperamos que muchos puedan disfrutar de los frutos del esfuerzo y tiempo invertidos en la traducción de cada concepto y argumento.

Dada la naturaleza académica y extremadamente técnica de las obras aquí reproducidas, se puso un enorme énfasis en crear una traducción que fuera fiel a la precisión y rigor conceptuales y argumentativos de las obras originales. Siguiendo la práctica estandarizada de la industria de la traducción, siempre que los autores y autoras citaron alguna obra que contara con una traducción al español publicada, se optó por reproducir íntegramente dichas traducciones de esos pasajes; en consecuencia, en esos casos decidimos poner la referencia bibliográfica de la obra traducida y su paginación en lugar de la obra original citada; sin embargo, en la bibliografía de cada capítulo pueden verse los datos de tanto las obras originales como de sus traducciones. En aquellos casos en los que no existía una traducción publicada o en los que, por cuestiones logísticas, no pudimos acceder a una versión traducida, se optó, por razones de claridad y estilo, traducir dichas referencias al español dentro del texto; dado que la versión inglesa original se encuentra disponible en acceso abierto, se invita a quienes tengan alguna duda sobre la traducción de estos pasajes (o la obra en general) a revisar el volumen en el idioma original; en estos casos, la referencia bibliográfica dirige a las obras y paginación originales. En aras de la claridad de la traducción, siempre que se consideró que un término en español no fuera perfectamente transparente con respecto al término en inglés que buscaba expresar, se anotó entre paréntesis el vocablo inglés; en caso de expresiones más dificultosas o que requiriesen mayor clarificación, se añadieron notas del traductor [N.d.T.] para explicar el sentido de la expresión utilizada y su justificación. En aquellos casos en los que el sentido de una expresión en la versión original no resultaba clara, o cuando era necesario separarse ligera o medianamente del texto inglés, los cambios necesarios fueron consultados con los autores y autoras.

Una traducción nunca es una tarea realizada por un solo individuo. Por ello, quisiera finalizar este breve prefacio agradeciendo a algunas personas que fueron esenciales para la concreción de este proyecto. En primer lugar, quiero agradecer a Ingrid Robeyns por su confianza, apoyo y guía a lo largo de todo este proceso. Igualmente, quiero dar todos mis agradecimientos a los autores y autoras de los capítulos por su disponibilidad a responder mis dudas de manera clara y rápida. Igualmente, quisiera agradecer a Matthias Kramm por sus comentarios y sugerencias sobre la traducción del capítulo que escribió en coautoría con Ingrid, así como por ayudarme a rastrear algunos pasajes y traducciones al español de obras a las que no tenía fácil acceso. Todo mi aprecio va también a Facundo García Valverde, cuya ayuda en la traducción de muchas expresiones técnicas y cuyas sugerencias permitieron que esta traducción tuviera una mejor calidad de la que habría tenido de otro modo. Igualmente, gracias a Julieta Elgarte por permitirme leer su traducción aún no publicada del artículo de Ingrid *What, if Anything, is Wrong with Extreme Wealth?*, lo que permitió corroborar la consistencia entre nuestras traducciones. Finalmente, quisiera agradecer a Carlos Noyola por su apoyo rastreando algunas obras y citas traducidas al español a las que no tenía fácil acceso, así como a Adriana Ramírez por sus sugerencias puntuales de traducción. Sobra decir que todas las fallas y errores de esta traducción son responsabilidad mía.

Héctor Iñaki Larrínaga Márquez, Octubre de 2023

Prefacio

Ingrid Robeyns

Éste es el primer volumen que reúne artículos filosóficos sobre el limitarismo—la perspectiva de que no es permisible tener recursos por encima de un determinado límite superior. O, dicho coloquialmente, la perspectiva de que existen límites morales a qué tan rica puede ser una persona, o a qué tantos otros tipos de recursos escasos y valiosos puede apropiarse.

Existe mucho interés por estos temas en la sociedad. Dicho interés no es de extrañar, ya que en muchos países los medios de comunicación están prestando más atención a la creciente brecha entre los más ricos y el resto de la sociedad. Aunque en los últimos años la mayoría de la gente ha pasado por tiempos difíciles—primero por los crecientes efectos del cambio climático, luego por la pandemia del Covid-19 y más recientemente por el aumento de los precios de la energía debido a la guerra rusa en Ucrania—, la posición de los más ricos de la sociedad no se ha visto afectada negativamente. Mientras todos los demás experimentan un estancamiento o un declive de su nivel de vida, los más ricos son cada vez más ricos.

Debido a este interés generalizado de la sociedad y el hecho de que este libro está publicado en acceso abierto, es posible que este libro llegue a las manos de un público general de lectores. Sin embargo, no se trata de un libro escrito para un público más amplio. Se trata de un libro en el que filósofos académicos presentan sus investigaciones a sus colegas y estudiantes avanzados; presupone al menos cierta formación en filosofía política (analítica) y, para la mayoría de los capítulos, también una buena comprensión de la filosofía política contemporánea. El público más amplio podría encontrar argumentos más accesibles sobre los problemas morales de la riqueza excesiva en Neuhäuser (2018) y sobre el limitarismo en específico en Robeyns (2024).

En la elaboración de este volumen, he tenido la gran suerte de trabajar con un grupo magnífico de colaboradores. Agradezco a Matthias Kramm, Danielle Zwarthoed, Robert Huseby, Dick Timmer, Colin Hickey y Fergus Green su permiso para reimprimir sus artículos previamente publicados. Además, Dick Timmer, Colin Hickey, Elena Icardi, Christian Neuhäuser y Tim Meijers quienes escribieron con entusiasmo nuevos artículos para el volumen. Como antiguos miembros del proyecto Fair Limits, que tuvo lugar en la Universidad de Utrecht desde 2018 hasta finales de 2022, Dick, Colin, Fergus y Tim también se desempeñaron como un gran grupo de asesores durante el proceso editorial. Ha sido un verdadero placer trabajar con ellos en el proyecto Fair Limits y estoy encantada de que podamos concluirlo con esta publicación colectiva.

Desafortunadamente, los recursos limitados me obligaron a elegir qué artículos publicados anteriormente sobre el limitarismo reimprimir y muchos artículos excelentes no pudieron incluirse. No obstante, éstos son mencionados en la Introducción y algunos de estos se analizan con mayor profundidad en determinados capítulos. Espero que este volumen sea una introducción útil a la literatura filosófica sobre el limitarismo y permita a los lectores interesados encontrar artículos adicionales.

Un libro es siempre un proyecto al que han contribuido muchas personas, no sólo aportando capítulos, sino también de otras maneras. Quiero dar las gracias a los dos dictaminadores del volumen—quienes inicialmente eran anónimos, pero resultaron ser Tammy Harel Ben Sahar y Alexandru Volacu. Ambos hicieron comentarios muy útiles sobre los nuevos capítulos y lo hicieron en muy poco tiempo. Además, agradezco también a Morten Fibieger Byskov y Adelin-Costin Dumitru por proporcionar dictámenes de arbitraje anónimos sobre un capítulo concreto, así como a muchos otros colegas que aportaron comentarios sobre diversos capítulos. Se les da las gracias en los agradecimientos de esos capítulos concretos. Gracias también a Bart Mijland, coordinador práctico del equipo Fair Limits durante la mayor parte del proyecto, y a Emma Hulsbos, que prestó asistencia editorial en las primeras fases de este volumen. También quiero dar las gracias al equipo editorial de Open Book Publishers, en particular a la directora de OBP, Alessandra Tosi; a Melissa Purkiss, Mark Harris y Lucy Barnes por su trabajo de edición, y a Jeevan Nagpal por el diseño de la portada. Gracias también a Roland Pierik por facilitarnos una foto para la portada. La imagen de la portada simboliza la idea de que el cielo es el límite, cosa que el limitarismo rechaza.

Este volumen editado se publicará tanto en inglés como traducido al español. Por la traducción al español, doy las gracias a Iñaki Larrínaga Márquez, que le ha dedicado incontables horas a traducir todos estos artículos filosóficos al español. Espero que muchos lectores hispanohablantes puedan disfrutar de los frutos de su esfuerzo.

Por último, se reconoce con gratitud el apoyo financiero del Consejo Europeo de Investigación (ERC) en el marco del programa de investigación e innovación Horizonte 2020 de la Unión Europea (acuerdo de subvención n.º 726153).

Referencias

Neuhäuser, Christian. 2018. *Reichtum als Moralisches Problem*. Frankfurt am Main: Suhrkamp.

Robeyns, Ingrid. 2024. *Limitarianism. The Case Against Extreme Wealth*. London: Allen Lane/New York: Astra House.

1. Introducción a la filosofía del limitarismo

Ingrid Robeyns

1. La intuición básica del limitarismo

Todos estamos familiarizados con las muchas razones por las que debemos luchar contra la pobreza. Los pobres no tienen dinero suficiente para cubrir sus necesidades básicas, son excluidos de la sociedad, a menudo no se les respeta como es debido o pueden convertirse en presa fácil de otros que quieren dominarlos. Tanto en el ámbito de los bienes materiales como en el de los inmateriales, existe una comprensión generalizada de lo que significa que alguien sufra privaciones, es decir, que no disponga de suficientes bienes importantes como el ingreso, la riqueza, el poder, autoridad, agua, alimentos, vivienda o energía. Prácticamente todo el mundo, independientemente de su ideología política, está de acuerdo en que toda persona debería tener acceso a una cantidad suficiente de lo que importa.

Cuando se afirma que deberíamos evitar la pobreza en la medida que sea posible, a menudo se plantea como una afirmación moral que sugiere que la pobreza es mala o incorrecta (algunas personas no altruistas podrían respaldarla sólo como una afirmación instrumental, por ejemplo, porque sólo se preocupan por su seguridad física y estabilidad, y esperan que la erradicación de la pobreza les evite terminar en la picota). Podríamos convertir esta afirmación en una afirmación política diciendo que nuestras instituciones sociales deberían estar diseñadas para evitar la pobreza en la medida en que esto sea factible (y, algunos podrían añadir, en la medida en que evitar la pobreza no suponga una mayor pérdida de otros valores que importan).

Pero ¿podemos decir también que hay situaciones en las que alguien *tiene demasiado*? Y ¿qué motivos hay para preocuparse de que alguien tenga demasiado? Éstas son las preguntas centrales del proyecto limitarista.

No se trata sólo de una cuestión relevante para los filósofos políticos. En la sociedad en general, hay muchos casos en los que los ciudadanos o los analistas argumentan que algunas personas toman, reciben o adquieren demasiado. Las fortunas de los multimillonarios más ricos han crecido de una manera tan inconcebible que periodistas, activistas y artistas están intentando idear formas de visualizarlas para hacerlas comprensibles. Por ejemplo, la Lista Forbes de Multimillonarios del Mundo 2022 estima que la mayor fortuna de un individuo es de 251 mil millones de dólares (o sea, $251,000,000,000), propiedad de Elon Musk en algún momento de 2022. Sólo inténtese comparar esa cifra exponencial con, por ejemplo, 40,000 dólares, que es el salario medio de un trabajador de producción en Tesla (la empresa más grande de Musk). Además, también existe una indignación moral y política por las posesiones financieras de personas mucho menos ricas. Un ejemplo clave serían los directores generales (CEOs) en Europa que ganan varios millones de euros cada año—incluyendo directores de bancos que tuvieron que ser rescatados en las crisis financieras de 2008—o de empresas de combustibles fósiles como Shell, las cuales se les critica por ralentizar la profunda descarbonización que tanto se necesita para mantener el planeta habitable para los humanos. Algunos multimillonarios, sin embargo, se han organizado en grupos como los Millonarios Patriotas (*Patriotic Millionaires*) y están participando en un activismo político que pretende disminuir las desigualdades económicas haciendo que los superricos paguen más impuestos.

El limitarismo sostiene que, en algún punto de ganancia o acumulación, uno tiene demasiado. La idea es que nadie debería tener algunos bienes o recursos que son escasos y valiosos por encima de un cierto límite superior. El más examinado de esos bienes es el dinero—ya sea en forma de ingreso o de riqueza. Pero el limitarismo también es aplicable a otros bienes valiosos y escasos, como los servicios que los ecosistemas prestan a los seres humanos o la capacidad de la atmósfera para absorber gases de efecto invernadero.

Este volumen recopila lo último del debate filosófico sobre el limitarismo al presentar algunos artículos previamente publicados junto a nuevos trabajos sobre el tema.[1] La idea de que se puede tener demasiado puede sonar extraña a quienes han sido educados en los valores neoliberales de las sociedades capitalistas contemporáneas, pero ha sido defendida por muchos pensadores del pasado. Más de 2,000 años atrás, Platón argumentó en *Las Leyes* que en la *polis* ideal no habría ni indigencia ni gran riqueza, porque si existiera cualquiera de las dos, la ciudad entraría en una guerra civil. Por ello, Platón propone que la propiedad no sea superior a cuatro veces el límite de pobreza como máximo (Platón 1999, 744e). Como Matthias Kramm y yo mostramos en nuestro análisis a vista de pájaro de la filosofía política occidental,[2] ha habido pensadores de diversas tradiciones que han argumentado a favor de la existencia de límites superiores a la adquisición y la posesión de riqueza o al consumo (esto último generalmente presupone, pero no implica, lo primero). Sin embargo, los argumentos de la filosofía política occidental contemporánea a menudo adoptan formas diferentes a los argumentos del pasado. En particular, éstos a menudo dependían de la ética de la virtud y de una identificación de lo ético con lo político, mientras que los argumentos contemporáneos se fundamentan generalmente en una forma de filosofía política que intenta mantenerse al margen de los juicios morales sobre el carácter y las elecciones personales realizadas fuera del ámbito público.

Acuñé el término "limitarismo" en un artículo que empecé a desarrollar en 2012 y que finalmente se publicó en el anuario NOMOS de 2017 de la *American Society for Political and Legal Philosophy* (Knight y Schwartzberg 2017). Ese artículo está reimpreso aquí como el Capítulo 2. Igualmente, otros académicos estaban trabajando en ideas similares; sorprendentemente, Christian Neuhäuser (2018) publicó un libro entero

---

[1] Ha sido imposible que esta compilación sea completa y han tenido que quedar fuera algunos importantes y buenos artículos, como los de Volacu y Dumitru (2019), Timmer (2019), Alí y Caranti (2021), Caranti y Alí (2021), y Dumitru (2020). Véase también el artículo inédito, pero ya citado en múltiples ocasiones, de Harel Ben Shahar (2019), así como la monografía de Neuhäuser (2018) y la tesis doctoral de Timmer (2021a).

[2] Reimpreso aquí como el capítulo 3.

sobre los problemas morales de la concentración de la riqueza (en alemán) sin que ninguno de los dos supiera nada del trabajo del otro. En los últimos cinco años, ha surgido un pequeño pero veloz incremento en la literatura sobre este tema. Fui particularmente afortunada de que el Consejo Europeo de Investigación me concediera un *Consolidator Grant*, lo cuál permitió que un equipo más amplio de teóricos políticos y filósofos pudiese trabajar sobre la cuestión de los límites en la apropiación de los recursos ecológicos y económicos. El desarrollo de esta pequeña área de la literatura también se vio favorecido por varios talleres y conferencias dedicados a discusiones académicas sobre el limitarismo.[3] Este volumen pretende recopilar esos artículos clave publicados, así como varios argumentos novedosos. Y puesto que este volumen se publicará tanto en inglés como traducido al español, facilitará el acceso a estos textos a estudiantes y académicos de dos grandes comunidades lingüísticas académicas.

2. Objetivos de este volumen

Este volumen tiene tres objetivos principales.

El primero es ofrecer una discusión de vanguardia sobre el limitarismo—en la medida en que esto es posible cuando existe una bibliografía en rápida evolución.[4] Dado que no todos los capítulos que fueron publicados anteriormente como artículos han estado disponibles en acceso abierto, uno de los objetivos de este volumen es hacer accesibles para todos más artículos sobre el limitarismo. Dado que este volumen también constituye la última publicación colectiva del proyecto

---

3 Esto incluye, en particular, un taller sobre principios de justicia distributiva en Utrecht (enero de 2019) organizado por el equipo de Fair Limits; la Conferencia inaugural sobre Teoría Política Analítica en Bucarest sobre el tema "Thresholds in Justice: Sufficientarianism and Limitarianism revisited [Umbrales en la justicia: suficientarismo y limitarismo revisitados]" (junio de 2019), organizada por Alexandru Volacu y sus colegas, y un taller sobre limitarismo en Dortmund (noviembre de 2019) organizado por Christian Neuhäuser y Dick Timmer.

4 En las etapas finales de este proyecto, Dick Timmer y Christian Neuhäuser (2022) publicaron un simposio de *Teoría Ética y Práctica Moral* sobre el limitarismo y Lisa Herzog (de próxima publicación) escribió un artículo sobre el igualitarismo liberal que extrae implicaciones para el limitarismo. El limitarismo también es defendido en el nuevo libro de Tom Malleson (2023).

Fair Limits, nuestra selección de artículos reimpresos se enfocó en los artículos publicados en el marco de dicho proyecto.

El capítulo 2 es una reimpresión del artículo "Tener demasiado" ("*Having Too Much*") en el que el se introduce el concepto de limitarismo (Robeyns 2017). El capítulo 3 es una reimpresión de Kramm y Robeyns (2020) en el que proporcionamos un breve panorama de lo que podrían considerarse los "predecesores" del limitarismo en la historia de la filosofía occidental. Es evidente que este panorama no es completo, y no sólo porque deja fuera las historias de las diversas filosofías no occidentales. Por ejemplo, Eric Schliesser ha argumentado que Spinoza debería ser leído como partidario de una forma cualificada de limitarismo en su concepción de la monarquía ideal que escribió en el siglo 17 (Schliesser 2021). Otro ejemplo que encontró Schliesser (2022) es el de L.T. Hobhouse, que hizo afirmaciones limitaristas explícitas en su libro de 1911 *Liberalismo*. Podemos esperar que la creciente discusión sobre este tema revele más pensadores históricos que sostuvieron afirmaciones limitaristas.

El Capítulo 4 es una reimpresión del artículo de Danielle Zwarthoed "Razones basadas en la autonomía a favor del limitarismo" ("*Autonomy-based Reasons for Limitarianism*"), que argumenta que, para proteger la autonomía moral de las personas, una sociedad necesita poner un límite a qué tan rica puede ser una persona (Zwarthoed 2019). El Capítulo 5 es una reimpresión del artículo de Dick Timmer "Limitarismo: ¿Patrón, principio o presunción?" ("*Limitarianism: Pattern, Principle or Presumption?*"), en el que analiza con precisión qué tipo de principio es (o podría ser) el limitarismo y lo que defiende como un principio de nivel medio, así como sobre bases presuntivas (Timmer 2021b). Los Capítulos 6 y 7 son reimpresiones de un simposio de dos artículos que se publicó recientemente en *The Journal of Political Philosophy* en el que Robert Huseby (2022) argumenta que el limitarismo es superfluo, ya que este se puede reducir tanto al suficientarismo como al igualitarismo. En el segundo artículo (Robeyns 2022), respondo a esas objeciones y también aclaro más la idea del limitarismo (véase también la Sección 3 de esta Introducción). También respaldo la afirmación recientemente defendida de manera explícita por Liam Shields (2020) en el contexto del suficientarismo, el cual parte de argumentos anteriores de John Roemer (2004), los cuales resaltan que deberíamos movernos hacia concepciones de la justicia distributiva híbridas o de principios múltiples y que, de hecho, resuenan con la propia teoría de la justicia de Rawls (Rawls 2012). Las razones para combinar umbrales suficientaristas con umbrales limitaristas en una concepción completa de la justicia social o distributiva se desarrollan con más detalle en el nuevo artículo de Colin Hickey en este volumen (Capítulo 9).

En su artículo, Huseby también critica el argumento presuntivo a favor del limitarismo defendido por Timmer (reproducido aquí en el Capítulo 5). En el Capítulo 8 de este volumen, "Limitarismo presuntivo: Una respuesta a Robert Huseby" (*"Presumptive Limitarianism: A Reply to Robert Huseby"*), Dick Timmer responde a la crítica de Huseby revisando en parte y aclarando aún más su defensa del limitarismo presuntivo.

El segundo objetivo de este volumen es presentar *argumentos novedosos* en este debate. En el Capítulo 9, "Suficiencia, límites y perspectivas de umbrales múltiples" (*"Sufficiency, Limits, and Multi-threshold views"*), Colin Hickey argumenta que hay buenas razones para que los suficientaristas también respalden el limitarismo y para que los limitaristas respalden el suficientarismo. También ofrece algunas especulaciones sobre una conexión conceptual necesaria entre ambos. Concluye el capítulo explicando por qué no debería sorprendernos que la mayoría de las concepciones plausibles de la justicia distributiva sean perspectivas de umbrales múltiples que contienen al menos un umbral suficientarista y uno limitarista.

En el Capítulo 10, "Un argumento neorrepublicano a favor del limitarismo" (*"A Neo-republican Argument for Limitarianism"*), Elena Icardi analiza si los neorrepublicanos deberían respaldar el limitarismo y, si la respuesta es sí, qué forma de limitarismo. Icardi argumenta que, puesto que la libertad como no dominación está fundada en que los ciudadanos tengan una igual oportunidad de influencia política y puesto que esta igualdad se ve amenazada tanto por el hecho de que los superricos disfrutan de más oportunidades como por el hecho de que las restricciones institucionales formales sólo pueden prevenir esto en un grado mínimo, el neorrepublicanismo debería respaldar un umbral limitarista. Sin embargo, a diferencia de Adelin Costin Dumitru (2020), Icardi sostiene que dicho umbral debería imponerse allí donde los ricos dominan la democracia debido a su riqueza, en lugar de allí donde poseen más recursos de los que necesitan para florecer plenamente.

En el Capítulo 11, Christian Neuhäuser ofrece una razón novedosa a favor del limitarismo, que se basa en la noción del autorrespeto como un bien básico primario. Neuhäuser argumenta que el limitarismo es necesario para proteger el autorrespeto de todos los miembros de la sociedad, de tal modo que puedan desarrollar un sentido de valor propio y disfrutar de la libertad de perseguir sus propias ideas sobre la vida buena y los proyectos que ésta conlleva. Esto implica, según Neuhäuser, que la teoría de la justicia de Rawls debería respaldar el limitarismo, ya sea interpretando el principio de diferencia de forma que incluya un umbral superior, o bien añadiéndolo como un principio adicional.

El tercer objetivo del volumen es acercar el análisis filosófico de los límites superiores de la riqueza y el análisis de los límites superiores sobre el uso de recursos ecológicos. El limitarismo no tiene por qué limitarse únicamente a cuestiones de riqueza y podría también considerarse en relación con cuestiones relativas al uso de recursos ecológicos.

El Capítulo 12 es una reimpresión del artículo "Cambio climático, justicia distributiva y límites "preinstitucionales" a la apropiación de recursos" ("*Climate Change, Distributive Justice and 'Pre-institutional' Limits on Resources Appropriation*") de Colin Hickey (2021) en el cual argumenta que los límites preinstitucionales al uso de la capacidad de absorción de la atmósfera pueden ser justificados sobre la base de varias teorías éticas. El Capítulo 13 es una reimpresión del artículo de Fergus Green en el que examina la cuestión de los límites en el ámbito de los recursos ecológicos en un escenario no ideal e institucional (Green 2021). Por último, en el Capítulo 14 Tim Meijers se dirige hacia las generaciones futuras y plantea dos preguntas: en primer lugar, ¿tenemos razones relativas a la justicia intergeneracional para apoyar el limitarismo económico, entendido como límites a la riqueza actual? Meijers argumenta que, si le debemos instituciones justas a las generaciones futuras, tenemos razones para prevenir el arraigamiento de la riqueza y prevenir futuras desigualdades. En segundo lugar, si vamos más allá del limitarismo *económico* y nos fijamos también en los límites ecológicos, ¿cómo sería una perspectiva limitarista que tomara como punto de partida la preocupación por las generaciones futuras?

3. Algunos desarrollos clave en la literatura

No es de extrañar que cuando se expone y defiende una idea, la conceptualización de la idea misma, así como las posibles razones a favor de la perspectiva, cambien en respuesta a discusiones y críticas posteriores. En mi respuesta a Huseby (2022), ya he señalado algunos de esos cambios y me gustaría aprovechar esta oportunidad para destacar un cambio importante en particular y explicar el trasfondo que lo motiva.

Cuando empecé a escribir sobre el limitarismo en 2012, inicialmente me motivaron dos preguntas: primero, ¿es plausible trazar lo contrario de una línea de pobreza, es decir, una línea que represente una cantidad de recursos materiales tal que uno tenga más de lo necesario para una vida máximamente floreciente? Y segundo, ¿qué razones podría haber para afirmar que el dinero que se encuentra por encima de esa línea debería redistribuirse entre los demás o utilizarse para lidiar con problemas que, si se resolvieran, mejorarían el florecimiento de los que están en una peor situación de vida? Estas preguntas fueron respondidas por la concepción de la riqueza (Robeyns 2017: 14–30) y el argumento de las necesidades urgentes insatisfechas (Robeyns 2017: 10–14) que proporcioné. La concepción de la riqueza y sus objeciones son, de hecho, una gran parte de este artículo y las desarrollé primero. Cuando seguí desarrollando el artículo a finales de 2013 e inicios de 2014, me di cuenta (sin duda a raíz de discusiones con interlocutores) de que la amenaza a la igualdad política podría ser al menos una razón igualmente importante para oponerse a la concentración excesiva de riqueza, y por ello añadí el argumento democrático como un segundo argumento a favor del limitarismo. Sin embargo, en aquel momento no me pregunté si la línea de la riqueza—el nivel al que una persona florece plenamente y no puede gastar más dinero para mejorar su florecimiento (si utilizamos una concepción política y puramente materialista del florecimiento)—es también el límite superior adecuado que basta para proteger el valor de la igualdad política. Las discusiones en el equipo de Fair Limits y entre los participantes de un taller celebrado en Utrecht en enero de 2019 dejaron claro que los diferentes valores subyacentes que el limitarismo pretende proteger podrían requerir diferentes umbrales limitaristas y que algunos de esos umbrales deberían ser relativos, en lugar de absolutos (concorde con la opinión de Platón cuando argumentaba que el límite superior de la propiedad no debería ser más de cuatro veces lo que tienen los más pobres). Al momento de escribir esta introducción, se han publicado varios artículos que argumentan a favor de los umbrales relativos, sobre bases ya sea conceptuales o normativas (Harel Ben Shahar 2019; Alì y Caranti 2021; Caranti y Alì 2021; Timmer 2021a; véase también el capítulo de Icardi en este volumen).

Aunque sigo pensando que la conceptualización correcta de la riqueza (es decir, el concepto que significa el opuesto simétrico de la pobreza) es un umbral absoluto y puede llamarse plausiblemente "la línea de la riqueza", estoy de acuerdo en que la línea de la riqueza es sólo uno de varios umbrales limitaristas posibles. Del mismo modo, mientras que el dinero que una persona rica tiene por encima de la línea de la riqueza puede seguir llamándose "dinero excedente" o "riqueza excedente" (es decir, dinero que no puede utilizar para florecer en el sentido específico esbozado anteriormente), el término más general para el dinero por encima del umbral limitarista es "exceso de riqueza " o "exceso de dinero" (Robeyns 2022: 253–54). Esta ampliación y generalización de los ladrillos conceptuales del limitarismo no sólo son necesarios para hacerle justicia al argumento democrático, sino que también permiten desarrollar e investigar una gama más amplia de teorías limitaristas.

Otra novedad en la literatura es que ahora resulta obvio que existe una amplia gama de razones a favor del limitarismo. Las dos primeras razones fueron el argumento de las necesidades urgentes insatisfechas, que es esencialmente una modificación del argumento utilitarista propuesto por académicos como Peter Singer (1972), y el argumento democrático, que pretende proteger la igualdad política entendida como la igualdad de influencia política. Danielle Zwarthoed (2019) añadió un argumento basado en la autonomía moral; Christian Neuhäuser (2018) añadió un argumento basado en la dignidad humana; Neuhäuser (2018) y Robeyns (2019) añadieron razones ecológicas a favor del limitarismo; y Dumitru (2020) e Icardi (en este volumen) desarrollaron argumentos basados en la libertad republicana. Además, varios teóricos han argumentado que el limitarismo debería trabajar con umbrales relativos, en lugar de un umbral absoluto (por ejemplo, Harel Ben Shahar 2019, Alì y Caranti 2021; Caranti y Alì 2021). En la medida en que las diferentes teorías políticas suelen tener un valor maestro al que dan prioridad léxica sobre otros valores, cabría preguntarse si existe un acuerdo generalizado con respecto al limitarismo en diferentes teorías políticas, aunque diferentes teóricos lo respaldarían por diferentes razones. Ésta sería sin duda una fortaleza de la perspectiva, especialmente respecto a las recomendaciones de políticas y al diseño institucional.

4. Direcciones futuras

Los artículos en este volumen ya plantean una serie de cuestiones para futuras investigaciones. Pero hay otras cuestiones que se han planteado a lo largo de los años mientras diversos académicos han trabajado en este tema. En esta sección, discutiré algunas de ellas, o lo suficiente para mostrar que estas cuestiones son diversas y dan lugar a una importante agenda de investigación. No obstante, no pretendo ofrecer un panorama exhaustivo.

En primer lugar, será vital para los filósofos saber si el limitarismo es meramente una perspectiva moral sin implicaciones institucionales (y, por tanto, no una perspectiva política), o si es una perspectiva política, o una combinación. Si es una combinación, ¿en qué consistiría exactamente?[5]

En segundo lugar, se han ofrecido diversos argumentos en la literatura a favor de que los umbrales limitaristas sean absolutos o relativos. En el artículo en el que se introdujo el limitarismo, yo defendía un umbral absoluto, pero como expliqué en la sección previa, esto estaba motivado por mi proyecto de desarrollar una línea de la riqueza. Éste es, en mi opinión, el umbral limitarista adecuado para el argumento de las necesidades urgentes insatisfechas (aunque vale la pena subrayar que esto no agota todos los deberes de satisfacer tales necesidades y que hay muy buenos argumentos por los que aquellos que están por debajo de la línea de riqueza también tienen ciertos deberes, aunque posiblemente menos estrictos). Sin embargo, varios filósofos han argumentado, con razón en mi opinión, que el argumento democrático, que se enfoca en evitar la dominación material en la esfera política, necesita un umbral

---

5   En mi próximo libro (que será publicado por Allen Lane (Reino Unido) y Astra House (EE.UU.) a inicios de 2024), desarrollo la perspectiva de que, en el mundo actual, que es profundamente desigual y no ideal, el limitarismo debería ser una combinación de reclamos éticos (personales) y político–morales.

relativo (Harel Ben Shahar 2019; Alì y Caranti 2021; Caranti y Alì 2021). En un artículo de próxima publicación, Lisa Herzog ofrece otra razón a favor de un umbral relativo como una forma de tener en cuenta los efectos potencialmente negativos de los bienes posicionales (Herzog de próxima publicación). Por lo tanto, en principio, los umbrales podrían ser absolutos o relativos, y diferentes razones a favor del limitarismo dan lugar a diferentes umbrales (Harel Ben-Shahar 2019; Timmer 2021a). Las razones exactas de cuándo los umbrales deberían ser relativos y cuándo absolutos, y si son posibles opciones híbridas, requieren más reflexión.

En tercer lugar, en la medida en que uno sólo respalde una razón a favor del limitarismo, puede que no necesite preocuparse por los umbrales múltiples; pero ¿qué pasa si uno respalda múltiples razones a favor del limitarismo, que conducen a umbrales múltiples? Las cosas podrían complicarse aún más si algunos de estos umbrales múltiples son absolutos y otros relativos. Esto da lugar a nuevas preguntas. Una nueva pregunta que surge es cuál es la relación entre esos umbrales y si existen posibles conflictos entre ellos. Otra cuestión es cómo, si existen *trade-offs* entre los objetivos de mantenerse por debajo de diversos umbrales limitaristas, deberíamos analizar y responder a esos *trade-offs*. Recientemente, Dick Timmer (2021c) ha adelantado nuestra comprensión conceptual de lo que constituye un umbral en las teorías de la justicia distributiva y ha explicado por qué los umbrales en las concepciones de la justicia distributiva no tienen por qué ser arbitrarios. Pero hace falta desarrollar más investigación en este ámbito, incluso a nivel de análisis normativo. Otra posible línea de investigación es si la cuestión de la naturaleza moral frente a la naturaleza política del limitarismo puede utilizarse para resolver posibles conflictos entre múltiples umbrales limitaristas.

En cuarto lugar, ¿exactamente cómo deberíamos determinar esos umbrales? ¿Cuáles son los métodos apropiados que podrían utilizarse para ello? ¿Es algo que los filósofos pueden hacer por sí solos (sospecho que no) y, si no, deben tomar en cuenta las limitaciones investigativas de las ciencias empíricas con las que colaboran? ¿Es metodológicamente sólido obtener una línea de la riqueza (por lo tanto, un umbral absoluto basado en el florecimiento o la calidad de vida) a partir de una encuesta de viñetas, como hizo un equipo interdisciplinario de la Universidad de

Utrecht?⁶ ¿O debería hacerse sólo con grupos focales (*focus groups*)? Y ¿debería uno seguir utilizando otros métodos, por ejemplo, dejar que los ciudadanos participantes utilicen algo parecido a bloques de Lego para que construyan su distribución ideal de la riqueza, como hizo un equipo de la LSE de Londres?⁷ Y ¿cómo podemos estimar los límites superiores cuando la razón que tenemos para respaldar el limitarismo no es satisfacer necesidades urgentes, sino proteger la democracia, o cualquier otra razón?

En quinto lugar, en la medida en que nos interesa el limitarismo como una contribución a la teorización sobre la justicia distributiva, es evidente que sólo proporciona una parte de una concepción de la justicia distributiva. Esto da lugar a la cuestión de cómo sería una concepción (más) completa de la justicia distributiva que incluyera uno o más umbrales superiores. Basándose en el trabajo de John Roemer (2004), Liam Shields (2020) defiende una teoría pluralista de la justicia distributiva que está compuesta por principios distributivos ordenados lexicalmente y que también permite una pluralidad de métricas de la justicia. Como bien señala Shields, la teoría de la justicia de Rawls contiene tanto múltiples principios como múltiples métricas. Si el limitarismo ha de desempeñar algún papel en una teoría de la justicia distributiva, la pregunta es qué papel desempeñaría en tal combinación de principios y métricas.

En sexto lugar, si se proponen principios limitaristas no sólo para un bien valioso y escaso —como el dinero—, sino para múltiples bienes (por ejemplo, si añadimos bienes como nuestro uso de la capacidad de la atmósfera para absorber gases de efecto invernadero), entonces surgen cuestiones adicionales. Una cuestión importante es qué efecto tiene un umbral limitarista en una métrica distributiva sobre los principios distributivos en otra métrica. Un ejemplo concreto y extremadamente relevante es la pregunta sobre las implicaciones que tiene un principio limitarista en el ámbito de los recursos ecológicos sobre cuestiones relativas a la justicia distributiva en el ámbito del dinero y viceversa.

En séptimo lugar, queda mucho por hacer sobre las implicaciones del limitarismo en materia de políticas. Los filósofos suelen pensar

---

6   Véase Robeyns, Buskens, Van de Rijt, Vergeldt, van der Lippe (2021).
7   Véase Davis et al. (2020); para una reflexión metodológica muy interesante de este equipo, véase Summers et al (2022).

en éstas como elementos limpios y ordenados (por ejemplo, cambiar los tipos impositivos), pero parece mucho más probable que los objetivos limitaristas sólo puedan alcanzarse mediante un plan más comprehensivo que conste de varias medidas que guarden una relación particular entre sí. Por ejemplo, si queremos aumentar los impuestos sobre el capital, puede que primero tengamos que cerrar los paraísos fiscales internacionales, o medidas alternas, como una precondición para evitar un nivel masivo de movilización internacional de capital.

Por último, se pueden plantear muchas objeciones al limitarismo, tanto en el plano puramente conceptual como en el sustantivo-normativo. Algunos de los artículos citados en este capítulo, así como en el simposio editado por Timmer y Neuhäuser (2022), han formulado objeciones al limitarismo. Pero está claro que también hace falta mucho más trabajo en este frente—no sólo formulando objeciones, sino también analizándolas.

5. Conclusiones

Este volumen pretende adelantar los estudios filosóficos sobre el limitarismo. Para ello, recopila y hace más accesibles algunas de las principales publicaciones anteriores sobre el tema y presenta trabajos novedosos. El estado actual del mundo acentúa la necesidad de tomar en serio los límites a la apropiación de recursos: las desigualdades nacionales de ingresos y riqueza han alcanzado los niveles más altos de las últimas décadas y los más ricos nunca antes habían sido tan ricos; ya no se pueden negar los efectos debilitadores de estos problemas sobre las estructuras y prácticas democráticas, y el efecto desproporcionadamente negativo de los patrones de consumo de los ricos sobre el cambio climático es cada vez mayor. Así pues, debemos preguntarnos si existe un punto en el que alguien tiene demasiado. Esperamos poder contribuir académicamente con este volumen a este debate tan necesario.

Agradecimientos

Agradezco a Colin Hickey, Elena Icardi, Tim Meijers, Chris Neuhäuser y Dick Timmer por sus comentarios sobre un borrador anterior de este capítulo. La labor editorial de este volumen y la redacción de esta introducción han contado con el apoyo financiero del Consejo Europeo de Investigación (ERC) en el marco del Programa de Investigación e Innovación Horizonte 2020 de la Unión Europea (acuerdo de subvención n.º 726153).

Referencias

Alì, Nunzio and Caranti, Luigi. 2021. How Much Economic Inequality Is Fair in Liberal Democracies? The Approach of Proportional Justice, *Philosophy and Social Criticism*, 47(7), 769–88. https://doi.org/10.1177/0191453720987865

Caranti, Luigi and Alì, Nunzio. 2021. The Limits of Limitarianism. Why Political Equality Is Not Protected by Robeyns' Democratic Argument, *Politica & Società*, 89–116. http://doi.org/10.4476/100808

Davis, Abigail, Hecht, Katharina, Burchardt, Tania, Gough, Ian, Hirsch, Donald, Rowlingson, Karen and Summers, Kate. 2020. *Living on Different Incomes in London: Can Public Consensus Identify a 'Riches Line'?* London: Trust for London.

Dumitru, Adelin-Costin. 2020. Republican Limitarianism and Sufficientarianism: A Proposal for Attaining Freedom as Non-Domination, *Ethical perspectives*, 27(4), 375–404. https://doi.org/10.2143/EP.27.4.3289451

Green, Fergus. 2021. Ecological Limits: Science, Justice, Policy and the Good Life. *Philosophy Compass*, 16, e12740, 1–14. https://doi.org/10.1111/phc3.12740

Harel Ben-Shahar, Tammy. 2019. *Limitarianism and Relative Thresholds*, manuscrito no publicado disponible en SSRN: https://ssrn.com/abstract=3404687

Herzog, Lisa. Forthcoming. Liberal Egalitarianism beyond Methodological Atomism. In: Ingrid Robeyns (Ed.). *Pluralizing Political Philosophy: Economic and Ecological Inequalities in Global Perspective*. Oxford: Oxford University Press.

Hickey, Colin. 2021. Climate Change, Distributive Justice, and "Pre-institutional" Limits on Resource Appropriation, *European Journal of Philosophy*, 29, 215–35. https://doi.org/10.1111/ejop.12569

Huseby, Robert. 2022. The Limits of Limitarianism. *Journal of Political Philosophy*, 3, 230–48. https://doi.org/10.1111/jopp.12274

Knight, Jack and Schwartzberg, Melissa (Eds). 2017. *Wealth. NOMOS LVIII: Yearbook of the American Society for Political and Legal Philosophy*. New York: NYU Press.

Kramm, Matthias and Robeyns, Ingrid. 2020. Limits to Wealth in the History of Western Philosophy, *European Journal of Philosophy*, 28, 954–69. https://doi.org/10.1111/ejop.12535

Malleson, Tom. 2023. *Against Inequality. The Practical and Ethical Case for Abolishing the Superrich*. New York: Oxford University Press.

Neuhäuser, Christian. 2018. *Reichtum als Moralisches Problem*. Frankfurt am Main: Suhrkamp.

Plato. 2016. *The Laws*. Edited by Malcolm Schofield; translated by Tom Griffith. Cambridge: Cambridge University Press.

Platón. 1999. *Diálogos VIII y IX. Leyes*. Traducido por Francisco Lisi. Madrid: Gredos.

Rawls, John. 1971. *A Theory of Justice*. Cambridge, MA: The Belknapp Press.

Rawls, John. 2012. *Teoría de la justicia*. Traducido por María Dolores González. Distrito Federal: Fondo de Cultura Económica.

Robeyns, Ingrid. 2017. Having too much. In: Jack Knight and Melissa Schwartzberg (Eds). *Wealth. NOMOS LVIII: Yearbook of the American Society for Political and Legal Philosophy*. New York: NYU Press, pp. 1–44.

Robeyns, Ingrid. 2019. What, If Anything, Is Wrong with Extreme Wealth? *Journal of Human Development and Capabilities*, 20, 251–66. https://doi.org/10.1080/19452829.2019.1633734

Robeyns, Ingrid. 2022. Why Limitarianism? *Journal of Political Philosophy*, 30(2), pp. 249–70. https://doi.org/10.1111/jopp.12275

Robeyns, Ingrid, Buskens, Vincent, van de Rijt, Arnout, Vergeldt, Nina and van der Lippe, Tanja. 2021. How Rich Is Too Rich? Measuring the Riches Line, *Social Indicators Research*, 154, 115–43. https://doi.org/10.1007/s11205-020-02552-z

Roemer, John E. 2004. Eclectic Distributional Ethics, *Politics, Philosophy & Economics*, 3(3), 267–81. https://doi.org/10.1177/1470594X04046238

Schiessler, Eric. 2021. Spinoza and Economics. In: Yitzhak Y. Melamed (Ed.). *A Companion to Spinoza*. London: Wiley Blackwell, pp. 410–21.

Schiessler, Eric. 2022. 'On Hobsbown' Blogpost. *Digressions and Impressions*, https://digressionsnimpressions.typepad.com/digressionsimpressions/2022/06/on-hobhouse-with-some-mention-ofpareto-and-rawls.html

Shields, Liam. 2020. Sufficientarianism, *Philosophy Compass*, 15, e12704. https://doi.org/10.1111/phc3.12704

Singer, Peter. 1972. Famine, Affluence, and Morality, *Philosophy & Public Affairs*, 1(3), 229–43.

Summers, Kate, Accominotti, Fabien, Burchardt, Tania, Hecht, Katharina, Mann, Elizabeth, and Mijs, Jonathan. 2022. Deliberating Inequality: A Blueprint for Studying the Social Formation of Beliefs about Economic Inequality, *Social Justice Research*, 35, 379–400. https://doi.org/10.1007/s11211-022-00389-0

Timmer, Dick. 2019. Defending the Democratic Argument to Limitarianism: A Reply to Volacu and Dumitru. *Philosophia*, 47, 1331–39. https://doi.org/10.1007/s11406-018-0030-6

Timmer, Dick. 2021a. *Thresholds and Limits in Theories of Distributive Justice*. Unpublished doctoral dissertation, Utrecht University.

Timmer, Dick. 2021b. Limitarianism: Pattern, Principle, or Presumption? *Journal of Applied Philosophy*, 38, 760–73. https://doi.org/10.1111/japp.12502

Timmer, Dick. 2021c. Thresholds in Distributive Justice. *Utilitas*, 33, 422–41. https://doi.org/10.1017/S0953820821000194

Timmer, Dick and Neuhäuser, Christian. Eds. 2022. Symposium on Limitarianism. *Ethical Theory and Moral Practice*, 25(5), pp. 717–91. https://doi.org/10.1007/s10677-022-10354-0

Volacu, Alexandru and Dumitru, Adelin Costin. 2019. Assessing Non-Intrinsic Limitarianism. *Philosophia*, 47, 249–64. https://doi.org/10.1007/s11406-018-9966-9

Zwarthoed, Danielle. 2019. Autonomy-based Reasons for Limitarianism, *Ethical Theory and Moral Practice*, 21, 1181–204. https://doi.org/10.1007/s10677-018-9958-7

2. Tener demasiado

Ingrid Robeyns

1. Introducción

Independientemente de la postura que tomen las teorías contemporáneas de la justicia distributiva, éstas siempre especifican una métrica de la justicia y una regla distributiva.[1] La métrica se refiere al bien X cuya distribución es importante en lo que respecta a la justicia. Entre las métricas más influyentes se encuentran el bienestar, los recursos, los bienes primarios y las capacidades. La regla distributiva especifica cómo debe distribuirse X; algunos ejemplos característicos son los principios de prioridad, de suficiencia, de igualdad de resultados, de igualdad de oportunidades y el principio de diferencia de Rawls.

Este capítulo articula y defiende una perspectiva de la justicia distributiva que llamo limitarismo. En pocas palabras, el limitarismo defiende que no es moralmente permisible tener más recursos de los necesarios para florecer plenamente en la vida. El limitarismo entiende tener riquezas como el estado en el que uno tiene más recursos de los que necesita para florecer plenamente en la vida y sostiene que, en dicho caso, uno tiene demasiado, moralmente hablando.[2]

El limitarismo es sólo una concepción parcial de la justicia distributiva, ya que puede especificarse de tal manera que no se pronuncie con respecto a qué es lo que la justicia distributiva requiere para aquellos que no han florecido plenamente. Podría combinarse, por ejemplo, con una

---

1 Anderson (2010, 81).
2 En la publicación original en inglés, los conceptos "wealth" y "riches" se utilizan de manera intercambiable. En esta traducción, hemos decidido utilizar únicamente el concepto "riqueza" para traducir ambos términos [N.d.T.].

de las muchas versiones del principio de igualdad de oportunidades en lo que refiere a lo que está por debajo del umbral limitarista. La versión del limitarismo que defiendo aquí no es agnóstica en cuanto a lo que ocurre por debajo de la línea de la riqueza; sin embargo, como señalaré en la sección 2, hay varias versiones diferentes del limitarismo, y las diferentes versiones pueden tener diferentes perspectivas sobre lo que la moral requiere por debajo de la línea de la riqueza.

En este capítulo defiendo el limitarismo como una doctrina no ideal. Postergo la cuestión de si el limitarismo puede ser defendido como una teoría ideal para un trabajo futuro. Analizar el limitarismo como una doctrina no ideal requiere que partamos de la distribución de la posesión del ingreso y la riqueza tal y como se da en la realidad, en lugar de preguntarnos cuál sería una distribución justa en un mundo con propiedades idealizadas fuertes, como por ejemplo un mundo en el que no haya riquezas y privilegios heredados, un mundo en el que las necesidades básicas de todos se encuentren satisfechas o en el que nos encontremos en un estado de adquisición original de la propiedad.[3]

Los científicos sociales y los académicos de las humanidades tienen una larga tradición de teorizar y conducir investigaciones sobre la posición de los más desfavorecidos en la sociedad. En las teorías de la justicia, esto es especialmente patente en el amplio apoyo al suficientarismo.[4] En su concepción dominante, el suficientarismo es la perspectiva según la cual la justicia distributiva debería preocuparse por garantizar que nadie caiga por debajo de un umbral mínimo determinado, que puede ser un umbral de pobreza o un umbral de una vida mínimamente decente.[5] No debería sorprendernos que los estudios sobre la pobreza y las desventajas sean tan amplios, ya que la mayoría de la gente sostiene que estas condiciones son intrínsecamente malas.

---

3   Por el contrario, las teorías del punto de partida, como la teoría del justo título de Robert Nozick (1991), esbozan procedimientos justos en un contexto de adquisición inicial justa y, por lo tanto, son más difíciles de aplicar a circunstancias no ideales, ya que la adquisición inicial justa casi nunca es posible.
4   Por ejemplo, Frankfurt (1987); Anderson (1999); Wolff y De-Shalit (2007).
5   Arneson (2013). Liam Shields (2012) ha ofrecido una interpretación alternativa del suficientarismo que, en pocas palabras, implica que hay razones importantes para asegurar lo suficiente y, una vez que se ha alcanzado ese umbral, las razones para asegurar más beneficios cambian. La propuesta de Shields no es una perspectiva estándar del suficientarismo y, por lo tanto, debido a las limitaciones de espacio, no se analizará más a fondo en este capítulo.

Lo que sí es sorprendente es que, dada la gran cantidad de literatura filosófica que hay sobre la pobreza y la posición de los más desfavorecidos, poca o ninguna teorización contemporánea de la justicia se ha centrado en la cola superior de la distribución del ingreso y la riqueza. Obviamente, hay mucha literatura sobre las teorías de la justicia en relación con la desigualdad en general; es posible que los filósofos políticos asuman que no es necesario destacar la cola superior de la distribución en particular. Aun así, creo que sería útil para los filósofos políticos realizar un análisis normativo de la cola superior de la distribución. Por un lado, esto permitiría que los filósofos tuviesen un mayor impacto en los debates existentes en la sociedad. Por mucho tiempo, diversos reclamos normativos relacionados con los derechos, privilegios y deberes de los ricos han sido planteados en el debate público. En la mayoría de los países hay algún partido político que sostiene que los ricos deben pagar por las crisis económicas, en lugar de los pobres o las clases medias. En los últimos años, varios partidos políticos europeos han propuesto aumentar el tipo impositivo marginal máximo del grupo con mayores ingresos; del mismo modo, el movimiento Occupy en Estados Unidos ha sostenido que el "uno por ciento" debería pagar muchos más impuestos. Algunos ciudadanos también se han quejado de que las medidas de austeridad afectan a los pobres y a las clases medias de forma desproporcionada, en lugar de afectar a los ricos en igual medida. Lo que todos estos reclamos normativos tienen en común es que se centran en la cola superior de la distribución, creando así una distinción entre la clase media y los ricos.[6]

Curiosamente, en los últimos años varios economistas han desarrollado análisis de la parte superior de la distribución del ingreso y la riqueza. El ejemplo más famoso es El capital en el siglo XXI de Thomas Piketty, al igual que sus investigaciones previas realizadas en colaboración con otros economistas, que generaron parte de los datos que forman la base empírica del libro.[7] Estos estudios muestran

---

6   En este capítulo, los términos "acomodado" y "afluencia" se refieren a cualquier persona que no sea pobre o a cualquier estado en el que se esté por encima de la línea de pobreza, respectivamente. Una persona acomodada puede ser rica o no rica. El término "clase media" se refiere a aquellos que son acomodados, pero no ricos.

7   Piketty (2014); véase también Piketty y Saez (2003); Atkinson y Piketty (2007); Alvaredo, Atkinson, Piketty y Saez (2013).

que, en las décadas posteriores a la Segunda Guerra Mundial, la desigualdad disminuyó; sin embargo, la desigualdad de la riqueza ha vuelto a crecer desde los años 80. Piketty ofrece una teoría de por qué el periodo de posguerra debe considerarse una excepción histórica y no el comienzo de un período en el que la desigualdad disminuiría o se estancaría. Piketty sostiene que este aumento de la desigualdad es indeseable, pero ciertamente no todos los economistas comparten esta opinión. El economista de Harvard Greg Mankiw ha defendido que es moralmente deseable dejar que los ricos sean ricos, alegando que se merecen su riqueza.[8] Sin embargo, como el propio Mankiw admite, sólo está haciendo "filosofía política de aficionado".[9] De hecho, pocas de las afirmaciones normativas hechas por economistas sobre la desigualdad y el ascenso de los más ricos están bien defendidas. Pero esto no debe verse necesariamente como una crítica, ya que, en la división intelectual del trabajo, esta tarea recae sobre otros hombros.

En este capítulo, quiero articular una versión particular del limitarismo y ofrecer una justificación. Pero antes de hacerlo, quiero resaltar que hay una variedad de perspectivas limitaristas y una variedad de fundamentos sobre los que pueden ser defendidas. En este sentido, el limitarismo no difiere de las demás doctrinas distributivas, como el suficientarismo, el prioritarismo o el igualitarismo. En la siguiente sección, expondré diversas estrategias potenciales para defender la perspectiva limitarista. Algunas ofrecen razones por las que ser rico es intrínsecamente malo. En cambio, las razones que yo ofrezco consideran que el limitarismo está justificado de forma derivada. El limitarismo como una perspectiva distributiva se justifica en el mundo tal y como es (el mundo no ideal) en tanto que es instrumentalmente necesario para la protección de dos valores intrínsecos: la igualdad política (sección 3) y la satisfacción de necesidades urgentes insatisfechas (sección 4). Después de ofrecer estos dos argumentos a favor del limitarismo, abordo la cuestión de qué noción de riqueza requieren ambos argumentos (sección 5) y discuto si el limitarismo debe considerarse una doctrina moral o política (sección 6). También responderé a dos objeciones: la objeción de la desigualdad de oportunidades y la objeción del incentivo (sección 7). La sección final esboza una agenda para investigaciones futuras sobre el limitarismo.

---

8   Mankiw (2013).
9   Mankiw (2013, 22).

2. Limitarismo intrínseco versus no intrínseco

En su formulación más general, el limitarismo es una tesis (*claim*), relativa a la moral distributiva, que sostiene que no es moralmente permisible estar situado por encima de un determinado umbral en la distribución de un bien deseable. El limitarismo puede defenderse en varias dimensiones o ámbitos, y con diferentes modificaciones teóricas. Por ejemplo, el caso de una cuota personal de emisiones que se ha estudiado en la literatura de la ética climática es un ejemplo de una institución limitarista, en la que el bien que se limita es el derecho a emitir gases de efecto invernadero. Breena Holland ha propuesto que se incorporen "techos de capacidades" en la regulación medioambiental:

> [Los techos de capacidades son] limitaciones a la posibilidad de perseguir ciertas acciones individuales que son justificables cuando dichas acciones pueden conducir o contribuir significativamente al efecto de socavar el umbral mínimo de provisión y protección de las capacidades de otra persona.[10]

Por ejemplo, si tener acceso a agua de alta calidad y no vivir en un entorno con agua gravemente contaminada son umbrales de capacidades, entonces la extracción de gas mediante *fracking* o fracturación hidráulica podría no estar permitida en caso de que el *fracking* pudiera contaminar los hidroecosistemas locales. Los argumentos normativos a favor de ciertos límites también podrían darse en otros ámbitos de la vida. Por ejemplo, se podría discutir el limitarismo en el contexto del tamaño de la población mundial y argumentar que, debido a las preocupaciones ambientales, debería haber un límite moral de un niño por adulto.[11]

En este capítulo, la atención se centra en el limitarismo de los recursos financieros. El limitarismo es entonces la perspectiva de que no es moralmente permisible ser rico. Dado que nuestra "métrica" es una métrica monetaria, podemos reformular la tesis limitarista. Llámese *dinero excedente* a la diferencia entre los medios financieros de un individuo rico y el umbral que distingue a los ricos de los no ricos. Por definición, sólo los ricos tienen dinero excedente. El limitarismo puede

---

10 Holland (2014, 142).
11 Overall (2012).

entonces replantearse como la tesis de que es moralmente malo tener dinero excedente.

¿Cómo se puede justificar el limitarismo? Esto dependerá de si pretendemos defender que el limitarismo tiene un valor intrínseco o un valor instrumental, una distinción que también se aplica al igualitarismo.[12] El *limitarismo intrínseco* es la perspectiva de que ser rico es intrínsecamente malo, mientras que, según el *limitarismo no intrínseco*, las riquezas son moralmente no permisibles por una razón referente a algún otro valor.

En este capítulo sólo me ocuparé del limitarismo no intrínseco y me mantendré agnóstica sobre la cuestión de si el limitarismo intrínseco es una postura plausible. Para examinar la plausibilidad del limitarismo intrínseco, se podría desarrollar un argumento paternalista, según el cual la riqueza es objetivamente una carga para los ricos y sus hijos, lo que los lleva a sufrir en las dimensiones no materiales de una vida floreciente. Puede que haya evidencia de ello, pero en este capítulo no investigaré más esta estrategia argumentativa.[13] Otras estrategias argumentativas a favor del limitarismo intrínseco pueden buscarse en la ética de la virtud. En la historia de la ética se pueden encontrar varios argumentos contra la acumulación de la riqueza basados en la ética de la virtud y las teorías perfeccionistas, y han sido muy importantes, por ejemplo, en las enseñanzas de Aristóteles y Tomás de Aquino.

En este capítulo, sólo quiero señalar la posibilidad de defender el limitarismo intrínseco y me mantendré agnóstica sobre su plausibilidad y sobre la solidez de cualquiera de sus justificaciones. En su lugar, me limito a desarrollar dos razones a favor del limitarismo no intrínseco. La primera, que discutiré en la siguiente sección, es el argumento democrático a favor del limitarismo, que se centra en la afirmación de que la riqueza socava el ideal de igualdad política. La sección 4 presentará y analizará otro argumento a favor del limitarismo: el argumento de las necesidades urgentes insatisfechas.

La distinción entre el limitarismo intrínseco y el no intrínseco es importante, ya que las dos perspectivas ofrecen respuestas diferentes

---

12 Véase, por ejemplo, O'Neill (2008); Hausman & Waldren (2011)
13 Para las investigaciones empíricas que sugieren que la riqueza material elevada está asociada a un bienestar psicológico bajo, véase, por ejemplo, Pittman (1985); Csikszentmihalyi (1999).

a la pregunta: "¿qué tiene de malo el que algunas personas sean ricas en un mundo ideal, si es que tiene algo de malo?" El limitarismo no intrínseco probablemente responderá que en esa situación ideal, en la que todos los valores intrínsecos importantes están asegurados, la riqueza no es moralmente objetable. El limitarismo no intrínseco se limitará a afirmar que las riquezas son moralmente objetables en un mundo en el que ciertos valores intrínsecamente importantes no están asegurados y donde el limitarismo es instrumentalmente valioso para asegurar esos fines últimos. Por el contrario, el limitarismo intrínseco responderá afirmativamente a la pregunta. Sin embargo, como he mencionado antes, en este capítulo soy agnóstica sobre si el limitarismo intrínseco es una perspectiva plausible. Mis objetivos aquí se limitan a un análisis y defensa del limitarismo no intrínseco.

3. El argumento democrático a favor del limitarismo

La primera justificación de la doctrina limitarista se encuentra en la filosofía política y la ciencia política, donde existe una larga historia de argumentos que sostienen que las grandes desigualdades de ingresos y riqueza socavan el valor de la democracia y el ideal de igualdad política en particular.[14] Los ricos son capaces de traducir su poder financiero en poder político a través de diversos mecanismos. En su artículo "Money in Politics", Thomas Christiano analiza cuatro tipos de mecanismos por los que el gasto de dinero puede influir en diversos aspectos de los sistemas políticos.[15] Christiano muestra cómo los ricos no sólo son más capaces de gastar dinero en estos diversos mecanismos que traducen el dinero en poder político, sino que también son más propensos a hacerlo. Esto se debe a la utilidad marginal decreciente del dinero. Los pobres necesitan cada centavo para gastar en comida o en servicios básicos y, por lo tanto, para ellos gastar 100 dólares o 100 libras en adquirir influencia política supondría una grave pérdida de utilidad. En cambio, cuando la clase media-alta y los ricos gastan la misma cantidad, sufren una caída de utilidad mucho menor, es decir, el costo de utilidad que pagan por el mismo gasto es mucho menor.

---

14 Sobre el valor de la democracia y la noción de "igualdad política", véase, por ejemplo, Beitz (1989); Knight & Johnson (1997); Christiano (2008).
15 Christiano (2012, 241–45).

El argumento democrático a favor del limitarismo puede derivarse fácilmente de los mecanismos que Christiano esboza: dado que los ricos tienen dinero excedente, son muy capaces y aparentemente muy propensos a utilizar ese dinero para adquirir influencia y poder políticos. En la concepción de "riqueza" que desarrollaré en la sección 5, los ricos no tienen prácticamente nada que perder si gastan su dinero excedente, que es el dinero que va más allá de lo que uno necesita para florecer plenamente en la vida. El efecto sobre el bienestar, entendido en términos de un determinado conjunto de funcionamientos valiosos, es más o menos nulo. Puede haber alguna pérdida de bienestar psicológico, como una pérdida de estatus si uno gasta una fortuna en la política en lugar de en el último Lamborghini, o puede haber una pérdida puramente subjetiva si a uno no le gusta presenciar una disminución de su fortuna financiera, pero no habrá ninguna pérdida según la concepción de bienestar que se presenta más adelante. En otras palabras, los argumentos que Christiano desarrolla para quienes tienen algo de dinero disponible para gastar aplicarán *a fortiori* a los ricos, según se les define en la sección 5.

Los cuatro mecanismos que convierten el dinero en poder político son la compra de votos, el control de acceso (*gatekeeping*), la influencia de opiniones y la operación del dinero como poder político independiente.

En primer lugar, los ricos pueden financiar a partidos políticos y a individuos. En muchos sistemas donde las campañas políticas son financiadas por privados, quienes donan mucho reciben un trato especial o un mayor apoyo a sus causas. Las donaciones suelen ir acompañadas de la expectativa de que, si el financiador algún día necesita la ayuda del político, la obtendrá. Esta sabiduría de sentido común se refleja en dichos como "el que paga, manda". Recibir dinero hace que las personas, incluidos los políticos, estén en deuda con el donante y sean propensos a intentar complacerle, hacerle un favor, difundir sus opiniones o, como mínimo, censurar sus propias opiniones para no molestar al donante. En la arena política, esto socava la igualdad política. Pero, como señala Christiano, también hay otros valores democráticos en juego. Cuando el dinero puede utilizarse para comprar votos, los que financiaron al político electo verán protegidos sus intereses en las políticas que se apliquen, pero una gran parte de los costos de esas políticas recaerán sobre el conjunto de la sociedad. Los compradores de votos están, en cierto sentido, aprovechándose (*free-riding*) del gasto de la sociedad en su conjunto, que carga con una (gran) parte de los costos, para una legislación que favorece los intereses de dichos donantes privados.

El segundo mecanismo para convertir el dinero en influencia o poder político consiste en utilizarlo para establecer la agenda de la toma de decisiones colectiva. Si, como ocurre en las elecciones presidenciales de EE.UU., la capacidad de recaudar fondos es un factor determinante para saber quién será el próximo candidato, y si las personas de clase media-alta y ricas tienen más probabilidades de ser donantes, entonces los candidatos políticos que representan esos intereses de las clases media-alta y alta tienen muchas más probabilidades de estar en la papeleta electoral en primer lugar. Dado que las personas acomodadas son mucho más propensas a contribuir a la financiación de las campañas, y dado que los donantes eligen dar dinero a personas que comparten sus valores y creencias, los intereses y opiniones de quienes no pueden donar no estarán representados en los debates electorales ni en la papeleta. Christiano argumenta que si parte del valor de la democracia es que trata públicamente a los ciudadanos como iguales, dándoles la misma voz en el proceso de toma de decisiones colectiva, entonces los gastos financieros en política causan una gran desigualdad de oportunidades a la hora de influir en la agenda política.[16]

Un tercer mecanismo es que el dinero puede utilizarse para influir en las opiniones. Los ricos pueden comprar medios de comunicación, que pueden utilizar para controlar tanto la difusión de la información como los argumentos que se discuten en el debate público. Los medios de comunicación se han convertido en un factor de poder muy importante en las democracias contemporáneas, pero si el acceso a los medios es una mercancía que puede comprarse y venderse al mejor postor, esto proporciona otro mecanismo para que los ricos conviertan el poder financiero en poder político. Los grupos de presión son otro instrumento cada vez más importante para influir en las opiniones. Una vez más, sus servicios son costosos, por lo que los intereses de quienes pueden permitirse contratar a estos grupos estarán mucho mejor representados en la toma de decisiones de políticos y aquellos responsables de la elaboración de políticas públicas.

---

16   Christiano (2012, 245).

Aunque los análisis de cómo el dinero puede influir en las opiniones suelen enfocarse principalmente en los medios corporativos y los grupos de presión, también hay formas más sutiles en las que los ricos pueden influir en las opiniones, no necesariamente en cuestiones directas de legislación y políticas públicas, sino también de forma más difusa en la construcción de lo que se percibe como evidencia sólida y conocimiento. Los ricos también pueden usar su poder financiero para cambiar el panorama ideológico y lo que se percibe como "evidencia sólida", por ejemplo, a través de la investigación y los *think tanks*, que proporcionan argumentos que apoyan las opiniones de sus financiadores sobre diversas cuestiones sociales, económicas y políticas. Por ejemplo, la investigación histórica de Daniel Stedman Jones ha demostrado cómo el apoyo financiero privado desempeñó un papel crucial en la difusión del pensamiento neoliberal dentro de las universidades y, posteriormente, dentro de la política.[17]

Por último, en la medida en que los ricos tienen su riqueza concentrada en empresas, pueden socavar objetivos elegidos democráticamente utilizando su poder económico. Esto convierte el poder de los capitalistas en un instrumento para restringir la viabilidad de la elaboración democrática de políticas. Por ejemplo, si los ciudadanos han decidido democráticamente que quieren menos emisiones de gases de efecto invernadero en su país, las grandes empresas pueden amenazar con trasladar su producción contaminante a otros países si el gobierno democráticamente electo impusiere una regulación ecológica más estricta de las emisiones.[18]

Todos éstos son mecanismos a través de los cuales la riqueza socava la igualdad política de los ciudadanos. Sin embargo, la igualdad política de los ciudadanos es la piedra angular de las sociedades libres y es el principio más básico de nuestras constituciones democráticas. La constitución debería garantizar la igualdad política, pero no protege nuestro derecho a ser ricos. Por lo tanto, tenemos un primer argumento para explicar por qué no debemos ser ricos, a saber, porque socava la igualdad política.

Se podría objetar al argumento democrático a favor del limitarismo de la siguiente manera. La preocupación moral no es tanto que haya

---

17 Stedman Jones (2012).
18 Christiano (2012, 250); véase también Christiano (2010).

desigualdades dentro de una esfera de la vida (por ejemplo, el bienestar económico), sino que la posición que uno tiene en una esfera de la vida pueda utilizarse para adquirir una posición mejor en otra esfera de la vida (por ejemplo, la política, la educación). Por lo tanto, la verdadera preocupación moral no es la desigualdad *per se*, sino la propagación de la desigualdad de una esfera de la vida a otra.[19] Seguramente debería haber soluciones para evitar que el poder financiero se convierta en poder político, más allá de simplemente obligar a los ricos a deshacerse de su dinero excedente. Por ejemplo, se podría intentar reformar la legislación sobre la financiación de las campañas o el Estado podría garantizar radio y televisión públicas para restablecer el equilibrio de opiniones y argumentos en el debate público. Dean Machin ha argumentado que deberíamos dar a los superricos la opción de elegir entre incurrir en un impuesto del 100% sobre su riqueza por encima del nivel que les hace superricos, o perder algunos derechos políticos.[20] La idea es que esto impediría a los ricos comprar influencia y poder políticos. Del mismo modo, se podría argumentar que si implementamos una legislación adecuada sobre las campañas y la lucha contra la corrupción, el dinero invertido por los ricos ya no podría afectar significativamente a la política y no habría ninguna razón democrática para hacer que el dinero excedente sea algo indeseable.

Aunque algunas de estas medidas institucionales son seguramente necesarias para una democracia sana, ninguna de las soluciones restablecerá la igualdad política entre los ciudadanos ricos y los no ricos. Esto se debe a que gran parte de la influencia política de los ricos escapa al funcionamiento de las instituciones formales, como la legislación y la regulación. Los ricos podrían renunciar a su derecho al voto, pero si siguen siendo capaces de crear y financiar *think tanks* que producen investigaciones ideologizadas, o si siguen teniendo acceso privado directo a los funcionarios del gobierno, entonces seguirán teniendo niveles desproporcionados de poder político. Dada la estratificación general de clases en la sociedad, los ricos tienden a conocer a otros ricos de las escuelas y universidades donde recibieron su educación, o de interactuar en clubes donde la membresía sólo es asequible para los ricos. El dinero no sólo se traduce en capital económico y poder

---

19 Walzer (1983).
20 Machin (2013).

político, sino también en capital social. La acumulación de capital social estratificado por clases puede limitarse hasta cierto punto, por ejemplo, prohibiendo la educación privada cara y selectiva, o creando barrios mixtos mediante programas de planificación territorial. Pero esto, en el mejor de los casos, puede *limitar* la acumulación de capital social según las líneas de afluencia y clase. La mayoría de las razones por las que las personas ricas e influyentes socializan con otras personas ricas e influyentes no pueden ser influenciadas por los responsables de la elaboración de políticas.

La imposición de mecanismos institucionales formales para disminuir el impacto del dinero en la política es, por lo tanto, factible sólo hasta cierto punto. Por lo tanto, las grandes desigualdades de ingresos, y la posesión de dinero excedente en particular, siempre socavarán la igualdad política, incluso en sociedades en las que esos cuatro mecanismos se han debilitado al máximo mediante medidas institucionales. Por lo tanto, si sostenemos que el valor de la democracia y la igualdad política en particular son piedras angulares de las sociedades justas, entonces tenemos una primera razón para respaldar el limitarismo.

4. El argumento de las necesidades urgentes insatisfechas

La segunda justificación de la doctrina limitarista puede denominarse *el argumento de las necesidades urgentes insatisfechas*. Este argumento es esencialmente de naturaleza consecuencialista y hace que la justificación del limitarismo dependa de tres condiciones empíricas. Estas condiciones, que podemos llamar las circunstancias del limitarismo, son las siguientes:

(a) *la condición de pobreza extrema mundial*: un mundo en el que hay muchas personas que viven en la pobreza extrema y cuyas vidas podrían mejorar significativamente mediante acciones dirigidas por gobiernos que requieren recursos financieros;

(b) *la condición de desventajas locales o globales*: un mundo en el que muchas personas no florecen y sufren privaciones significativas en algunas dimensiones y cuyas vidas podrían mejorar significativamente con acciones dirigidas por gobiernos que requieren recursos financieros;

(c) *la condición de problemas urgentes de acción colectiva*: un mundo que se enfrenta a problemas (globales) urgentes de acción colectiva que podrían (en parte) ser abordados por acciones dirigidas por gobiernos que requieren recursos financieros.

El *argumento de las necesidades urgentes insatisfechas* depende de estas condiciones: si no se cumple ninguna de ellas, el argumento deja de ser válido. Al menos una de estas tres condiciones debe cumplirse para que el argumento sea válido. Sin embargo, en el mundo como lo conocemos, se cumplen las tres.[21] En primer lugar, la condición de la pobreza extrema mundial se cumple claramente. Miles de millones de personas en todo el mundo viven en la pobreza (extrema) y, aunque no todas las soluciones que implican costos financieros o redistribución financiera son eficaces para su erradicación, muchas, si no es que todas, las intervenciones eficaces para reducir la pobreza requieren recursos financieros.[22] Incluso cambios institucionales, como la creación de una burocracia públicamente fiscalizable o el establecimiento del Estado de Derecho, requieren recursos financieros.

La segunda condición también se cumple. Incluso las personas que no son extremadamente pobres en términos materiales pueden sufrir privaciones o desventajas en muchos otros aspectos. En todos los países postindustrializados, hay ciudadanos sin hogar o excluidos socialmente hasta el punto de que no pueden participar plenamente en la sociedad; los niños con necesidades educativas especiales no siempre reciben una educación que los rete y que les permita desarrollarse adecuadamente; un número sorprendentemente grande de personas son analfabetas

---

21 Se puede aplicar una excepción y es la pregunta de si los gobiernos (a diferentes niveles, desde el local hasta las organizaciones globales cuasi gubernamentales como la ONU) serían capaces de abordar los tres tipos de necesidades insatisfechas con eficacia, si sólo tuvieran los fondos. En los llamados estados fallidos o en los países que tienen gobiernos muy corruptos, es posible que no se cumplan las condiciones. En estos casos, puede darse el caso de que las iniciativas privadas de los individuos ricos sean más eficaces para satisfacer las tres categorías de necesidades urgentes insatisfechas.

22 Ejemplos de intervenciones de desarrollo que dependen de los recursos y contribuyen a la reducción de la pobreza son los planes de microcréditos o la Ley Nacional de Garantía del Empleo Rural de la India. El caso más claro de una intervención de desarrollo que depende en gran medida de los recursos es el de una renta básica incondicional, o el de las ayudas incondicionales a la infancia o las pensiones a la tercera edad que existen, por ejemplo, en Sudáfrica.

funcionales, y un número preocupantemente grande de adultos y niños tienen problemas de salud mental para los que no reciben la ayuda adecuada.[23]

La tercera condición también se cumple, ya que existen numerosos problemas de acción colectiva que requieren la atención de los gobiernos u otros actores de cambio. Como han documentado veinte años de *Informes sobre Desarrollo Humano*, muchos grandes problemas colectivos a los que se enfrenta el mundo podrían abordarse eficazmente si los gobiernos dedicaran la suficiente atención y recursos a estas cuestiones. Abordar el cambio climático y el deterioro de los ecosistemas de la Tierra es sin duda el problema actual más urgente, el cual podría mitigarse en parte con una inversión masiva en innovación tecnológica verde. Otras cuestiones podrían abordarse, por ejemplo, ofreciendo mayores oportunidades educativas a las niñas, servicios de salud reproductiva en zonas donde hay una gran necesidad insatisfecha de anticonceptivos, programas de reforestación a gran escala, etc. Todo esto requiere recursos financieros.[24]

Si se da alguna de estas tres circunstancias, ciertas necesidades tendrán una mayor urgencia moral que los deseos que podrían ser satisfechos con los ingresos y la riqueza que poseen los ricos. Recordemos que el dinero que poseen los ricos y que supera la línea de riqueza es su *dinero excedente*. El argumento de las necesidades urgentes insatisfechas sostiene que, dado que el dinero excedente no contribuye al florecimiento de las personas, tiene un peso moral nulo y sería irrazonable rechazar el principio de que deberíamos utilizar ese dinero para satisfacer esas necesidades urgentes insatisfechas. El principio limitarista se apoya, pues, en una versión modificada del Principio de Auxilio de Thomas Scanlon, que afirma que si a uno "se le presenta una situación en la que puede impedir que ocurra algo muy malo, o en la que puede aliviar la penosa situación de alguien, haciendo sólo un pequeño (o incluso moderado) sacrificio, entonces sería incorrecto que no lo hiciese".[25] Scanlon también señala la famosa defensa de Peter

---

23 Véase, por ejemplo, Wolff y de-Shalit (2007).
24 Véase, por ejemplo, Gardiner, Caney, Jamieson y Shue (2010); PNUD, (2011); Broome (2011).
25 Scanlon (2003, 285).

Singer de una versión del Principio de Auxilio en su influyente artículo "Famine, Morality and Affluence".[26]

El principio limitarista que defiendo aquí se asemeja a los principios de Singer y Scanlon. Sin embargo, hay al menos dos diferencias significativas. En primer lugar, el limitarismo es menos exigente que los principios de Singer y Scanlon, ya que sólo toma postura con respecto a los deberes morales relacionados con el dinero excedente. No postula ningún deber con respecto al dinero que usaríamos para florecer, pero que no necesitamos para escapar de la pobreza, como, por ejemplo, el dinero que gastamos en aprender a tocar el piano o en unas vacaciones en el extranjero. Según una interpretación muy extendida de la perspectiva de Singer, no deberíamos gastar ese dinero en tocar el piano o en unas vacaciones, sino que deberíamos enviarlo a Oxfam. Como muchos han señalado, un principio tan radical es excesivamente exigente.[27] El limitarismo, por el contrario, no necesita adoptar una postura con respecto a nuestros deberes relacionados con el dinero que poseemos y que no es dinero excedente, y por lo tanto puede formar parte de una teoría comprehensiva de la justicia o la moral que puede evitar ser sobrexigente. Por ejemplo, mientras que el limitarismo sostiene que el 100% del dinero excedente debe redistribuirse y reasignarse para satisfacer los tres conjuntos de necesidades urgentes insatisfechas, esta afirmación podría formar parte de una perspectiva más comprehensiva de la justicia en la que los ingresos entre la línea de pobreza y el umbral de riqueza se gravarían en porcentajes muy inferiores al 100%, y esos ingresos fiscales deberían redistribuirse entre las necesidades urgentes insatisfechas mencionadas anteriormente.

La segunda diferencia con respecto a los principios de Singer y Scanlon es que el argumento de las necesidades urgentes insatisfechas amplía la categoría de las necesidades que hay que atender. Scanlon se refiere a situaciones en las que "vidas se ven inmediatamente amenazadas" o a las personas que "padecen un gran dolor, o viven en condiciones de mera subsistencia". Singer también se centra en los más desfavorecidos a nivel mundial, aquellos cuyas muertes por hambruna e indigencia podrían evitarse. Aunque no niego que las necesidades básicas de estas personas deban satisfacerse, no puedo afirmar que la

---

26 Singer (1972).
27 Para un debate reciente, véase Sønderholm (2013). Véase también Cullet (2004).

vida de un indigente que vive en las calles de Moscú o Chicago, con un gran riesgo de morir congelado, o las vidas de pacientes psiquiátricos que sufren ataques de ansiedad y conductas autolesivas, sean menos urgentes de abordar.

Obsérvese que el argumento de las necesidades urgentes insatisfechas no niega que sea posible que las personas sigan *queriendo* su dinero excedente, por ejemplo, para gastarlo en estilos de vida lujosos, o simplemente para acumularlo. Sin embargo, la concepción de florecimiento es una concepción objetiva del bienestar; no hay que confundir el florecimiento con una concepción del bienestar basada en el deseo y su satisfacción. Este tipo de concepciones subjetivas del bienestar pueden ser plausibles y defendibles para algunos propósitos, pero no si necesitamos una *noción* de bienestar *relevante para las políticas*, como es el caso de las discusiones sobre la justicia distributiva.

Obsérvese también que el argumento de las necesidades urgentes insatisfechas no considera la riqueza como un estado social intrínsecamente malo, ni a los ricos como personas no virtuosas. Más bien, el argumento de las necesidades urgentes insatisfechas se basa en la premisa de que el valor de los ingresos excedentes es moralmente insignificante *para el titular* de esos ingresos, pero no para la sociedad en general, al menos bajo ciertos usos alternativos.

Una fortaleza de este argumento consecuencialista a favor del limitarismo es que es muy adecuado para el mundo no ideal, en el que a menudo no tenemos información sobre los orígenes de los excedentes de ingresos de las personas y sobre su conjunto de oportunidades iniciales. De manera más precisa, no necesitamos saber si el excedente de ingresos de alguien procede de una innovación astuta en un mercado en el que había una enorme demanda de un bien innovador concreto, si es dinero blanqueado procedente de actividades semicriminales, si procede de formar parte de un cártel de directivos de alto nivel que se otorgan entre sí unos ingresos excesivamente altos, o si es la herencia acumulada de cuatro abuelos frugales. Si uno tiene tanto dinero que tiene más de lo necesario para florecer plenamente en la vida, entonces uno tiene demasiado, y ese dinero debería redistribuirse para mejorar una de las tres condiciones que componen las circunstancias del limitarismo.

5. Una concepción de la riqueza

En las dos secciones anteriores, he ofrecido dos argumentos en defensa del limitarismo. Sin embargo, estos argumentos permanecerán ambiguos y elusivos si primero no definimos los umbrales relevantes. En otras palabras, necesitamos saber quién cuenta como rico y quién no. Tal definición de la riqueza es necesaria ya que, de lo contrario, el limitarismo sufrirá la misma ambigüedad que rodea al suficientarismo— la perspectiva de que todo el mundo debería tener recursos o bienestar por encima de un determinado umbral—. Como dice Paula Casal, "el suficientarismo mantiene su plausibilidad porque permanece vago respecto de cuál es el umbral crítico".[28] Es difícil saber si el limitarismo es una perspectiva plausible si no sabemos cuál es el umbral crítico por encima del cual se juzga que una persona tiene demasiado.

Con esto en mente, en esta sección ofreceré una conceptualización de la noción de "riqueza". Esto nos permitirá identificar a los ricos. La conceptualización deberá cumplir tres criterios. En primer lugar, el propósito de la conceptualización es que cumpla una función en las afirmaciones normativas de justicia. En segundo lugar, dado el carácter no ideal de este proyecto, la conceptualización tiene que ser operativa: con acceso a los datos pertinentes, los economistas y los científicos sociales deberían ser capaces de estimar la cantidad de riqueza dentro de una determinada población y de identificar a las personas ricas. En tercer lugar, la conceptualización no debería ser una concepción que considere todos los factores que abarque todo lo que importa cuando consideramos la calidad de vida de las personas. Una persona puede ser rica pero infeliz; una conceptualización adecuada de la riqueza no debería agrupar todos estos factores. Ser rico no es lo único que importa en la vida; de hecho, es posible que sea algo que no importa mucho. Sin embargo, en cuestiones de justicia distributiva, podemos tener buenas razones para querer captar qué es la riqueza y sólo la riqueza, reconociendo a su vez que para algunas otras cuestiones esto no debería ser el único enfoque investigativo. Después de desarrollar una conceptualización de la riqueza, analizo y respondo a dos objeciones en contra de esta concepción.

---

28 Casal (2016, 284).

5.1. ¿La "riqueza" es una noción absoluta o relativa?

Dado que la pobreza y la riqueza son colas opuestas de la misma distribución, la literatura sobre la conceptualización de la pobreza proporciona un buen punto de partida para pensar en cómo conceptualizar la riqueza.[29] Si queremos identificar a los pobres, tenemos que definir una línea, que es un determinado punto de corte en la métrica que consideramos relevante (por ejemplo, el dinero): cualquiera que se sitúe por debajo de ese punto de corte se califica de pobre. Para identificar a los ricos, tenemos que definir una línea de riqueza, un punto de corte en la métrica tal que todos los que se sitúen *por encima de dicha línea califiquen de ricos*. A primera vista, pues, la conceptualización de la riqueza es simétrica a la de la pobreza. De la literatura sobre la pobreza se desprenden tres cuestiones relevantes para la conceptualización de la riqueza: en primer lugar, la cuestión de las mediciones de pobreza relativas frente a las de pobreza absoluta; en segundo lugar, la cuestión de la métrica de comparación relevante; en tercer lugar, la cuestión del alcance de la comparación. Abordaremos la cuestión de la métrica de comparación más adelante. Primero trataremos la cuestión de las mediciones relativas frente a las absolutas y el alcance de estas comparaciones.

Una medición de la pobreza *relativa* define la pobreza únicamente en términos de la distancia a la media de la distribución. Por ejemplo, en la Unión Europea, la pobreza se define como el hecho de vivir a un nivel igual o inferior al 60% de la renta media del país en el que se vive. Una línea de pobreza *absoluta* define la pobreza en términos de los recursos necesarios para satisfacer algunas necesidades básicas, como una alimentación adecuada, una vivienda, etc.

En la literatura empírica, se suele reconocer que ninguna línea de pobreza es claramente superior al resto y que cada conceptualización de la pobreza se enfrenta a algunos desafíos.[30] Estadísticos y elaboradores de políticas en Europa, América del Norte y Australia están a favor de las mediciones relativas en lo que respecta a los ingresos. Sin embargo, hay al menos dos problemas con las mediciones relativas desde un punto de

---

29 Sen (1983).
30 Goodman, Johnson y Webb (1997, 231).

vista conceptual.[31] El primero es que las mediciones relativas mezclan "la pobreza" con "los más desfavorecidos", independientemente de lo bien o mal que estén esos más desfavorecidos. Por lo tanto, una medición relativa se entiende mejor como un híbrido de una medición de la pobreza y una medición de la desigualdad. En segundo lugar, en el caso de las mediciones relativas, siempre habrá pobres y, por lo tanto, nunca se podrá ganar la lucha contra la pobreza, incluso si todo el mundo viviera en una utopía de afluencia. La única excepción sería si se eliminara por completo la desigualdad o si se eliminara por completo la distribución del ingreso por debajo del umbral de pobreza, por ejemplo, introduciendo una renta básica incondicional fijada al nivel de la línea de pobreza.

La segunda lección de la literatura sobre la pobreza está relacionada con el alcance de las comparaciones de la pobreza. Las mediciones de la pobreza suelen aplicarse a zonas geográficas relativamente homogéneas en términos de desarrollo económico o que forman una unidad fiscal. Esto es especialmente cierto para las mediciones de pobreza relativa. Algunas mediciones de pobreza absoluta, especialmente relacionadas con la pobreza en los países en desarrollo, son absolutas y pueden aplicarse a nivel internacional, como el conocido umbral de pobreza de 2 dólares al día. Sin embargo, aparte de la pobreza extrema entendida como tener los meros prerrequisitos para la subsistencia física, el consenso sobre la medición de la pobreza es que ésta debe entenderse en su contexto local, ya que ser pobre en la India equivale a algo diferente de serlo en Inglaterra. Se podría argumentar que, independientemente del contexto, existe una idea abstracta de la pobreza que se comparte en todos los contextos, como la de no tener suficientes recursos materiales para vivir una vida digna. Pero la traducción concreta de esa idea abstracta tendrá que especificarse en función del contexto.

¿Cómo se han utilizado estas intuiciones sobre la naturaleza relativa/absoluta de las mediciones de pobreza y el alcance de las comparaciones en las mediciones de afluencia y riqueza? Los pocos análisis empíricos existentes sobre la riqueza tienden a definir a los ricos en términos relativos. En uno de los pocos estudios empíricos que hay sobre la riqueza, los especialistas británicos en política social Karen Rowlingson

---

31   Sen (1983).

y Stephen McKay definen tres categorías de personas ricas: los «ricos» (*the rich*) son el 10% más acomodado según una medida combinada de ingresos y activos; los "riquísimos" (*the richer*) son el 1% más alto; mientras que los 1,000 hogares más ricos son el grupo "más rico de todos" (*the richest*).[32]

Desde un punto de vista teórico, las mediciones de riqueza relativas parecen arbitrarias y sufren los mismos problemas que las mediciones de pobreza relativas.[33] En primer lugar, si la distribución del ingreso se desplaza y la situación material de todo el mundo mejora o empeora, el número de personas ricas sigue siendo el mismo. Supongamos que respaldamos una medición de riqueza relativa que define a los ricos como el 10% superior de la distribución del ingreso y activos. Supongamos ahora que el gobierno sueco descubre un enorme yacimiento de petróleo bajo sus territorios y decide distribuir las ganancias dando a todos los ciudadanos suecos el mismo derecho a los beneficios de la explotación del petróleo. Si la renta anual disponible de todo el mundo aumenta en 20,000 euros, el número de ricos, riquísimos y más ricos de todos en una medición de riqueza relativa seguirá siendo exactamente el mismo, y los miembros de la clase media, que estaban justo por debajo del punto de corte para ser considerados ricos (digamos, quienes estaban en el percentil 89 antes del aumento de la renta real), seguirán siendo considerados de clase media. Según este criterio, eran casi ricos, y aparentemente los 20,000 euros adicionales de renta disponible no suponen una diferencia en si cuentan como ricos o no. La idea de que una medición de la riqueza sea insensible a los cambios en el nivel de ingresos absolutos es sorprendentemente inverosímil. Las mediciones de riqueza relativas pueden ser apropiadas para rastrear la posición de los ingresos de la cola superior de la distribución del ingreso a lo largo del tiempo, o para comparar la posición del $x\%$ de personas más ricas en diferentes países, pero las mediciones de riqueza relativas son inadecuadas para dar una respuesta adecuada a las preguntas: "¿Qué implica la riqueza?" o "¿Quién debe contar como rico?".

En segundo lugar, hay que distinguir entre ser la persona que se encuentra en la mejor posición en términos materiales (una noción

---

32 Rowlingson & McKay (2011).
33 Por supuesto, hay que reconocer que la investigación empírica se enfrenta a menudo a limitaciones de información y tiene que hacer simplificaciones.

comparativa) y ser rico (una noción absoluta). Una persona puede tener una posición excelente, o incluso la mejor, en términos comparativos, pero en términos absolutos puede estar en una situación desesperada. Esto es más evidente en el caso de una situación de vida o muerte. Por ejemplo, imagínese un campo de refugiados peligroso y superpoblado en Darfur. En tal contexto, tener acceso a un objeto básico útil, como un cuchillo o una linterna, es sin duda increíblemente importante y puede ser tremendamente inusual: esta persona posee un bien valioso que la mayoría de las personas del campo de refugiados no tienen y, por lo tanto, esta persona se encuentra en una situación ventajosa comparativamente hablando. Pero poseer algún objeto valioso que la mayoría de las personas de su entorno no poseen no es suficiente para que una persona sea rica. Sería profundamente contraintuitivo decir que un refugiado desnutrido cuya única posesión es un cuchillo debería considerarse rico. En cambio, puede decirse que esa persona está ligeramente menos desprovista o ligeramente mejor equipada en la lucha por la supervivencia.

Los problemas conceptuales de las mediciones de pobreza relativas se reflejan, pues, en las mediciones de riqueza relativas. Sin embargo, de esto no se deduce que las únicas opciones que queden sean las mediciones de la pobreza y la riqueza absolutas, como la medición de la pobreza de 2 dólares al día, o una métrica de la riqueza que establezca, por ejemplo, que si tu renta familiar disponible es de 100,000 euros o más, cuentas como rico. Hay más opciones de mediciones de riqueza, pero para verlas tenemos que distinguir entre dos tipos de mediciones relativas, a saber, las mediciones relativas con respecto a la distribución y las mediciones relativas con respecto al contexto.

Las *mediciones relativas con respecto a la distribución* definen la riqueza o la pobreza en función de una determinada distancia a partir de la media de la distribución. Las *mediciones relativas con respecto al contexto o contextuales*, en cambio, hacen *alguna* referencia (generalmente más débil) al contexto de la medición en la definición de la línea de riqueza o pobreza, sin que esa referencia sea una función de la propia distribución. La relatividad del contexto es plausible para una concepción de la riqueza, ya que nos permite explicar la naturaleza socialmente constructiva de la riqueza y admitir diferencias en nuestra comprensión de la riqueza a lo largo del tiempo y el espacio. Por ejemplo, en Europa Occidental, poseer un coche nuevo, aunque no lujoso, no lo convierte a uno en rico, pero hay zonas del mundo en las que la posesión de un coche es un indicador clave de afluencia.

Una conceptualización plausible de la riqueza debería evitar la relatividad con respecto a la distribución, es decir, la riqueza no debería definirse como una parte o un porcentaje concreto de la distribución del bienestar o de los recursos materiales, ni como aquellos que viven a una cierta distancia por encima de la media de esa distribución. Más bien, deberíamos ser capaces de describir en términos absolutos lo que tener riqueza implica, aunque esa descripción absoluta sea contextualmente específica, y aquellas personas que cumplan los criterios que implica esta conceptualización serán entonces consideradas ricas.

La elección de una conceptualización absoluta de la riqueza en función del contexto específico proporciona un primer paso hacia una conceptualización de la riqueza. Sin embargo, esto plantea dos preguntas difíciles de responder: en primer lugar, ¿cuál es la métrica con la que conceptualizamos la riqueza?, y, en segundo, ¿dónde trazamos la línea de la riqueza, el punto de corte en la métrica por encima del cual una persona se calificará de rica y, por lo tanto, según la doctrina limitarista, de tener demasiado?

5.2. El poder de los recursos materiales

La riqueza se entiende intuitivamente y según el sentido común como el estado en el que uno tiene más recursos de los necesarios para florecer plenamente en la vida. Sin embargo, para desarrollar una norma distributiva, es necesario ampliar y especificar este concepto. Más concretamente, necesitamos articular la relación entre los recursos y el florecimiento humano. Parece bastante obvio que no queremos desarrollar una métrica de bienestar subjetivo para la conceptualización de las riquezas (como la felicidad o la satisfacción de las preferencias, o los juicios autopercibidos de afluencia). Una medida subjetiva, como el grado de satisfacción de una persona, o qué tan acomodada se considera una persona a sí misma, puede ser interesante para otros fines, pero no reflejará lo que realmente son la afluencia y la riqueza. Una medida subjetiva chocaría con nuestra noción de sentido común de que la afluencia no se refiere a un estado mental, ni a la felicidad o la satisfacción, sino a las posesiones materiales que poseen las personas o al aspecto material de su calidad de vida. Además, las medidas de bienestar subjetivo son problemáticas debido al problema generalizado de la adaptación. Los problemas de adaptación no sólo se dan en el caso de las personas desfavorecidas u oprimidas que se adaptan a circunstancias adversas; las personas ricas también se adaptan a su nivel actual de bienestar y, por tanto, adaptan sus niveles de satisfacción y sus aspiraciones *de forma ascendente*. Una persona rica que vive entre otros ricos puede no sentirse rica en absoluto, y una persona rica que vive entre hiperricos puede incluso creer firmemente que no es rica, ya que otros a su alrededor tienen incluso más que ella. Sobre todo en los países con un alto nivel de segregación de clases, esto puede dar lugar a distorsiones significativas en la evaluación que hacen las personas de su nivel de afluencia. Por lo tanto, debemos alejarnos de los juicios subjetivos sobre el estatus de afluencia y, en su lugar, desarrollar una concepción de la afluencia y la riqueza que sea objetiva y conceptualice la relación entre las posesiones materiales y el florecimiento o el bienestar.[34]

En el lenguaje cotidiano, la métrica común de la afluencia son los recursos materiales que las personas tienen a su disposición, tanto los flujos como las reservas de recursos materiales. En sus estimaciones empíricas, Rowlingson y McKay utilizan una combinación de flujos de ingresos y una estimación de activos como su métrica para determinar quiénes cuentan como ricos, riquísimos y los más ricos de todos. Muchos otros indicadores populares de riqueza también se centran en la cantidad de dinero que la gente tiene en su poder (por ejemplo, se habla de "multimillonarios") o en los lujosos bienes materiales que la gente ha comprado con ese dinero, como coches caros, casas grandes, ropa de diseño, etc. A primera vista, parece que hay motivos para conceptualizar la afluencia y la riqueza en términos de una métrica que se centre en el aspecto material de la calidad de vida, ya sea en los medios que uno tiene a su disposición (ingresos, bienes de consumo duradero, activos) o en el estilo de vida material que uno puede permitirse disfrutar.

Sin embargo, algunos de los argumentos que se han formulado desde el enfoque de las capacidades sobre la conceptualización de la pobreza también pueden tener cierta fuerza en la conceptualización de

---

[34] Para los argumentos sobre por qué las métricas de la justicia deben ser objetivas, véase Anderson (2010, 85-87).

la afluencia. Por ejemplo, si tengo muchas necesidades debido a una discapacidad física o a problemas de salud mental generalizados, la cantidad de dinero que haría rica a una persona sin discapacidad puede que no me haga rica, ya que es posible que tenga que gastar mucho dinero en mis necesidades médicas antes de poder contemplar la posibilidad de gastarlo en artículos de lujo. El conocido argumento del enfoque de las capacidades, que favorece centrarse en lo que las personas pueden hacer con sus recursos en lugar de en los recursos mismos, aplica.[35]

Sin embargo, tomar en cuenta estos factores puede llevarnos a una situación complicada a la hora de conceptualizar la afluencia, ya que puede que no queramos tomar en cuenta *todas* las diferencias individuales entre las personas. Algunas de estas diferencias pueden ser necesidades, como en el caso de una persona con alguna discapacidad, pero otras pueden ser simplemente "gustos caros", que puede que no queramos tomar en cuenta a la hora de decidir quién es acomodado y quién no.[36] Por ejemplo, una persona semiparapléjica que se compra una silla de ruedas eléctrica adquiere un bien caro que *necesita* para garantizar algunos funcionamientos básicos, a saber, adquirir la misma movilidad que tienen las personas sin discapacidades para caminar, ir en bicicleta o utilizar el transporte público. Sin embargo, una persona sin discapacidades que vive en una ciudad con un excelente transporte público y una excelente infraestructura para bicicletas, que compra un *scooter* de lujo sólo por diversión o porque es un poco perezosa, está comprando un artículo de lujo. Ambas son mercancías similares y pueden tener un precio parecido, pero desde un punto de vista normativo la segunda compra debería contar como un artículo de lujo, mientras que sería profundamente contraintuitivo decir que esa compra cuenta como un artículo de lujo para la persona con discapacidad, ya que simplemente es necesaria para garantizar algún funcionamiento básico. El reto de distinguir las "necesidades" de los "gustos caros" es un problema general para el enfoque de las capacidades. Además, indica el precio teórico que tenemos que pagar por respaldar la idea central del

---

35 Véase Sen (1983); Sen, (1987); Sen, (1985). Para las estimaciones empíricas que demuestran que las personas con discapacidades necesitan muchos más recursos para alcanzar el mismo nivel de afluencia, véase Kuklys (2006).
36 Sobre el gusto caro, véase Dworkin (1981a).

enfoque de las capacidades: que lo que importa no son los recursos que tienen las personas, sino lo que esos recursos pueden hacer por ellas.

Adoptando estas ideas del debate sobre la métrica de la justicia, quiero proponer una métrica de la afluencia que capture estas tres ideas: primero, debería capturar nuestra comprensión de sentido común de los términos "rico" y "afluencia" como referentes a las posesiones materiales de las personas; segundo, debería incorporar la idea central del enfoque de las capacidades, a saber, que cuando consideramos el nivel de vida de las personas no estamos interesados en los recursos en sí mismos, sino en lo que esos recursos permiten a las personas hacer y ser; tercero, debería capturar las preocupaciones relacionadas con la distinción entre necesidad y deseo que se ha debatido ampliamente en la literatura sobre las teorías de la justicia distributiva.

Denomino a la métrica de afluencia propuesta *el poder de los recursos materiales* (PMR, por sus siglas en inglés). El PMR es una métrica del ingreso que realiza una serie de modificaciones en nuestro nivel de ingresos para que la métrica del ingreso modificado refleje adecuadamente el poder que tenemos para convertir ese ingreso en calidad de vida material. El PMR se construirá de tal manera que capte del mejor modo posible la conceptualización del aspecto material de la calidad de vida y, por lo tanto, pueda utilizarse como métrica de la afluencia.[37]

$$PMR = (Y_G + Y_K + A - EXP - T - G) * ES * CF$$

1. El PMR parte del ingreso total bruto de un hogar (Y_G). Es decir, agregamos los ingresos procedentes de todas las fuentes, ya sea del trabajo, los beneficios, los derechos (como las prestaciones por hijos), las transferencias o los rendimientos del capital financiero o de inversiones. En consonancia con todas las mediciones empíricas de la pobreza y la desigualdad, suponemos que los ingresos y los activos dentro del hogar son compartidos.

2. Añadimos a Y_G una estimación monetaria de cualquier ingreso o transferencia en especie (Y_K). Por ejemplo, si una persona mayor vive en una residencia de ancianos que paga

---

[37] Mantenemos los elementos del cálculo del PMR como en el inglés original [N.d.T.].

su hijo adulto, entonces el costo de vivir en una residencia de ancianos se añadirá a la renta estimada de esa persona mayor (y se restará como donación (G) del PMR del hijo adulto). Del mismo modo, si una empresa de diamantes decide regalar a sus empleados diamantes como bonificación o regalo de Navidad, entonces el valor de mercado de esos diamantes se sumará a los ingresos de esas personas.

3. Añadimos una estimación de la anualidad vitalicia (A) de los activos de un hogar. Es decir, estimamos lo que valdrían los activos de un hogar si se vendieran como una anualidad vitalicia, es decir, si el activo se convirtiera en un pago anual durante el resto de la vida del propietario. Estos activos incluyen no sólo los bienes inmuebles y los ahorros financieros, sino también las acciones, las participaciones y la propiedad de empresas.

4. Si una persona corre con gastos razonables para realizar actividades generadoras de ingresos, éstos también se deducen del ingreso bruto. Por ejemplo, deben incluirse los gastos netos (EXP) en el cuidado de los niños y otras formas de cuidado familiar, pero también los gastos de desplazamiento o de mejora del propio capital humano.[38] Obviamente, esta noción de "gastos razonables" es vaga e inevitablemente habrá una zona gris en la que no estemos seguros y/o no estemos de acuerdo sobre dónde trazar la línea entre los gastos razonables y los no razonables. Pero la presencia de una zona gris no debería impedirnos deducir al menos aquellos gastos en los que existe un amplio consenso de que son inevitables o de otro modo razonables y necesarios para la generación de ingresos.

5. A continuación, deducimos los impuestos que la persona ha pagado sobre la renta y la anualidad (T) y también deducimos las transferencias de dinero o las donaciones (G) que haya hecho el hogar. No todas las donaciones pueden deducirse del ingreso para definir el PMR de una persona; esto se aplica sólo a aquellas donaciones que representan un aumento neto del

---

38 Por supuesto, la parte de estos gastos que ya cubren el empleador o el gobierno no debería deducirse, excepto si se han añadido primero al Y_G.

PMR de otra persona. Las donaciones a causas que no afectan el PMR de alguien, como las contribuciones a campañas políticas o el apoyo financiero a las artes y las ciencias, no deben tomarse en cuenta, ya que estas donaciones dan al donante el poder de decidir en qué causas se gasta más o menos dinero.

6. Llegados a este punto, debemos considerar el argumento del enfoque de las capacidades de que lo que importa intrínsecamente no es el ingreso, sino lo que los recursos permiten hacer y ser a las personas. Los ingresos son, en el mejor de los casos, un reflejo de lo que importa; en otras palabras, los ingresos pueden importar por razones instrumentales o de diagnóstico. Además, las personas son diversas y las medidas de ingresos no pueden dar cuenta suficientemente de esta diversidad: las personas necesitan diferentes cantidades de ingresos para satisfacer el mismo conjunto de capacidades básicas. Estas ideas se han desarrollado en detalle en la literatura sobre la pobreza, tanto en la teoría como en las mediciones empíricas.[39] ¿Cómo se traslada esta idea a la cola superior de la distribución? Si una persona tiene características personales que hacen que tenga una menor habilidad para convertir los ingresos en funcionamientos valiosos (o que le permitan evitar los funcionamientos negativos[40]), entonces hay que aplicar este factor de conversión (CF) a sus ingresos brutos. Si una persona es perfectamente capaz de convertir sus ingresos en un funcionamiento valioso, entonces el CF = 1 y no es necesaria ninguna corrección. Si una persona está gravemente discapacitada o tiene otras características de las que no se le puede responsabilizar y que hacen que necesite muchos más recursos que otras personas para alcanzar el mismo nivel de

---

[39] Influidos por el enfoque de las capacidades, los economistas han desarrollado nuevas medidas de pobreza que tienen como métrica distintos funcionamientos, como la Medición Multidimensional de la Pobreza, que fue desarrollada por Alkire & Foster (2011).

[40] Los funcionamientos negativos son funcionamientos con un valor negativo: uno está mejor sin esos funcionamientos. Algunos ejemplos son padecer dolor, sufrir depresión y la violación de la integridad corporal.

funcionamientos valiosos, entonces el CF 1.[41] Cuanto menor sea el valor de CF, menor será la capacidad de una persona para convertir su ingreso en funcionamientos valiosos o, dicho de otro modo, más dinero necesitará esa persona para alcanzar un determinado nivel de funcionamientos valiosos.

7. Por último, aplicamos escalas de equivalencia de los hogares (ES) para tomar en cuenta el número de personas dentro de un hogar. En la medición de la pobreza y la desigualdad, los ingresos suelen modificarse para tener en cuenta la agrupación y el reparto de los ingresos dentro de los hogares, así como el tamaño y la composición de los mismos.[42] Para ello, los economistas han desarrollado "escalas de equivalencia de los hogares", que es un factor que permite redimensionar los ingresos de un hogar a lo que esos ingresos significan para cada persona que vive en ese hogar. En lugar de dividir los ingresos de un hogar entre el número de personas que viven en él, se asume que hay un cierto consumo conjunto de bienes: por ejemplo, una persona que vive sola necesita un refrigerador, pero cuatro personas que comparten un hogar pueden compartir uno. Por lo tanto, la relevancia normativa de la adaptación de las escalas de equivalencia de los hogares es que respaldamos la perspectiva de que el nivel de vida material es importante y que, para alcanzar el mismo nivel de vida material, dos personas solteras que viven solas necesitan más dinero que una pareja que vive junta.[43]

---

41 Introducir una noción de responsabilidad es muy importante. Hacerlo descarta los reclamos de una persona que elige y/o se identifica con una religión que limitaría severamente su capacidad de convertir el dinero en funcionamientos. También es necesario para dar una respuesta sólida a un multimillonario criminal en la cárcel que podría alegar que no es capaz de florecer plenamente en su vida y que, por tanto, no cuenta como rico.

42 Se trata de la "Escala OCDE modificada", muy conocida entre los economistas del bienestar y los estudiosos que trabajan con estadísticas de ingresos.

43 Por ejemplo, las escalas de equivalencia de los hogares utilizadas por EUROSTAT (la oficina estadística de la Unión Europea) son de 1.0 para el primer adulto de un hogar, 0.4 para cualquier miembro adicional del hogar de 14 años o más, y 0.3 para cada niño menor de 14 años. Si un hogar compuesto por dos adultos y dos niños menores de 14 años gana en total 80,000 euros, entonces la renta per cápita (media) del hogar sería de 80,000 dividida entre 4 = 20,000 euros, mientras que utilizando las escalas de equivalencia de EUROSTAT la renta equivalente del hogar sería de

La aplicación de escalas de equivalencia para definir el PMR implica que estamos asumiendo que los ingresos del hogar y las ganancias de los activos se comparten dentro del hogar.[44] La razón por la que aplicamos escalas de equivalencia de hogares a nuestra medida de ingresos es porque queremos comparar hogares de diferentes tamaños y composiciones. Sin embargo, el uso de escalas de equivalencia de los hogares es una decisión normativa, ya que implica que, con el propósito de decidir si alguien cuenta como rico, no conceptualizamos el hecho de tener hijos como equivalente a una elección de consumo[45] o como una acción que tiene una externalidad sobre otros.[46] A la hora de decidir si un determinado ingreso familiar hace ricos o no a los miembros de ese hogar, hay que tener en cuenta a cada ser humano. Supongamos que una persona sola gana 120,000 libras por su cuenta y no necesita mantener a nadie más. Supongamos que nuestra métrica de la riqueza y la línea de la riqueza son tales que con estos ingresos la persona soltera califica de rica. ¿Cómo debemos compararla con su colega, que también gana 120,000 libras, pero que es una madre y mantiene a su familia de seis miembros en la que ella es la única que genera ingresos? Parece plausible sugerir que la persona soltera es acomodada, mientras que los miembros de la familia de seis personas viven decentemente, pero no son ricos, ya que necesitan dividir las 120,000 libras entre ellos para asegurar su nivel de vida. No obstante, la forma en que el PMR trata a los niños es una cuestión controvertida, como demostrará una de las objeciones que se examinan a continuación.

5.3. La línea de riqueza

Ahora tenemos una métrica de la afluencia, a saber, el "poder de los recursos materiales". Pero ¿cuál debe ser el PMR de uno para considerarse rico? ¿Dónde debemos situar la línea de corte?

80,000 dividida entre (1.0+0.4+0.3+0.3), lo que supone 80,000 dividido entre 2.0= 40,000. Por tanto, las escalas de equivalencia pueden suponer una gran diferencia.

44 Este supuesto puede ser criticado, ya que sabemos por estudios empíricos que los ingresos del hogar no se reparten por igual entre todos los miembros. Véase, por ejemplo, Woolley y Marshall (1984). Sin embargo, el supuesto alternativo, que consiste en asumir que no se comparten los ingresos dentro del hogar, sería aún más irreal.

45 Becker (1981).

46 Casal y Williams (1995).

Deberíamos determinar la línea de riqueza por referencia a un determinado conjunto de capacidades a las que las personas deberían tener acceso para florecer plenamente en la vida. En la teoría de las capacidades, se suele distinguir entre un conjunto de *capacidades básicas* y las capacidades *tout-court* (es decir, todas las capacidades, que no tienen un techo). Las capacidades básicas son las que uno debería tener para no sufrir privaciones.[47] Para identificar a los ricos, hay que proceder de forma similar. Tenemos que dar dos pasos que son a la vez conceptuales y normativos: en primer lugar, debemos identificar el conjunto de capacidades que son relevantes para el nivel de vida, o la vertiente material de la calidad de vida, en lugar de aquellas relevantes para una noción más amplia de calidad de vida que incluya también dimensiones no materiales. En segundo lugar, debemos definir la línea de riqueza, es decir, el punto de corte por encima del cual las personas cuentan como ricas.

Lo primero que requiere esta conceptualización es el establecimiento de una lista de funcionamientos que sean las dimensiones relevantes para un nivel de vida. Por suerte, ya existe una cantidad considerable de literatura sobre esta cuestión, aunque presenta una serie de variantes con leves diferencias. Se pueden seleccionar las capacidades relevantes basándose en una justificación normativa fundamental: por ejemplo, podemos partir de aquellas capacidades que protegen nuestra dignidad humana, que nos permiten ser ciudadanos iguales o que protegen nuestra autonomía.[48] También se puede partir de un punto de vista teórico-discursivo o democrático-deliberativo y adoptar una vía procedimental. Esto podría traducirse en la práctica en una mezcla de consultas a expertos, análisis deliberativos y procedimientos teóricos de elección social.[49]

Suponiendo que se cumplan ciertas condiciones mínimas sobre la naturaleza de la toma de decisiones colectiva, podríamos dejar que un proceso democrático decidiera qué capacidades son importantes para las cuestiones normativas relacionadas con las políticas públicas y la

---
47 Robeyns (2016).
48 Sobre la selección de capacidades con fines de justicia, véase Nussbaum (2006); Anderson (1999); Claassen y Düwell (2013).
49 Alkire (2007); Robeyns (2006).

justicia social.[50] Sin embargo, si procedemos por la vía deliberativo-democrática para desarrollar el enfoque de las capacidades sobre la afluencia y la riqueza, necesitamos conocer el alcance de las deliberaciones. Recordemos que la pobreza se suele especificar a nivel local o nacional: se evalúa el nivel de vida de un determinado grupo frente al nivel de vida de todas las personas que viven en el área. La pobreza y la riqueza son nociones contextuales: se es pobre o se es rico en función del contexto en el que se vive.

Lo mismo ocurre con los ricos. Si pudiéramos retroceder 300 años en el tiempo, manteniendo nuestro nivel de vida material actual, todos contaríamos como ricos, mientras que sólo unos pocos nos consideraríamos como tales aquí y ahora. Antiguamente, poder comprar especias y, por lo tanto, disfrutar de comidas especiadas era un signo de afluencia, ya que las especias eran muy escasas y, por lo tanto, caras. Hoy en día hay una gran variedad de especias al alcance de todos y a bajo precio. Poder disfrutar de una comida especiada era antes un privilegio de los ricos, pero ya no es así. Por lo tanto, tanto la selección de los funcionamientos detallados, como la decisión de dónde trazar las líneas de pobreza y riqueza, deben ser contextualizadas: deben tomar en cuenta el tiempo y el lugar en el que se realizan los juicios evaluativos de la pobreza y la afluencia.

Sin embargo, la lista de funcionamientos relevantes tendría que ser limitada en un sentido importante: sólo incluiría aquellos funcionamientos que se consideran parte del nivel de vida o del aspecto material de la calidad de vida, en lugar de las nociones más amplias de calidad de vida o bienestar. Una concepción exhaustiva de la calidad de vida también incluiría funcionamientos que no tienen una base material, sino que pertenecen más a las dimensiones política, social o espiritual de la vida. Si necesitamos una concepción de la riqueza para desarrollar una regla distributiva, es importante que limitemos nuestra conceptualización de la calidad de vida a aquellas dimensiones que están directamente relacionadas con el nivel de ingresos de cada uno. Obviamente, esto no significa que las dimensiones no materiales de la calidad de vida, como las oportunidades de participar activamente en la política local, o las capacidades de formar parte de una comunidad

---

50 El espacio no me permite defender ese punto de vista aquí, pero para una defensa de esta forma de pensar en la justicia, véase Forst (2012).

religiosa y participar en sus prácticas, sean menos importantes desde el punto de vista moral. Más bien, el razonamiento subyacente es que el concepto de riqueza no debe abarcar todo lo que vale la pena y que debemos tratar de no confundir los diferentes componentes de la calidad de vida. Si mantenemos separadas las dimensiones material y no material de la calidad de vida, podemos admitir la posibilidad de que una persona muy rica pueda sentirse sola e infeliz, pero también que una persona de clase media pueda sentirse increíblemente bendecida por sus amigos y su familia y por toda la alegría y el sentido que deriva de sus paseos regulares por el bosque. Esta última puede *sentirse rica*, o *autodescribirse* como tal, pero una doctrina política redistributiva no está justificada en considerarla rica.

El proceso para decidir qué funcionamientos son importantes para la conceptualización del umbral de riqueza requeriría un esbozo cuidadoso de cómo hacer que ese proceso sea lo más legítimo posible y cómo evitar sesgos en ese proceso (por ejemplo, desequilibrios de poder entre los deliberantes). Esto plantea una serie de cuestiones diferentes que se abordan en la literatura sobre la democracia deliberativa y las técnicas participativas.[51] Sin embargo, para tener una idea inicial y muy aproximada de lo que cabría esperar de un proceso de este tipo, podríamos fijarnos en la literatura existente sobre la selección de funcionamientos para el nivel de vida en un país de Europa Occidental.[52] Esta literatura sugiere que de un proceso participativo de este tipo podría surgir una lista de capacidades como la siguiente: salud física, salud mental, seguridad personal, alojamiento, la calidad del medio ambiente, educación, formación y conocimientos, ocio, tiempo libre y aficiones, y movilidad. Cada uno de estos funcionamientos generales y amplios debería especificarse con más detalle, determinando qué funcionamientos más detallados y específicos implicaría cada uno de los funcionamientos más generales.

Para cada uno de dichos funcionamientos, el proceso deliberativo de toma de decisiones debería especificar la línea de riqueza, respondiendo

---

51 Por ejemplo, Breena Holland (2014) ofrece un análisis teórico empíricamente informado de las condiciones sustantivas que deben cumplir dichas deliberaciones en el contexto de las capacidades que deben ser protegidas por la regulación ambiental.
52 Robeyns (2005, 2006).

a la siguiente pregunta: ¿qué niveles de capacidades creemos que es razonable que las personas exijan para tener una vida plenamente floreciente, pero no excesiva? La respuesta a esta pregunta dependerá del contexto, del tiempo y del espacio. Conjeturo que en la Europa o la América del Norte contemporáneas responderíamos a esta pregunta afirmando, por ejemplo, que uno debe tener acceso a los bienes que le permitan desplazarse en un radio de unos cientos de kilómetros; por lo tanto, uno debería poder costearse un coche decente o tener acceso a un transporte público que permita el mismo funcionamiento, pero no sería necesario tener acceso a un jet privado. Ser capaz de volar al otro lado del continente con regularidad no entraría dentro de las capacidades de la vida floreciente pero no rica.

Una vez que hemos enumerado las capacidades a las que deberíamos tener acceso para una vida floreciente pero no rica, podemos calcular cuánto dinero necesitaría una persona típica (con CF = 1) para comprar esos bienes y servicios. Esa cantidad nos da la línea de riqueza (RL), que se expresa en una unidad monetaria. Por ejemplo, si nuestra estimación es que para tener acceso a estos funcionamientos relacionados con una vida plenamente floreciente pero no rica necesitamos 200,000 euros al año, entonces la línea de riqueza se sitúa en 200,000 euros.

Cualquier persona cuyo PMR sea mayor que la línea de riqueza tiene más recursos de los que necesita para una vida plenamente floreciente y, por lo tanto, cuenta como rica. Llamo a esto la concepción de la riqueza del PMR.

Antes de terminar esta discusión sobre la concepción de la riqueza del PMR, quiero hacer dos observaciones. En primer lugar, nótese que esta concepción de la riqueza no deja que cada individuo decida si es rico o no. Por el contrario, creo que estas cuestiones deberían estar abiertas al debate público, por lo que el papel del filósofo es poner propuestas sobre la mesa para dicho debate y proporcionar a los ciudadanos argumentos en defensa de una determinada propuesta. Es esperable que, en comparación con la concepción de la riqueza del PMR, algunas personas que no se consideran ricas puedan ser identificadas como tales. Esto no sería sorprendente si es cierto que las personas que son ricas según la concepción del PMR no siempre son conscientes de lo acomodadas que son.

En segundo lugar, nótese también que hacer una distinción entre una vida acomodada y la vida de los ricos no significa que una persona no rica nunca pueda tener acceso a un funcionamiento que el proceso de deliberación haya decidido que queda fuera del ámbito de la vida plenamente floreciente. Por ejemplo, la conceptualización *no* implica que los no ricos nunca puedan volar para ir a una fiesta al otro lado del continente; sólo implica que, dado que esa capacidad queda fuera del abanico de capacidades a las que pensamos que uno debería tener acceso para alcanzar una vida floreciente pero no rica, una persona que quiera volar a algún lugar durante el fin de semana tendría que sacrificar algunos recursos que podría, en su vida floreciente, haber gastado en otros bienes y servicios que entran en el ámbito de la calificación de vida no rica.

5.4. Dos objeciones a la concepción de la riqueza del PMR

La *objeción de la sostenibilidad ecológica* argumenta que la concepción de la riqueza del PMR no nos permite establecer una distinción entre las características cualitativas de los patrones de gasto de las personas: la concepción no toma en cuenta *cómo* gasta la gente su dinero. Sin embargo, por razones ecológicas, seguramente importa mucho si las personas utilizan su PMR para asistir a clases de yoga, comprar una SUV o volar con regularidad. La concepción de la riqueza del PMR no nos dice nada sobre la huella ecológica de las personas. ¿No es ésa una consideración moral relevante cuando decidimos quién cuenta como rico y quién no? Si dos personas tienen el mismo PMR, pero una la gasta de forma sostenible y la otra no, seguramente habrá que tomarlo en cuenta de alguna manera.

La objeción de la sostenibilidad ecológica presenta un punto normativo válido, pero en última instancia fracasa como objeción a la conceptualización de la riqueza. El punto válido es que, desde un punto de vista moral, importa cómo la gente gasta su dinero. Sin embargo, eso es una cuestión analítica aparte: también podemos respaldar demandas normativas relativas a la sostenibilidad que pongan restricciones adicionales a nuestro comportamiento moralmente aceptable. Por ejemplo, John Broome ha argumentado que tenemos el deber moral de justicia de reducir nuestra huella de carbono a cero.⁵³ Sin embargo, esto es *una restricción adicional* a cualquier exigencia distributiva que queramos defender. El limitarismo defendido en este capítulo es el limitarismo del dinero; pero esta doctrina podría complementarse con una concepción adicional de "limitarismo de recursos ecológicos".⁵⁴ Una persona puede ser rica o no rica, y puede violar o no violar los deberes morales relacionados con las preocupaciones de sostenibilidad ecológica. Tener o no tener demasiado, y dañar o no dañar demasiado el ecosistema, son cuestiones distintas, aunque probablemente haya correlaciones empíricas entre ambas.

La segunda objeción, la *objeción de la fertilidad*, tiene una estructura parcialmente similar a la de la sostenibilidad ecológica, pero es más profunda. Esta objeción afirma que la conceptualización de la riqueza defendida en este capítulo proporciona incentivos positivos a la fecundidad, ya que quienes tienen más hijos pueden adquirir muchos más ingresos y activos antes de contar como ricos.⁵⁵ Una versión de la objeción a la fertilidad considera que los incentivos positivos a la fertilidad son algo malo, dadas las preocupaciones por la sobrepoblación y la carga ecológica neta que representa cada vida adicional. Sin embargo, esta versión de la objeción de la fertilidad puede rebatirse del mismo modo que la objeción de la sostenibilidad ecológica: puede que haya límites morales cuantitativos a nuestro comportamiento procreativo, pero esto se conceptualiza de mejor manera como una restricción adicional a cualquier afirmación normativa relacionada con la cola superior de la distribución del PMR. Una familia con seis hijos puede caer justo por debajo de la línea de riqueza y, por lo tanto, no calificar como rica; sin embargo, podemos tener razones independientes sobre por qué es moralmente objetable tener seis hijos, o por qué el gobierno está moralmente justificado para aplicar políticas destinadas a limitar el número de hijos que tenemos.⁵⁶ Ésta es una cuestión separada.

Sin embargo, la segunda versión de esta objeción puede ser aún más profunda. Esta objeción afirma que, en las sociedades postindustriales,

---

53 Broome (2012).
54 Véanse, por ejemplo, las afirmaciones relacionadas con la huella ecológica, o Broome (2012).
55 Agradezco a Zofia Stemplowska y a Andrew Williams por haber planteado estas objeciones.
56 Véase, por ejemplo, Conly (2005); Overall (2012).

hay que tener bastante afluencia para permitirse tener hijos.[57] Si tomamos en cuenta a los hijos al calcular el PMR per cápita, podemos obtener resultados contraintuitivos. Tomemos dos parejas, A y B, cada pareja con su propia familia. Ambas familias tienen el mismo PMR, y ambas califican como clase media y, por lo tanto, como familias no ricas. Mientras que la familia A no alcanza el nivel de afluencia necesario para tener hijos y poder proporcionarles una vida decente, la familia B tiene cuatro hijos y un nivel de ingresos familiares netos muy superior al de la familia A. Si los padres de la familia B no hubieran tenido hijos, los padres de la familia B habrían sido calificados como ricos. Sin embargo, como en el cálculo del PMR de la familia B se deducen muchos gastos de cuidados infantiles y la renta familiar se considera como la de seis personas en lugar de la de dos, la familia B tampoco cuenta como rica. ¿No es profundamente contraintuitivo decir que la familia B no es rica, mientras que los padres de esa familia tienen claramente suficientes medios materiales para mantener a cuatro hijos?

Aunque el tirón de esta objeción está claro, creo que debemos resistirlo. La razón es que, con el propósito de determinar nuestro nivel de vida material, cada persona cuenta como un igual moral, incluidos los niños. La objeción de la fertilidad considera a los niños como objeto de las decisiones o elecciones de sus padres, del mismo modo en que los padres pueden decidir comprar un perro o un coche. Sin embargo, esta perspectiva viola la postura moral en la que los niños se consideran miembros de nuestra comunidad moral que cuentan en igualdad de términos cuando hacemos valoraciones per cápita, como en el caso de decidir quién cuenta como rico. Lo más que podemos decir de la familia B es que esta familia era rica antes de decidir tener hijos, o podría haber sido rica si hubiera decidido no tenerlos, pero ya no es rica después de tener sus cuatro hijos. Los hijos no forman parte del nivel de vida material que constituye nuestra afluencia, sino que son seres humanos adicionales entre los que hay que repartir esta afluencia.

Nótese también que la segunda versión de la objeción de la fertilidad llevaría también a resultados profundamente contraintuitivos si la aplicáramos al caso de los pobres. Supongamos que una familia pobre podría haberse mantenido justo por encima de la línea de pobreza si no

---

57 La afirmación de que criar a los hijos es costoso está respaldada por pruebas empíricas. Véase Folbre (2008).

hubiera tenido hijos. Pero seguramente la presencia de esos hijos no nos lleva a catalogar a esta familia como no pobre. Más bien, podemos creer que sus decisiones procreativas han sumido a esta familia en la pobreza, o creer que si los padres de esta familia hubieran decidido no tener hijos podrían haber seguido siendo no pobres. Pero éstas son afirmaciones claramente diferentes a la que sostiene que esta familia pobre debe ser considerada no pobre ya que la presencia de los hijos marca la diferencia entre la pobreza y la no pobreza.

6. ¿Una doctrina moral o política?

Hasta ahora, el argumento ha permanecido en silencio sobre la cuestión de si el limitarismo es meramente una doctrina moral o si *también es* política. La elección de una u otra supone una diferencia significativa. El limitarismo como doctrina meramente moral significa que tenemos el deber *moral* de no ser ricos. Si somos ricos, estamos violando una norma moral, pero no hay ningún poder coercitivo, como el Estado, que pueda obligarnos a cumplir la norma. El limitarismo como doctrina no sólo moral, sino también política, es mucho más radical porque implica que el Estado debería gravar cualquier dinero excedente que tengan las personas, o reformar las instituciones sociales y económicas de tal manera que nadie gane dinero excedente en primer lugar.[58] ¿Debemos defender el limitarismo como una doctrina moral o como una doctrina política?

La respuesta a esta pregunta dependerá de la justificación que se dé del limitarismo. Si el fundamento del limitarismo descansara sobre una concepción de la vida buena propuesta por una ética de la virtud, entonces se podría argumentar que el limitarismo es simplemente una doctrina moral y no política. Sin embargo, las justificaciones que he desarrollado en este capítulo son justificaciones *políticas*, relacionadas con el valor de la igualdad democrática y con la justicia social y distributiva.

Con esto en mente, dado que el limitarismo es una regla distributiva de la *justicia* más que de la beneficencia o de las virtudes personales,

---

[58] Tal vez si las sociedades se reformaran según las líneas de las "democracias de propietarios", éste podría ser el caso. Para una introducción a la idea de una democracia de propietarios, véase O'Neill y Williamson (2012).

hay, *prima facie*, razones para entender el limitarismo como una doctrina política. Después de todo, siguiendo a Rawls, la justicia se considera generalmente como la primera y más importante virtud de la sociedad, y si la justicia incluye el limitarismo (cualesquiera otras reglas distributivas que puedan aplicarse adicionalmente por debajo de la línea de riqueza), entonces el limitarismo debería ser una doctrina política.[59] Una doctrina moral no sería suficiente, ya que como norma moral el limitarismo no es ejecutable y no podríamos tomar medidas coercitivas contra los que no cumplen con el deber limitarista.

Se podría objetar este argumento para considerar el limitarismo como una doctrina política apelando a preocupaciones por el incumplimiento. Hay que tener en cuenta que no todos los ciudadanos tendrán un sentido de justicia plenamente desarrollado, o no respaldarán la perspectiva de que la justicia es la primera virtud en la sociedad, siguiendo la objeción. Por lo tanto, se podría argumentar que, en circunstancias no ideales, el limitarismo como doctrina moral puede ser lo mejor que podemos esperar. Esto es compatible con la postura de que en la teoría ideal el limitarismo debería ser una doctrina política, por lo que el limitarismo como doctrina moral debería implementarse como un paso en la dirección del limitarismo como doctrina política. Aunque todo esto suena plausible, no parece una razón suficiente para renunciar al limitarismo como doctrina política: una doctrina no es una ley que un filósofo-dictador pueda aplicar, sino una perspectiva para la que el filósofo da los mejores argumentos que pueda idear. Desde esa perspectiva, el limitarismo tiene que ser una doctrina política y corresponde a los ciudadanos (uno de los cuales será el filósofo) tratar de convencer a sus conciudadanos de que es una doctrina para la que tenemos buenos argumentos.[60]

Una segunda objeción a considerar el limitarismo como una doctrina política y no como una doctrina moral se refiere a la preocupación que subyace a su justificación basada en el argumento de las necesidades urgentes insatisfechas. Dada esa justificación específica, podemos preguntarnos si esas necesidades urgentes insatisfechas se satisfarán mejor si el limitarismo se considera una doctrina política o moral. No se debe simplemente asumir que los gobiernos son más eficaces, o incluso

---

59 Rawls (2012).
60 Walzer (1981).

igualmente eficaces, para satisfacer estas necesidades urgentes que los actores no gubernamentales. Ésta es una cuestión empírica. Sin embargo, en la medida en que las ONG, los desarrolladores de tecnología, las organizaciones y las comunidades sean más eficaces que los gobiernos para satisfacer estas necesidades urgentes, tendremos una razón para *modificar* nuestra concepción limitarista en lugar de abandonarla como una doctrina política. Se podría desarrollar una doctrina limitarista, según la cual las "donaciones deducibles" en la definición del ingreso modificado incluirían las donaciones monetarias a agentes no gubernamentales cuyo objetivo sea satisfacer estas necesidades urgentes. Si tenemos razones para creer que los agentes no gubernamentales son más eficaces que los gobiernos a la hora de satisfacer esas necesidades urgentes insatisfechas, entonces esta concepción modificada del limitarismo deja a los ricos la opción de contribuir a la satisfacción de las necesidades urgentes a través de agentes no gubernamentales (mediante donaciones deducibles de impuestos) o a través del gobierno (mediante impuestos).

Sopesando estos diversos argumentos, creo que el limitarismo debe defenderse como doctrina política. Por supuesto, esto no impide que se desarrolle simultáneamente una cultura de la donación entre los muy acomodados que no califiquen de ricos. También en este caso, el gobierno puede tomar medidas para crear y reforzar las normas sociales que acompañan a la norma moral encarnada en el limitarismo, apoyando y alabando públicamente la donación por parte de los casi ricos y a través de otros diversos mecanismos que están a disposición de un gobierno para crear y reforzar una norma social.[61] Además, si consideramos que los gobiernos no son los únicos agentes de justicia,[62] también podríamos esperar que los otros agentes de justicia que apoyan el limitarismo, independientemente del gobierno, tomen iniciativas para cambiar las normas sociales y las prácticas colectivas en direcciones que apoyen el limitarismo.

---

61   Bicchieri (2006).
62   Weinberg (2009).

7. Dos objeciones contra el limitarismo

Se pueden plantear varias objeciones contra el limitarismo. Dadas las limitaciones de espacio, aquí abordaré las dos objeciones que a primera vista parecen ser las más contundentes.[63]

La primera objeción, la *objeción de la desigualdad de oportunidades*, sostiene que el limitarismo priva a las personas de la igualdad de oportunidades y, por lo tanto, debe ser rechazado. Esta objeción parte de la premisa normativa ampliamente compartida de que en una sociedad justa todos deben tener las mismas oportunidades.[64] Si una persona decide renunciar al ocio para trabajar más, lo que genera un dinero excedente que puede utilizar para obtener artículos de lujo, entonces debería tener la oportunidad de hacerlo. El limitarismo crea desigualdad de oportunidades y, por lo tanto, debe ser rechazado.

Obsérvese que podría pensarse que se trata de una objeción de hombre de paja, ya que son las *recompensas* de determinadas oportunidades las que se retiran a los individuos, en lugar de las oportunidades mismas. Los ricos pueden seguir siendo directores generales de grandes empresas internacionales, pero ya no pueden ganar millones al año. La objeción sería que siguen teniendo la misma oportunidad (ser director general), pero no las recompensas asociadas a esa oportunidad. Sin embargo, utilizo aquí el término "oportunidad" en su sentido más rico, es decir, como estados de cosas particulares que ya no son accesibles a individuos concretos, debido a la imposición de la perspectiva limitarista. Lo importante no es sólo la reducción de los ingresos, sino también lo que se podría obtener con esos ingresos (actividades de ocio, bienes de lujo, símbolos de estatus, etc.). La objeción de la desigualdad de oportunidades se enfoca, por lo tanto, en los cambios comprehensivos en los conjuntos de oportunidades de los individuos que son causados por el limitarismo.

La objeción de la desigualdad de oportunidades está en lo correcto al afirmar que los que están en la cima de la sociedad verán reducidas

---

63 Otra objeción importante es que todo el enfoque desarrollado en este capítulo, que examina los *efectos* de la riqueza (y, por lo tanto, tiene un fuerte sabor consecuencialista), es erróneo. Más bien, deberíamos analizar si los ricos deberían tener derecho a su riqueza investigando si la *merecen*. Esta objeción no se abordará aquí, ya que requiere un artículo propio.

64 Dworkin (1981b).

sus oportunidades. Pero ése es el precio que pagamos por algo más importante, a saber, la ampliación de oportunidades para los grupos vulnerables y desfavorecidos, todos aquellos que se beneficiarán de las inversiones financieras para mejorar cualquiera de las tres condiciones empíricas que conforman las circunstancias del limitarismo. Los pobres del mundo se beneficiarán de las estrategias de reducción de la pobreza y verán ampliadas sus oportunidades para una vida mejor. Los desfavorecidos de las sociedades acomodadas se beneficiarán de políticas para reducir las desventajas, como la promoción de servicios de salud mental más accesibles, o políticas de vivienda para quienes carecen de un hogar. Quienes viven en zonas donde los daños del calentamiento global serán mayores, como los habitantes de las islas pequeñas o los grandes deltas, así como las personas que vivan en el futuro, verán aumentadas sus oportunidades de vivir sin los efectos nocivos del calentamiento global. Rechazo, pues, la objeción de la desigualdad de oportunidades porque en el mundo tan injusto y ecológicamente frágil en el que vivimos, el limitarismo reduciría algunas oportunidades para los más favorecidos, pero para aumentar las de aquellos con un rango más restringido de oportunidades iniciales. En una teoría ideal, el argumento de la desigualdad de oportunidades podría tener cierta fuerza,[65] pero en las circunstancias no ideales en las que vivimos, el limitarismo nos acercaría a la igualdad de oportunidades, en lugar de alejarnos de ella.

La segunda objeción, la *objeción del incentivo*, comienza señalando que si el limitarismo se justifica con el argumento de las necesidades urgentes insatisfechas, entonces su objetivo no es castigar a los ricos, ya que no hay maldad moral en ser rico en sí mismo. Más bien, el objetivo es satisfacer las necesidades urgentes insatisfechas que se recogen en las tres condiciones que forman las circunstancias del limitarismo. Sin embargo, si la motivación última es satisfacer estas necesidades urgentes insatisfechas, ¿por qué no apoyar el principio de diferencia rawlsiano en una forma ligeramente modificada? Después de todo, si

---

65 Aunque incluso en un mundo en el que todos cumplen los principios de justicia, la igualdad de oportunidades a lo largo de la vida puede ser un ideal difícil de alcanzar y puede que tengamos que replantearnos el rechazo a la igualdad de resultados que se produjo en la teoría política durante las dos últimas décadas. Véase, entre otros, Phillips (2004) y Chambers (2009).

existe el deber moral de donar todo el excedente de ingresos, entonces hay un desincentivo muy fuerte para añadir al producto social después de que los ingresos de uno hayan alcanzado la línea de riqueza. Sin duda, la satisfacción de las necesidades urgentes no se ve favorecida si los ricos se enfrentan a un fuerte desincentivo para obtener unos ingresos superiores a la línea de riqueza en primer lugar. El principio de diferencia debilitaría este desincentivo, ya que permite a los ricos enriquecerse siempre que los pobres también se beneficien. En la teoría de Rawls, el principio de diferencia establece que en el diseño de las instituciones sociales y económicas básicas de la sociedad se permiten las desigualdades en los bienes sociales primarios siempre que beneficien al grupo más desfavorecido de la sociedad.[66] Podría aplicarse un principio de diferencia modificado, no al diseño de las instituciones básicas, sino a la redistribución del ingreso, y sustituir los bienes primarios sociales por la métrica del ingreso modificado. ¿No serviría mejor esta regla distributiva para justificar en última instancia la defensa del limitarismo?

Esa conclusión no se sigue del todo. El limitarismo es agnóstico con respecto a la distribución por debajo de la línea de riqueza, como las desigualdades legítimas entre los no ricos, pero es más radical con respecto a lo que la justicia distributiva requiere en el extremo superior de la distribución. Según el principio de diferencia, una persona podría ser rica y tener un gran dinero excedente, pero de todo el dinero adicional que ganara, sólo una pequeña fracción tendría que ir a los más desfavorecidos. El principio limitarista no permitiría esto: todo el dinero excedente tendría que destinarse a las necesidades insatisfechas de los más desfavorecidos y desaventajados y a resolver problemas urgentes de acción colectiva. El limitarismo comparte con el principio de diferencia un fuerte objetivo redistributivo, pero ambos son distintos.

Sin embargo, el adversario del limitarismo puede intentar atacar desde otra vertiente. Tal vez la objeción del incentivo sea más profunda si se plantea directamente sin referencia al principio de diferencia. ¿Seguramente debe ser el caso que el limitarismo desincentiva fuertemente a los casi ricos a contribuir más a la creación del producto social trabajando más duro, innovando más inteligentemente y haciendo más negocios? La objeción aquí se refiere a la idea de la imposición óptima

---

66 Rawls (2012, 64–68).

sobre la renta, como se le conoce en economía pública. El consenso entre los economistas públicos es que el llamado tipo impositivo marginal máximo óptimo, que es la tasa a la que se maximizan los ingresos fiscales totales, es de aproximadamente el 70%. Si se aumenta el tipo impositivo marginal máximo, los ingresos fiscales totales disminuyen. En la medida en que el limitarismo se considera una política fiscal (y no un ideal que debería guiar el diseño institucional previo a la distribución o los deberes de caridad), el limitarismo equivale a un tipo impositivo marginal máximo del 100%.

Esto supone un serio desafío para los argumentos desarrollados en este capítulo.[67] El argumento democrático no se ve afectado por el hecho de que el tipo impositivo marginal máximo óptimo sea inferior al 100%, ya que el argumento democrático se preocupa por la igualdad política, no por la máxima recaudación fiscal que pueda utilizarse para satisfacer las necesidades urgentes insatisfechas. Por lo tanto, si sólo nos importa el valor de la igualdad política, no deberíamos bajar el tipo impositivo marginal máximo por debajo del 100% siempre y cuando se pueda demostrar que esto último conduce a una mayor igualdad política.

Por el contrario, el argumento de las necesidades urgentes insatisfechas podría verse significativamente socavado si el tipo impositivo marginal máximo óptimo es inferior al 100%. Dado que el valor de base es la satisfacción de las necesidades urgentes insatisfechas, lo racional, *en tanto que una cuestión de política pública cuyo único interés es la satisfacción de las necesidades urgentes insatisfechas*, es debilitar el limitarismo de manera que recaudemos el máximo de ingresos fiscales entre los ricos y los más ricos.

Lo primero que esta objeción muestra es que puede haber una tensión entre diferentes razones a favor del limitarismo. El argumento de las necesidades urgentes insatisfechas implicaría que deberíamos optar por el tipo impositivo óptimo, mientras que el argumento democrático preferiría renunciar a algunos ingresos fiscales si una aplicación ortodoxa del limitarismo protege mejor la igualdad política. Existe, pues, una cierta tensión entre los dos argumentos a favor del limitarismo que se han desarrollado en este capítulo. De ello se desprenden dos cosas. En primer lugar, tenemos que preguntarnos si hay otras razones a favor

---

67   Agradezco a John Quiggin por insistirme en este punto.

del limitarismo, de modo que podamos examinar si hay tensiones adicionales entre esos argumentos y sus implicaciones prácticas. En segundo lugar, en lo que respecta a la tensión entre el argumento de las necesidades urgentes insatisfechas y el argumento democrático, tenemos cuatro opciones. La primera es optar por una política fiscal que maximice los ingresos, junto con un conjunto de reformas institucionales que rompan los mecanismos que convierten el dinero en poder político. Tal vez las oportunidades desiguales de influencia política restantes en ese escenario ideal sean lo suficientemente pequeñas como para que no tengamos que preocuparnos. Ésta es una cuestión empírica que hay que investigar. La segunda opción sería sostener que la influencia política desigual sigue siendo importante, pero que atender las necesidades urgentes insatisfechas prevalece sobre el argumento democrático y, por lo tanto, elegir la política fiscal que maximice los ingresos. La tercera y la cuarta opción son simétricas a la primera y la segunda. En la tercera opción elegimos el limitarismo ortodoxo (un tipo impositivo marginal máximo del 100% por encima de la línea de la riqueza), que protege plenamente la igualdad política, y tratamos de satisfacer indirectamente las necesidades urgentes insatisfechas por medios distintos de las políticas fiscales como, por ejemplo, recurriendo a agentes no gubernamentales de la justicia o a emprendedores para que aborden los problemas de las necesidades urgentes insatisfechas. En la cuarta opción, mantenemos la opinión de que la satisfacción de las necesidades urgentes insatisfechas sigue siendo importante, pero que abordar la cuestión de la igualdad política está por encima de la satisfacción de las necesidades urgentes insatisfechas, y por ello nos sentimos justificados al optar por el tipo impositivo marginal máximo del 100%.

Si nos preocupamos más por satisfacer las necesidades urgentes insatisfechas que por el daño causado a la igualdad política debido a los efectos del dinero excedente, entonces la política fiscal que más se acerca al ideal limitarista sería un tipo impositivo máximo sobre la renta y el patrimonio que maximice los ingresos fiscales. Sin embargo, esto no debe considerarse como una derrota de la perspectiva limitarista. En primer lugar, el limitarismo *como ideal moral* no se vería afectado y deberíamos promover un *ethos* social entre aquellos que, después de los impuestos, todavía tengan dinero excedente, que los aliente a donar dicho excedente para satisfacer las necesidades urgentes insatisfechas. En segundo lugar, deberíamos investigar sistemas de incentivos no monetarios para evitar los efectos desincentivadores de los altos impuestos marginales sobre los ricos. En una cultura en la que el beneficio material no es el incentivo principal, las personas también podrían trabajar duro y con mayor esfuerzo en razón de los compromisos, de los retos que se han propuesto, o de gozos intrínsecos, la estima o el honor.

Concluyo que la objeción de la desigualdad de oportunidades no es exitosa, pero que la objeción del incentivo debería llevarnos a adaptar el limitarismo en tanto que aplicado a las políticas fiscales siguiendo un diseño de imposición óptima, esto en la medida en que ponderemos que el valor de la satisfacción de las necesidades urgentes insatisfechas es superior al detrimento de la igualdad política causado por el dinero excedente. Aun así, en ambos casos el limitarismo como principio moral permanece.

8. Limitarismo: un programa de investigación

En este capítulo, he presentado el limitarismo como una regla distributiva y he analizado dos argumentos a favor del limitarismo. A modo de conclusión, quiero destacar las principales limitaciones del limitarismo y señalar algunas cuestiones que deben ser abordadas en investigaciones posteriores y que requieren un análisis más profundo (además de las diversas cuestiones que ya se han mencionado a lo largo del capítulo).

En primer lugar, recordemos que argumenté a favor del limitarismo no intrínseco, mientras que he permanecido en silencio sobre la plausibilidad del limitarismo intrínseco. Queda por verse si pueden darse razones convincentes a favor del limitarismo intrínseco. Por ejemplo, ¿qué tan plausible es la perspectiva de que uno llevaría una vida mejor, o una vida más feliz, o una vida más virtuosa, si uno no se hiciera rico? Y ¿cómo se desarrollaría exactamente un argumento que apoyara tal afirmación?

En segundo lugar, hay varios supuestos en los argumentos desarrollados en este capítulo que creo que son plausibles, pero que posiblemente no haya argumentado con suficiente detalle. Estos supuestos deben ser analizados con más detenimiento, junto con sus implicaciones para la plausibilidad de la doctrina limitarista.

En tercer lugar, sería bueno saber exactamente en qué se diferencia la regla distributiva limitarista de otras reglas distributivas, como la igualdad de resultados, la igualdad de oportunidades, la suficiencia, la prioridad y el principio de diferencia rawlsiano. Muchas de estas reglas se han desarrollado de diversas maneras y sería necesario un análisis detallado de las diferencias entre el limitarismo y estas diversas reglas distributivas. Puede resultar que ciertas perspectivas limitaristas (es decir, ciertas especificaciones del limitarismo, incluyendo su justificación) sean reducibles a, o compatibles con, una postura distributiva ya existente. La mayoría de las normas distributivas existentes se centran específicamente en *los beneficiarios*, pero la versión particular del limitarismo que he defendido en este capítulo se centra igualmente en *los que tienen obligaciones*. Aunque la distinción entre beneficiarios y contribuyentes no siempre es fácil de hacer en las teorías de justicia distributiva, el hecho de que existan estas dos preocupaciones posibilita que algunas teorías de la justicia distributiva orientadas a los beneficiarios puedan complementarse con la regla limitarista. Esto debe analizarse en trabajos futuros. Una cuestión particular que requiere atención es cómo el limitarismo se relaciona con la concepción de la suficiencia en términos de un cambio en las razones que damos para preocuparnos por los beneficios por debajo y por encima del umbral, en lugar de la concepción más dominante de simplemente preocuparse por que todos tengan lo suficiente.[68]

Por último, puede observarse que hay más estudios sobre los ricos en la ciencia política empírica (en los debates sobre la oligarquía y la plutocracia),[69] y sobre la medición de los ingresos superiores en la economía del bienestar, que en la filosofía política normativa. En mi opinión, sería útil que la filosofía política normativa se conectara firmemente con esos debates empíricos e introdujera una mayor atención a los ricos en las teorías de la justicia y la filosofía política normativa en general. Es muy probable que haya otras razones, además de las expuestas en este capítulo, por las que la distinción entre ricos y no ricos debería desempeñar un papel mucho más destacado en los argumentos normativos y en las teorías de la justicia en particular. La concepción del ingreso modificado de la riqueza desarrollada en este capítulo puede

---

68 Sobre la interpretación alternativa del suficientarismo, véase Shields (2012).
69 Véase, por ejemplo, Hacker & Pierson (2010) y Winters (2011).

utilizarse para una amplia gama de afirmaciones referidas a la riqueza, y el principio del limitarismo puede combinarse con otros principios de justicia orientados a los beneficiarios o con reglas distributivas sobre las partes de la distribución que se encuentran por debajo de la línea de riqueza.

Evidentemente, habrá otras concepciones de la riqueza y otras justificaciones del limitarismo. He defendido una concepción particular de la riqueza y he argumentado a favor del limitarismo como doctrina política con base en el argumento democrático y en el argumento de las necesidades urgentes insatisfechas, aunque he concedido que el argumento de las necesidades urgentes insatisfechas nos obligaría a debilitar el limitarismo en el ámbito fiscal y transformarlo en un conjunto de políticas que maximicen los ingresos fiscales entre los ricos. De cualquier modo, aún está por verse si esta concepción del ingreso modificado es la mejor concepción de la riqueza, y si el argumento democrático y el argumento de las necesidades urgentes insatisfechas son los mejores argumentos a favor del limitarismo.

Agradecimientos

Estoy muy agradecida por las provechosas discusiones con las audiencias de la 2012 EIPE Graduate Conference en Róterdam, la 2012 Society for Applied Philosophy Conference, la Conferencia Anual OZSE 2012, las Reuniones de 2013 de la Economics Ethics Network, el 2013 Utrecht-Nijmegen Workshop in the History and Philosophy of Economics, la 2014 Conference on Ideals and Reality in Social Ethics, la 2014 NOMOS meeting, y en los seminarios en el Oxford Center for the Study of Social Justice, la Universidad de Ámsterdam, la Universidad de Leiden, la Universidad Católica de Lovaina, el London School of Economics, la Universidad de Utrecht, la Universidad de Victoria, la Universidad de York, y el Center for Ethics in Society de la Universidad de Stanford. Me he beneficiado de comentarios de más gente de la que puedo enlistar aquí, pero quisiera expresar mi gratitud a todos ellos, y en particular a Joel Anderson, Constanze Binder, Simon Caney, Rutger Claassen, Bart Engelen, Jim Johnson, Chandran Kukathas, Sem de Maagt, Avishai Margalit, Colin Macleod, Roland Pierik, Gijs van Donselaar, Debra Satz, Erik Schokkaert, Melissa Schwartzberg, Liam Shields, Zosia

Stemplowska, Laura Valentini, Bruno Verbeek, Nicholas Vrousalis, y Lea Ypi. Este capítulo fue publicado originalmente en Jack Knight and Melissa Schwartzberg (Eds), *Wealth. NOMOS LVIII*. Nueva York: New York University Press, pp. 1–44.

Referencias

Alkire, Sabina. 2007. Choosing Dimensions: The Capability Approach and Multidimensional Poverty. In Nanak Kakwani & Jacques Silber (Eds.), *The Many Dimensions of Poverty* (pp.89–199). New York: Palgrave Macmillan.

Alkire, Sabina & Foster, James. 2011. Counting and Multidimensional Poverty Measurement. *Journal of Public Economics*, 95, 476–87. https://doi.org/10.1016/j.jpubeco.2010.11.006.

Anderson, Elizabeth. 1999. What's the point of Equality? *Ethics*, 109, 287–337. https://doi.org/10.1086/233897

Anderson, Elizabeth. 2010. Justifying the Capability Approach to Justice. In Harry Brighouse and Ingrid Robeyns (Eds.), *Measuring Justice* (pp.81–100) Cambridge: Cambridge University Press. https://doi.org/10.1017/CBO9780511810916.004

Arneson, Richard. 2013. Egalitarianism. In Edward N. Zalta (Ed.), *The Stanford Encyclopedia of Philosophy*. Open access at http://plato.stanford.edu/entries/egalitarianism

Atkinson, Anthony B. & Piketty, Thomas. 2007. *Top Incomes over the 20th Century*. Oxford: Oxford University Press.

Becker, Gary. 1981. *A Treatise on the Family*. Cambridge, MA: Harvard University Press.

Beitz, Charles. 1989. *Political Equality: An Essay in Democratic Theory*. Princeton: Princeton University Press.

Bicchieri, Cristina. 2006. *The Grammar of Society*. New York: Cambridge University Press.

Broome, John. 2012. *Climate Matters*. New York: W.W. Norton.

Casal, Paula. 2007. Why sufficiency is not enough. *Ethics*, 117, 296–336. https://doi.org/10.1086/510692

Casal, Paula. 2016. "Por qué la suficiencia no basta." En *Igualitarismo: una discusión necesaria*, editado por Javier Gallego S. y Thomas Bullemore L., traducido por Javier Gallego Saade, 263–95. Santiago de Chile: Centro de Estudios Públicos.

Casal, Paula & Williams, Andrew. 1995. Rights, Equality and Procreation. *Analyse und Kritik*, 17, 93–116. https://doi.org/10.1515/auk-1995-0107

Chambers, Clare. 2009. Each Outcome Is Another Opportunity: Problems with the Moment of Equal Opportunity. *Politics, Philosophy and Economics*, 8, 374–400. https://doi.org/10.1177/1470594X09343066

Christiano, Thomas. 2008. *The Constitution of Equality: Democratic Authority and Its Limits*. Oxford: Oxford University Press. https://doi.org/10.1093/acprof:oso/9780198297475.001.0001

Christiano, Thomas. 2010. The Uneasy Relationship between Democracy and Capital. *Social Philosophy & Policy*, 27, 195–217. https://doi.org/10.1017/S0265052509990082

Christiano, Thomas. 2012. Money in Politics. In David Estlund (Ed.), *The Oxford Handbook of Political Philosophy* (pp.241–57). Oxford: Oxford University Press. https://doi.org/10.1093/oxfordhb/9780195376692.013.0013

Claassen, Rutger & Düwell, Marcus. 2013. The Foundations of Capability Theory: Comparing Nussbaum and Gewirth. *Ethical Theory and Moral Practice*, 16, 493–510. https://doi.org/10.1007/s10677-012-9361-8

Conly, Sarah. 2005. The Right to Procreation: Merits and Limits. *American Philosophical Quarterly*, 42, 105–15.

Csikszentmihalyi, Mihaly. 1999. If We Are So Rich, Why Aren't We Happy? *American Psychologist*, 54, 821–27. https://doi.org/10.1037/0003-066X.54.10.821

Cullety, Garrett. 2004. *The Moral Demands of Affluence*. Oxford: Clarendon Press. https://doi.org/10.1093/0199258112.001.0001

Dworkin, Ronald. 1981a. What Is Equality? Part 1: Equality of Welfare. *Philosophy & Public Affairs*, 10, 198–246.

Dworkin, Ronald. 1981b. Equality of What? Part 2: Equality of Resources. *Philosophy & Public Affairs*, 10, 283–45.

Facundo, Alvaredo, Atkinson, Anthony B., Piketty, Thomas & Saez, Emmanuel. 2013. The top 1 percent in international and historical perspective. *Journal of Economic Perspectives*, 27, 3–20. https://doi.org/10.1257/jep.27.3.3

Folbre, Nancy. 2008. *Valuing Children. Rethinking the Economics of the Family*. Cambridge, MA: Harvard University Press.

Forst, Rainer. 2012. *The Right to Justification. Elements of a Constructivist Theory of Justice*. New York: Columbia University Press.

Frankfurt, Harry. 1987. What's the point of Equality? *Ethics*, 98, 21–43.

Gardiner, Stephen, Caney, Simon, Jamieson, Dale, Shue, Henry (Eds.). 2013. *Climate Ethics. Essential Readings*. Oxford: Oxford University Press.

Goodman, Alissa, Johnson, Paul & Webb, Steven. 1997. *Inequality in the UK*. Oxford: Oxford University Press.

Hacker, Jacob S. & Pierson, Paul. 2010. Winner-Take-All Politics: Public Policy, Political Organization, and the Precipitous Rise of Top Incomes in the United States. *Politics & Society*, 38, 152–204. https://doi.org/10.1177/0032329210365042

Hausman, Daniel M. & Sensat Waldren, Matt. 2011. Egalitarianism Reconsidered. *Journal of Moral Philosophy*, 8, 567–86. https://doi.org/10.1163/174552411X601067

Holland, Breena. 2014. *Allocating the Earth. A Distributional Framework for Protecting Capabilities in Environmental Law and Policy*. New York: Oxford University Press. https://doi.org/10.1093/acprof:oso/9780199692071.001.0001

Knight, Jack & Johnson, James. 1997. What Sort of Political Equality Does Deliberative Democracy Require? In James Bohman and William Rehg (Eds.), *Deliberative Democracy Essays on Reason and Politics* (pp.279–319). Cambridge, MA: MIT Press. https://doi.org/10.7551/mitpress/2324.003.0013

Kuklys, Wiebke. 2006. *Amartya Sen's Capability Approach: Theoretical Insights and Empirical Applications*. Berlin: Springer. https://doi.org/10.1007/3-540-28083-9

Machin, Dean J. 2013. Political Inequality and the 'Super-Rich': Their Money or (some of) Their Political Rights. *Res Publica*, 19, 121–39. https://doi.org/10.1007/s11158-012-9200-8

Mankiw, N. Gregory. 2013. Defending the One Percent. *Journal of Economic Perspectives*, 27, 21–34. https://doi.org/10.1257/jep.27.3.21

Nozick, Robert. 1974. *Anarchy, State and Utopia*. New York: Basic Books.

Nozick, Robert. 1991. *Anarquía, Estado y utopía*. Traducido por Rolando Tamayo. Buenos Aires-México: Fondo de Cultura Económica.

Nussbaum, Martha. 2006. *Frontiers of Justice: Disability, Nationality and Species Membership*. Cambridge, MA: Harvard University Press.

O'Neill, Martin. 2008. What Should Egalitarians Believe? *Philosophy & Public Affairs*, 36, 119–56. https://doi.org/10.1111/j.1088-4963.2008.00130.x

O'Neill, Martin & Williamson, Thad (Eds.). 2012. *Property-Owning Democracy: Rawls and Beyond*. Malden, MA: Wiley Blackwell.

Overall, Christine. 2012. *Why Have Children? The Ethical Debate*. Boston: MIT Press. https://doi.org/10.7551/mitpress/8674.001.0001

Phillips, Anne. 2004. Defending Equality of Outcome. *Journal of Political Philosophy*, 12, 1–19.

Piketty, Thomas. 2014. *Capital in the 21st Century*. Cambridge, MA: Harvard University Press.

Piketty, Thomas & Saez, Emmanuel. 2003. Income Inequality in the United States: 1913–1998. *Quarterly Journal of Economics*, 68, 1–39. https://doi.org/10.1162/00335530360535135

Pittman III, Frank S. 1985. Children of the Rich. *Family Process*, 24, 461–72. https://doi.org/10.1111/j.1545-5300.1985.00461.x

Rawls, John. 1999. *A Theory of Justice, Revised Edition*. Cambridge, MA: Belknap Press of Harvard.

Rawls, John. 2012. *Teoría de la justicia*. Traducido por María Dolores González. Distrito Federal: Fondo de Cultura Económica.

Robeyns, Ingrid. 2005. The Capability Approach in Practice. *Journal of Political Philosophy*, 14, 351–76. https://doi.org/10.1111/j.1467-9760.2006.00263.x

Robeyns, Ingrid. 2006. Selecting Capabilities for Quality of Life Measurement. *Social Indicators Research*, 74, 191–215. https://doi.org/10.1007/s11205-005-6524-1

Robeyns, Ingrid. 2016. The Capability Approach. In Edward N. Zalta (Ed.), *The Stanford Encyclopedia of Philosophy*, open access at http://plato.stanford.edu/entries/capability-approach/

Rowlingson, Karen & McKay, Stephen D. 2011. *Wealth and the Wealthy*. Bristol, UK: Policy Press.

Scanlon, Thomas. 1998. *What We Owe to Each Other*. Cambridge, MA: Harvard University Press.

Scanlon, Thomas. 2003. *Lo que nos debemos unos a otros*. Traducido por Ernesr Weikert García. Barcelona: Editorial Paidós.

Sen, Amartya. 1983. Poor, Relatively Speaking. *Oxford Economic Papers*, 35, 153–69. https://doi.org/10.1093/oxfordjournals.oep.a041587

Sen, Amartya. 1985. *Commodities and Capabilities*. Oxford: Oxford University Press.

Sen, Amartya. 1987. *The Standard of Living*. Cambridge: Cambridge University Press.

Shields, Liam. 2012. The Prospects of Sufficientarianism. *Utilitas*, 24, 101–17. https://doi.org/10.1017/S0953820811000392

Singer, Peter. 1972. Famine, Affluence and Morality. *Philosophy and Public Affairs*, 1, 229–43.

Sønderholm, Jørn. 2013. World Poverty, Positive Duties, and the Overdemandingness Objection. *Philosophy, Politics and Economics*, 12, 308–27. https://doi.org/10.1177/1470594X12447779

Stedman Jones, Daniel. 2012. *Masters of the Universe. Hayek, Friedman, and the Birth of Neoliberal Politics*. Princeton: Princeton University Press.

UNDP. 2011. *Human Development Report 2011*. New York: Palgrave.

Walzer, Michael. 1981. Philosophy and Democracy. *Political Theory*, 9, 379–99. https://doi.org/10.1177/009059178100900307

Walzer, Michael. 1983. *Spheres of Justice*. New York: Basic Books.

Weinberg, Justin. 2009. Norms and the Agency of Justice. *Analyse & Kritik*, 2, 319–38. https://doi.org/10.1515/auk-2009-0207

Winters, Jeffrey A. 2011. *Oligarchy*. New York: Cambridge University Press.

Wolff, Jonathan & De-Shalit, Avner. 2007. *Disadvantage*. Oxford: Oxford University Press.

Woolley, Frances R. & Marshall, Judith. 1984. Measuring Inequality within the Household. *Review of Income and Wealth*, 40, 415–31. https://doi.org/10.1111/j.1475-4991.1994.tb00084.x

3. Los límites a la riqueza en la historia de la filosofía occidental

Matthias Kramm e Ingrid Robeyns

1. Introducción

En los últimos años, escritores, activistas y políticos han pedido que se pongan límites superiores a lo que un individuo puede ganar o poseer. Por ejemplo, el 2 de marzo de 2018, Kaniela Ing, un político estadounidense, publicó un tuit en el que afirmaba: "At what point is someone's wealth acquisition too much—$1b, $10b, $100b, $1t? Mark my words: this moral question will be very, very important in coming years. We need leaders who are brave enough to ask it" (Ing 2018).[1] Igualmente, el activista por los derechos laborales, Sam Pizzigati (2018), ha exigido recientemente que haya un salario máximo, lo que considera un paso hacia el objetivo final de tener un mundo sin superricos. Por su parte, el influyente escritor George Monbiot (2019) ha propuesto que una solución a la crisis climática mundial es que exista un límite máximo a la riqueza.

A su vez, los filósofos también han empezado a discutir la idea de que debería haber un límite superior estricto a la cantidad de riqueza que una persona o un hogar puedan poseer y que, en una situación ideal, no habría superricos (Robeyns, 2017; Neuhäuser, 2018; Volacu y

---

[1] "¿En qué momento es la adquisición de riqueza de alguien demasiada –1,000 millones de dólares, 10,000 millones, 100,000 millones, 1 billón–? Recuerden mis palabras: esta cuestión moral será muy, muy importante en los próximos años. Necesitamos líderes lo suficientemente valientes como para plantearla". [N.d.T.]

Dumitru, 2018; Zwarthoed, 2018; Timmer, 2019). Esta perspectiva, que Ingrid Robeyns (2017) nombró "limitarismo" (*limitarianism*), sostiene que debería haber un límite superior a la cantidad de posesiones materiales que una persona puede tener.[2] El limitarismo es claramente una perspectiva normativa, aunque podría ser tanto una perspectiva ética (una guía sobre cómo vivir una vida buena) como una perspectiva moral (que aborda cuestiones relativas a qué acciones e instituciones son correctas) y, por lo tanto, también podría ser una perspectiva parcial sobre la justicia social. El limitarismo no se pronuncia con respecto a qué requeriría la justicia por debajo del límite superior; una perspectiva completa de la justicia social y distributiva exigiría la combinación del concepto de un límite superior y principios distributivos adicionales, como pueden serlo un concepto de igualdad de oportunidades sensible a la eficiencia o un umbral de suficiencia inferior.

¿Tiene predecesores históricos la idea de los límites superiores a la riqueza? Ésta es la pregunta que pretendemos abordar en este artículo. Investigaremos qué ideas proto-limitaristas están presentes en la historia de la filosofía política y de la economía. Por ideas proto-limitaristas entendemos las tesis (*claims*) y argumentos históricos que abogan por algún tipo de límites a la adquisición y posesión de riqueza por parte de los individuos. Estos argumentos proto-limitaristas no son necesariamente el mismo tipo de exigencias que los políticos y activistas hacen hoy en día, ni el tipo de argumentos que los filósofos contemporáneos analizan, pero podrían interpretarse como parientes cercanos. Determinar si ése es el caso es el objetivo de este artículo. Discutiremos las perspectivas relevantes de varios autores canónicos del pensamiento occidental: Platón, Aristóteles, Tomás de Aquino, John Locke, Adam Smith, John Stuart Mill, Karl Marx, Friedrich Engels y John Maynard Keynes. Nuestra lectura de estos autores muestra que se han hecho afirmaciones proto-limitaristas en al menos cuatro ámbitos distintos de análisis moral: en psicología moral (la tesis de la insaciabilidad, sección 2), en el razonamiento moral (la tesis de medios

---

[2] El limitarismo es la perspectiva de que nadie debería disfrutar de algunos bienes o recursos valiosos más allá de un límite superior. En este artículo, nos centramos únicamente en el limitarismo económico; sin embargo, el limitarismo también es aplicable a otras distribuciones de valor, como los límites al uso de los recursos de un ecosistema.

y fines, sección 3), en la ética de la virtud (las tesis de templanza o liberalidad, sección 4) y en la moral política (las tesis de necesidades y superfluidades, sección 5). En la sección 6, nos preguntamos qué es lo que podemos aprender de estos argumentos históricos que sea relevante para los debates actuales.

Admitimos que este artículo es limitado porque nos restringimos al canon de la filosofía occidental. A la hora de seleccionar los autores a tratar, escogimos a aquellos filósofos que creemos que son considerados canónicos en las cuestiones relativas a las posesiones y la riqueza.[3] Evidentemente, esto ha provocado que nuestra selección tenga un sesgo de género, ya que, por diversas razones, a las filósofas se les ha negado a menudo su inclusión en el canon occidental. Por ejemplo, Sophie de Grouchy (2019) argumentó en contra de la riqueza excesiva, pues afirmaba que podía llevar a los ricos a actuar injustamente y que también podía poner en riesgo el buen funcionamiento del orden jurídico y político. Además, en los últimos años la filosofía académica se ha vuelto más consciente de que gran parte de nuestros debates excluyen a las filosofías no occidentales (por ejemplo, Garfield y Van Norden, 2016). No cabe duda de que, fuera del canon de la historia de la filosofía occidental, existen importantes argumentos relacionados con la idea de poner límites a la riqueza. Por ejemplo, el gran filósofo islámico medieval Abu Hamid al-Ghazali defendía la idea de la compartición voluntaria para evitar tanto la pobreza y la miseria, por un lado, como la extravagancia, por el otro (Ghazanfar & Islahi, 1990). Otro ejemplo fascinante es el jainismo, que no sólo es una filosofía, sino también una cultura y una forma de vida originaria de la India, que sostiene que "la premisa de la acumulación de riqueza es que la riqueza excedente será redistribuida voluntariamente" (Rankin, 2017, p. 6). Uno de los principios fundamentales del jainismo es el *Aparigraha* o el compromiso de dar y no poseer (Shah, 2017, p. 39). Sin embargo, ya que

---

[3] Hemos consultado con nuestros colegas que enseñan historia de la filosofía, así como con algunos colegas externos a nuestra universidad, para comprobar si habíamos pasado por alto a algún pensador que debería haber sido incluido según los criterios que hemos utilizado. Agradecemos al dictaminador la sugerencia de incluir a los estoicos, a quienes incluimos en revisiones pero que, sin embargo, en nuestra opinión, no son tan proto-limitaristas como a veces se cree. No se mencionaron otros nombres como figuras clave que hubiéramos dejado fuera.

no pretendemos ser exhaustivos, sino investigar nuestra hipótesis de que hay predecesores históricos del limitarismo, hemos optado por sólo discutir una selección de pensadores. La completitud no es necesaria para abordar esta cuestión; sin embargo, incluso una lectura superficial de la filosofía no occidental sugiere que cualquiera que desee adquirir un panorama *completo* de los predecesores del limitarismo definitivamente debería estudiar también las filosofías no occidentales.

Entonces, ¿qué podemos aprender de esta lectura histórica de algunos pensadores del canon del pensamiento occidental para comprender mejor la perspectiva [limitarista] sistemática contemporánea? En la literatura contemporánea, se ha argumentado que el limitarismo podría justificarse sobre la base de argumentos intrínsecos o no intrínsecos; en el caso de los primeros, se sostiene que son las riquezas en sí mismas lo que es moralmente problemático; en el segundo caso, las riquezas más bien dan lugar a algunos otros efectos moralmente problemáticos. Robeyns (2017) propone dos argumentos no intrínsecos a favor del limitarismo: uno basado en el valor democrático de la igualdad política; el otro, en el valor de la satisfacción de las necesidades urgentes insatisfechas. Como se muestra en este artículo, ambos argumentos tienen predecesores proto-limitaristas. Con respecto a los argumentos intrínsecos a favor del limitarismo, aún no es claro en los debates contemporáneos si en las sociedades pluralistas y liberales actuales pueden ofrecerse argumentos de este tipo que sean válidos y convincentes; sin embargo, históricamente sí encontramos ambos tipos de argumentos.

Otra distinción que puede hacerse es la que existe entre el limitarismo como doctrina política y como doctrina moral. Si se trata de una doctrina política, el Estado puede utilizar su monopolio de la fuerza para imponer estructuras coercitivas que impidan a cualquier persona u hogar enriquecerse excesivamente. Si se trata de una doctrina moral, no hay coerción alguna; sin embargo, se argumenta que donar voluntariamente el dinero propio hasta quedar por debajo del umbral limitarista no es algo supererogatorio, sino un deber moral. En la literatura contemporánea, la distinción entre el limitarismo como deber moral y como deber político es analíticamente clara; sin embargo, como mostraremos en este trabajo, históricamente no siempre fue así. Los límites entre los deberes morales y los deberes políticos no estaban nada claros, especialmente en la obra de Platón y Aristóteles, debido a sus teorías políticas perfeccionistas.

Una distinción que se desprende de nuestra lectura histórica, pero que aún no se ha explorado en la literatura contemporánea, es la distinción entre los actos limitaristas, las políticas o instituciones limitaristas y las distribuciones limitaristas. Un individuo puede decidir que está mal tener mucho dinero y donarlo: eso constituiría un acto limitarista. Se puede decir que una política o institución es limitarista si establece un límite superior a la adquisición de dinero. Estas políticas o instituciones pueden ser estrictamente limitaristas, por ejemplo, mediante la imposición de un impuesto del 100% sobre la renta o la propiedad, o pueden ser débilmente limitaristas, hallando un balance entre el objetivo limitarista y otros objetivos, como la eficiencia. Se puede decir que una distribución es limitarista si nadie vive por encima del umbral superior de la riqueza, es decir, si nadie es superrico. Sin embargo, semejante distribución puede estar causada por procesos causales muy diferentes: guerras a gran escala que hacen desaparecer fortunas, una fuerte cultura caritativa o la existencia de políticas como el establecimiento de un salario máximo o un límite a las herencias. Volveremos a estas distinciones en la sección 6 y las ilustraremos apelando a las tesis y los argumentos de los autores canónicos que habremos revisado a lo largo de este trabajo.

Antes de continuar, hay una limitación obvia en nuestra investigación que debemos destacar. No pretendemos dar un panorama completo de todos los intelectuales que, a lo largo de la historia del pensamiento político y económico, han producido perspectivas proto-limitaristas. Sólo queremos enfocarnos en algunos de los pensadores más destacados del canon para mostrar la existencia misma del pensamiento proto-limitarista. Dejamos otros análisis (más detallados) a los historiadores del pensamiento político.[4]

---

[4] Por ejemplo, la historiadora Annelien De Dijn (2020) ha argumentado recientemente que el pensador republicano James Harrington defendió una forma de limitarismo en su libro *La república de Oceana*.

2. La tesis de la insaciabilidad

La primera tesis que hemos localizado en la historia de la filosofía es ante todo psicológica: la tesis de que la naturaleza humana se caracteriza por ciertos apetitos o deseos insaciables. Esos apetitos o deseos exigen ciertas restricciones; por ejemplo, poner ciertas limitaciones a la conducta adquisitiva para permitir una vida y una sociedad que no estén dominadas por esos deseos. Pero también existe una reinterpretación estructural de la tesis de la insaciabilidad que se basa en un supuesto antropológico diferente. Según esta versión estructural, la psicología humana está determinada por el sistema económico imperante. Por lo tanto, la insaciabilidad no tiene su origen en la naturaleza humana, sino en las estructuras económicas.[5] Ni la tesis psicológica ni la estructural sobre la insaciabilidad constituyen por sí mismas un argumento a favor del limitarismo. Únicamente ofrecen una explicación del comportamiento acumulativo excesivo. Un paso normativo adicional sería abordar este comportamiento recomendando un acto limitarista, una política o institución limitarista, o una distribución limitarista.

La versión psicológica de la tesis de la insaciabilidad se articula claramente en la *República* de Platón cuando Sócrates explica su doctrina del alma tripartita:

> Con una parte decimos que el hombre aprende, con otra se apasiona; en cuanto a la tercera, a causa de su multiplicidad de aspectos, no hemos hallado un nombre peculiar que aplicarle, sino que la hemos designado por lo que predomina en ella con mayor fuerza: la hemos llamado, en efecto, la parte 'apetitiva', en razón de la intensidad de los deseos concernientes a la comida, a la bebida, al sexo y cuantos otros los acompañan; y también 'amante de las riquezas', porque es principalmente por medio de las riquezas como satisface los apetitos de esa índole. (Platón, 2008, 580d-581a)

Aristóteles retoma esta visión tripartita del alma. Aunque en *De anima* no habla extensamente de la avaricia o de los apetitos insaciables, sí escribe, sin embargo, que el apetito puede encontrarse en las tres partes y que "no tiene por qué implicar una actividad deliberativa" (Aristóteles,

---

5   Puede que Marx sea el defensor más destacado de la versión estructural de la tesis de la insaciabilidad, pero Scott Meikle atribuye una afirmación similar a Aristóteles, a saber, que la insaciabilidad surge con la institucionalización del dinero.

1978, 434a12). En la *Política*, añade que el apetito puede conducir a deseos insaciables. El deseo insaciable de vivir se basa en el apetito de la tercera parte del alma, que es la parte responsable de la nutrición y la reproducción:

> La causa de esta actitud es el afán de vivir, pero no de vivir bien, y como el deseo de vivir no tiene límite, se desean consiguientemente sin límite las cosas que estimulan la vida. (Aristóteles, 2000, 1257b35)

Aristóteles habla de la avaricia principalmente en el contexto de hacer dinero. Esto podría sugerir que en su opinión la avaricia depende de la institución del dinero. Esta lectura de Aristóteles, que considera el dinero y el intercambio monetario como algo inherentemente malo, es apoyada por Scott Meikle (1995, p. 76). Además, el dinero es fácil de almacenar y no se estropea, lo cual posibilita su acumulación en primer lugar (Walsh & Lynch, 2008, p. 68). Sin embargo, la lectura que hace Ryan K. Balot de la *Política* sugiere otra conclusión: la avaricia no se origina en la actividad comercial ni en la moneda, sino en el apego irracional de los seres humanos al cuerpo (Balot, 2001, p. 43). Aunque no podemos tomar una posición en esta discusión sobre la interpretación correcta de Aristóteles, parece plausible distinguir su tratamiento del dinero de su tratamiento de la avaricia. Esto no significa, sin embargo, que Aristóteles no considere el dinero como algo malo por otras razones.

Tanto Platón como Aristóteles basan sus tesis de la insaciabilidad en sus respectivas teorías psicológicas. Ambos exigen, además, que estos apetitos sean limitados de un modo u otro. Si bien proporcionan argumentos que entran en la categoría del limitarismo intrínseco para apoyar esta afirmación, también consideran las consecuencias de la insaciabilidad para la *polis* y proporcionan justificaciones no intrínsecas.

Según Platón, la primera parte del alma debe gobernar la tercera parte con la ayuda de la segunda, si se quiere que el alma esté sana. Éstas deben presidir sobre "lo apetitivo, que es lo que más abunda en cada alma y que es, por su naturaleza, insaciablemente ávido de riquezas" (Platón, 2008, 442a). Sólo así los seres humanos podrán evitar distraerse del esfuerzo por hacerse verdaderamente ricos, "no en oro, sino en la riqueza que hace la felicidad: una vida virtuosa y sabia" (Platón, 2008, 521a). Como Platón establece una analogía entre un alma justa y una ciudad justa, también exige que "la mejor parte [gobierne] a la peor"

(Platón, 2008, 431b); en la *polis*, las clases superiores están formadas por guardianes que desean exclusivamente la sabiduría y por auxiliares a los que no se les permite tener ninguna propiedad. Ellos supervisarán las actividades de los agricultores, artesanos y comerciantes de la *polis*. El Sócrates de Platón identifica el "afán ilimitado de posesión de riquezas" (Platón, 2008, 373d) como la principal causa de los disturbios civiles y la guerra. Esto es particularmente cierto en el sistema oligárquico, donde hay dos ciudades, "[la] de los pobres y la de los ricos, que conviven en el mismo lugar y conspiran siempre unos contra otros" (Platón, 2008, 551d). Los oligarcas están dominados por su deseo de riqueza, por lo que su gobierno conduce a una distribución desigual y a una brecha cada vez mayor entre los ciudadanos ricos y los pobres. Esta desigualdad es susceptible de estallar en una revolución en algún momento.

En su *Ética Nicomáquea*, Aristóteles describe la avaricia como un apetito por "lo agradable" (Aristóteles, 1985, 1119b8) y recomienda que esta parte apetitiva del alma sea gobernada por la razón. Dado que la riqueza es meramente "útil en orden a otro [bien]" (Aristóteles, 1985, 1096a7), si una persona no se rige por la razón, puede llegar fácilmente a una concepción errónea de la riqueza como el bien supremo. Aristóteles también coincide con Platón en que la avaricia puede tener malas consecuencias para la *polis*, sobre todo si la forma de gobierno es una oligarquía o una democracia, donde la primera responde al "interés de los ricos" y la segunda al "[interés] de los pobres" (Aristóteles, 2000, 1279b4). En estos casos, no puede haber estabilidad y la agitación civil llegará tarde o temprano. Sin embargo, Aristóteles critica el ideal de *polis* de Platón porque priva de la felicidad tanto a los guardianes como a las clases bajas al no permitirles perseguir el bien supremo (Aristóteles, 2000, 1264b6). La recomendación de Aristóteles para las circunstancias no ideales es fortalecer la clase media y entregarle el gobierno, porque con una clase media numerosa "es ínfima la probabilidad de que se produzcan facciones y disensiones entre los ciudadanos" (Aristóteles, 2000, 1296a7).[6]

En resumen, podemos decir que los argumentos intrínsecos proto-limitaristas de Platón y Aristóteles se refieren no tanto al estado de ser rico, sino a las actividades de los seres humanos que se entregan a

---

6   Sin embargo, Aristóteles también termina excluyendo de la ciudadanía a diferentes grupos como, por ejemplo, a los que tienen ocupaciones comerciales.

sus apetitos insaciables. Este comportamiento puede distraerlos de la búsqueda de una vida buena y sabia para dedicar la mayor parte de sus actividades a acumular riquezas a costa de otras actividades más virtuosas. Las afirmaciones proto-limitaristas no intrínsecas se centran en la distribución desigual, la brecha entre los ciudadanos pobres y los ricos, y el potencial de conflicto que surge de ello.

Filósofos y economistas más recientes también han empleado la tesis de la insaciabilidad en sus reflexiones sobre el limitarismo. Adam Smith distingue entre el deseo de necesidades y el deseo de comodidades, Karl Marx ofrece una interpretación estructural de la insaciabilidad y John Maynard Keynes diferencia entre necesidades absolutas y relativas para esbozar una visión utópica de nuestra sociedad. En el siguiente análisis de sus respectivas versiones de la tesis de la insaciabilidad, discutiremos si ofrecen argumentos intrínsecos o no intrínsecos a favor del limitarismo.

Adam Smith basa su distinción entre dos tipos de deseos en su explicación de la fisiología y la psicología humanas: "El apetito de alimentos está limitado en cada persona por la estrecha capacidad del estómago humano, pero el afán de comodidades y adornos en la casa, el vestido, el mobiliario y el equipo no parece tener límites ni conocer fronteras" (Smith, 1996, 236). El deseo de comer puede satisfacerse porque la cantidad de comida que puede consumir el cuerpo humano es limitada. Pero el deseo de comodidades va más allá del cuerpo e incluye el respeto y la admiración por la totalidad de la sociedad en la que se vive. En consecuencia, Smith afirma que "[e]l disfrute principal de la riqueza [...] es su ostentación" (Smith, 1976, 246). El filósofo escocés sigue a Platón y Aristóteles al lamentar que la disposición humana a la admiración se dirija a menudo hacia la riqueza y no hacia la sabiduría y la virtud. Afirma que "los observadores desatentos bien pueden confundir al uno con el otro" (Smith, 1997, p. 139) porque la adquisición de riqueza, al igual que la adquisición de sabiduría y virtud, puede ayudarnos a ser respetables y a que nos respeten. Smith sugiere que la adquisición de riqueza debe limitarse a la fortuna que los hombres "pueden razonablemente esperar adquirir" (Smith, 1997, p. 140) para que las virtudes también puedan florecer. Por lo tanto, se puede interpretar el argumento de Smith como un argumento intrínseco para limitar el comportamiento adquisitivo. También añade un argumento no intrínseco en el que adopta la perspectiva de Platón y Aristóteles de que demasiada desigualdad entre ricos y pobres conduce a la agitación civil. Atribuye a los ricos los vicios de la "avaricia y la ambición" y a los pobres "el odio al trabajo y el amor a la tranquilidad y los goces del momento" (Smith, 1996, 674-75) y pone su esperanza en la clase media, que, según él, puede desarrollar la virtud en mayor grado.

En la obra de Karl Marx, la tesis de la insaciabilidad se reinterpreta como un efecto de las estructuras sociales inherentes al sistema capitalista. Marx describe la disposición a perseguir la riqueza como un fin en sí mismo, pero explica que esta disposición es una consecuencia del modo de producción capitalista:

> El capitalista sólo es respetable en cuanto personificación del capital. Como tal, comparte con el atesorador el instinto absoluto de enriquecerse. Pero lo que en éste no es más que una manía individual, es en el capitalista el resultado del mecanismo social, del que él no es más que un resorte. (Marx, 1994, p. 499)

Así, la insaciabilidad no tiene su origen en la fisiología o la psicología humanas, sino que es una característica estructural del capitalismo, que exige una acumulación constante del capital y una competencia incesante. Marx critica el pensamiento económico clásico por haber reafirmado este "acumular por acumular", calificándolo de "misión histórica del periodo burgués" (Marx, 1994, p. 501). Su versión de la tesis de la insaciabilidad se basa en un argumento político no intrínseco a favor del limitarismo: la insaciabilidad estructural es inherente al modo de producción capitalista y este modo de producción debe ser superado para establecer una sociedad justa. En consecuencia, Marx ofrece un esbozo de una primera fase del comunismo, en la que cada trabajador es recompensado en función de su contribución. En una segunda fase más elevada del comunismo, la noción de propiedad privada es abolida, de modo que la idea misma del limitarismo dejaría de ser aplicable.

Un tercer autor influyente que defendió la tesis de la insaciabilidad es John Maynard Keynes. En sus *Posibilidades económicas de nuestros nietos*, distingue entre dos clases de necesidades: las absolutas y las relativas. Las necesidades absolutas son independientes de la situación de los demás, mientras que las relativas dependen de los otros y su satisfacción "nos hace sentirnos superiores" a ellos (Keynes, 2015, p. 120). Según Keynes, la primera clase de necesidades, que refiere principalmente a la satisfacción de nuestras necesidades corporales y materiales, puede ser satisfecha. Pero la segunda clase de necesidades "pueden ser verdaderamente insaciables" (Keynes, 2015, p. 120) mientras sea posible la competencia mutua y no se alcance la superioridad. El ensayo de Keynes esboza una visión utópica de nuestra sociedad en la que se ha alcanzado la abundancia económica. En consecuencia, esta visión no conlleva ningún argumento no intrínseco relativo a la igualdad política o a las necesidades urgentes insatisfechas, ya que en su utopía la igualdad política no sería una preocupación moral y todas las necesidades urgentes se encontrarían satisfechas. Su preocupación es más bien si los seres humanos serían capaces de utilizar esta "libertad respecto de los afanes económicos acuciantes [...] para vivir sabia y agradablemente bien" (Keynes, 2015, p. 122). El argumento proto-limitarista de Keynes en favor de abandonar nuestra obsesión por las actividades económicas es, por lo tanto, un argumento intrínseco.[7]

¿Qué observamos al releer los argumentos proto-limitaristas de Smith, Marx y Keynes? Tanto Smith como Keynes distinguen entre dos tipos de deseos o necesidades y argumentan que sólo el segundo tipo implica insaciabilidad. Ambos proporcionan un argumento intrínseco a favor de la limitación del comportamiento adquisitivo (Smith) o competitivo (Keynes) como condición previa para una vida virtuosa (Smith) o sabia (Keynes). Además, Smith da más respaldo a su tesis limitarista aplicando el argumento no intrínseco de que un comportamiento adquisitivo desenfrenado conducirá a la desigualdad y a disturbios civiles. Marx, en cambio, ofrece una reinterpretación estructural de la tesis de la insaciabilidad que forma parte de su argumento político más general a favor del limitarismo: una sociedad justa es una sociedad en la que se ha abandonado el modo de producción capitalista; con la desaparición de este modo de producción capitalista, la insaciabilidad estructural también desaparecerá.

---

[7] Resulta interesante el paralelismo entre la visión utópica de Keynes y los utopianos de Tomás Moro, que comparten sus propiedades y, por lo tanto, viven en abundancia. Moro distingue entre las necesidades básicas y la necesidad de "superar a los demás mediante la ostentación superflua de posesiones" (Moro, 2009, p. 85). Durante su crianza, los utopianos aprenden a despreciar el oro, la plata y la seda. Sin embargo, Moro expresa un considerable grado de escepticismo con respecto a la viabilidad de una sociedad así (Moro, 2009, pp. 149).

3. La tesis de los medios y fines

Además de la insaciabilidad, hemos identificado una segunda tesis que se ha utilizado para defender el limitarismo. Se trata de una falacia en el ámbito del razonamiento moral: la falacia de los medios y fines. Según esta tesis, los seres humanos tienden a considerar la obtención de dinero como un fin en sí mismo, aunque nunca puede ser más que un medio para otra cosa. Esta falacia moral puede conducirlos a adoptar una concepción errónea del bien. Como mostraremos en esta sección, la falacia de los medios y fines forma parte de los argumentos proto-limitaristas de Platón, Aristóteles, Keynes, Marx y Engels.

En la *República* de Platón, la falacia de los medios y fines se introduce en el contexto de una discusión sobre las artes médicas. Según el Sócrates de Platón, no es apropiado que un arte busque un beneficio más allá del de su objeto propio (Platón, 2008, 342b). Así, la medicina se ocupa de la curación del cuerpo, y si un médico realiza alguna de las artes médicas para ganar dinero en lugar de curar a sus pacientes, está actuando mal.

Mientras que Platón sólo alude a la falacia de los medios y fines de pasada, Aristóteles escribe sobre ella a profundidad tanto en su *Ética Nicomáquea* como en su *Política*. La *Ética Nicomáquea* es el *locus classicus* de la discusión:

> En cuanto a la vida de negocios, es algo violento, y es evidente que la riqueza no es el bien que buscamos, pues es útil en orden a otro. (Aristóteles, 1985, 1096a6–8)

En este pasaje, Aristóteles está considerando el punto de vista del individuo y el alcance de su conclusión moral se limita al florecimiento individual: para que un ser humano florezca, debe tener claro que la obtención de dinero es sólo un medio para un fin. En la *Política*, en cambio, Aristóteles habla sobre los hogares y critica la idea de que "la función de la economía doméstica es acumular dinero" (Aristóteles, 2000, 1257b35). Distingue entre dos tipos de obtención de riqueza: en primer lugar, existe una obtención de riqueza natural, que forma parte de la administración doméstica y consiste en adquirir una cantidad limitada de aquellos bienes que son "necesarios para la vida y útiles para la comunidad política o doméstica" (Aristóteles, 2000, 1256b26). En segundo lugar, está la obtención de riqueza en la que la cantidad de bienes a adquirir es potencialmente ilimitada y que se da mediante el intercambio de bienes más allá de los límites del propio hogar. Aristóteles condena esta última como un malentendido perjudicial en el que se toma la obtención de la riqueza no como un medio, sino como un fin. En consecuencia, su veredicto sobre el florecimiento individual puede extenderse al florecimiento de un hogar: para que un hogar florezca, el administrador del hogar debe tener claro que la obtención de dinero no es más que un medio para alcanzar un fin. Según Aristóteles, el negocio de acumular riqueza por la riqueza misma puede tener un efecto corrosivo en otras actividades una vez que la gente empieza a creer que hacer dinero "es el fin, y que todo debe conspirar al fin" (Aristóteles, 2000, 1258a14).

En *Posibilidades económicas de nuestros nietos*, Keynes sigue de cerca a Aristóteles al distinguir entre el "amor al dinero como posesión" y el "amor al dinero como un medio para gozar de los placeres y realidades de la vida" (Keynes, 2015, p. 124). En la sociedad utópica que describe, la necesidad de dedicar la mayor parte de la vida a las actividades económicas ha desaparecido y el amor al dinero por el dinero mismo puede reconocerse como lo que es: algo "detestable" (Keynes, 2015, p. 126). El argumento de Keynes se mantiene a nivel del individuo y no incluye la cuestión de la administración doméstica. Su especificación del florecimiento individual consiste en una apelación bastante vaga a la capacidad de "disfrutar directamente de las cosas" (Keynes, 2015, p. 126).

En el *Manifiesto del Partido Comunista*, Marx y Engels presentan su propia versión de la falacia de los medios y fines. Ésta no se refiere ni al individuo ni al hogar, sino al miembro de una determinada clase social, la clase obrera. La falacia no es un simple malentendido, sino algo inherente a las estructuras de la sociedad burguesa y al modelo de producción capitalista. Según Marx y Engels, una sociedad comunista puede provocar los cambios necesarios para modificar estas estructuras: "En la sociedad burguesa el trabajo vivo no es más que un medio para multiplicar el trabajo acumulado. En la sociedad comunista, el trabajo acumulado no es más que un medio para ampliar, enriquecer y mejorar el proceso vital de los trabajadores". (Marx, 2012, p. 597)

Mientras que en una sociedad burguesa el trabajador es un medio para la acumulación de capital, en una sociedad comunista (primera fase) la relación entre medios y fines se invierte y la acumulación de capital se convierte en un medio para sostener la vida del trabajador. Resulta interesante que Marx y Engels emplean una formulación que apela a una perspectiva bastante amplia de la calidad de vida y que presenta paralelismos con la perspectiva de Aristóteles del florecimiento humano.

En resumen, podemos decir que Platón, Aristóteles y Keynes critican sus propias versiones de la falacia de los medios y fines en el contexto del limitarismo intrínseco.[8] Tomar los medios como un fin puede llevar a actuar de forma equivocada (Platón), a limitar el florecimiento humano (Aristóteles) o a restringir el disfrute directo de las cosas (Keynes).[9] En el plano de la administración doméstica, Aristóteles alude a la posibilidad de que semejante confusión de medios y fines tenga también efectos corrosivos en otras actividades. Esto ofrece la posibilidad teórica de un argumento no intrínseco a favor del limitarismo, el cual Aristóteles no desarrolla. Mientras que, en el caso de estos tres autores, la falacia de los medios y fines es una falacia dentro del razonamiento moral del individuo o del administrador del hogar, ésta toma una dimensión estructural en la obra de Marx y Engels. Aquí, es el capitalista como una parte del modo de producción capitalista quien confunde medios y fines. Aunque Marx y Engels no apelan a individuos concretos sino a miembros de clases sociales, su argumento conserva un aspecto intrínseco: invertir la relación entre medios y fines aumenta la calidad de vida del trabajador. Esto también podría reconstruirse como un argumento proto-limitarista no intrínseco, ya que un cambio de estructuras conduce a la liberación del trabajador de la opresión capitalista.

4. La tesis de la templanza y/o la liberalidad

Una tercera tesis, que se ha utilizado para argumentar a favor del limitarismo, pertenece al ámbito de la ética de la virtud y está

---

8   Es importante tener en cuenta que no critican a las personas por ser ricas, sino por seguir su deseo desinhibido de enriquecerse.
9   Se podría objetar, con buenas razones, que alguien podría seguir acumulando riquezas para financiar sus costosos proyectos de vida sin cometer la falacia de los medios y fines. La tesis de los medios y fines no implica una postura limitarista en tanto que los medios y los fines sigan siendo nociones meramente formales. Para ello, es necesario que haya una idea posmaterialista y sustantiva de en qué consiste el fin.

estrechamente relacionada con la tesis de la insaciabilidad y la psicología de los apetitos humanos subyacente. Podemos encontrar un tratamiento de la virtud de la templanza en el *Cármides* de Platón, en su *República* y en las *Leyes*. En la *República*, la templanza se describe como "un tipo de ordenamiento y de control de los placeres y apetitos" (Platón, 2008, 430e). En las *Leyes*, la templanza racional del alma (Platón, 1999, 631c) es el segundo de los bienes divinos. Si ubicamos esta virtud en el contexto platónico de la tripartición del alma, la templanza se origina en la facultad de la razón y establece el control de ésta sobre la tercera parte del alma (Domanski, 2003, p. 6).

Sin embargo, en los escritos de Aristóteles, la discusión se vuelve más compleja. Por un lado, Aristóteles continúa la discusión de Platón sobre la templanza, pero restringe su esfera a los placeres corporales y, en particular, a los placeres del tacto y del gusto (Curzer, 2015, p. 66). Por el otro, introduce la virtud de la liberalidad como una disposición de dar regalos monetarios en conformidad con un deseo apropiado de riquezas y un deseo apropiado de ayudar a otros (Curzer, 2015, p. 5). Ambas virtudes son importantes si se quiere hacer una defensa del limitarismo basada en la ética de la virtud. La templanza está relacionada con la adquisición de bienes para emplearlos como medio para satisfacer las propias necesidades corporales. La liberalidad, en cambio, es el justo medio entre la adquisición inmoderada de dinero y su conservación, guiada por un amor excesivo a las riquezas, y el gasto excesivo, que es su extremo opuesto. Mientras que la templanza se limita al propio cuerpo y a sus necesidades físicas, la liberalidad refiere a las acciones del ser humano dentro del espacio social y económico. Según Aristóteles, la persona liberal valora la riqueza no por sí misma, "sino porque es necesario, para poder dar" (Aristóteles, 1985, 1120b1–2).

Tomás de Aquino sigue a Aristóteles al distinguir entre templanza y liberalidad. La templanza es vista de nuevo como aquella virtud que "se ocupa principalmente de las pasiones tendentes al bien sensible, a saber: los deseos y los placeres" (Aquino, 1990, II-II.141. 3), mientras que la liberalidad se ocupa de "las cosas de que uno se desprende para darlas a otro" (Aquino, 1990, II-II.117. 2). Para Tomás de Aquino, la liberalidad no pertenece a la templanza, sino a la virtud principal de la justicia (Aquino, 1990, II-II.117. 5). En la obra de los tres autores, el elogio de la virtud de la templanza puede interpretarse como un argumento intrínseco a favor de la versión moral (no la política) del limitarismo. En la obra de Tomás de Aquino, sin embargo, la virtud de la templanza, entendida como una virtud que refiere al bien de uno mismo, es complementada por la liberalidad y la justicia como virtudes que se preocupan por el bien de otros, por lo que la combinación de estas tres virtudes sirve como un argumento no intrínseco a favor de una distribución limitarista. Según este argumento, una persona debe moderar su comportamiento acumulativo para dejar suficientes recursos a los demás.

La virtud de la templanza resurge en la obra de Adam Smith y constituye—según McCloskey—la "virtud maestra" de su *Teoría de los sentimientos morales* (McCloskey, 2008, p. 51). En línea con sus predecesores filosóficos, Smith relaciona la templanza con los "apetitos corporales" (Smith, 1997, p. 480) y le asigna la tarea de mantenerlos dentro de ciertos límites. Reinterpretando a Platón, sugiere sustituir la traducción común de "sophrosyne" como "templanza" por su traducción como "buen temperamento, o sobriedad y moderación del ánimo" (Smith, 1997, p. 481). Pero ya que Smith no comparte la doctrina del alma tripartita de Platón y Aristóteles, tiene que reinterpretar el significado de esta virtud. Para él, la templanza no es "más que prudencia con respecto al placer" (Smith, 1997, p. 519) y nos permite posponer un placer presente en aras de uno mayor futuro. Por lo tanto, resulta difícil entender la interpretación de Smith de la templanza como una crítica a la acumulación de bienes o como un argumento a favor de imponer límites al comportamiento adquisitivo. Aunque la interpretación de Smith de la templanza sigue siendo intrínseca, no apela a una noción posmaterialista del florecimiento humano.

Karl Marx ofrece una crítica provocativa de las virtudes de la templanza y la liberalidad al revelar su complicidad en la economía capitalista. La recomendación de Smith de posponer el disfrute inmediato se reinterpreta como la virtud del capitalista de no utilizar todo su ingreso, sino de "apartar buena parte de [sus riquezas] para invertirla en el reclutamiento de nuevos obreros productivos, que rinden más de lo que cuestan" (Marx, 1994, p. 496). La virtud de la liberalidad, que en Aristóteles y Tomás de Aquino está orientada a dar dinero a los demás en lugar de acapararlo para uno mismo, se entiende ahora como un argumento capitalista a favor de la reinversión del dinero en el mercado. Juntas, ambas virtudes garantizan que el capital no se consuma ni quede ocioso. La reinversión del dinero asegura su autoexpansión como capital. Marx no apela ni a una justicia social utópica ni a la calidad de vida de los trabajadores; critica la templanza y la liberalidad por el papel instrumental que juegan en la economía capitalista. Ambas proporcionan las actitudes morales subyacentes que mantienen al sistema en funcionamiento.

A primera vista, parece haber una paradoja entre la crítica de Marx a la insaciabilidad del capitalismo y su rechazo de la templanza y la liberalidad. Sin embargo, no hay ninguna contradicción real. Marx y Engels subrayan que el capitalismo es capaz de desplegar enormes poderes productivos, pero también lo consideran un sistema que es finalmente autodestructivo. Por un lado, el capitalismo ha generado una enorme productividad, pero, por el otro, también será incapaz de controlarla o usarla en beneficio de todos los seres humanos de la sociedad. Así, la insaciabilidad es una fuerza destructiva constitutiva del capitalismo. Dado que ésta es la perspectiva que tienen Marx y Engels de la historia y del futuro, la templanza y la liberalidad son sólo distracciones y no pueden resolver los problemas sociales causados por la explotación inherente al capitalismo. Por lo tanto, rechazan la templanza y la liberalidad y llaman a los trabajadores a unirse a la revolución que conducirá la marcha de la historia a la superación del capitalismo.

Tras revisar a estos cinco autores y su tratamiento de la ética de la virtud, nuestra conclusión es algo ambivalente.[10] Tanto Platón como Aristóteles y Tomás de Aquino tienen una noción propia sobre lo que constituye el florecimiento humano. En los tres casos, esta noción va más allá de la satisfacción de los apetitos corporales, y en los casos de Aristóteles y Tomás de Aquino incluye el valor de dar a otros. Dada tal noción de florecimiento humano, las virtudes de la templanza

---

10 Mientras que estos cinco autores vinculan las virtudes de la templanza y la liberalidad ya sea a la versión psicológica o estructural de la tesis de la insaciabilidad, los estoicos adoptaron un enfoque diferente. En lugar de contrarrestar los deseos insaciables con un comportamiento virtuoso, enseñaron a sus alumnos a considerar la cuestión de la riqueza como algo indiferente. Según Epicteto, tener o no tener riqueza no está bajo nuestro control; es pura coincidencia y, por lo tanto, se encuentra entre las cosas que están entre las virtudes y los vicios (Epicteto, 1993, 2.19.13). De ahí que sólo podamos alcanzar la felicidad si ignoramos las riquezas y aprendemos a vivir felizmente sin ellas (Séneca, 1986, 18.13).

y la liberalidad—si se toman juntas[11]—pueden interpretarse como argumentos a favor del limitarismo. Pero en la filosofía moral de Smith, tal noción está ausente. Su reinterpretación de la templanza es, por lo tanto, compatible con una acumulación interminable de riquezas, siempre que se posponga el disfrute presente en aras de un mayor disfrute futuro. De esto se sigue que la crítica de Marx a la templanza en el marco de la economía capitalista está justificada. Su crítica a la liberalidad, por el contrario, sólo funciona una vez que el contexto social e interpersonal de la virtud clásica es sustituido por una perspectiva economicista reduccionista en la que sólo hay agentes económicos. En dicho caso, dar dinero a otros equivale a una reinversión económica de capital. Para que sea un argumento a favor del limitarismo, la templanza parece requerir una noción posmaterialista del florecimiento humano. Una vez que la virtud de la templanza se desconecta de dicha noción, también puede referirse a la sobriedad empresarial, en la que el empresario se abstiene de aprovechar oportunidades de inversión presentes porque podría haber otras mejores en el futuro. En consecuencia, alguien podría poseer la virtud de la templanza y aun así esforzarse por adquirir una gran cantidad de riqueza. La virtud de la liberalidad, sin embargo, depende en gran medida del contexto. Si se asocia con la justicia dentro de un contexto más amplio de interacciones sociales, como en la obra de Tomás de Aquino, tiene éxito como argumento a favor del limitarismo. Pero una vez que esta conexión con la justicia desaparece y se observa simplemente en el contexto de las transacciones económicas que buscan maximizar las ganancias, también puede interpretarse como un acto de dar que, en última instancia, promueve el interés propio. Aunque se podría seguir considerando que las virtudes de la templanza y la liberalidad son un apoyo a los actos, políticas o instituciones limitaristas, incluso si no existe una conexión ni con una noción posmaterialista de florecimiento ni con la justicia, no tienen por qué serlo. La templanza podría referirse a posponer las oportunidades de inversión presentes

---

11 La liberalidad también aplicaría en el caso de filántropos extremadamente ricos, pero sería difícil asignarles ambas virtudes, la liberalidad y la templanza. Alguien que gana la lotería puede sobresalir en la virtud de la liberalidad compartiendo su premio con los demás, pero no sería templada si optara por atesorar una cantidad muy grande del dinero para atender a sus (excesivos) deseos futuros.

con vistas a aprovechar las futuras y la liberalidad podría reducirse a los consejos relativos a la reinversión del propio dinero.

5. La tesis de las necesidades y superfluidades

La cuarta y última tesis que pudimos rastrear en la historia de la filosofía que apoya una posición limitarista versa sobre la distinción entre necesidades y superfluidades. En muchos casos, existe una estrecha conexión entre esta tesis y la de la insaciabilidad, que trata sobre las necesidades absolutas y relativas. Muchas teorías éticas y de la moral política invocan un principio de suficiencia: la idea de que nadie debe sufrir a causa de la pobreza o la indigencia. Por lo general, esta perspectiva implica un umbral inferior (necesidades) por encima del cual cada miembro de una sociedad debe ser elevado, pero en algunos casos también implica un umbral superior (superfluidades) por encima del cual la propiedad individual debe ser redistribuida de una forma u otra. Mientras que el umbral inferior suele definirse en términos de los medios necesarios para la supervivencia de uno mismo, de su hogar o de su familia, y en términos de alimentación, vestimenta y vivienda, hay diferentes maneras de determinar el umbral superior. Los filósofos que analizaremos en esta sección sugieren que es necesaria una diversidad de medidas institucionales para establecer dichos umbrales. Sus concepciones también ofrecen diversas justificaciones intrínsecas y no intrínsecas a favor de estas pretensiones limitaristas. Un ejemplo de la justificación intrínseca es el argumento teleológico de que el dinero debe usarse según su finalidad propia. Las justificaciones no intrínsecas comprenden, entre otras cosas, el argumento de que todo el mundo debería tener el mismo acceso a los medios para su supervivencia, el argumento de que la riqueza crea tensiones sociales entre los ricos y los pobres, y el argumento de que debería evitarse el consumo basado en el estatus.

En su último diálogo, las *Leyes*, Platón da una concepción limitarista más o menos completa que incluye la especificación de un umbral inferior y uno superior. Según esta explicación, "no debe haber ni extrema pobreza entre algunos de sus ciudadanos, ni, por otra parte, riqueza excesiva" (Platón, 1999, 744d). Platón proporciona una descripción detallada del umbral inferior que cada ciudadano debe alcanzar: todos obtendrán una vivienda cerca del centro de la ciudad y otra cerca de las afueras. El tamaño de los terrenos en los que se construirán estas viviendas variará según la fertilidad de la tierra y su distancia a la ciudad. Con base en este umbral inferior, Platón define el umbral superior como "hasta el cuádruple" (Platón, 1999, 744e) de esta cantidad. Lamentablemente, no da ninguna justificación de esta cifra. Una razón indirecta se da con respecto a la forma en que estos umbrales pueden ser implementados en las leyes. Aquí, Platón recomienda una división de la ciudad en "cuatro clases impositivas según la magnitud de la riqueza" (Platón, 1999, 744c), de las cuales la clase más alta alcanza el umbral superior. Toda propiedad individual que supere esta cantidad debe ser entregada a la ciudad y a los dioses. Aquellos que desobedezcan la ley incurrirán en severas penas. Platón justifica sus pretensiones limitaristas apelando tanto a argumentos intrínsecos como no intrínsecos: por un lado, los ciudadanos no deben distraerse con las actividades económicas del cuidado de su cuerpo y de su alma. En este contexto, Platón incluso llega a prohibir el uso de oro o plata en su ciudad (Platón, 1999, 743d). Por otro lado, una ley así prevendrá conflictos entre ricos y pobres, que Platón llama "la mayor enfermedad" (Platón, 1999, 744d).

Aristóteles no escribe sobre la propiedad individual, sino que elige el hogar como la unidad administrativa básica. Su discusión se enfoca principalmente en cuestiones económicas y la distinción más importante que hace es la que existe entre la obtención natural de riqueza, que "pertenece a la administración doméstica", y el arte innecesario de obtención de riqueza, que "produce riqueza no de cualquier modo, sino por el cambio de artículos" (Aristóteles, 2000, 1257b17). Este segundo arte de obtención de riquezas está especialmente relacionado con el dinero y seduce a muchos jefes de familia a aceptar la idea de que el aumento de la riqueza es un fin en sí mismo. Pero, según Aristóteles, esto es un malentendido, ya que la adquisición de "[una] riqueza [...] ilimitada" no es la función de la administración doméstica (Aristóteles, 2000, 1257b23). Su justificación intrínseca del limitarismo es, por lo tanto, impedir que los jefes de familia traten de "aumentar al infinito su dinero" (Aristóteles, 2000, 1257b35). Aristóteles define un umbral superior para cada hogar como aquel en el que se tienen todos los bienes "necesarios para la vida y útiles para la comunidad política o doméstica" y que son suficientes "para una vida próspera" (Aristóteles,

2000, 1256b26). No habla explícitamente de un umbral inferior, pero su discusión sobre la alimentación y la vestimenta indica que este umbral podría estar en el nivel de la mera supervivencia (Aristóteles, 2000, 1256b15). Aristóteles concibió su ciudad como una sociedad de hogares autosuficientes y añade que la ciudad "debe practicar el comercio en su propio interés y no para los demás" (Aristóteles, 2000, 1327a29). Por lo tanto, aboga por una restricción de la búsqueda de la riqueza por sí misma como recomendación política.

A diferencia de Aristóteles, Tomás de Aquino no discute sus tesis limitaristas en el contexto de la economía, sino en el de la limosna.,[12] [13] Tomás de Aquino distingue dos casos en los que una cosa puede llamarse necesaria: (a) si alguien necesita esa cosa "para vivir él y sus allegados" y (b) si esa cosa es necesaria para que alguien viva "a tenor de las exigencias normales de la condición y del estado de la propia persona y de los demás cuyo cuidado le incumbe de acuerdo con su posición social, ya sea en lo que respecta a sí mismo o a aquellos de los que está a cargo" (Aquino, 1990, II-II.32 a6). Todo lo que va más allá de estas dos categorías puede llamarse (c) superfluo—éste es el título bajo el que Tomás de Aquino habla de los bienes que "según todas las probabilidades, no le es [a nadie] absolutamente necesario [adquirir]" (Aquino, 1990, II-II.32. 5). Estas tres categorías nos permiten definir un umbral inferior y otro superior: el umbral inferior consistiría en poseer todos los bienes que se mencionan en la categoría (a), mientras que el umbral superior comprendería todos los bienes descritos en las categorías (a) y (b) en conjunto.

¿Cuándo y en qué medida está alguien obligado a dar parte de sus bienes a personas necesitadas? Según Tomás de Aquino, es bueno dar de los necesarios descritos en (b), pero no hay obligación. Incluso sería desmesurado dar de esos necesarios hasta el punto de no poder mantenerse en la posición social en que uno se encuentra. Tomás de Aquino añade tres excepciones a esta regla. En primer lugar, si alguien quiere cambiar su estado de vida (por ejemplo, haciéndose monje

---

12 Sin embargo, su discusión sigue a Aristóteles al referirse principalmente a los jefes de familia.

13 Tomás de Aquino también discute si la usura es injusta o ilícita y sigue a Aristóteles al argumentar que la usura contradice el "uso propio y principal del dinero" como medio de intercambio (Aquino, 1990, II-II.78.1). Sin embargo, no define ningún umbral en el hilo de este argumento.

o monja y haciendo voto de pobreza); en segundo lugar, si lo que se da puede recuperarse fácilmente, y, en tercer lugar, si hay extrema indigencia en un individuo o gran necesidad por parte del bien común (Aquino, 1990, II-II.32 6). En cualquiera de estas tres circunstancias, dar los necesarios descritos en (b) *se convierte* en una obligación. Aunque Tomás de Aquino no lo discute a profundidad, su tratamiento implica que los bienes superfluos, es decir, los de la categoría (c), deberían ser redistribuidos entre aquellos cuyas necesidades son evidentes y urgentes, incluso si no se dan las tres excepciones. "Peca mortalmente" quien no hace caso de ello (Aquino, 1990, II-II.32. 5).

En contraste con la concepción de Tomás de Aquino de la limosna, John Locke introduce un lenguaje deontológico mediante un argumento limitarista que asigna derechos y deberes a los agentes correspondientes. En un primer paso, Locke proporciona una justificación teológica para su umbral inferior: Dios ha dado el mundo a la humanidad en común "para soporte y comodidad de su existencia" (Locke, 2010, §26). Este umbral comprende la autoconservación[14] y la adquisición de la propiedad privada mediante el trabajo de la tierra. Determinar el umbral superior de Locke es más complejo. Por un lado, está la llamada condición de descomposición, que restringe la propiedad a la cantidad que una persona pueda usar. Lo que vaya más allá de esa cantidad y, por lo tanto, pueda estropearse, porque no se consume ni se atiende, "será de otros" (Locke, 2010, §31). Por otra parte, existe el deber de caridad de dar a una persona para "preservarla de la extrema necesidad, cuando no tiene medios para subsistir de otro modo" (Locke, 2003, 1.42). Curiosamente, la caridad no se conceptualiza aquí como una virtud, sino como un "derecho al excedente" (Locke, 2003, 1.42) de los bienes de otra persona. Por lo tanto, el umbral superior depende tanto de las limitaciones individuales en cuanto al consumo y el trabajo como del entorno social del individuo, es decir, de si hay personas necesitadas alrededor que requieran su ayuda. Si hay muchos recursos disponibles y todo el mundo tiene una parte suficiente para su autoconservación, el umbral superior será definido por la condición de descomposición. Pero si sólo hay pocos recursos disponibles y algunas personas tienen menos de la parte suficiente, el deber de caridad puede incluir la obligación

---

14 Locke también incluye en esta noción la preservación de la propia familia.

de bajar el umbral superior a un nivel inferior al de la condición de descomposición. Según la interpretación de Jeremy Waldron de Locke, puede que los ricos no estén obligados a dar de su excedente, pero sí están llamados a dejar que los pobres tomen lo que les corresponde por derecho (Waldron, 2002, p. 185). Locke proporciona un argumento intrínseco para sus afirmaciones limitaristas: la "igualdad natural entre los hombres" (Locke, 2010, §5).

Esto nos lleva a los escritos de Adam Smith, cuyas tesis sobre las necesidades y las superfluidades (o lujos) están estrechamente conectadas con sus tesis psicológicas, de las que hablamos en la sección 2. Smith define su umbral inferior como tener lo suficiente para estar "adecuadamente bien alimentados, vestidos y alojados" (Smith, 1996, 126). Lamentablemente, no ofrece una definición igual de detallada del umbral superior. En su lugar, apela a razones no intrínsecas por las que debe evitarse la desigualdad: de alguna manera establece una conexión directa entre la afluencia de unos pocos y la indigencia de muchos,[15] pero lo más importante es su apelación a la indignación de los pobres, "que son conducidos por la necesidad y alentados por la envidia" (Smith, 1996, 675) a invadir las posesiones de los ricos. Su argumento se asemeja, por lo tanto, al de Platón sobre los disturbios civiles. Para hacer frente a la desigualdad, Smith recomienda el mecanismo institucional de gravar los bienes de lujo.[16] Estos impuestos tienen la ventaja adicional de que tienden a no incrementar el precio "de ninguna otra mercancía aparte de las gravadas" (Smith, 1996, 767).

El último autor que aporta nuevos e interesantes aspectos al debate sobre el limitarismo, especialmente en lo que respecta a su justificación, es John Stuart Mill. En sus escritos sobre economía política, Mill sólo se refiere implícitamente a un umbral inferior como la posesión de las necesidades que garantizan una "vida saludable" (Mill, 2007, V. VI.2 106) y una "probabilidad de ser felices en la vida" (Mill, 2007, II. II.3 293). Un umbral superior podría derivarse de sus restricciones a los legados o herencias: tales adquisiciones no deberían ir más allá de una cierta cantidad máxima, "que debería fijarse lo bastante alta para que

---

15 Esta conexión sólo sería necesaria si ignoramos el crecimiento económico que beneficia a unos más que a otros, pero que deja a todos en mejor situación.

16 En este contexto, Berry señala una tensión considerable entre la alabanza de Smith de la opulencia y la libertad y su crítica al lujo (Berry, 1994, p. 172).

permitiera una cómoda independencia" (Mill, 2007, II. II.4 295). Los bienes que superen ese máximo podrían entonces clasificarse como lujos. Mill proporciona algunos argumentos no intrínsecos a favor de su limitarismo: el más importante es que la riqueza excesiva podría redistribuirse y elevar la calidad de vida de un mayor número de personas o podría dedicarse a "fines de utilidad pública" (Mill, 2007, II. II.4 296). Un segundo argumento es que un límite superior desalentaría el consumo basado en el estatus, que no deriva placer del objeto adquirido y sólo lo valora como un apéndice del estatus (Mill, 2007, V. VI.2 107). Otra razón, a la que Mill meramente hace una alusión, está relacionada con el carácter de la persona. Según Mill, heredar una gran fortuna puede conducir a un comportamiento vicioso (Mill, 2007, II.II.3 293). Una última razón menor, que Mill sólo menciona, es que algunos lujos son estimulantes, por lo que pueden promover un consumo excesivo y conducir a diversas formas de adicción (Mill, 2007, V. VI.3 109). Mill coincide con Smith en que la imposición de impuestos sobre los lujos debería desempeñar un papel importante a la hora de abordar estas cuestiones. Además, exige que se restrinja "lo que uno pudiera adquirir por legado o herencia" (Mill, 2007, II. II.4. 295).

Para resumir, podemos distinguir primero entre las diferentes definiciones del umbral inferior: todos los autores se refieren de una manera u otra a los medios para la supervivencia de uno mismo y de su familia (extendida). Aristóteles y Adam Smith mencionan la vestimenta, además de la comida y la vivienda, mientras que Platón proporciona instrucciones detalladas para la asignación de tierras.[17] Mill, sin embargo, prefiere determinar el umbral inferior utilizando el criterio subjetivo de que dicho estado debe ser deseable y el criterio objetivo de que debe ser saludable. No es de extrañar que los autores también difieran en cuanto a sus definiciones del umbral superior. Platón emplea una definición proporcional, mientras que Aristóteles se remite a su concepción teleológica de la vida buena. Tomás de Aquino introduce la capacidad de permanecer a la altura de la propia posición social como un criterio que también está conectado con las responsabilidades sociales. Locke se refiere a un criterio antropológico y a un criterio

---

17 En su diálogo anterior, *República*, Platón precede a Aristóteles y a Adam Smith al especificar una lista que incluye los mismos tres elementos: comida, vivienda y ropa (Platón, 2008, 369d).

social: los límites de la propia capacidad de consumo o de atención a la propiedad y la presencia de personas con necesidades extremas que deben ser satisfechas. Mill, finalmente, especifica este umbral apelando a la cómoda independencia de cada uno.

Desde el punto de vista institucional, distintas medidas se proponen para enfrentar la desigualdad entre ricos y pobres: Platón recomienda un diseño específico de la sociedad en combinación con regulaciones legales. Aristóteles sugiere restringir las actividades económicas perjudiciales. Tomás de Aquino discute sus umbrales en el contexto de la limosna voluntaria y obligatoria. Locke comparte con Tomás de Aquino el enfoque en la caridad, pero lo refuerza añadiendo un enfoque basado en los derechos. Smith y Mill apelan a los impuestos como medida adecuada para la redistribución (con Mill añadiendo una restricción a los legados o a la herencia).

Por consiguiente, podemos distinguir entre los enfoques que proponen una configuración institucional específica para la sociedad, es decir, los de Platón, Aristóteles y Locke, y los que dejan de lado esta cuestión y se limitan a sugerir algún instrumento de redistribución, es decir, los de Tomás de Aquino, Smith y Mill. Las justificaciones que se ofrecen para estas pretensiones limitaristas son también muy interesantes: las justificaciones intrínsecas comprenden la preocupación de que el dinero pueda distraer de la consecución de la buena vida (Platón, Aristóteles), el cumplimiento de las leyes natural y divina (Tomás de Aquino), y la igualdad de todos los hombres por naturaleza (Locke). Hay una variedad aún mayor de justificaciones no intrínsecas: Platón argumenta que la limitación de la riqueza evitará los conflictos sociales, una línea de pensamiento que Smith retoma refiriéndose a la indignación, la necesidad y la envidia de los pobres. Mill, en cambio, aporta argumentos utilitaristas y consecuencialistas, como: la mayor eficiencia de redistribuir la riqueza entre un mayor número de personas o de utilizarla para preservar objetos de uso público; desincentivar el consumo frívolo basado en el estatus; considerar los efectos viciosos de la abundancia repentina e inmerecida, y evitar el consumo excesivo de estimulantes, cuya utilidad marginal disminuye constantemente.

6. ¿Qué lecciones podemos extraer para la perspectiva sistemática?

¿Qué lecciones podemos extraer de los argumentos a favor de la limitación de la riqueza que se han planteado a lo largo de la historia de la filosofía occidental para la perspectiva sistemática del limitarismo discutida actualmente en la literatura filosófica? ¿Qué llama la atención al leer esa historia, si se le compara con los debates contemporáneos sobre la justicia distributiva y la ética de la limitación de la riqueza personal? ¿Pueden los autores históricos ilustrar la pertinencia de las distinciones hechas en la primera sección de este trabajo?

En primer lugar, como se menciona en la introducción, los dos argumentos que Robeyns ofrece en su artículo en el que introduce el limitarismo en los debates contemporáneos encuentran apoyos en la historia de la filosofía. Los argumentos de Robeyns relativos a las necesidades urgentes insatisfechas estarían respaldados por los argumentos de Tomás de Aquino, Locke y Mill, y su argumento democrático a favor del limitarismo encontraría aliados en los argumentos de Platón, Aristóteles y Smith, ya que a los tres les preocupa que las desigualdades extremas conduzcan a disturbios civiles. Sin embargo, la distinción de Robeyns entre un deber moral y uno político de no ser excesivamente rico no es una distinción que haya sido dominante en la historia de la filosofía. En el pasado, los límites entre los deberes morales y los políticos eran borrosos, pues la estricta distinción entre lo correcto y el bien que domina la filosofía política contemporánea (debido a su giro liberal) todavía no tenía un respaldo filosófico.

En segundo lugar, en la sección 1 también esbozamos que analíticamente podemos distinguir entre un acto limitarista, una política o institución limitarista, y una distribución limitarista. El breve repaso histórico que hemos ofrecido en este trabajo muestra que esas distinciones no sólo son analíticamente posibles de hacer, sino que también son relevantes en el sentido de que nos ayudan a comprender el panorama de posiciones limitaristas. Por supuesto, es importante tener en cuenta que los autores que hemos estudiado no están desarrollando una posición limitarista completa, sino que están proporcionando elementos para un argumento limitarista. Aun así, teniendo en cuenta esta advertencia, podemos ver que algunos de ellos defienden una política limitarista (Smith y Mill). Algunos abogan por actos limitaristas (Platón, Aristóteles, Tomás de Aquino, Smith, basados en la ética de la virtud, y Keynes, basado en el disfrute estético). Varios de estos pensadores proponen umbrales superiores específicos (por ejemplo, Platón, Aristóteles, Tomás de Aquino, Locke y Mill).

También hay algunas formas adoptadas por el argumento limitarista que aún no se han discutido en la literatura contemporánea emergente, pero que merecen nuestra atención. La primera idea digna de mención es que mientras Marx y Engels abogan por la revolución para acelerar la transición del capitalismo al comunismo, el resultado previsto es uno en el que cada uno recibirá beneficios según sus necesidades, y por lo tanto la acumulación ilimitada de riqueza a la que el limitarismo se opone será imposible debido al cambio del sistema económico. Por lo tanto, el estudio histórico tal vez debería llevarnos a añadir otra categoría a las categorías de actos, políticas, instituciones y distribuciones limitaristas, a saber, la categoría de "sistemas económicos que cumplen el principio del limitarismo económico". Pasando a los debates contemporáneos, uno podría preguntarse igualmente si una democracia de propietarios (Rawls, 2002) o una sociedad de ingreso básico (Van Parijs, 1996) serían sistemas económicos que cumplen el principio del limitarismo económico. El segundo rasgo destacable es que entre los filósofos proto-limitaristas se aprecian dos vertientes diferentes: los que defienden el limitarismo mediante la predistribución (Platón, Aristóteles, Locke) y los que lo defienden mediante la redistribución (Tomás de Aquino, Smith, Mill). En resumen, las perspectivas proto-limitaristas revelan un rico panorama de tipos de argumentos y afirmaciones, una riqueza intelectual que los debates contemporáneos deberían tener en cuenta.

Una tercera observación principal es que muchos de los argumentos históricos respaldan una distinción entre necesidades y deseos. Sin embargo, desde hace mucho tiempo esta distinción casi ha desaparecido de la filosofía política contemporánea, especialmente al teorizar sobre la justicia distributiva (Reader y Brock, 2004). En su lugar, la mayoría de las teorías contemporáneas de la justicia distributiva toman las preferencias individuales (idealizadas) y las propias ideas de las personas sobre su vida buena como las dimensiones últimas de la preocupación moral y derivan de ellas una "métrica de la justicia" individual, que puede ser, por ejemplo, los bienes primarios sociales, los recursos impersonales o las capacidades. Se pueden tener en cuenta algunas formas específicas de necesidades, como las relacionadas con las discapacidades o la distribución desigual de los talentos en la teoría de la igualdad de recursos de Ronald Dworkin (1981), pero una característica central, que esas teorías comparten con la teoría económica, es que no podemos hacer juicios sobre la calidad de las preferencias que tienen las personas, ya que eso no estaría justificado en una sociedad en la que los ciudadanos tienen diferentes concepciones del bien y tienen diferentes conjuntos de ambiciones. Sin embargo, como han argumentado los filósofos que trabajan en otras áreas de la filosofía práctica, aceptar las preferencias personales al pie de la letra también tiene consecuencias preocupantes. Por ejemplo, en el caso de la ética medioambiental, se ha argumentado que la distinción entre necesidades y deseos es relevante a la hora de pensar en cuestiones de desigualdades injustas entre naciones pobres y ricas, así como entre generaciones actuales y futuras. Y una teoría de las necesidades hace visibles las formas específicas de dependencia y vulnerabilidad humanas que deben reconocerse al pensar en la justicia ecológica (Shue, 1993; O'Neill, 2011).

La prioridad lexical que se le da hoy en día al respeto del pluralismo de ideas sobre la vida buena por encima de las perspectivas sobre cómo sería la "buena sociedad", y la creencia de que esta prioridad implica que la distinción entre necesidades y deseos ha quedado obsoleta, implica que los argumentos examinados en este trabajo pueden ser considerados claramente antiliberales y que, por lo tanto, corren el riesgo de que se consideren poco útiles a la hora de pensar en la justicia distributiva para las sociedades contemporáneas. Dado que estos argumentos históricos se basan en teorías específicas sobre la vida buena, la ley natural/divina o la igualdad derivada de un decreto divino, los filósofos políticos contemporáneos pueden ser propensos a pensar que esas ideas son incompatibles con una sociedad liberal pluralista. Nos preguntamos si esa conclusión es prematura; en cambio, pensamos que se trata de una cuestión que requiere un análisis más profundo. Una conciencia histórica de los argumentos proto-limitaristas debería impulsar a los académicos que desarrollan el limitarismo como una perspectiva sistemática contemporánea a cuestionar el dominio de las teorías que niegan la legitimidad de distinguir entre necesidades y deseos y dar a esta distinción un papel central en el desarrollo de las teorías de la justicia distributiva, incluyendo la perspectiva limitarista.

En cuarto lugar, varias de las perspectivas limitaristas históricas (o sus primos cercanos) destacan el papel de la ética de la virtud y del carácter propio en los debates sobre la buena sociedad. Esto también se ha perdido en gran medida en los debates contemporáneos sobre lo que es la buena sociedad, ya que el énfasis se ha desplazado a las instituciones y las estructuras. Sin embargo, al mismo tiempo, algunos filósofos también han argumentado a favor de tener límites al enfoque institucional en la filosofía política contemporánea (Sen, 2010) o en debates específicos, como la cuestión de si el Estado debe ser el único agente de justicia (O'Neill, 2001). Asimismo, hay influyentes filósofos políticos que han destacado la importancia de las virtudes políticas (Rawls, 2015) y de un *ethos* igualitario (Cohen, 1997). ¿Podría haber un papel para la ética de la virtud, o el limitarismo como doctrina ética más que política, que podría complementar y posiblemente reforzar el limitarismo político? En términos más generales, ¿nos impulsan estas fuentes históricas a reconsiderar la perspectiva de que un marco político debería complementarse con una perspectiva de las virtudes personales como un complemento necesario y no como un mero complemento posible? En los debates actuales de la ética medioambiental sobre quién debe tener la responsabilidad de responder a la crisis climática—el Estado, las instituciones o los individuos—, se puede ver una elaborada discusión sobre cómo lo "político" y lo "ético" entran en un diálogo sobre el bien común. En nuestra opinión, las fuentes históricas sugieren que también deberíamos seguir este enfoque que combina un análisis de las instituciones y las políticas, por un lado, con un análisis de las acciones virtuosas, por otro.

Nuestra última observación es que los argumentos históricos tenían vínculos explícitos entre los debates sobre la distribución y la satisfacción de las necesidades y los debates sobre los sistemas económicos (Marx, Engels) y las instituciones económicas concretas (Mill). Se ha argumentado que este giro es necesario en la filosofía política contemporánea, que ahora mismo se centra principalmente en los principios distributivos (Waldron, 2013). En esa agenda emergente, los argumentos históricos a favor del limitarismo pueden hacer una contribución. Por ejemplo, poner un límite a la cantidad de riqueza que uno puede heredar puede parecer una propuesta extravagante hoy en día, pero debería hacernos reflexionar el enterarnos de que una de las figuras fundadoras de la historia del pensamiento liberal, John Stuart Mill, lo propuso, y debería movernos a considerar sus argumentos. O podríamos derivar argumentos de las *Leyes* de Platón a favor de los salarios proporcionales, según los cuales un directivo sólo debería ganar el salario de sus empleados multiplicado por un número fijo. En la actualidad, en muchos países se discute si debe introducirse un salario máximo de este tipo, ya sea como una cuestión de política legal o como una cuestión de *ethos* organizacional. Es instructivo saber que estos debates no son nuevos y debemos investigar qué podemos aprender de releer los argumentos proto-limitaristas de los pensadores canónicos que hemos examinado en este artículo.

Agradecimientos

Agradecemos a Yara Al-Salman, Michael Bordt, Aistė Čelkytė, Rutger Claassen, Adelin Dumitru, Colin Hickey, Maarten van Houte, Johan de Jong, Tim Meijers, Hanno Sauer, Eric Schliesser, Piet Steenbakkers, Dick Timmer, Petra van der Kooij, Robert Vinkesteijn y Alexandru Volacu por sus discusiones y comentarios. Parte del trabajo de este proyecto fue financiado por el Consejo Europeo de Investigación (ERC) en el marco del programa de investigación e innovación Horizonte 2020 de la Unión Europea (acuerdo de subvención nº 726153).

Referencias

Aquinas, T. (1920). Summa Theologica. Fathers of the English Dominican Province (Trans.). London, UK: Burns Oates and Washbourne.

Aquino, T. (1990). *Suma de Teología. Parte II-II*. Volumen 3. Traducido por Ovidio Calle Campo y Lorenzo Jiménez Patón. Madrid: Biblioteca de Autores Cristianos.

Aristotle. (1998). *Politics*. E. Barker (Trans.) & R. F. Stalley (Ed.). Oxford World's Classics. Oxford: Oxford University Press.

Aristóteles. (2000). *Política*. Traducido por Antonio Gómez Robledo. México: UNAM

Aristotle. (2014). *Nicomachean Ethics*. R. Crisp (Trans.). Cambridge, UK: Cambridge University Press.

Aristóteles. (1985). *Ética Nicomáquea*. Traducida por Julio Pallí Bonet. Madrid: Gredos.

Aristotle. (2016). *De Anima*. C. Shields (Trans.). Oxford: Clarendon Press.

Aristóteles. (1978). *Acerca del alma*. Traducido por Tomás Calvo Martínez. Madrid: Gredos.

Balot, R. K. (2001). *Greed and Injustice in Classical Athens*. Princeton, NJ: Princeton University Press.

Berry, C. J. (1994). *The Idea of Luxury: A Conceptual and Historical Investigation*. Cambridge: Cambridge University Press.

Cohen, G. A. (1997). Where the Action is: On the site of Distributive Justice. *Philosophy & Public Affairs*, 26, 3–30.

Curzer, H. (2015). *Aristotle and the Virtues*. Oxford: Oxford University Press.

De Dijn, A. (2020). Republicanism and egalitarianism: A historical perspective. Manuscript available from author.

De Grouchy, S. (2019). *Letters on Sympathy*. S. Bergès (Trans.) & E. Schliesser (Ed.). Oxford: Oxford University Press.

Domanski, A. (2003). Platonic Temperance. *Phronimon*, 1, 1–17.

Dworkin, R. (1981). What is Equality? Part 2: Equality of Resources. *Philosophy & Public Affairs*, 10, 283–345.

Epictetus (2014). In R. Hard & C. Gill (Eds), (Trans.). Oxford World's Classics *Discourses, Fragments, Handbook*. Oxford: Oxford University Press.

Epicteto. (1993). *Disertaciones por Arriano*. Traducido por Paloma Ortiz García. Madrid: Gredos.

Garfield, J. L. & Van Norden, B. W. (2016, May 11). If philosophy won't diversify, let's call it what it really is. *The New York Times*.

Ghazanfar, S. M., & Islahi, A. A. (1990). Economic Thought of an Arab Scholastic: Abu Hamid al-Ghazali. *History of Political Economy*, 22, 381–403.

Ing, K. (2018, March 2). At what point is someone's wealth acquisition too much—$1b, $10b, $100b, $1t? Mark my words: This moral question will [Tweet]. Twitter. Retrieved from https://twitter.com/KanielaIng/status/969707100858281985

Keynes, J. M. (2008). Economic Possibilities for our Grandchildren. In L. Pecchi & G. Piga (Eds.), *Revisiting Keynes: Economic Possibilities for our Grandchildren* (pp. 17–26). Cambridge, MA: MIT Press.

Keynes, J. M. (2015). Las Posibilidades Económicas de nuestros Nietos. Traducido por Jordi Pascual. En Joaquín Estafanía (ed.), *Las Posibilidades Económicas de nuestros Nietos: Siete Ensayos de Persuasión* (pp. 113–28). Madrid: Taurus.

Locke, J. (2003). In I. Shapiro (ed.), *Two Treatises of the Government and a Letter Concerning Toleration*. New Haven, CT: Yale University Press.

Locke, J. (2010). *Segundo Tratado sobre el Gobierno Civil*. Traducido por Carlos Mellizo. Madrid: Tecnos.

Marx, K. (1990). In E. Mandel & B. Fowkes (Eds.), (Trans.). *Capital: A Critique of Political Economy: Volume One*. London: Penguin Books.

Marx, K. (1994). *El Capital. Crítica de economía política*. Volumen 1. Traducido por Wenceslao Roces. México: Fondo de Cultura Económica.

Marx, K. & Engels, F. (2015). Manifesto of the Communist Party (1848). T. Carver (Trans.). In T. Carver & J. Farr (Eds.), *The Cambridge Companion to the Communist Manifesto* (pp. 237–60). Cambridge: Cambridge University Press.

Marx, Karl. (2012). *Marx: Textos selectos y Manuscritos de París, Manifesto del Partido Comunista con Friedrich Engels, Crítica del programa de Gotha; Estudio introd. por Jacobo Muñoz*. Editado por Jacobo Muñoz. Madrid: Gredos.

McCloskey, D. (2008). Adam Smith, the Last of the Former Virtue Ethicists. *History of Political Economy*, 40, 43–71.

Meikle, S. (1995). *Aristotle's Economic Thought*. Oxford: Clarendon Press.

Mill, J. S. (1970). In D. Winch (Ed.), *Principles of Political Economy*. Harmondsworth: Penguin Books.

Mill, J. S. (2007). *Principios de Economía Política*. Fundación Ico, Madrid: Editorial Síntesis.

Monbiot, G. (2019, September 19). For the sake of life on earth, we must put a limit on wealth. *The Guardian*.

More, T. (1995). In G. M. Logan, R. M. Adams, & C. H. Miller (Eds.), *Utopia: Latin text and English translation*. Cambridge: Cambridge University Press.

Moro, T. (2009). *Utopía*. Traducido por José Luis Galimidi. Buenos Aires: Colihue.

Neuhäuser, C. (2018). *Reichtum als Moralisches Problem*. Berlin: Suhrkamp.

O'Neill, J. (2011). The overshadowing of needs. In F. Rauschmayer, I. Omann, & J. Frühmann (Eds), Sustainable development: Capabilities, needs, and well-being (pp. 25–42). London: Routledge.

O'Neill, O. (2001). Agents of Justice. *Metaphilosophy*, 32, 180–95.

Pizzigati, S. (2018). *The Case for a Maximum Wage*. Cambridge: Polity Press.

Plato (1997a). Laws. T. J. Saunders (Trans.). In J. M. Cooper & D. S. Hutchinson (Eds.), *Plato: Complete Works*. Indianapolis: Hackett.

Platón. (1999). *Diálogos VIII y IX. Leyes*. Traducido por Francisco Lisi. Madrid: Gredos.

Plato. (1997b). Republic. G. M. A. Grube and C. D. C. Reeve (Trans.). In J. M. Cooper & D. S. Hutchinson (Eds.), *Plato: Complete works*. Indianapolis: Hackett.

Platón. (2008). *Diálogos IV. República*. Traducido por Conrado Eggers Lan. Madrid: Gredos.

Rankin, A. (2017). Introduction. In A. K. Shah & A. Rankin (Eds.), *Jainism and Ethical Finance* (pp. 1–18). London: Routledge.

Rawls, J. (1993). *Political Liberalism*. New York: Columbia University Press.

Rawls, J. (2015). *Liberalismo político*. Edición electrónica. Traducido por Sergio René Madero Báez. México: Fondo de Cultura Económica.

Rawls, J. (2001). *Justice as Fairness: A Restatement*. Cambridge, MA: The Belknap Press.

Rawls, J. (2002). *La justicia como equidad. Una reformulación*. Editado por Erin Kelly. Barcelona: Paidós.

Reader, S., & Brock, G. (2004). Needs, Moral Demands and Moral Theory. *Utilitas*, 16, 251–66.

Robeyns, I. (2017). Having too much. In J. Knight & M. Schwartzberg (Eds.), *Wealth—Yearbook of the American Society for Political and Legal Philosophy* (pp. 1–44). New York: New York University Press.

Sen, A. (2009). *The Idea of Justice*. London: Allen Lane.

Sen, A. (2010). *La idea de la justicia*. Traducido por Hernando Valencia Villa. Barcelona: Taurus.

Seneca (2010). In E. Fantham (Ed.), (Trans.). *Selected Letters*. Oxford: Oxford University Press.

Séneca (1986). *Epístolas morales a Lucilio*. (*Libros I-IX. Epístolas 1–80*). Traducido por Ismael Roca Meliá. Madrid: Gredos.

Shah, A. K. (2017). Aparigraha: Understanding the Nature and Limits of Finance. In A. K. Shah & A. Rankin (Eds.), *Jainism and Ethical Finance* (pp. 39–55). London: Routledge.

Shue, H. (1993). Subsistence Emissions and Luxury Emissions. *Law & Policy*, 15, 39–59.

Smith, A. (1976). In R. H. Campbell, A. S. Skinner, & W. B. Todd (Eds), *An Inquiry into the Nature and Causes of the Wealth of Nations*. 1 and 2. Oxford: Clarendon Press.

Smith, A. (1996). *La riqueza de las naciones*. (*Libros I-II-III y selección de los Libros IV y V*). Traducido por Carlos Rodríguez Braun. Madrid: Alianza.

Smith, A. (2004). In K. Haakonssen (Ed.), *Theory of Moral Sentiments*. Cambridge: Cambridge University Press.

Smith, A. (1997). *La teoría de los sentimientos morales.* Traducido por Carlos Rodríguez Braun. Madrid: Alianza.

Timmer, D. (2019). Defending the Democratic Argument to Limitarianism: A reply to Volacu and Dumitru. *Philosophia,* 47, 1331–39.

Van Parijs, P. (1995). *Real Freedom For All. In What (if Anything) can Justify Capitalism?* Oxford: Oxford University Press.

Van Parijs, P. (1996). *Libertad real para todos. Qué puede justificar al capitalismo (si hay algo que pueda hacerlo).* Barcelona: Paidós.

Volacu, A., & Dumitru, A. C. (2019). Assessing Non-Intrinsic Limitarianism. *Philosophia,* 47, 249–64.

Waldron, J. (2002). *God, Locke, and equality: Christian Foundations of Locke's Political Thought.* Cambridge: Cambridge University Press.

Waldron, J. (2013). Political Political Theory: An Inaugural Lecture. *Journal of Political Philosophy,* 21, 1–23.

Walsh, A., & Lynch, T. (2008). *The Morality of Money: An Exploration in Analytical Philosophy.* New York, NY: Palgrave Macmillan.

Zwarthoed, D. (2018). Autonomy-based Reasons for limitarianism. *Ethical Theory and Moral Practice,* 21, 1181–204.

4. Razones basadas en la autonomía a favor del limitarismo

Danielle Zwarthoed

1. Introducción

El 15 de junio de 2013, Ethan Couch, un adolescente texano, robó dos cajas de cerveza de un Walmart, se puso al volante de la camioneta de su padre, condujo a 110 km por hora en un camino rural donde el límite de velocidad era de 64 km por hora, se salió de la carretera, chocó con tres coches y mató a cuatro personas. Las pruebas revelaron que su nivel de alcohol en la sangre era tres veces superior al límite legal. También había consumido cannabis y Valium. La fiscalía pedía una condena de veinte años de prisión. El abogado de Couch argumentó que su cliente tenía *afluenza*: ya que fue criado en una familia muy rica que nunca le puso límites, no se le podía responsabilizar plenamente de sus actos. Un psicólogo testificó que Couch no era un agente responsable. El juez aceptó el argumento y decidió que Couch necesitaba rehabilitación en lugar de cárcel. Le concedió un periodo de prueba de diez años. La decisión suscitó muchas críticas. Los críticos señalaron que la riqueza no debería tomarse en cuenta al pronunciar sentencias y que tales decisiones sitúan a los ricos por encima de la ley (Eckenroth 2015).

Los críticos tienen razón al preocuparse por un sistema de justicia penal que aplica un doble estándar y castiga los mismos delitos de forma diferente dependiendo de si el culpable es rico o pobre. Sin embargo, la defensa de la afluenza puede tener algo de verdad. Este capítulo no propone que la afluenza sea un trastorno mental ni que sea una defensa legal válida. Defender estas afirmaciones va más allá del ámbito de competencia de una filósofa. El capítulo tampoco pretende investigar las implicaciones que tiene la defensa de la afluenza para la teoría filosófica del derecho penal y el castigo. Su objetivo es examinar si la defensa de la afluenza podría enseñar a los filósofos políticos liberales algo sobre la *justicia distributiva*. Más concretamente, si la riqueza extrema socava la capacidad de responsabilidad individual (al menos en un sentido personal o moral, si no en el legal), entonces podríamos hipotetizar una correlación negativa entre los altos niveles de riqueza y la autonomía individual.[1] La autonomía individual (en sentido amplio) es un fin que la mayoría de las teorías liberales pretenden garantizar y promover mediante una distribución justa de las ventajas. Por lo tanto, vale la pena examinar si estas teorías no deberían desconfiar de la riqueza extrema.

Este capítulo intenta expandir esta línea de pensamiento y desarrolla un argumento basado en la autonomía a favor del *limitarismo*. Mientras que el suficientarismo afirma que es de importancia moral primordial que todos tengan lo *suficiente* (Casal 2016; Gosseries 2011), el limitarismo afirma que es de importancia moral primordial que nadie tenga *demasiado* (Robeyns 2017). Ingrid Robeyns proporciona dos argumentos instrumentales a favor del limitarismo. Según Robeyns, en nuestro mundo, el limitarismo es instrumental para la consecución de dos fines valiosos: la igualdad democrática y la satisfacción de las necesidades urgentes de los pobres (Robeyns 2017, secciones 3 y 4). El argumento de Robeyns se puede clasificar como una justificación del limitarismo referente-a-otros (*other-regarding*). Este capítulo sigue una estrategia argumentativa diferente. No aborda la cuestión de si el hecho de que una persona tenga demasiado impide que otros reciban su parte justa de poder democrático y riqueza material. La pregunta en la que se centra este capítulo es si el hecho de que una persona tenga demasiado impide a esta misma persona acceder a un bien específico. Se trata, por tanto, de una justificación del limitarismo referente-a-uno-mismo

---

1   Uno podría atribuir la irresponsabilidad de Crouch más a un estilo de crianza de indulgencia y reluctancia para imponer limitaciones que a la riqueza. Ésta es, en efecto, una explicación plausible del comportamiento de Crouch. Pero el capítulo no pretende explicar por qué Crouch se comportó como lo hizo. Sólo intenta desarrollar la idea de que la riqueza puede socavar la responsabilidad, idea lo suficientemente significativa como para haber sido utilizada como defensa legal en un sistema de justicia penal.

(*self-regarding*).² Aunque la literatura empírica sobre los impactos negativos de la riqueza excesiva en el bienestar es abundante,³ el bien en el que se enfoca este capítulo no es el bienestar. Podríamos adoptar una teoría política normativa que reconozca el valor tanto del bienestar como de la autonomía y hacer *trade-offs* si es necesario. Tal defensa pluralista referente-a-uno-mismo a favor del limitarismo podría ser más fuerte. Sin embargo, los filósofos políticos que son escépticos de la moral política basada en el bienestar pueden encontrar más aceptable apelar únicamente al valor de la autonomía. Aquéllos señalarían que, en las sociedades pluralistas, hay varias concepciones del bienestar que compiten entre sí. Podría resultarles preocupante que un Estado que pretenda promover una concepción controversial del bienestar no demuestre un respeto adecuado por las propias perspectivas de sus ciudadanos sobre la vida buena. Por lo tanto, me centraré únicamente en los posibles beneficios del limitarismo para la *autonomía* de los ricos. Incluso en las sociedades pluralistas, las democracias liberales tienen la misión de promover la autonomía porque garantiza una participación democrática adecuada, así como la capacidad individual de reflexionar, revisar o cambiar las concepciones del bienestar y la vida buena.

Así pues, este capítulo propone y discute argumentos para defender las siguientes dos tesis: (1) a partir de un determinado techo de riqueza, el hecho de que una persona tenga más recursos materiales no siempre aumenta su autonomía; (2) por encima de ese techo de riqueza, la posesión material podría incluso ser perjudicial para el desarrollo y el ejercicio de la autonomía de los ricos, o al menos de algunos ricos. El objetivo de esta discusión es triple. En primer lugar, pretende defender la plausibilidad de las conjeturas empíricas sobre el impacto perjudicial de la riqueza excesiva en la autonomía. Para ello, el capítulo recopila y reinterpreta diferentes líneas de investigación empírica en psicología y en sociología. A continuación, extrae las implicaciones normativas

---

2   Robeyns utiliza la distinción entre razones intrínsecas e instrumentales (o no intrínsecas) en lugar de la distinción entre razones referentes-a-uno-mismo y referentes-a-otros para plantear algo similar. Nótese, sin embargo, que las dos distinciones no coinciden necesariamente. Hay razones instrumentales *y* referentes-a-uno-mismo a favor del limitarismo. Por ejemplo, si la riqueza material es perjudicial para el bienestar, el limitarismo puede tener el valor *instrumental* de aumentar el bienestar de los ricos, *independientemente de sus efectos positivos en los demás*.

3   Véase la introducción de la sección 3.

de la filosofía política basada en la autonomía, en caso de que dichas conjeturas sean ciertas. El capítulo sostiene que una posible implicación sería la aplicación de una distribución limitarista de los recursos materiales mediante un impuesto sobre la riqueza y la renta del 100% a partir de un determinado techo de riqueza. Por último, teniendo en cuenta que varios académicos y elaboradores de políticas de mentalidad liberal parecen estar dispuestos a conceder que las medidas paternalistas (como las transferencias en especie) dirigidas a los pobres son legítimas, asumiendo de esa manera que no son plenamente autónomos, este capítulo pretende restaurar un equilibrio epistémico entre nuestra evaluación, a menudo crítica, de la autonomía de los pobres y nuestro olvido de la falta de autonomía de los ricos.

El capítulo se desarrolla de la siguiente manera. La sección 2 expone una concepción multidimensional de la autonomía. La sección 3 examina las hipótesis relativas a las formas en que la riqueza excesiva podría socavar el desarrollo y el ejercicio de la autonomía. La sección 4 sugiere que, si estas hipótesis son ciertas, e incluso si no lo son para todos los ricos, una distribución limitarista de la riqueza podría ser una herramienta para asegurar la autonomía de los ricos. También discute el nivel de riqueza que debería limitarse. La sección 5 aborda la siguiente cuestión: si limitar la riqueza facilita el desarrollo y el ejercicio de la autonomía, ¿acaso esto implica que están justificadas las medidas coercitivas para prevenir que la gente se haga demasiado rica? La sección 6 aborda brevemente el problema de los incentivos.

2. Una concepción multidimensional de la autonomía

Esta sección expone una concepción de las condiciones de la autonomía basándose en la literatura de la filosofía política y en la autonomía relacional. En la literatura filosófica, la palabra "autonomía" se utiliza a veces para referirse sólo a algunas dimensiones de la autonomía.[4] Aunque abordar la inmensa literatura filosófica sobre la autonomía va más allá del alcance de este capítulo, aclarar la definición, las concepciones y las condiciones de la autonomía será útil para nuestros propósitos. La autonomía implica múltiples dimensiones cuyas interpretaciones

---

4   Véase Dworkin (1988, 6)

dependen del contexto (Mackenzie 2014). En este trabajo, la concepción de la autonomía pretende cumplir el propósito de identificar la distribución moralmente deseable de la riqueza. La autonomía se referirá aquí tanto a una capacidad personal como al conjunto de condiciones que permiten y facilitan el desarrollo y ejercicio de esta capacidad. Estas condiciones pueden agruparse en dos dimensiones generales de la autonomía: condiciones internas y externas.

Las condiciones internas se refieren a las condiciones de la agencia de autogobierno e implican al menos tres subconjuntos de condiciones. *Primero*, el agente debe estar dotado en un grado suficiente de las *habilidades, capacidades y competencias mentales necesarias para seleccionar los medios adecuados para alcanzar un objetivo, planificar acciones y llevar a cabo estos planes*. Éstas incluyen, entre otras cosas, la habilidad para encontrar información y comprobar la veracidad o la probabilidad de una afirmación, la habilidad de diseñar una estrategia y las competencias necesarias para superar la debilidad de la voluntad y la procrastinación. Dado que estas habilidades, competencias y capacidades no necesariamente promueven objetivos elegidos autónomamente, es necesario otro subconjunto de condiciones: *las condiciones de autenticidad*. La autenticidad implica ser capaces de reflexionar críticamente sobre nuestros objetivos de primer orden, con el fin de someterlos a revisión de manera tal que sean coherentes con nuestros compromisos de orden superior y nuestra concepción de uno mismo, ambos reflexivamente constituidos, así como para también someter a revisión dichos compromisos y la concepción de uno mismo.[5] Las críticas feministas han señalado que es poco probable que los agentes cumplan las condiciones de autenticidad si están sujetos a una socialización y unas normas opresivas. El *tercer* subconjunto de condiciones pretende, por lo tanto, *que la agente se considere capaz y autorizada para definir sus compromisos y actuar de acuerdo con ellos*. Estas condiciones incluyen la autoconfianza, el respeto a uno mismo, así como el reconocimiento y el ser tratado por los demás como agente autónoma.[6]

---

5 Algunas discusiones fundamentales sobre las condiciones de autenticidad incluyen: Christman (1987); Dworkin (1988, 3–20); Frankfurt (1988); Friedman (1986)
6 Sobre esta dimensión de la autonomía, véase, por ejemplo Benson (2005); Mackenzie (2014); McLeod (2002); Westlund (2009).

Para la mayoría de las personas, el ejercicio y el desarrollo de una agencia de autogobierno requieren *condiciones externas* favorables. Éstas incluyen las *condiciones de independencia*: las interferencias de otros, tal como la manipulación, el adoctrinamiento, las presiones y la coerción injustificada, deben mitigarse y eliminarse si es posible.[7] Las condiciones externas también incluyen la garantía de niveles adecuados de *libertades políticas y sociales básicas*.[8] Estas libertades incluirían la libertad de conciencia, la libertad de expresión, la libertad de asociación, la libertad de movimiento y la libertad de participación política. Para que el ejercicio de la autonomía sea significativo, los agentes deben tener un *conjunto adecuado de opciones* entre las que elegir (Raz 1986, 372–75). Un conjunto adecuado de opciones debe incluir una gama lo suficientemente variada de opciones que permita al agente hacer elecciones tanto importantes como más triviales (Raz 1986, 374–75). Para que un agente pueda ejercer plenamente su autonomía, las opciones ofrecidas no deben ser tales que el agente se enfrente a un dilema trágico. Además, el acceso a estas opciones debe ser genuino. El agente debe haber estado suficientemente expuesto a ellas y debe ser capaz de considerarlas seriamente.

La concepción de la autonomía que aquí se ofrece es una concepción relacional en dos sentidos. En primer lugar, su análisis de los factores que impiden o favorecen el desarrollo y el ejercicio de la autonomía hace hincapié en el papel de las relaciones sociales. Esto es bastante obvio para el tercer subconjunto de condiciones internas (respeto a uno mismo y ser tratado como un agente autónomo) y para las condiciones de independencia. Pero las relaciones sociales e interpersonales favorables también son cruciales para el desarrollo adecuado de las capacidades mentales y críticas. En segundo lugar, esta concepción considera que las relaciones sociales son uno (pero no el único) de los indicadores del grado de autonomía de los agentes. En otras palabras, la autonomía podría evaluarse, al menos parcialmente, centrándose en las condiciones y relaciones sociales, sin tener que examinar el estado psicológico real del agente.[9] Como veremos en la siguiente sección, el nivel de riqueza podría ser uno de estos indicadores de autonomía.

---

7   Por ejemplo Raz (1986, 372–73).
8   Cf. Rawls (2002, 75–6).
9   Para una defensa de este enfoque de la autonomía relacional, véase Oshana (2006, 49–74).

3. Cómo la riqueza excesiva puede socavar la autonomía

El desarrollo y el ejercicio de al menos un grado básico de autonomía pueden verse comprometidos por una distribución de la riqueza que no tome en cuenta la pobreza material y las desigualdades. Pero esta consideración se centra sólo en una faceta de la relación entre autonomía y riqueza material: los efectos beneficiosos de la riqueza material sobre la autonomía. Si presumiblemente la falta de recursos materiales perjudica la autonomía, ¿es igualmente cierto que cuanto más ricos seamos, más autónomos seremos? ¿No deberíamos investigar también los posibles efectos perjudiciales del dinero sobre la autonomía? Para responder a esta pregunta, en este apartado se proponen y exponen cinco mecanismos que sugieren que, en primer lugar, a partir de un determinado techo de riqueza, el hecho de que una persona tenga más recursos materiales no siempre aumenta su autonomía y, en segundo lugar, que la posesión material podría incluso ser perjudicial para el desarrollo y el ejercicio de la autonomía de los ricos, o al menos de algunos ricos.

La identificación de estos mecanismos apela al análisis de la autonomía misma, pero también a conjeturas empíricas. Dado que esta investigación se realiza desde un sillón filosófico, debo exponer el estatus de tales conjeturas dentro de la reflexión normativa que aquí se persigue. Para ello, es útil escudriñar el estatus de la conjetura opuesta, es decir, la conjetura de que tener más (o mucha) riqueza es siempre, o generalmente, beneficioso para el desarrollo y el ejercicio de la autonomía. Considérese la siguiente cita de la *Teoría de la justicia* de Rawls a modo de ilustración:

> [Los bienes primarios] son las cosas que se supone que un hombre racional quiere tener, además de todas las demás que pudiera querer. Cualesquiera que sean en detalle los planes racionales de un individuo, se supone que existen varias cosas de las que preferiría tener más que menos. Teniendo más de estas cosas, se les puede asegurar a los individuos en general que tendrán mayor éxito en la realización de sus intenciones y en la promoción de sus fines, cualesquiera que estos fines puedan ser. Los bienes sociales primarios, presentados en amplias categorías, son derechos, libertades, oportunidades y poderes, así como ingresos y riquezas (Rawls 2012, 94).

Según Rawls, un ser humano racional debería preferir más dinero y recursos materiales que menos. Rawls no apela a evidencia empírica para sostener esta afirmación. Como aclara en el prefacio de la edición de 1999 de su *Teoría de la justicia* (Rawls 1999, XIII), esta afirmación no debe entenderse como una descripción de un hecho sobre la psicología humana real. El "hombre racional" no se refiere a individuos observables. Se refiere a una concepción de la persona que encarna cierto ideal político que las sociedades democráticas suscriben, el ideal de personas libres e iguales. *Se debe considerar* que estas personas tienen el interés de desarrollar y ejercer su autonomía o, en términos de Rawls, sus dos capacidades morales, que incluyen las capacidades racionales. El objetivo de esta concepción de la persona no es describir a los individuos del mundo real, sino derivar, justificar y sistematizar los principios de justicia y las exigencias que éstos plantean a las instituciones. Si desde la perspectiva de las personas racionales y razonables rawlsianas siempre es mejor tener más recursos materiales que menos, entonces la única razón legítima para limitar la participación de las personas en los recursos es el hecho de que estos recursos son escasos y están sujetos a demandas en conflicto.

Estas afirmaciones pueden ser cuestionadas. Hay razones para no pasar demasiado rápido de la afirmación de que las personas libres e iguales tienen interés en desarrollar y ejercer su autonomía a la afirmación de que las personas libres e iguales deberían (en tanto que una cuestión de necesidad conceptual) preferir tener más recursos materiales que menos, y de ahí a la afirmación de que no hay más razones que la escasez para limitar lo que corresponde justamente a cada persona. El análisis de la autonomía no conduce necesariamente a la implicación de que más riqueza equivale a un mayor grado de autonomía. Además, algunas conjeturas empíricas sugieren que una riqueza excesiva podría ser perjudicial para la autonomía de varias maneras.

En las siguientes subsecciones se exponen y discuten cinco "mecanismos" a través de los cuales una riqueza material excesiva podría no contribuir al desarrollo y al ejercicio de la autonomía e incluso podría socavarla. Estos mecanismos son hasta cierto punto conjeturales porque la literatura empírica sobre los efectos negativos de la riqueza tiende a formular estos efectos en términos distintos a las concepciones de autonomía predominantes en la literatura filosófica. Varios estudios han investigado las relaciones entre la riqueza y la felicidad (e.g. Blanchflower y Oswald 2004; Brickman et al. 1978; Csikszentmihalyi 1999; Cummins

2000; Diener et al. 1985; Diener y Biswas-Diener 2002; Diener y Oishi 2000; Easterlin 1973, 1995, 2001; Frey y Stutzer 2002; Myers 2000)27 (1995.[10] Pero la felicidad no es autonomía. Una persona feliz puede ser heterónoma y una persona autónoma puede ser infeliz. Tomando en cuenta estas limitaciones con respecto a los efectos existentes de la riqueza sobre la autonomía, veamos los cinco mecanismos hipotéticos a través de los cuales la riqueza podría socavar la autonomía.

3.1 La riqueza extrema podría obstaculizar el desarrollo de las capacidades deliberativas

El *primer mecanismo* puede resumirse de la siguiente manera: *la falta de limitaciones materiales podría obstaculizar el desarrollo de las capacidades deliberativas, que es una condición para el ejercicio de la autonomía.* El argumento a favor de este primer mecanismo se basa en la concepción "ecológica" de la deliberación práctica racional (Morton, 2011). Según la concepción ecológica, las normas rectoras de la deliberación práctica responden a las interacciones entre las capacidades psicológicas del agente y su entorno.[11] El entorno del agente incluye, entre otras características, las limitaciones materiales y la disponibilidad de recursos. Esto significa que la escasez, así como la abundancia de recursos materiales, afectan a las normas rectoras de la deliberación práctica individual. La discusión de Hume sobre las circunstancias de la justicia proporciona perspectivas interesantes sobre los efectos de la riqueza en las capacidades deliberativas (Hume 1751 sec. III, parte I). Hume discute el escenario de la abundancia. En tal escenario, la justicia sería una norma inútil, porque los agentes no pueden dejar de cumplir sus exigencias. Pero la justicia no es la única norma que afecta a la deliberación práctica. Estas reflexiones sobre la justicia pueden extenderse a otros ámbitos de la deliberación práctica (Morton 2011, 568). Por ejemplo, una norma rectora como la planificación a largo plazo es innecesaria para un agente que tiene acceso a abundantes recursos materiales, ya que este agente no puede

---

10 Para una visión panorámica de la literatura empírica sobre la relación entre ingresos y felicidad, véase: Angelescu (2014).
11 La principal preocupación de Morton (2011) es la justificación de las normas de la deliberación práctica, pero aporta ideas útiles sobre los efectos del entorno en las capacidades deliberativas.

dejar de adquirir dichos recursos por falta de planificación (Morton 2011, 570). Parece plausible afirmar que la planificación exitosa a largo plazo y otras capacidades deliberativas involucradas en la adquisición de recursos escasos requieren entrenamiento. Por lo tanto, un estado de abundancia podría contribuir en ocasiones a dificultar la formación de capacidades deliberativas, que constituyen una de las dimensiones de la autonomía. Por supuesto, en la medida en que recursos no materiales, como el tiempo, siguen siendo escasos, los agentes ricos tienen que deliberar sobre los fines que deben perseguir con el tiempo limitado que se les ha asignado. Pero no tienen que hacer una reflexión adicional sobre el uso más sabio de los recursos materiales. En otras palabras, las limitaciones materiales moderadas[12] podrían contribuir *al desarrollo de las capacidades deliberativas*. Este mecanismo podría ser el razonamiento que subyace a la defensa de la *afluenza* que mencioné en la introducción (Dart 2014; Eckenroth 2015, 456–57). La defensa de la *afluenza* sugiere que algunos agentes extremadamente ricos no pueden ser plenamente responsabilizados de sus acciones porque su riqueza les ha impedido formar las capacidades deliberativas que uno necesita para ser considerado adecuadamente un agente autónomo y responsable.

3.2 La riqueza extrema podría conducir a la formación de preferencias adaptativas problemáticas

Se podría objetar al primer mecanismo que muchas personas ricas parecen tener una excelente capacidad de deliberación. Por ejemplo, Warren Buffett es famoso por sus sabias decisiones de inversión. Además, en la medida en que las capacidades deliberativas se desarrollan durante la infancia y la juventud, el mecanismo descrito anteriormente sugiere que la riqueza obstaculiza la autonomía sólo en las primeras etapas de la vida.[13] Pero hay un *segundo mecanismo* por el que la riqueza podría socavar la autonomía. Este segundo mecanismo puede resumirse de la siguiente manera: *la riqueza excesiva, al igual que la pobreza excesiva, puede*

---

[12] La escasez excesiva de recursos también podría obstaculizar el desarrollo de las capacidades deliberativas, por ejemplo, induciendo la fatiga de decisión (por ejemplo, Spears, 2014).

[13] Agradezco a Carl Knight por señalarme esto.

inducir la formación de preferencias adaptativas problemáticas y deficientes en cuanto a la autonomía. En la filosofía política y social, las preferencias adaptativas se discuten más a menudo en relación con la pobreza y la privación materiales (por ejemplo, Nussbaum 2000; Sen 1985). Los académicos señalan que el contenido de las preferencias se ajusta a las condiciones de privación material y opresión. Éstos argumentan que las preferencias formadas en respuesta a tales condiciones no deben considerarse un juicio fiable y autorizado sobre el bienestar del agente. El cuestionable estatus de las preferencias adaptativas es la base de una crítica al bienestarismo subjetivo, que asume que la satisfacción de las preferencias equivale al bienestar.

Existen varias concepciones de las preferencias adaptativas (por ejemplo, Khader 2011). Algunas consideran que las preferencias adaptativas son problemáticas *porque son contrarias al bienestar*. Dichas concepciones apoyan una teoría objetiva del bienestar. Estipulan que las preferencias adaptativas no deben considerarse juicios autorizados sobre el bienestar debido a su *contenido*. Esto implica que la satisfacción de las preferencias adaptativas no hace que el agente esté objetivamente mejor (aunque puede hacer que esté *subjetivamente* mejor). Las condiciones de privación inducen a los agentes a rebajar sus expectativas, hasta el punto de que el contenido de sus preferencias se vuelve contrario a su bienestar objetivo. Una objeción previsible a esta concepción es que corre el riesgo de no respetar el pluralismo de valores y justificar un paternalismo inadecuado. Pero como este capítulo no se ocupa del bienestar, sino de la autonomía, paso a discutir las concepciones que consideran que las preferencias adaptativas son problemáticas *porque su formación implica un déficit de autonomía*. Estas concepciones estipulan que las preferencias adaptativas son problemáticas no por su contenido, sino porque la *historia* de su formación implica *un déficit de autonomía*. Por ejemplo, las preferencias adaptativas se producen cuando un cambio en el conjunto de opciones induce al agente a invertir inconscientemente su ordenamiento de preferencias (Elster 1982). El cambio de preferencias no es el resultado de una revisión deliberada e intencionada de los deseos del agente, sino de un impulso, un mecanismo psicológico del que el agente no es plenamente consciente. Lo que está en juego aquí es la autenticidad: la adaptación de las preferencias es deficiente en cuanto a la autonomía cuando la inversión de las preferencias no se deriva de una revisión consciente de los compromisos de orden superior y de las concepciones de uno mismo.[14]

Lo interesante es que, aunque es un lugar común en la literatura sobre las preferencias adaptativas, la conexión entre la pobreza material y las preferencias adaptativas es contingente (tanto en las concepciones objetivas del bien como en las basadas en la autonomía). Otros tipos de circunstancias pueden facilitar la formación de preferencias adaptativas. Por lo tanto, me gustaría proponer que la riqueza extrema también puede conducir a una adaptación problemática de las preferencias. ¿Cómo puede ser eso posible? Podemos observar que la gente se adapta a la riqueza, es decir, a los niveles de vida asociados a los ingresos elevados. Las personas ricas están expuestas de forma duradera o permanente a la riqueza. Las preferencias de las personas expuestas duradera o permanentemente a la riqueza se forman en respuesta a esa exposición a los estilos de vida ricos. Ahora bien, este ajuste no es suficiente para diagnosticar las preferencias adaptativas, ya que las preferencias adaptativas no autónomas deben implicar también una inversión completa de los ordenamientos de las preferencias (Elster 1982, 229).

---

14 Serene J. Khader (2011, 87–88) critica esta concepción de las preferencias adaptativas por dos motivos. En primer lugar, señala que la única manera para que los profesionales de desarrollo y los elaboradores de políticas sepan si las preferencias de otras personas son deficientes en cuanto a la autonomía es observar el contenido de las preferencias (ya que no pueden "leer la mente de otras personas"). Por lo tanto, sugiere que "están utilizando subrepticiamente una teoría del bien en lugar de la autonomía procedimental para distinguir" las preferencias adaptativas. Pero esto es un problema práctico más que una cuestión fundamental. El hecho de que sea difícil identificar un fenómeno no significa que debamos cambiar la definición de dicho fenómeno. Las preferencias adaptativas como déficit de autonomía pueden ser un concepto significativo y describir un fenómeno real socialmente relevante sin que sea fácil de diagnosticar. Por lo tanto, esta crítica no es fatal para las concepciones basadas en la autonomía de las preferencias adaptativas. En segundo lugar, a Khader le preocupa que esta definición clasifique demasiadas preferencias como adaptativas. Las preferencias acráticas y la corrección (inconsciente) de los gustos caros contarían como adaptativas. El problema es que no explica con precisión por qué es problemático considerar tales preferencias como adaptativas. Parece sugerir que no deberíamos ver tales preferencias como "dignas de sospecha pública". De hecho, si pensáramos que las preferencias adaptativas siempre requieren intervenciones públicas coercitivas destinadas a impedir activamente que los agentes satisfagan sus preferencias, sería peligroso tratar demasiadas preferencias como adaptativas. Pero la literatura sobre las preferencias adaptativas no tiene por qué extraer implicaciones tan extremas de su definición de preferencias adaptativas. Puede limitarse a recomendar el establecimiento de condiciones sociales que favorezcan la formación de preferencias autónomas.

Sin embargo, puede darse el caso de que la exposición a la riqueza provoque dicha inversión. Por ejemplo, las personas ricas, expuestas de forma duradera a la riqueza, podrían ser inducidas a evaluar y clasificar ciertos estilos de vida de forma diferente a como los habrían evaluado si no hubieran estado expuestas a la riqueza. Podrían verse inducidos a degradar opciones, sin haber reflexionado sobre sus razones para hacerlo, que de otro modo habrían apreciado positivamente.

La idea de que los ricos sufren preferencias adaptativas puede parecer contraintuitiva. Los ricos parecen tener acceso a más opciones que los no ricos. Si es así, ¿no son más autónomos? En las dos subsecciones siguientes, explicaré por qué puede ser que los ricos tengan en realidad menos opciones que los no ricos, a pesar de su poder adquisitivo.

3.3 La riqueza extrema podría erosionar nuestra capacidad de revisar nuestra concepción del bien porque nos habitúa a estilos de vida caros

Incluso si la exposición a un gran número de opciones favoreciera la autonomía, hay razones para creer que los ricos no tienen acceso a más opciones que los demás. Ha llegado el momento de cuestionar la idea de que los ricos tienen acceso a más opciones que los no ricos. Por supuesto, muchas opciones cuestan dinero. A primera vista, parece que los ricos deben tener acceso a más opciones que los no ricos: tienen acceso a opciones tanto caras como baratas, mientras que los no ricos sólo tienen acceso a opciones baratas. Pero este razonamiento no toma en cuenta los obstáculos psicológicos que impiden disfrutar de determinadas opciones. Un mecanismo psicológico, que constituye el *tercer mecanismo* a través del cual la riqueza podría socavar la autonomía, *puede obstaculizar el acceso de las personas ricas a algunas de las opciones teóricamente disponibles para ellas a través de la habituación al confort y al estilo de vida caro.* Como ya hemos señalado, las personas ricas están expuestas regularmente a estilos de vida que son inaccesibles para la mayoría de la gente y se acostumbran a ellos. Con algunas excepciones, la mayoría de las personas ricas se habitúan a estilos de vida caros y a un alto nivel de confort. Es más probable que desarrollen preferencias y hábitos caros. Al decir que una persona tiene preferencias caras, me refiero a que necesita un nivel comparativamente alto de recursos materiales y dinero para alcanzar un determinado nivel de satisfacción. Mientras la mayoría de los seres humanos pueden estar suficientemente satisfechos con un ingreso neto anual de, por ejemplo, 20,000 euros, una persona que tiene preferencias caras puede necesitar treinta veces más para alcanzar el *mismo nivel* de satisfacción.

En la medida en que están habituadas a estilos de vida acomodados, es mucho más probable que las personas ricas necesiten más recursos materiales que las no ricas para alcanzar el mismo nivel de satisfacción. Podemos intuir que es más fácil, psicológicamente hablando, pasar de un estilo de vida frugal a uno costoso que lo contrario. Por ejemplo, parece que la mayoría de la gente no tiene problemas para pasar del nivel de vida típico de los estudiantes al que se pueden permitir los trabajadores remunerados de tiempo completo (aunque es posible que echen de menos otros aspectos de la vida estudiantil, como dedicar mucho tiempo a aprender cosas por el aprendizaje mismo). Por el contrario, la disminución de los ingresos provocada por acontecimientos como un divorcio o la pérdida de un empleo parece causar importantes disminuciones del bienestar (aunque los ingresos ciertamente no son el único factor en esos ejemplos, tienen su importancia). Algunas investigaciones empíricas proporcionan un apoyo indirecto a la hipótesis de que cuanto más ricas son las personas, más dinero probablemente necesitarán para alcanzar un determinado nivel de bienestar. Por ejemplo, Frey y Stutzer muestran que lo que los ricos perciben como un "ingreso suficiente" es mayor que para los no ricos (Frey y Stutzer 2002).

Las preferencias por lo caro no sólo se deben a que uno se acostumbra a un alto nivel de confort y lujo. También son el resultado de las normas de consumo imperantes en el grupo social de referencia. Robert Frank ilustra este fenómeno con el siguiente ejemplo: supongamos que una persona quiere sustituir su vieja parrilla de 90 dólares. Hoy en día, la mayoría de las personas de su grupo social suelen comprar parrillas de alta gama, que pueden costar hasta 5,000 dólares. Esta persona empieza a preguntarse si no debería sustituir su parrilla de 90 dólares por un modelo de 1,000 dólares como mínimo. El hecho de que otras personas del círculo social de esta persona gasten tanto dinero en parrillas de lujo cambia la definición convencional de lo que es una parrilla aceptable en un grupo social determinado (Frank 1999, 10–11). Dado que las personas ricas tienden a frecuentar a otras personas ricas, resulta inconcebible que no sigan patrones de consumo caros.

En resumen, las personas ricas son más propensas a desarrollar preferencias caras porque se acostumbran a los lujos que tienen a su alcance y porque sus patrones de consumo tienden a replicar los de otras personas ricas. Por lo tanto, podemos argumentar que las preferencias caras impiden la autonomía porque aumentan los costos psicológicos de revisar la propia concepción de la vida buena. El argumento es el siguiente: una persona rica se acostumbra al nivel de vida asociado a la riqueza. Así, desarrolla preferencias y hábitos caros. Como las preferencias caras nos hacen menos capaces de estar satisfechos con pocos recursos materiales, es más difícil pasar de las preferencias caras a las no caras que a la inversa. Ahora bien, cada concepción posible de la vida buena sólo es compatible con un conjunto limitado de niveles de vida. Por ejemplo, hay muchas carreras interesantes que probablemente no harán a alguien muy rico: agricultor, profesor, artista, enfermero, sacerdote, policía, panadero, carpintero, músico o reportero, por nombrar sólo algunas. Es probable que la elección o la transición a esas carreras sea psicológicamente difícil para alguien que tiene preferencias caras. Estos costos y obstáculos psicológicos pueden impedir que un agente considere muchos planes de vida potencialmente valiosos. En este sentido, las preferencias caras creadas por la riqueza erosionan nuestra capacidad de revisar nuestros planes de vida y de actuar según nuestros juicios auténticos. Las opciones menos cómodas están teóricamente disponibles para los ricos, pero en la práctica rara vez se consideran seriamente. Dado que la capacidad de revisar nuestros planes de vida y de actuar según nuestros juicios auténticos es una dimensión crucial de la autonomía, la riqueza extrema puede, a través del mecanismo que acabo de describir, erosionar la autonomía.

3.4 La riqueza extrema podría erosionar nuestra capacidad de revisar nuestra concepción del bien porque podría desencadenar el miedo a una caída de estatus

Otro obstáculo psicológico que puede provocar que algunas opciones no estén disponibles para las personas extremadamente ricas está relacionado con el apego excesivo al estatus social. La idea clave de este cuarto mecanismo es que el hecho de *ser rico induce a temer una caída de estatus, lo que socava la autenticidad y restringe el abanico de opciones a las que el agente tiene acceso genuino*. La identificación del mecanismo parte de la observación de que los seres humanos tendemos a desear estar a la altura de las personas que tienen el mismo estatus social que nosotros (o un estatus social ligeramente superior). El estatus social suele estar relacionado con la riqueza. Si queremos seguir el ritmo de los que tienen un determinado estatus social, es probable que queramos seguir el ritmo de los que tienen un determinado nivel de ingresos. Cuanto más altos sean nuestros ingresos y nuestra riqueza, más alto será el estatus social que querremos mantener. La evidencia empírica demuestra que un aumento de los ingresos conduce a un aumento de las aspiraciones sociales (Diener 2000). El problema es que, si las personas ricas quieren mantener un estatus social alto, sus elecciones de vida tienen que estar alineadas con este objetivo. Sus elecciones no deben entrar en conflicto con la necesidad de mantenerse al nivel de otras personas ricas. Por lo tanto, para conservar su estatus social, se verán obligados a eliminar ciertas opciones posiblemente valiosas de su conjunto de opciones, incluyendo elecciones de carrera y pareja. Esto significa que las únicas opciones que la mayoría de los agentes consideran seriamente son las que implican ser al menos tan ricos como lo son actualmente (o tan ricos como lo son sus padres). Aunque las personas ricas pueden florecer con menos dinero y estatus del que tienen en la actualidad, es probable que sus decisiones de vida importantes (incluidas su elección profesional y su elección de pareja) estén motivadas por un "miedo a una pérdida de estatus".[15] Su preocupación no es carecer de suficientes recursos materiales para perseguir la concepción del bien que *genuinamente* valoran (esta preocupación es perfectamente compatible con el ejercicio de la autonomía). Lo que les preocupa es mantener su estatus, lo cual les impide considerar seria y genuinamente otras opciones profesionales o matrimoniales deseables. Si planteamos el problema en términos de la idoneidad de las opciones, esto significa que cuanto más alto sea el estatus social relacionado con la riqueza, menos opciones se tienen, ya

---

15 Tomo prestado el término de Maurin (2009), aunque Maurin lo utiliza de forma diferente y aborda una cuestión distinta: las consecuencias sociales y económicas del miedo a la pérdida del estatus de las personas con un grado universitario de clase media que tienen un trabajo estable.

que sólo hay unas pocas posiciones sociales que merecen consideración, dado el miedo a la pérdida de estatus. Cuanto más alto sea el estatus social relacionado con la riqueza, menos posibilidades tendrá uno de revisar sus objetivos para que coincidan con su yo auténtico.

Este mecanismo pertenece a una clase de mecanismos a través de los cuales tener más opciones puede hacer que las personas sean menos libres, debido a las expectativas y presiones de los demás que acompañan a estas nuevas opciones. Gerald Dworkin pone el ejemplo de la elección del sexo de los hijos. Dworkin sugiere que es posible que los futuros padres no sean más libres teniendo esta elección, debido a "las presiones sociales que probablemente se ejercerán sobre los padres para que produzcan un sexo en lugar de otro (los abuelos que siempre quisieron una niña o la comunidad que necesita más soldados)" (Dworkin 1988, 68). Por un lado, los padres tienen más libertad de elección. Por el otro, tienen menos autonomía, ya que esta nueva elección proporciona a otros una razón para presionarlos (una violación de la *condición de independencia* de la autonomía) y puede amenazar su capacidad de vivir de acuerdo con los valores que más aprecian (una violación de la *condición de autenticidad*). Análogamente, cuando mitigamos la presión para conformarse, los ricos parecen tener más opciones con respecto a la elección de carrera que los pobres. Pero una vez que tomamos en cuenta dicha presión, puede ser que carreras como electricista, panadero, enfermero o profesor de primaria sean de hecho inaccesibles para los ricos.

Llegados a este punto, el lector podría preguntarse por qué la elección de mantenerse en un estatus social alto debería considerarse menos autónoma que la elección de perseguir una carrera o casarse con una pareja que no encaja bien con las expectativas asociadas a un estatus social alto. El lector podría pensar que las personas ricas pueden deliberar cuidadosamente sobre las opciones que implican un descenso de estatus y decantarse conscientemente por opciones profesionales y matrimoniales prestigiosas. En la medida en que una elección es autónoma en virtud de su historia y no de su contenido, la elección de mantener un estatus elevado puede concebirse como autónoma. Sin embargo, los estudios sociológicos sugieren que la educación y la socialización de la progenie de los ricos están diseñadas de tal manera que garanticen que las familias ricas mantengan su estatus a través de las generaciones (por ejemplo, Pinçon y Pinçon-Charlot 2009, 101–11). La segregación espacial y la endogamia actúan como salvaguardas contra las elecciones individuales que podrían amenazar la mera existencia e intereses de los muy ricos (Pinçon y Pinçon-Charlot 2009, 52–68). Para describir el fenómeno en términos de Pierre Bourdieu, los ricos se caracterizan por un habitus, es decir, un conjunto de disposiciones estables, que incluye creencias, deseos, valores y patrones de comportamiento. El habitus encarna nuestra pertenencia a una determinada clase social (Bourdieu 1979, 112–13; 1984 133–36). Este habitus no se adquiere libre y deliberadamente, se adquiere a través de la socialización y el condicionamiento de clase. El habitus contribuye a la reproducción de las condiciones de socialización de clase. Los burgueses ricos y la clase trabajadora tienen cada uno su propio habitus. Además, el habitus implica una clasificación jerárquica de los estilos de vida: el habitus de los ricos se clasifica por encima del habitus de los pobres (por ejemplo, sus gustos artísticos se considerarán más refinados que los de la clase trabajadora). Esta clasificación no elegida se convierte en una virtud en la feroz competencia por la riqueza y el poder, al inducir a los agentes a seleccionar opciones que encajen bien con su grupo social (Bourdieu 1979, 195). Por lo tanto, las trayectorias de estudio y carrera, la segregación espacial, la endogamia, los hábitos de consumo y los gustos estéticos forman parte de las *estrategias* que los ricos utilizan para conservar su posición social y asegurar la reproducción social a lo largo del tiempo. Tales estrategias son tanto más eficaces, pues se llevan a cabo de forma inconsciente (Bourdieu 1979, 285).[16] Si una persona es plenamente consciente de que se casa con otra persona para conservar su estatus social, y no porque está genuinamente enamorada de su pareja, probablemente empezará a preguntarse si no debería considerar otras opciones matrimoniales, si esas opciones no son también valiosas, si el objetivo que persigue al casarse con una pareja rica es genuinamente suyo, etc. Los ricos, cuyos intereses son aquellos *en tanto que* miembros del grupo o clase social de los ricos, son los más propensos a verse amenazados por un cambio de estatus social a raíz

---

16   Que yo sepa, Bourdieu (1984, 44–45) no defendió un impuesto limitarista como forma de hacer a las personas más autónomas. Sugirió que podíamos aumentar nuestra autonomía incrementando nuestro conocimiento sociológico y, en particular, tomando conciencia de nuestro habitus.

de una elección matrimonial o profesional atípicas (ya que hay menos opciones de estatus social que les permitan mantener su posición social actual). Aunque el miedo a una caída de estatus está presente en todos los grupos sociales (excepto en los más bajos, que no tienen nada que perder), es probable que sea más fuerte en las capas superiores de la sociedad. Por lo tanto, *ceteris paribus*, y en la medida en que el miedo a la pérdida de estatus dificulta la capacidad de elaborar y revisar una concepción autónoma de la buena vida, los ricos podrían ser menos autónomos que otros grupos sociales.

La idea de que los obstáculos *psicológicos* (entendidos en sentido amplio) pueden restringir el número de opciones disponibles para el agente puede suscitar la siguiente preocupación: tener compromisos fuertes, como los religiosos o los éticos, parece también llevar al agente a desestimar una serie de opciones potencialmente valiosas.[17] Pero la línea de razonamiento desarrollada anteriormente no implica que las teorías normativas basadas en la autonomía deban desconfiar de los compromisos fuertes (esto sería extraño). Desde una perspectiva basada en la autonomía, el problema crucial del tercer y cuarto mecanismo no es el mero hecho de que la riqueza limite las opciones de los ricos, sino se relaciona con el proceso a través del cual se induce a los ricos, o a algunos ricos, a no considerar una serie de opciones. Por lo tanto, este proceso no tiene nada que ver con la deliberación racional y los compromisos genuinos. Se desencadena por disposiciones irreflexivas como la habituación, el miedo y el habitus social. Asimismo, el mero hecho de que los agentes dejen de considerar una serie de opciones que otros podrían considerar valiosas como resultado de sus compromisos religiosos o éticos no es problemático desde una perspectiva basada en la autonomía. Sólo sería problemático si esos agentes adoptaran esos compromisos de forma equivocada, por ejemplo, como resultado de la ansiedad.[18]

---

17 Agradezco a un revisor anónimo por haber planteado esta importante cuestión.
18 Estos compromisos no tienen por qué adquirirse de forma autónoma. La mayoría de nuestros compromisos no lo son: tendemos a adoptar las religiones y las opiniones éticas y políticas que aprueban las personas que nos rodean. Pero esto no tiene por qué ser un problema siempre que la educación nos dote de las capacidades necesarias para revisar estos compromisos y llegar a adoptarlos de la forma adecuada.

3.5 La riqueza extrema puede ser incompatible con la transparencia con los propios valores

El quinto mecanismo puede resumirse así: en la medida en que, en un mundo de recursos finitos, un estilo de vida extremadamente rico es incompatible con la justicia social y medioambiental, y en la medida en que los seres humanos tendemos a rehuir la creencia de que nuestras propias conductas y valores son perjudiciales para los demás, la riqueza extrema no favorece la transparencia con respecto a las propias razones para actuar, que es una condición de la autonomía. Este último mecanismo está relacionado con la lógica expuesta en la teoría de la disonancia cognitiva de Festinger (Festinger 1962). En pocas palabras, la disonancia cognitiva se refiere tanto a las inconsistencias entre las creencias de uno, o entre los valores de uno y las acciones de uno, como al malestar que estas inconsistencias generan. La evidencia muestra que los seres humanos rehúyen estas inconsistencias. Tenemos motivaciones para resolverlas, ya sea revisando nuestras creencias o cambiando nuestras conductas. Recientemente, la investigación sobre la disonancia cognitiva se ha centrado en la hipótesis de que la principal motivación para superar la disonancia es mantener la creencia de que uno es una buena persona (Monin 2008). La teoría de la disonancia cognitiva puede explicar por qué, en las sociedades consumistas, existe una tendencia general a ignorar o minimizar la información sobre los problemas medioambientales que exigen cambios importantes en el comportamiento de consumo (Kollmuss y Agyeman 2002, 254). Cuando nos enfrentamos a un conflicto entre nuestros valores éticos (la preservación del medio ambiente o la justicia social) y nuestros deseos (vivir una vida cómoda y lujosa), resolvemos inconscientemente la inconsistencia percibiendo selectivamente la información que confirma la vía de comportamiento que queremos adoptar, o ignorando o minimizando la información que la contradice.

En cuanto a los ricos, es probable que su vía de comportamiento e incluso la mera existencia de personas extremadamente ricas sean incompatibles con una amplia gama de concepciones de la justicia social y medioambiental. En un mundo de recursos finitos, la apropiación de una cantidad significativa de recursos por parte de una pequeña minoría de personas amenazará el acceso de otras personas a su parte justa e incluso su capacidad para satisfacer sus necesidades básicas. Las personas ricas no sólo ahorran y consumen recursos sobre los que otros pueden tener derechos legítimos, sino que también tienden a adoptar prácticas incompatibles con la estabilidad de las instituciones justas, como la evasión fiscal y la presión política para reducir los impuestos sobre la renta y la riqueza. Además, los hábitos de consumo de lujo, como los viajes frecuentes, probablemente no son compatibles con la preservación a largo plazo de la capacidad de los ecosistemas para satisfacer las necesidades humanas. Algunos probablemente objetarían que los ricos también invierten su capital, que esas inversiones son necesarias para mejorar el futuro de los grupos sociales menos favorecidos (mediante la creación de empleo, por ejemplo) y que hay que incentivar a los ricos para que hagan esa contribución al producto social. Si esta lógica es cierta, el hecho de que algunas personas sean extremadamente ricas no es incompatible con la justicia social. Sin embargo, hay un par de razones para dudar de la validez de dicha lógica. En primer lugar, la historia económica reciente sugiere que, aunque algunas desigualdades podrían ser necesarias para incentivar a las personas a invertir su capital financiero y humano, esas desigualdades no tienen por qué ser tan extremas como lo son actualmente: la historia económica sugiere que los porcentajes de ingresos superiores eran sustancialmente más bajos en las décadas de la posguerra de lo que son ahora (por ejemplo, Atkinson et al. 2011). No se trata de argumentar a favor de una concepción específica de la justicia social, sino sugerir que es poco probable que una amplia gama de concepciones generalizadas y plausibles de la justicia social considere aceptable la existencia de personas extremadamente ricas. Si ése es el caso, la persona extremadamente rica que, como la mayoría de nosotros, quiere mantener la creencia de que es una buena persona podría enfrentarse a una inconsistencia entre su vía de comportamiento y las concepciones plausibles de la justicia social. Para evitar la disonancia cognitiva y resolver esta inconsistencia, dicha persona podría cambiar su comportamiento, donar su dinero (pero es poco probable que esto ocurra), o cambiar sus creencias sobre la justicia social (esto es más probable). Así, podría ser inducida a ignorar, minimizar o reinterpretar la información verdadera sobre los impactos perjudiciales de sus comportamientos y acciones. Podría evaluar las concepciones de la justicia social, así como la investigación empírica en economía y ciencias sociales, no con base en sus verdaderos méritos, sino con base en su consistencia con la existencia de su clase social. También podría llegar a creer que el cinismo es *de buen gusto*. Podría abrazar de todo corazón la creencia de que la riqueza tiene efectos derrame beneficiosos para los pobres, o que la caridad es más eficiente que los impuestos y las transferencias, no porque estas creencias sean válidas (aunque podrían serlo), sino porque son consistentes con mantener su vía de comportamiento, valores y estilo de vida.

La disonancia cognitiva es perjudicial para la autonomía porque ésta implica transparencia con los propios valores y razones para actuar. Una forma de recuperar la autonomía es minimizar la importancia de mantener una determinada vía de comportamiento o revisar nuestros deseos para que su satisfacción no contradiga nuestros valores. En la medida en que las personas ricas tienden a tener un estilo de vida rico, y las personas que tienen un estilo de vida rico tienden a querer mantenerlo, es probable que sean menos transparentes con respecto a sus valores y las razones de sus creencias y acciones, y que, por lo tanto, sean menos autónomas.

4. Justicia distributiva limitarista basada en la autonomía

En la sección anterior se expusieron cinco mecanismos que sugieren que, a partir de un determinado techo de riqueza, el hecho de que una persona tenga más recursos materiales no siempre aumenta su autonomía e incluso podría ser perjudicial para ella, al menos para algunas personas ricas. Vayamos un poco más allá y examinemos las implicaciones normativas de la filosofía política basada en la autonomía si es que los impactos negativos de la riqueza sobre la autonomía resultan ser verdaderos. Una forma de abordar estos impactos negativos consiste en prevenir que la gente tenga demasiado para proteger su autonomía. Las políticas distributivas, a través de las cuales se logra una asignación específica de la riqueza material y los recursos, son una posible herramienta para este fin. Si la riqueza socava el desarrollo y el ejercicio de la autonomía de varias maneras, prevenir los efectos de la riqueza excesiva sobre la autonomía proporcionará una razón, aunque no sea decisiva, para justificar una distribución limitarista. En una distribución limitarista, se impediría a los ciudadanos adquirir o recibir demasiados recursos materiales para proteger su autonomía.[19] Esta distribución limitarista podría lograrse mediante un "impuesto limitarista", es decir, un impuesto sobre la riqueza y la renta del 100% a partir de un determinado techo de riqueza.

4.1 Restableciendo el equilibrio paternalista liberal entre ricos y pobres

Llegados a este punto, es probable que al lector le preocupe que estemos derivando con demasiada rapidez una propuesta normativa controvertida a partir de conjeturas empíricas. Los filósofos políticos y los responsables de la elaboración de políticas no pueden leer la mente de los ricos para determinar con certeza si son realmente autónomos o no, por lo que podrían tratarlos injustificadamente como no autónomos. Sin embargo, cuando trasladamos nuestra atención de los ricos a los pobres, algunos filósofos, economistas y responsables de la elaboración de políticas de mentalidad liberal parecen dispuestos a respaldar políticas y prácticas que presuponen que algunas categorías de ciudadanos (no ricos) necesitan cierta ayuda para ejercer y desarrollar su autonomía. Ejemplos de estas políticas son la provisión pública de bienes y servicios en especie en lugar de en efectivo.[20] Pocos filósofos, economistas, responsables de la elaboración de políticas o ciudadanos de mentalidad liberal abogan por sustituir la provisión pública de educación o sanidad por su equivalente en efectivo.[21] Aunque la provisión pública de algunos bienes colectivos puede estar justificada por motivos de eficiencia,[22] la provisión en especie de bienes como la

---

19 Hay que señalar que el limitarismo basado en la autonomía es una teoría parcial de la justicia y no excluye la relevancia normativa de otras exigencias de la justicia.
20 No menciono deliberadamente la educación obligatoria porque, en nuestras sociedades, consideramos que tratar a los niños como agentes no autónomos es más legítimo que tratar a los adultos como agentes no autónomos. Discutir si es justificable tratar a los niños como agentes no autónomos, y en qué condiciones, está fuera del alcance de este capítulo.
21 Hay excepciones, por supuesto, como la propuesta de Stuart White (2010) de sustituir los subsidios a la educación superior por un capital básico.
22 En el caso de algunos bienes, como la educación, puede ayudar a mitigar los costos de coordinación y abordar mejor la asimetría de información entre proveedores y

vivienda o los subsidios alimentarios parece en gran medida motivada por preocupaciones paternalistas (por ejemplo, Musgrave 1959; Thurow 1976; Currie y Gahvari 2008). Como dice Thurow:

> [...] Obviamente establecer el grado de incompetencia de cualquier individuo es un problema difícil, pero la existencia de la incompetencia es un problema que ni los gobiernos ni los economistas pueden ignorar.
>
> [...] la ayuda en especie puede utilizarse para influir a los individuos a que tomen las decisiones que la sociedad cree que tomarían si pertenecieran a esas clases con una absoluta soberanía de consumo (Thurow 1976, 372–73).

La soberanía del consumidor se refiere aquí a la autonomía. Ahora bien, aunque la ayuda en especie presupone que algunos individuos no son suficientemente autónomos, no presupone que *todos* los beneficiarios no lo sean. Basta con que sólo algunos de ellos lo sean para justificar políticas ligeramente paternalistas. De ahí que varios pensadores de mentalidad liberal consideren aceptable tratar a los ciudadanos autónomos como agentes no autónomos para asegurarse de que sus conciudadanos menos autónomos no pongan en peligro su futuro bienestar y autonomía. Sin embargo, lo que llama la atención es que rara vez se considera la posibilidad de aplicar la misma línea de pensamiento a los ricos.[23]

---

usuarios. Por ejemplo, véase el debate de Colin Crouch (2003) sobre los problemas creados por la provisión de mercado de la educación.

23 La atención desproporcionada que la filosofía política, la economía y la administración pública prestan a la supuesta falta de autonomía de los pobres (en comparación con los ricos) parece equivaler a una injusticia epistémica sistemática de tipo testimonial. Las injusticias testimoniales se producen cuando un agente no recibe la cantidad adecuada de credibilidad por parte de un observador (u oyente) debido a los prejuicios del observador (Fricker 2007, 17). La cantidad correcta de credibilidad es la que coincide con la verdad (Fricker 2007, 18). La injusticia testimonial es sistemática cuando está conectada con otros tipos de injusticias, como las distributivas (Fricker 2007, 27). Dado que no todos los pobres son no autónomos, los pobres que son falsamente tratados como incompletamente autónomos reciben un déficit injusto de credibilidad y, por lo tanto, son víctimas de injusticias testimoniales. Como no todos los ricos son plenamente autónomos, los ricos que son falsamente tratados como plenamente autónomos reciben un injusto exceso de credibilidad y, por tanto, también son víctimas de injusticias testimoniales. Según Fricker, la mayoría de las injusticias epistémicas consisten en déficits de credibilidad. El exceso de credibilidad, sin embargo, constituye una injusticia epistémica cuando es acumulativo, es decir, cuando la capacidad de una persona como conocedora ha sido socavada, malformada e insultada por repetidas

Si creemos que las políticas ligeramente paternalistas (como la provisión en especie) dirigidas a los pobres son justificables en una democracia liberal, a pesar de que algunos miembros del grupo objetivo son suficientemente autónomos, deberíamos estar dispuestos a considerar políticas ligeramente paternalistas dirigidas a los ricos. Por supuesto, una alternativa liberal aparentemente genuina es no tener ninguna política paternalista, ya sea para los ricos o para los pobres. El problema es que, aunque una política de este tipo consiga tratar a las personas como si fueran suficientemente autónomas, puede fracasar a la hora de garantizar una autonomía real a largo plazo: la capacidad de ser autónomo es gradual y continúa desarrollándose a lo largo de la vida humana.

Estas consideraciones hablan a favor no sólo de una distribución limitarista de la riqueza, sino a favor de un patrón distributivo que combine el limitarismo y el suficientarismo. El suficientarismo contribuye a asegurar la autonomía por varias razones. La pobreza material y las desigualdades económicas importantes dificultan la independencia, la libertad y el acceso a un conjunto adecuado de opciones. La pobreza y las desigualdades ponen en peligro el poder de negociación de una persona y la someten a la voluntad de los demás. Además, cuando los ciudadanos extremadamente ricos tienen una influencia decisiva en los resultados de los procesos supuestamente democráticos, el "valor equitativo" de las libertades políticas ya no está garantizado (Rawls 2012, 200–03). El paralelismo entre la pobreza y la riqueza sugiere que es probable que una teoría limitarista coherente de la justicia respalde también el suficientarismo.

4.2 ¿Cuánto es demasiado?

Los lectores pueden preguntarse cuánto es demasiado. Dar una cifra es difícil porque el impacto de la riqueza material en la autonomía de un individuo depende de diversos factores, incluyendo condiciones

---

atribuciones excesivas de credibilidad. Fricker ilustra esta posibilidad con el caso de un miembro de la élite dirigente que desde su infancia habría sido repetidamente "inflado epistémicamente" por otros. El desarrollo de la capacidad de conocimiento de esta persona se habría visto gravemente obstaculizado. Habría quedado en ridículo (Fricker 2007, 18).

económicas como la inflación y el nivel de vida actual. Además, el enfoque de las capacidades ha enseñado a los teóricos de la justicia distributiva que las personas con capacidades diferentes necesitan distintas cantidades de recursos para alcanzar el mismo nivel de vida (e.g. Robeyns 2011). Así, el techo de riqueza para que una persona con una condición médica duradera pueda desarrollar y ejercer su autonomía debe ser mayor que el de los individuos sanos. Sin embargo, es importante ofrecer formas de identificar el nivel de riqueza que debe limitarse para proporcionar orientación y permitirnos poner a prueba nuestras intuiciones.[24]

Si los mecanismos descritos en la sección anterior resultan ser ciertos, proporcionarán cierta orientación para establecer el límite máximo de riqueza adecuado. El primer mecanismo sugiere que una persona posee demasiado cuando ya no necesita tener en cuenta las limitaciones materiales en su deliberación práctica. El problema es que qué tanto hay que tener en cuenta esas limitaciones no sólo depende del nivel de riqueza, sino también de los costos financieros de la propia ambición, de la disponibilidad de la provisión de bienes y servicios con financiación pública (si la ambición de una persona incluye asistir a la universidad, esto presumiblemente será menos costoso en los países que proporcionan educación superior financiada por el Estado), así como de su propia percepción de lo rica que es. Al fin y al cabo, el pato multimillonario de Walt Disney, el tío Scrooge, sigue demasiado preocupado por las limitaciones materiales. Quizá la mejor regla general sería hacer una encuesta y preguntar a la gente cuánto debe poseer uno para estar financieramente cómodo.

El segundo mecanismo, el de las preferencias adaptativas, proporciona una orientación más directa cuando se combina con el tercero y el cuarto. El tercer mecanismo sugiere que una persona es demasiado rica cuando su riqueza es tal que se acostumbra a un nivel de confort y lujo al que le sería difícil renunciar. Esto sugiere que el techo de riqueza debe ser bastante bajo, ya que es probable que el nivel de vida promedio de la clase media de los países occidentales sea difícil de abandonar por el nivel promedio de confort de otras partes del mundo. Por lo tanto, el techo de riqueza podría ser apenas superior al umbral de

---

24 Agradezco a un revisor anónimo por haber insistido en este punto.

"pobreza" básico de recursos materiales que una persona necesita para desarrollar y ejercer un nivel suficiente de autonomía (nótese que dicho umbral sería presumiblemente mucho más alto que la línea de pobreza propuesta por el Banco Mundial).

El cuarto mecanismo se desencadena por las desigualdades de estatus social, que están relacionadas con las desigualdades de riqueza e ingresos. Esto significa que, para evitarlo, la sociedad debería intentar acercarse a la igualdad de estatus social. En consecuencia, el techo de riqueza debe ser tal que la diferencia entre éste y el umbral de pobreza basado en la autonomía no dé lugar a una desigualdad significativa de estatus social. Una complicación es que la desigualdad de estatus social no sólo se debe a la desigualdad de ingresos y capital material, sino también a las desigualdades de capital social y cultural.

El quinto mecanismo sugiere que la distribución limitarista de la riqueza debe intentar evitar la disonancia cognitiva. En este caso, la disonancia cognitiva se produce cuando hay conflictos entre la voluntad de una persona de conservar su porción de los recursos materiales y su capacidad para evaluar las diferentes posturas normativas y empíricas de la justicia distributiva en función de sus verdaderos méritos (y no de su tolerancia a la preferencia de esta persona por conservar lo que tiene). Esto sugiere que el techo de riqueza debería ajustarse para prevenir que los ricos obtengan más de lo que justamente les corresponde. Sin embargo, es necesario hacer una importante aclaración al respecto. El conflicto entre la preferencia de una persona por conservar su dinero y una perspectiva de la justicia distributiva *considerada válida por filósofos y economistas* no es exactamente lo que desencadena la disonancia cognitiva. Es más probable que la disonancia cognitiva sea provocada por el posible conflicto entre la preferencia de una persona por conservar su dinero y las opiniones generalizadas sobre la justicia distributiva entre las personas de a pie, ya que dichas opiniones son más fácilmente accesibles. Por lo tanto, el techo de riqueza basado en la autonomía debería ser cercano a las creencias de la gente sobre cuánto es demasiado.

El resultado de esta breve discusión parece ser doble. *En primer lugar*, es probable que el techo de la riqueza se acerque a lo que las personas de a pie creen que debería ser el techo de la riqueza. Una forma de saber esto es realizar una encuesta sobre las creencias de la gente sobre el techo de riqueza. Esta tarea ha sido emprendida recientemente por Ingrid Robeyns (Robeyns 2018). Otra forma es inspirarse en las campañas y propuestas políticas existentes que intentan reflejar las intuiciones de los electores sobre la cuestión. En 2013, una iniciativa popular suiza denominada "1:12" propuso una ley que habría prohibido a las empresas ofrecer salarios más de doce veces superiores al salario más bajo (la iniciativa terminó siendo rechazada). En 2017, el candidato presidencial francés Jean-Luc Mélenchon propuso un impuesto del 100% sobre los ingresos anuales superiores a 400,000 euros (unos 460,000 dólares).[25] Sin embargo, si queremos utilizar el límite de ingresos de 400,000 euros como regla general, debemos tener en cuenta que serían necesarios más ajustes para tomar en cuenta la inflación, la paridad del poder adquisitivo, las diferencias internacionales en los niveles de vida, la provisión de bienes y servicios públicos, así como las desigualdades interindividuales de capacidades. Así, el techo de riqueza para las personas con discapacidades o para quienes viven en ciudades caras como Nueva York, Londres o París podría ser más alto, pero esto también dependería de la disponibilidad de bienes públicos como servicios de salud o un transporte público asequible y eficiente. En *segundo lugar*, es probable que la diferencia entre el techo de riqueza basado en la autonomía y el umbral de suficiencia (probablemente alto) basado en la autonomía sea estrecha. Esto no se debe a que la desigualdad se considere mala en sí misma; este capítulo deriva el limitarismo del valor de la autonomía, no del valor de la igualdad. La razón es que la cantidad de riqueza material a la que cada uno tiene acceso debería ser lo suficientemente alta como para garantizar independencia, opciones adecuadas, así como el desarrollo y ejercicio apropiado de las capacidades mentales y críticas, pero también lo suficientemente baja como para evitar la habituación a un alto nivel de confort y lujo, el miedo a una caída de estatus y la disonancia cognitiva. Desde esta perspectiva, el techo de riqueza de 400,000 euros podría ser ya demasiado alto.[26] Así, el techo de riqueza podría situarse en algún punto entre los 400,000 euros y la cantidad de dinero que cada individuo poseería en una sociedad estrictamente

---

25 Obsérvese que el limitarismo exigiría que este impuesto sobre la renta se combinara con un impuesto sobre la riqueza.
26 Agradezco a un revisor anónimo por habérmelo señalado esto.

igualitaria en cuanto a recursos, y este techo se ajustaría en función del poder adquisitivo y la paridad de capacidades.

5. Limitarismo basado en la autonomía y coerción legítima

Hasta aquí, el capítulo ha sugerido hipótesis empíricas a favor de las tesis de que, a partir de un determinado techo de riqueza, el hecho de que una persona disponga de más recursos materiales no siempre aumenta su autonomía e incluso podría ir en detrimento de la misma. Después, argumenté que, si estas tesis resultan ser ciertas, una posible implicación normativa sería la implementación de una distribución limitarista de la riqueza a partir de un determinado techo. Lograr una determinada distribución de la riqueza requiere medidas impopulares como los impuestos. Para asegurar una distribución limitarista de la riqueza, podría ser necesario un tipo impositivo del 100% sobre la riqueza y la renta por encima de un umbral determinado. Sin embargo, esta propuesta da pie a un problema desconcertante. Por un lado, los impuestos parecen implicar el uso del poder coercitivo del Estado para proteger la autonomía de las personas. Por otro lado, la coerción es perjudicial para la autonomía. ¿Son los impuestos destinados a promover la autonomía del contribuyente necesariamente problemáticos desde una perspectiva liberal? Para abordar esta cuestión, me basaré en el análisis seminal de Joseph Raz sobre la relación entre coerción y autonomía.

Raz nos advierte que la coerción como método para incitar a la gente a actuar por su propio bien es sospechosa: "todos estamos demasiado familiarizados con el peligro de exagerar el grado en que se puede promover el bienestar de las personas en franca contradicción con sus juicios y preferencias formados" (Raz 1986, 151). Sin embargo, afirma que los liberales no deberían exagerar los males de la coerción. La coerción puede utilizarse legítimamente "para asegurar las condiciones naturales y sociales que permiten a los individuos desarrollar una vida autónoma" (Raz 1986, 156). La coerción es una noción que involucra dimensiones tanto descriptivas como evaluativas (Raz 1986, 148–57). Descriptivamente, la coerción se produce cuando el agente coercitivo amenaza a la agente coaccionada con empeorar su situación si realiza una acción A que el agente coercitivo quiere evitar que haga, y cuando dicha amenaza es efectiva (la creencia de que la amenaza se materializará forma parte de las razones para que la agente coaccionada no haga A). También hay dos dimensiones evaluativas de la coerción: una amenaza es coercitiva si (i) invade la autonomía del agente coaccionado y (ii) el hecho de que alguien actúe bajo coerción cuenta como justificación o excusa para su acción (Raz 1986, 150).

Cabe preguntarse si un impuesto es realmente coercitivo. En *The Morality of Freedom*, Raz sugiere que los impuestos, al igual que los subsidios, son medios no coercitivos que el Estado puede utilizar legítimamente para promover ciertos ideales (por ejemplo, Raz 1986, 416). Los impuestos no implican una amenaza manifiesta. Si esto es correcto, entonces no debemos preocuparnos por el uso ilegítimo del poder coercitivo del Estado para asegurar una distribución limitarista a través de los impuestos. Sin embargo, los impuestos no son tan inofensivos como parecen. Éstos son coercitivos en el sentido de que manipulan el menú de elección y los costos y beneficios asociados a cada opción (Waldron 1988, 1142). Esto significa que la decisión de los contribuyentes de ahorrar, dar o ganar dinero se ve alterada por el hecho de que la acción del Estado ha asignado nuevas consecuencias a estas opciones. Sin embargo, esto no tiene por qué ser siempre moralmente problemático. Algunos impuestos persiguen objetivos que justifican la coerción. ¿Es éste el caso del impuesto limitarista? Para abordar esta cuestión, analicemos más detenidamente la idea de que la coerción invade la autonomía. Basándonos en el análisis de Raz, parece que la coerción puede invadir la autonomía de tres maneras. *En primer lugar*, la coerción *reduce la cantidad y la calidad de las opciones disponibles* para el agente coaccionado. La coerción elimina una opción sin crear una alternativa deseable. *En segundo lugar*, incluso cuando sus efectos sobre la capacidad del agente para elegir libremente la vida que valora son insignificantes, un acto coercitivo sigue siendo problemático si *insulta la autonomía del agente coaccionado al tratarlo como un agente no autónomo*. En *tercer lugar*, los actos coercitivos interfieren en la autonomía porque *modifican deliberadamente las razones del agente para actuar como lo hace*. Incluso las formas más leves de coerción erosionan la autonomía porque aumentan los costos de oportunidad de actuar en contra de la voluntad del agente coercitivo y modifican parte de las razones del agente para actuar como lo hace.

¿Una medida coercitiva limitarista como un impuesto es problemática en alguno de estos aspectos? En cuanto a la reducción de las opciones disponibles, el impuesto limitarista podría en realidad aumentar la gama de opciones accesibles al agente. Si las hipótesis empíricas expuestas en la sección 3 son correctas, la riqueza excesiva desarrolla disposiciones tales que los ricos ya no pueden considerar seriamente opciones que de otro modo considerarían valiosas. Las medidas coercitivas limitaristas podrían crear opciones deseables para los previamente ricos, como la opción de convertirse en panadero profesional.

¿Y la segunda forma en que la coerción invade la autonomía? ¿Un impuesto limitarista invade la autonomía de quienes están sujetos a este impuesto *al no tratarlos como agentes autónomos*? El defensor del limitarismo basado en la autonomía podría decir que un Estado que aplica medidas coercitivas no expresa una falta de respeto por la autonomía de sus ciudadanos *si* estas medidas están *motivadas precisamente* por una preocupación por la autonomía individual (Raz 1986, 156–57).

Si es cierto que la riqueza socava la autonomía, un impuesto limitarista no invade seriamente la autonomía en los dos primeros aspectos. Sin embargo, sostengo que un impuesto limitarista justificado por una preocupación por la autonomía interferiría con la autonomía de los ricos en el tercer aspecto porque *cambia deliberadamente sus razones para actuar como lo hacen*. Un impuesto coercitivo cambia el contexto de elección y, por lo tanto, las razones para elegir una opción en lugar de otra (Waldron 1988, 1145–46). Un impuesto limitarista induciría a los ricos a ser menos ricos no porque crean realmente que la riqueza excesiva socava su autonomía, sino porque quieren evitar pagar multas aún mayores. Alentar a las personas a ejercer su autonomía mediante sanciones económicas no les hace comprender ni comprometerse con las razones basadas en la autonomía que motivan estas sanciones. Lo más probable es que, si los ricos no apoyan el objetivo que estas políticas fiscales intentan promover, se limiten a tratar de eludirlas y a esconder su dinero en paraísos fiscales. Además, recordemos que la concepción de la autonomía en la que se basa el argumento de este capítulo es relacional. Tratar a un grupo de personas como agentes que no son plenamente autónomos no cumpliría una de las condiciones de la autonomía. Una sociedad que promueve la autonomía debe permitir que el agente se considere capaz y autorizado para definir sus compromisos y actuar de acuerdo con ellos. Estas condiciones incluyen la confianza en sí mismo, el respeto por sí mismo y el ser reconocido y tratado por los demás (incluidos los agentes estatales) como agente autónomo. Incluso una educación obligatoria que promueva la autonomía requiere que los educadores reconozcan y traten a los niños, en la medida de lo posible, como agentes autónomos, tomando en cuenta su edad y su etapa de desarrollo.

Un impuesto limitarista basado en la autonomía puede, por lo tanto, invadir en lugar de promover la autonomía de los ricos en un aspecto, es decir, en el sentido de que puede impedir que los ricos actúen según sus razones propias y auténticas. Pero no es seguro que esta consideración deba alejar a las teorías normativas basadas en la autonomía de seguir tomando en consideración las medidas coercitivas limitaristas. En primer lugar, se podría conjeturar que, a través de los cinco mecanismos sugeridos anteriormente, la riqueza excesiva podría ser más perjudicial para la formación de concepciones autónomas de la vida buena que la limitación de la libertad que suponen los impuestos sobre la riqueza. Pero esto es una conjetura. En segundo lugar, si consideramos el impuesto limitarista no como una política aislada, sino como un complemento de otras medidas políticas, sus aspectos problemáticos se disipan.

Consideremos cómo el impuesto limitarista que promueve la autonomía encajaría en una teoría más general de la justicia distributiva.[27] Aunque el propósito principal de un impuesto limitarista no es redistributivo, el argumento desplegado aquí sugiere que las implicaciones fiscales de la justicia distributiva podrían coincidir con la promoción de la autonomía. Las teorías liberales de la justicia basadas en la autonomía pueden responder a la objeción libertaria de que la tributación redistributiva es un uso ilegítimo del poder coercitivo (e.g. Nozick, 1991: 169–75) de la siguiente manera. El uso del poder coercitivo es legítimo si es necesario para evitar que el agente coaccionado cause daño a otros (Raz 1986, 412–20). Desde una perspectiva basada en la autonomía, una persona se ve perjudicada cuando su autonomía se ve disminuida. Si es necesaria una distribución suficientarista

---

27 Este párrafo debe mucho a una discusión con George Pavlakos.

de la riqueza para asegurar la autonomía, la tributación obligatoria redistributiva que tiene como objetivo asegurar dicha distribución es moralmente legítima. Si los principios distributivos igualitarios rawlsianos (u otros principios distributivos, como los suficientaristas) fueran acordados por ciudadanos razonables, los impuestos podrían ser una herramienta permisible para lograr la distribución legítima de la riqueza. Ya sea que apoyemos una concepción monista, basada en la autonomía, de la justicia distributiva, o una pluralista, que combine la autonomía y la igualdad, el uso del poder coercitivo a través de los impuestos obligatorios para lograr la justa distribución de la riqueza parece legítimo. Sin embargo, esta línea de argumentación no puede, por sí sola, invalidar la afirmación de que la tributación redistributiva requiere una interferencia en la autonomía del contribuyente. Sólo puede justificar dicha interferencia bien por el hecho de que la redistribución aumenta en última instancia la autonomía de los beneficiarios, o bien por motivos distintos de la autonomía.[28] En otras palabras, si aceptamos que la redistribución interfiere en la autonomía de los contribuyentes, la carga de la justificación recae inevitablemente sobre los hombros de los defensores liberales de los impuestos redistributivos. Éstos deben proporcionar justificaciones suficientes para demostrar que la tributación redistributiva aumenta la autonomía de otras personas o protege y promueve otros valores (como la igualdad), que deben equilibrarse con el valor de la autonomía. Pero, gracias al argumento limitarista, puede que no tengan que hacerlo. Si el supuesto estándar de que la riqueza es siempre beneficiosa para la autonomía no es cierto, como se sugiere en la sección 3, entonces la tributación redistributiva no interfiere con la autonomía (al menos por encima de las líneas limitaristas). Cuestionar este supuesto estándar aligera la carga de la justificación con la que deben cargar los defensores liberales de los sistemas de impuestos y transferencias redistributivos. Y la legitimación basada en la justicia distributiva de los impuestos coercitivos proporciona al limitarismo basado en la autonomía una vía

---

28   Por ejemplo, Rawls (2012, párr. 43) sostiene que los impuestos están justificados en la medida en que contribuyen a la provisión de bienes públicos y a la realización del principio de diferencia.

de escape al desafío de que la coerción podría no ser la mejor manera de defender la autonomía.[29]

Otra línea de defensa contra la preocupación de que la coerción dañe la autonomía sugiere que el impuesto limitarista podría considerarse un *catalizador* más que una *restricción*. Es probable que el limitarismo basado en la autonomía implique que las instituciones educativas deberían fomentar el desarrollo de disposiciones limitaristas. Los educadores deberían desalentar la búsqueda de riqueza más allá de lo necesario para asegurar una autonomía adecuada. Tales prácticas educativas, si son coherentes con el desarrollo de habilidades de pensamiento deliberativo y crítico, dotarían a los alumnos de la capacidad de encontrar, reflexionar, respaldar y posiblemente desafiar las razones basadas en la autonomía para no hacerse demasiado rico. ¿Dispensarían tales políticas educativas a la sociedad de una tributación limitarista? Quizá no en una sociedad como la nuestra, en la que la riqueza y las aspiraciones materialistas son altamente valoradas. En una sociedad así, podría ser adecuado evitar que las personas se hagan demasiado ricas mediante la tributación obligatoria, incluso si apoyan los argumentos filosóficos a favor del limitarismo. En una sociedad así, esperar que las personas actúen por razones limitaristas puede ser excesivamente exigente, porque les demandaría ir en contra de las normas sociales establecidas. Quienes han recibido una educación orientada a cultivar disposiciones limitaristas pueden estar totalmente de acuerdo con los valores limitaristas y, sin embargo, verse incapaces de actuar en consecuencia. Fenómenos como la publicidad comercial, la presión social, las expectativas por parte de las parejas y los hijos, el modo en que se organiza el mercado laboral y de consumo, la forma en que se configura el entorno urbano, obstaculizan

---

29 Otra posible objeción a los esquemas redistributivos coercitivos de impuestos y transferencias podría apelar al mérito. Según esta objeción, la tributación redistributiva es incorrecta cuando impide que las personas trabajadoras y competentes reciban dinero de acuerdo con lo que merecen (el mérito se mide según su nivel de esfuerzo o su nivel de contribución). La discusión de Rawls (1999, 246) sobre el merecimiento y el principio de la diferencia pone en duda la objeción del mérito al señalar que nuestros talentos, capacidad de contribuir y voluntad de esforzarnos a menudo pueden atribuirse a "contingencias inmerecidas" como "la clase y las habilidades naturales". Obsérvese también que, incluso si la objeción del mérito fuera válida, no conduciría necesariamente a la conclusión de que a los ricos se les debe su riqueza, ya que ésta podría ser perjudicial para ellos. La sociedad no debería recompensar a las personas que lo merecen con bienes defectuosos. Agradezco a un revisor anónimo por haberme señalado esta objeción.

nuestra capacidad de vivir de forma autónoma. Por eso la educación, o al menos la educación escolar, puede ser insuficiente para desalentar la búsqueda de la riqueza material en nuestras sociedades. En cambio, si sólo se nos impidiera enriquecernos y, por lo tanto, adoptar estilos de vida costosos, podríamos reconciliar los valores que tenemos razones para sostener con nuestros patrones de conducta. Por lo tanto, si va acompañada de una educación realmente promotora de la autonomía, la tributación limitarista obligatoria puede ayudar a las personas a vivir de acuerdo con sus propias razones. Los impuestos serían un catalizador, no una interferencia.

El resultado de la discusión de la primera objeción potencial al impuesto limitarista basado en la autonomía puede resumirse del siguiente modo. La discusión se basa en la explicación de Raz de las relaciones entre la autonomía y la coerción. Un impuesto limitarista es una medida coercitiva. Una medida coercitiva es moralmente problemática si invade la autonomía o si puede contar como una justificación o como una excusa completa para el acto coaccionado (Raz 1986, 150).[30] Parece improbable que el impuesto limitarista repercuta en si las acciones de los que pagarían este impuesto serían justificables o excusables. Por lo tanto, un impuesto limitarista está justificado sobre todo si no invade la autonomía. Si la tesis de que la riqueza puede restringir las opciones de los ricos es cierta, un impuesto limitarista no invade la autonomía al restringir las opciones de los ricos. Tampoco deja de tratar a los ricos como agentes autónomos, ya que el impuesto está motivado por una preocupación por la autonomía de los ricos.[31] Sin embargo, el impuesto invade la autonomía de los ricos de una tercera manera, al cambiar deliberadamente sus razones para actuar. Pero esta consideración no debe hacernos desistir de seguir tomando

---

30 Podría haber otros motivos para condenar la coerción desde una perspectiva liberal, pero como el capítulo se refiere sobre todo al valor de la autonomía, me ceñiré al planteamiento de Raz.
31 Al decir "motivado por una preocupación por la autonomía de los ricos", no quiero decir que los individuos reales, los representantes políticos, los responsables de la elaboración de políticas o los administradores, estén necesariamente motivados por dicha preocupación (lo que motiva a las personas a luchar por la realización de la justicia y la moralidad política es a menudo complejo y consiste en una mezcla de motivos morales, cuasi morales y no morales). Me refiero a que el impuesto podría justificarse por el hecho de que protege la autonomía de los ricos y tal justificación se derivaría de premisas fácticas y normativas válidas.

en consideración el limitarismo basado en la autonomía. En primer lugar, las razones basadas en la autonomía pueden funcionar como una justificación complementaria a favor de los esquemas de impuestos y transferencias que pretenden asegurar una redistribución igualitaria o suficientarista. En segundo lugar, si los impuestos limitaristas se aplican junto con una educación limitarista, funcionarán como un catalizador al ayudar a las personas a vivir de acuerdo con los valores que adquirieron a través de la educación.

6. La objeción del incentivo

Supongamos que la sociedad se vuelve limitarista gracias a una combinación de políticas fiscales y prácticas educativas. Una sociedad limitarista podría enfrentarse al siguiente reto. En la medida en que los miembros de dicha sociedad limitarista siguieran siendo maximizadores de sus propios intereses,[32] un ethos limitarista generalizado podría hacer que sustituyeran el ocio por los ingresos una vez que hayan alcanzado un determinado umbral de riqueza. Ahora bien, supongamos que algunas personas tienen capacidades más económicamente productivas que otras. Si esas personas dejaran de sentirse atraídas por la posibilidad de unos ingresos elevados, desaparecería uno de los incentivos para contribuir significativamente a la creación de riqueza mediante más trabajo. Quienes están por debajo del umbral suficientarista no se beneficiarían más de sus esfuerzos.

El reto parece similar al problema abordado por la teoría de la imposición óptima.[33] Sin embargo, la teoría de la imposición óptima no se enfoca principalmente en la autonomía. La teoría de la progresividad tributaria óptima asume que las políticas deben tener como objetivo aumentar el bienestar social. Una teoría de la justicia derivada del principio de que la autonomía tiene una importancia moral primordial no tiene el bienestar social como objetivo principal. Por lo tanto, dicha

---

32 Tal vez actitudes no económicas, como el compromiso con el bienestar de la propia comunidad, bastarían para motivar a las personas altamente cualificadas a contribuir trabajando más en una sociedad limitarista. Pero esto es especulativo.

33 La contribución seminal que planteó el problema de la progresividad tributaria óptima en términos de la maximización de una función de bienestar social es un artículo de Mirrlees (1971). Para una síntesis de la evolución de la teoría de la imposición óptima desde el artículo de Mirrlees, véase: Slemrod (2006).

teoría infiere conclusiones diferentes con respecto a la medida en que se debe motivar a las personas altamente cualificadas para que trabajen duro con el fin de contribuir a los ciudadanos menos afortunados. El objetivo social y económico es asegurar el capital material que la sociedad necesita para garantizar a todos la capacidad de desarrollar y ejercer la autonomía.

Si lo que importa es asegurar la condición económica, social y política de la autonomía, las personas altamente cualificadas sólo deberían estar motivadas para trabajar *en la medida en que sea necesario para asegurar dichas condiciones*. No es necesario incentivarlas a crear riqueza más allá de lo necesario para asegurar la autonomía. En la sección 4, sugerí que estas condiciones incluyen una distribución limitarista suficientarista de la riqueza. También incluirían los costos materiales de asegurar otras condiciones para el desarrollo de la autonomía, como la implementación de un sistema educativo que promueva la autonomía. Cuánta riqueza social sería necesaria para asegurar la autonomía sigue siendo una cuestión que no tengo espacio para abordar adecuadamente aquí. Se podría suponer que, en una sociedad así, las participaciones individuales de riqueza material no serían necesariamente muy elevadas. Sin embargo, el objetivo de desarrollar un nivel de autonomía razonablemente ambicioso podría requerir inversiones significativas en bienes colectivos, como instituciones educativas de diversa índole. También podría ser necesario proporcionar atención médica adecuada y una red de seguridad financiera. Por lo tanto, no podemos excluir que asegurar la autonomía pueda requerir un producto social bastante elevado. Si es así, los teóricos de la justicia distributiva basada en la autonomía tienen que reflexionar sobre las formas moralmente permisibles y deseables de inducir a los más competentes a crear altos niveles de productos sociales sin poder ganar por encima del techo de riqueza.

7. Conclusión

Este capítulo ha intentado defender la plausibilidad de dos hipótesis empíricas sobre el impacto de la riqueza excesiva en la autonomía: (i) por encima de un determinado techo de riqueza, el hecho de que una persona tenga más recursos materiales no siempre aumenta su autonomía; (ii) por encima de dicho techo de riqueza, la posesión material podría incluso ser perjudicial para el desarrollo y el ejercicio de la autonomía de los ricos, o al menos de algunos ricos. Partiendo de una concepción relacional de la autonomía, este capítulo ha analizado cinco mecanismos que pueden poner en tela de juicio el supuesto estándar de que la riqueza material siempre aumenta la autonomía. Dichos mecanismos sugieren incluso que una riqueza material excesiva podría ser perjudicial para la autonomía de varias maneras. El capítulo también ha sugerido (sección 4.2.) que estos mecanismos pueden proporcionar una orientación útil para determinar un techo de riqueza. En la siguiente parte del capítulo se investigó si, de ser cierto que la riqueza excesiva socava la autonomía, la promoción de la autonomía podría justificar medidas coercitivas como los impuestos. Esto podría ser el caso en un sentido: las medidas coercitivas por sí solas tienden a no comprometer a las personas sometidas a ellas con su razón de ser. Sin embargo, parece que, si un impuesto limitarista fuera acompañado de fines redistributivos o de políticas educativas que promuevan la autonomía, las preocupaciones que suscitan los efectos de la coerción de la autonomía podrían disiparse. En particular, si las políticas fiscales limitaristas se alinean con las prácticas educativas, una tasación que promueva la autonomía se convertiría en un dispositivo que ayudaría a las personas a actuar con base en aquello que tienen razones para valorar, en lugar de ser una medida coercitiva. Pero el problema de los incentivos podría seguir existiendo: en una sociedad limitarista, el incentivo material para contribuir más al producto social sería menos fuerte. El grado en que esto sería problemático dependería de la medida en que asegurar una autonomía suficiente requiriera crear altos niveles de riqueza.

Agradecimientos

Versiones de este capítulo fueron presentadas en el *Political Philosophy and Philosophy of Law Video Workshop* organizado en conjunto por las universidades de Córdoba y de Lovaina, en el *Workshop in Economics & Philosophy* (Universidad Católica de Lovaina), en el *Political Theory Group* (Universidad de Glasgow) y en el seminario *Philosophie et théorie économique* (Universidad de Reims). Estoy agradecida con todos los participantes por sus útiles comentarios y preguntas, y en particular con Antoinette Baujard, Jean-Sébastien Gharbi, Brian Girvin, Axel Gosseries, Cyril Hédoin, Carl Knight, Louise Lambert, Lucas Misseri, George Pavlakos y Pierre Van Zyl. También quisiera agradecerles a dos revisores anónimos por los comentarios detallados y perspicaces que hicieron a versiones previas del manuscrito. Todos los errores son míos. El trabajo reportado en esta publicación se ha beneficiado de una beca del Fonds Spécial de Recherche (FSR) de la Universidad Católica de Lovaina. Este capítulo se publicó originalmente en *Ethical Theory and Moral Practice*, 2018, 21: 1181–204.

Referencias

Angelescu, Laura. 2014. Rich People, an Overview. In Alex C. Michalos (Ed.), *Encyclopedia of Quality of Life and Well-Being Research* (pp. 5566–69). Dordrecht: Springer, Netherlands. https://doi.org/10.1007/978-94-007-0753-5_2521

Atkinson, Anthony B., Piketty, Thomas & Saez, Emmanuel. 2011. Top Incomes in the Long Run of History. *Journal of Economic Literature*, 49, 3–71. https://doi.org/10.1257/jel.49.1.3

Benson, Paul. 2005. Taking Ownership: Authority and Voice in Autonomous Agency. In Joel Anderson & John Christman (Eds.), *Autonomy and the Challenges to Liberalism* (pp. 101–26). https://doi.org/10.1017/CBO9780511610325.007

Blanchflower, David G. & Oswald, Andrew J. 2004. Well-being over time in Britain and the USA. *Journal of Public Economics*, 88, 1359–86. https://doi.org/10.1016/S0047-2727(02)00168-8

Bourdieu, Pierre. 1979. *La distinction. Critique sociale du jugement*. Paris: Éditions de Minuit.

Bourdieu, Pierre. 1998. *La distinción. Criterios y bases sociales del gusto*. Traducido por María del Carmen Ruiz de Elvira. Buenos Aires-México: Taurus.

Bourdieu, Pierre. 1984. *Questions de sociologie*. Paris: Editions de Minuit.

Brickman, Philip, Coates, Dan & Janoff-Bulman, Ronnie. 1978. Lottery winners and accident victims: Is happiness relative? *Journal of Personality and Social Psychology*, 36, 917–27. https://doi.org/10.1037/0022-3514.36.8.917

Casal, Paula. 2007. Why sufficiency is not enough. *Ethics*, 117, 296–336. https://doi.org/10.1086/510692

Casal, Paula. 2016. "Por qué la suficiencia no basta." En *Igualitarismo: una discusión necesaria*, editado por Javier Gallego S. y Thomas Bullemore L., traducido por Javier Gallego Saade, 263–95. Santiago de Chile: Centro de Estudios Públicos.

Christman, J. 1987. Autonomy: a defense of the split-level self. *The Southern Journal of Philosophy*, 23, 281–93. https://doi.org/10.1111/j.2041-6962.1987.tb01623.x

Crouch, Colin. 2003. Commercialization or citizenship: the case of education. In *Commercialization or Citizenship: Education Policy and the Future of Public Services*. Fabian Society, London.

Csikszentmihalyi, Mihaly. 1999. If We Are So Rich, Why Aren't We Happy? *American Psychologist*, 54, 821–27. https://doi.org/10.1037/0003-066X.54.10.821

Cummins, Robert A. 2000. Personal Income and Subjective Well-being: A Review. *Journal of Happiness Studies*, 1, 133–58. https://doi.org/10.1023/A:1010079728426

Currie, Janet & Gahvari, Firouz. 2008. Transfers in Cash and In-Kind: Theory Meets the Data. *Journal of Economic Literature*, 46, 333–83. https://doi.org/10.1257/jel.46.2.333

Dart, Tom. 2014. Texas Teenager Suffering "affluenza" Avoids Jail for Second Time. In *The Guardian*, 6 February 2014, https://www.theguardian.com/world/2014/feb/06/texas-teenager-affluenza-escapes-jail-second-time

Diener, Edward. 2000. Subjective Well-Being: The Science of Happiness and a Proposal for a National Index, *American Psychologist*, 55, 34–43.

Diener, Edward & Biswas-Diener, Robert. 2002. Will Money Increase Subjective Well-Being? *Social Indicators Research*, 57, 119–69. https://doi.org/10.1023/A:1014411319119

Diener, Edward & Oishi, Shigehiro. 2000. Money and happiness: Income and subjective well-being across nations. In Edward Diener & Suh, Eunkook M. (Eds.), *Culture and Subjective Well-being* (pp. 185–218). Cambridge: MIT Press.

Diener, Edward, Horwitz, Jeff & Emmons, Robert A. 1985. Happiness of the Very Wealthy. *Social Indicators Research*, 16, 263–74. https://doi.org/10.1007/BF00415126

Dworkin, Gerald. 1988. *The Theory and Practice of Autonomy*. Cambridge: Cambridge University Press.

Easterlin, Richard A. 1973. Does Money Buy Happiness? *The Public Interest*, 30, 3–10.

Easterlin, Richard A. 1995. Will raising the incomes of all increase the happiness of all? *Journal of Economic Behavior & Organization*, 27, 35–47. https://doi.org/10.1016/0167-2681(95)00003-BEasterlin 2001

Eckenroth, Danielle. 2015. Wealthy Justice: The Role Wealth Plays in Sentencing and in the Affluenza Defense Notes. *New England Journal on Criminal and Civil Confinement*, 41, 443–62.

Elster, Jon. 1982. Sour grapes - utilitarianism and the genesis of wants. In Amartya K. Sen & Bernard Williams (Eds.), *Utilitarianism and Beyond* (pp. 219–38). Cambridge: Cambridge University Press. https://doi.org/10.1017/CBO9780511611964.013

Festinger, Leon. 1962. Cognitive Dissonance. *Scientific American*, 207, 93–106. https://doi.org/10.1038/scientificamerican1062-93

Frank, Robert H. 1999. *Luxury fever: why money fails to satisfy in an era of excess*. New York: Free Press.

Frankfurt, Harry G. 1988. *The Importance of What We Care About: Philosophical Essays*. Cambridge: Cambridge University Press. https://doi.org/10.1017/CBO9780511818172

Frey, Bruno S. & Stutzer, Alois. 2002. What Can Economists Learn from Happiness Research? *Journal of Economic Literature*, 40, 402–35. https://doi.org/10.1257/002205102320161320

Fricker, Miranda. 2007. *Epistemic Injustice: Power and the Ethics of Knowing*. Oxford: Oxford University Press.

Friedman, Marilyn A. 1986. Autonomy and the Split-Level Self. *The Southern Journal of Philosophy*, 24, 19–35. https://doi.org/10.1111/j.2041-6962.1986.tb00434.x

Gosseries, Alex. 2011. Qu'est-Ce Que Le Suffisantisme? *Philosophiques*, 38, 465–91. https://doi.org/10.7202/1007460ar

Hume, David. 1751. *An Enquiry Concerning the Principles of Morals*. London: Printed for A. Millar.

Khader, Serene. J. 2011. *Adaptive Preferences and Women's Empowerment*. Oxford: Oxford University Press.

Kollmuss, Anja & Agyeman, Julian. 2002. Mind the Gap: Why Do People Act Environmentally and What Are the Barriers to pro-Environmental Behavior? *Environmental Education Research*, 8, 239–60, https://doi.org/10.1080/13504620220145401

Mackenzie, Catriona. 2014. Three Dimensions of Autonomy. In Andrea Veltman & Mark Piper (Eds.), *Autonomy, Oppression, and Gender* (pp. 15–41). New York: Oxford University Press. https://doi.org/10.1093/acprof:oso/9780199969104.003.0002

Maurin, Éric. 2009. *La peur du déclassement: une sociologie des récessions*. Paris: Seuil.

McLeod, Carolyn. 2002. *Self-trust and reproductive autonomy*. Cambridge: MIT Press.

Mirrlees, James A. 1971. An Exploration in the Theory of Optimum Income Taxation. *The Review of Economic Studies*, 38, 175–208. https://doi.org/10.2307/2296779

Monin, Benoît. 2008. Cognitive Dissonance. In W.A. Darity (Ed.), *International Encyclopedia of the Social Sciences*. (pp. 599–601) Farmington Hill, MA: Macmillan.

Morton, Jennifer M. 2011. Toward an Ecological Theory of the Norms of Practical Deliberation. *European Journal of Philosophy*, 19, 561–84.https://doi.org/10.1111/j.1468-0378.2010.00400.x

Musgrave, Richard Abel. 1959. *The theory of public finance: a study in public economy*. New York: McGraw-Hill.

Myers, David G. 2000. The Funds, Friends, and Faith of Happy People. *The American Psychologist*, 55, 56–67. https://doi.org/10.1037/0003-066X.55.1.56

Nozick, Robert. 1974. *Anarchy, State and Utopia*. New York: Basic Books.

Nozick, Robert. 1991. *Anarquía, Estado y utopía*. Traducido por Rolando Tamayo. Buenos Aires-México: Fondo de Cultura Económica.

Nussbaum, Martha C. 2000. *Women and Human Development: The Capabilities Approach*. Cambridge: Cambridge University Press.

Oshana, Marina. 2006. *Personal Autonomy in Society*. Aldershot, Hants, England; Burlington, VT: Ashgate.

Pinçon, Michel & Pinçon-Charlot, Monique. 2016. *Sociologie de la bourgeoisie*. Paris: La Découverte.

Rawls, John. 1999. *A Theory of Justice, Revised Edition*. Oxford: Oxford University Press.

Rawls, John. 2012. *Teoría de la justicia*. Traducido por María Dolores González. Distrito Federal: Fondo de Cultura Económica.

Rawls, John. 2001. *Justice as Fairness: A Restatement*. Cambridge, MA: Harvard University Press.

Rawls, J. (2002). *La justicia como equidad. Una reformulación*. Editado por Erin Kelly. Barcelona: Paidós.

Raz, Joseph. 1986. *The Morality of Freedom*. Oxford: Clarendon Press.

Robeyns, Ingrid. 2011. The Capability Approach. In Edward N. Zalta (Ed.), *The Stanford Encyclopedia of Philosophy*. https://plato.stanford.edu/archives/win2016/entries/capability-approach/.

Robeyns, Ingrid. 2017. Having Too Much. In J. Knight & M. Schwartzberg (Eds.), *NOMOS LVII: Wealth. Yearbook of the American Society for Political and Legal Philosophy* (pp. 1–44). New York: New York University Press. https://doi.org/10.18574/9781479849291-003

Robeyns, Ingrid. 2018. Where do people put the riches-line [Blog post]. Retrieved from: http://crookedtimber.org/2018/01/06/where-do-people-put-the-riches-line/.

Sen, Amartya. 1985. *Commodities and Capabilities*. Oxford: Oxford University Press.

Slemrod, Joel. 2006. The Consequences of Taxation. *Social Philosophy & Policy*, 23, 73–87. https://doi.org/10.1017/S0265052506060171

Spears, Dean. 2014. Decision costs and price sensitivity: Field experimental evidence from India. *Journal of Economic Behavior & Organization*, 97, 169–84. https://doi.org/10.1016/j.jebo.2013.06.012

Thurow, Lester C. 1976. Government Expenditures: Cash or In-Kind Aid? *Philosophy & Public Affairs*, 5, 361–81.

Waldron, Jeremy. 1988. Autonomy and Perfectionism in Raz's Morality of Freedom Symposium: The Works of Joseph Raz. *Southern California Law Review*, 62, 1097- 1152.

Westlund, Andrea C. 2009. Rethinking Relational Autonomy. *Hypatia*, 24, 26–49. https://doi.org/10.1111/j.1527-2001.2009.01056.x

White, Stuart. 2010. A Modest Proposal? Basic Capital vs. Higher Education Subsidies. *British Journal of Politics & International Relations*, 12, 37–55. https://doi.org/10.1111/j.1467-856X.2009.00392.x

5. Limitarismo: ¿Patrón, principio o presunción?

Dick Timmer

1. Introducción

En este capítulo, evalúo las expectativas de la tesis limitarista de que existe algún umbral de riqueza, el "umbral limitarista", tal que, si alguien supera ese umbral, ese alguien tiene demasiada riqueza.[1] Partiendo de la literatura reciente sobre la justicia distributiva, defiendo dos tipos de principios de justicia limitaristas.[2] En primer lugar, los *principios limitaristas de nivel medio* apelan a la tesis limitarista para especificar los compromisos normativos para guiar el diseño institucional y las acciones individuales. En segundo lugar, la *presunción limitarista* apela a dicha tesis para especificar qué es lo que una asignación justa de la riqueza requiere bajo restricciones epistémicas. Argumentaré a favor tanto de los principios limitaristas de nivel medio como de la presunción limitarista.

Este artículo está estructurado de la siguiente manera: después de introducir el limitarismo y los argumentos a su favor (Sección 2), primero argumentaré que debemos rechazar una posible pero

---

1 Sobre el limitarismo, véase Robeyns 2017; 2019; Zwarthoed 2018; Volacu y Dumitru 2019; Harel Ben Shahar Mimeo; cf. Neuhäuser 2018. Utilizo el término "riqueza" para referirme al conjunto de recursos económicos que posee un individuo. Me enfocaré en el limitarismo económico. Sin embargo, el limitarismo también es aplicable a otros bienes valiosos, como las emisiones o los recursos naturales.

2 Por supuesto, puede haber otras formas de interpretar la tesis limitarista, por ejemplo, como un principio ético para la acción individual. Sin embargo, me limitaré al limitarismo como principio de justicia.

inverosímil interpretación del limitarismo como un patrón distributivo ideal (Sección 3). A continuación, argumento a favor de dos tipos de limitarismo no ideal, a saber, los principios limitaristas de nivel medio (Sección 4) y la presunción limitarista (Sección 5). Termino reflexionando sobre el papel del limitarismo en la justicia distributiva (Sección 6).

2. Limitarismo y riqueza excedente

Ingrid Robeyns acuñó recientemente el término *limitarismo* y argumentó que tiene cabida en las reflexiones sobre las exigencias de la justicia distributiva.[3] Robeyns define el limitarismo de la siguiente manera:

> El limitarismo defiende que no es moralmente permisible tener más recursos de los necesarios para florecer plenamente en la vida. El limitarismo entiende tener riquezas como el estado en el que uno tiene más recursos de los que necesita para florecer plenamente en la vida y sostiene que, en dicho caso, uno tiene demasiado, moralmente hablando.[4]

En el centro de esta defensa del limitarismo se encuentra lo que podemos llamar la *afirmación del florecimiento*. Se trata de la afirmación de que, por encima de cierto umbral de riqueza, tener más riqueza no contribuye al propio florecimiento y, por lo tanto, tiene un "peso moral nulo"[5]. Tenemos razones para redistribuir esa "riqueza excedente" si eso promueve algún objetivo moralmente valioso, como la igualdad política o la erradicación de la pobreza.

Sin embargo, el limitarismo no necesita comprometerse con este umbral de florecimiento. El umbral limitarista también podría referir, por ejemplo, a la suficiencia en alguna otra métrica de la ventaja, o el nivel del umbral podría establecerse investigando cuándo permitir que la gente acumule más riqueza perturba alguna preocupación normativa importante, como la igualdad política o la igualdad de oportunidades.[6]

---

[3] Cf. Robeyns 2017; 2019.
[4] Robeyns 2017, 1.
[5] Robeyns 2017, 12. Sobre el umbral de florecimiento, véase Robeyns 2017, 14–30.
[6] Si ése es el caso, el umbral limitarista debe establecerse en función de esas preocupaciones normativas específicas. Por ejemplo, para promover la igualdad política, los límites a la riqueza deberían tomar en cuenta las diferencias relativas. La razón por la que los superricos pueden socavar los procedimientos democráticos no se explica totalmente por la cantidad de riqueza que tienen, sino también por la

Por lo tanto, la afirmación crucial del limitarismo es que hay buenas razones políticas y/o éticas para impedir que la gente tenga más de una determinada cantidad de riqueza. En resumen, el limitarismo afirma que la gente no debería tener riqueza excedente.

La afirmación de que las personas no deberían tener riqueza excedente se puede justificar por al menos tres razones diferentes. Las expondré explícitamente porque los limitaristas no tienen por qué vincular demasiado sus argumentos a una razón concreta. Incluso aquellos que rechazan una o dos razones por las que se debería redistribuir la riqueza excedente podrían sentirse atraídos por el limitarismo debido a la otra razón, lo que amplía el alcance de la teorización limitarista.

La primera razón para redistribuir la riqueza excedente podría ser que ésta tiene un valor moral nulo, lo que significa simplemente que no se puede obtener nada moralmente valioso por tenerla. Desde este punto de vista, *ceteris paribus*, un mundo en el que algunas personas tienen riqueza excedente no es preferible a un mundo en el que nadie tiene riqueza excedente. Supongo que ésta es la razón por la que Robeyns dice que la riqueza excedente tiene un peso moral nulo, por ejemplo, cuando afirma que "el argumento de las necesidades urgentes insatisfechas se basa en la premisa de que el valor de los ingresos excedentes es moralmente insignificante *para el titular* de esos ingresos"[7].

La segunda razón para redistribuir la riqueza excedente podría ser que ésta sí tiene un valor moral, pero que este valor se ve superado léxicamente por alguna otra preocupación normativa. Esto no niega que se pueda obtener algo moralmente valioso por tener riqueza excedente, ni que, *ceteris paribus*, a veces se deba permitir que la gente tenga riqueza excedente. Pero lo que se puede obtener con la riqueza excedente es menos valioso, moralmente hablando, que otras preocupaciones normativas.

La tercera razón para redistribuir la riqueza excedente podría ser que, en la práctica, permitir que la gente tenga riqueza excedente es

---

cantidad que tienen en comparación con los demás. El umbral limitarista debería tomar esto en cuenta. Además, puede ser que distintos argumentos a favor del limitarismo sugieran diferentes umbrales que deben equilibrarse entre sí. Para un debate sobre las distintas formas de establecer el umbral limitarista, véase Harel Ben Shahar (Mimeo). Agradezco a un revisor anónimo del *Journal of Applied Philosophy* por este punto.

7   Robeyns 2017, 13. Énfasis en el original.

menos importante, moralmente hablando, que otras preocupaciones normativas; sin embargo, al menos en teoría, permitir que la gente tenga riqueza excedente *podría* superar esas preocupaciones. Por ejemplo, alguien podría preferir una distribución en la que una persona vive en la pobreza, pero todas las demás tienen riqueza excedente en lugar de una distribución en la que todos viven justo por encima del umbral de la pobreza. Esto entraría en conflicto con la tesis limitarista de que alguien tiene demasiada riqueza si supera el umbral limitarista. Pero incluso si uno sostiene esa postura, en el mundo real hay tanta gente por debajo del umbral de la pobreza que las razones para permitir que la gente tenga riqueza excedente son simplemente superadas por las razones para redistribuirla.

Robeyns da tres razones por las que la gente no debería tener riqueza excedente.[8] El *argumento democrático* afirma que la riqueza extrema socava la igualdad política y la imparcialidad en los procedimientos democráticos.[9] El *argumento de las necesidades* afirma que la riqueza extrema debería utilizarse para satisfacer las necesidades urgentes de la gente, por ejemplo, sacándola de la pobreza o financiando soluciones a problemas urgentes de acción colectiva.[10] Y según el *argumento ecológico*, la riqueza de los superricos debería utilizarse para financiar la mitigación y la adaptación climática.[11] Este capítulo plantea la siguiente pregunta: si nos preocupa la igualdad política, la satisfacción de las necesidades urgentes y el cambio climático disruptivo, ¿justifica esto la tesis limitarista en la justicia distributiva de que alguien tiene demasiada riqueza si supera el umbral limitarista?

Robeyns defiende el limitarismo en circunstancias no ideales, tomando como punto de partida la distribución actual de la riqueza.[12] Sin embargo, la formulación inicial del limitarismo de Robeyns deja abierto qué tipo de principio es exactamente. Esto necesita precisarse porque, como argumentaré a continuación, no todas las interpretaciones del limitarismo son igualmente plausibles y cada una de ellas tiene diferentes implicaciones. Distingo tres formas en las que el limitarismo

---

8 Para otros argumentos a favor de los límites a la riqueza, véase Drewnowski 1978; Ramsay 2005; Zwarthoed 2018.
9 Cf. Robeyns 2017, 6–10; 2019, 254–56.
10 Cf. Robeyns 2017, 10–14; 2019, 257–58.
11 Cf. Robeyns 2019, 258–60.
12 Cf. Robeyns 2017, 2.

puede ser interpretado como un principio de justicia: puede ser visto como (i) un patrón distributivo, (ii) un principio de nivel medio, o (iii) una presunción. A continuación, evaluaré las expectativas del limitarismo en la justicia distributiva y argumentaré a favor de los principios limitaristas de nivel medio y de la presunción limitarista.

3. El limitarismo como patrón distributivo ideal

En primer lugar, debemos examinar una interpretación posible pero poco plausible del limitarismo, a la que me referiré como *limitarismo de patrón ideal*. A pesar de que esta interpretación es poco plausible y, hasta donde sé, no tiene defensores, evaluar esa perspectiva está al servicio de dos propósitos: muestra por qué no debemos caer en la tentación de interpretar (de manera poco caritativa) el limitarismo como un patrón distributivo ideal, y resultará valioso más adelante para mostrar por qué las objeciones a ese limitarismo ideal no aplican al limitarismo como una perspectiva no ideal.[13]

Los patrones ideales especifican qué distribución de bienes valiosos debe alcanzarse o perseguirse en una sociedad justa. En este debate, los principales contendientes son el igualitarismo, el prioritarismo y el suficientarismo.[14] Si el limitarismo se interpreta en esta línea, afirmaría que en un mundo ideal las personas no deberían superar el umbral limitarista. Podemos interpretar este limitarismo ideal como una perspectiva que considera todos los factores, según la cual siempre es injusto que la gente supere el umbral limitarista, o como una perspectiva *pro tanto*, según la cual las distribuciones en las que algunas personas superan el umbral limitarista son, al menos en un aspecto, menos justas que las distribuciones en las que la gente no supera ese umbral.

Sin embargo, debemos rechazar ambas interpretaciones del limitarismo de patrón ideal. El limitarismo sólo afirma que es injusto tener riqueza excedente *en condiciones no ideales*, lo que incluye, por ejemplo, el hecho de que la distribución actual de la riqueza es enormemente desigual, que los superricos tienen objetivamente más poder político

---

13 Por ejemplo, véase la sección 5.4.
14 Para el igualitarismo, véase M. O'Neill 2008; Temkin 2003a. Para el prioritarismo, véase Parfit 1997; Holtug 2007. Para el suficientarismo, véase Shields 2012; Axelsen y Nielsen 2015.

que los demás y que millones de personas en todo el mundo viven en la pobreza extrema. El limitarismo afirma que tener riqueza excedente sólo se vuelve objetable si combinamos la idea de que la riqueza excedente tiene un valor moral nulo o menor que otras preocupaciones morales dadas las circunstancias en las que nos encontramos.

Sin embargo, ninguna de las interpretaciones del valor moral de la riqueza excedente implica por sí misma que las personas no deban tener dicha riqueza, y así, en circunstancias ideales, se debería permitir que las personas tengan riqueza excedente. Por eso debemos rechazar el limitarismo del patrón ideal. No hay nada injusto en una distribución en la que se satisfacen todas las preocupaciones normativas y algunas personas superan el umbral limitarista. Es más, si la riqueza excedente tiene un valor moral para su propietario, éste puede tener derecho moral a la riqueza excedente siempre que se satisfagan esas preocupaciones normativas. Pero las perspectivas limitaristas son perspectivas no ideales que sólo aplican bajo condiciones específicas. Por lo tanto, ese tipo de distribuciones posibles no cuentan contra el limitarismo porque en esas distribuciones no se dan las condiciones bajo las que aplica el limitarismo.

Por lo tanto, hay que rechazar el limitarismo de patrón ideal. Sin embargo, eso no significa que debamos rechazar la búsqueda de distribuciones limitaristas. Argumentaré que la riqueza extrema sólo puede ser justa si dejamos de lado importantes consideraciones no ideales. Los principios limitaristas de nivel medio y las presunciones limitaristas, que son dos formas diferentes de desdoblar el limitarismo de forma no ideal, sí toman en cuenta tales consideraciones. Ambos dicen que en nuestro mundo y en mundos posibles similares a él tenemos buenas razones para defender el limitarismo a pesar de que, en un mundo ideal, el limitarismo no puede justificarse. En lo que sigue, discutiré esas especificaciones del limitarismo una por una.

4. El limitarismo como principio de nivel medio

Si el limitarismo se interpreta como un principio de nivel medio, afirma lo siguiente: 'Principio de nivel medio limitarista: nadie debe tener una riqueza que supere el umbral limitarista.'[15]

Los principios de nivel medio son principios morales que conectan la "teoría" y la "circunstancia". Por *teoría*, me refiero a los fundamentos normativos, como el principio de la mayor felicidad, una concepción de la autonomía, una noción de igualdad moral o alguna concepción procedimental de la justicia. Por *circunstancia* me refiero a las políticas, normas, instituciones y acciones individuales que caracterizan el *statu quo*. Las razones aducidas en defensa del limitarismo, como el argumento democrático, el argumento de las necesidades, el argumento ecológico y la concepción de florecimiento, pueden entenderse como argumentos a favor de los principios limitaristas de nivel medio en circunstancias caracterizadas por la desigualdad de la riqueza, la desigualdad del poder político, la pobreza extrema y el cambio climático disruptivo.

El limitarismo puede apoyarse en lo que Cass Sunstein denomina un "acuerdo incompletamente teorizado"[16], en el que existe un acuerdo sobre proposiciones o resultados específicos, pero no hay acuerdo sobre la teoría general que los explica. Tanto los suficientaristas como los prioritaristas, por ejemplo, pueden estar de acuerdo en que la justicia requiere la erradicación de la pobreza y apoyar las políticas e instituciones que pretenden hacerlo, incluidas las políticas limitaristas. Sin embargo, para los suficientaristas el fundamento de ese limitarismo es que los pobres viven por debajo del umbral de suficiencia; en cambio, los prioritaristas apoyan el limitarismo porque los pobres tienen prioridad ponderada. Los principios limitaristas de nivel medio evitan este desacuerdo fundacional y permiten llegar a un acuerdo sobre los compromisos normativos en casos específicos.

Los principios de nivel medio especifican compromisos *pro tanto* que deben equilibrarse cuidadosamente a la luz de otros compromisos

---

15 Los principios de nivel medio son cada vez más prominentes en las áreas de política pública; véase, por ejemplo, Thompson 2002; Lever 2012; Fraser 2012. También desempeñan un papel crucial en la bioética Beauchamp y Childress 2001. Para más discusiones, véase Sandin y Peterson 2019.
16 Cf. Sunstein 1995; véase también Bayles 1986, 62; Wolff 2019, 14–15.

normativos y de las particularidades de los casos específicos.[17] Estos principios deben evaluarse a la luz de la capacidad del Estado para administrar y ejecutar las políticas, normas e instituciones que promueven, sus probables efectos incentivadores, las preocupaciones sobre la eficiencia, la eficacia y el apoyo público, las concesiones a otros principios de nivel medio, etc.[18] A modo de ejemplo, Marc Fleurbaey afirma que "imponer un tipo impositivo marginal del 100% [es] una receta para el colapso económico".[19] Si esto es obviamente cierto, y claramente lo es para aquellos que teorizan sobre lo que requiere la justicia, es poco probable que los principios limitaristas de nivel medio sean una contribución valiosa para pensar, por ejemplo, en esquemas institucionales que promuevan óptimamente la justicia en la imposición sobre la renta (suponiendo que el limitarismo proponga realmente un tipo impositivo marginal del 100%). No creo que esto sea obviamente cierto en lo absoluto. Pero incluso si los principios limitaristas de nivel medio obstaculizaran seriamente la actividad económica, tales principios aún pueden servir como marco para desplazar la ventana de Overton y aún podrían motivar a los superricos a actuar por razones limitaristas.[20]

Sin embargo, se podría objetar que la defensa de los principios limitaristas de nivel medio sólo desplaza el problema de la justificación del limitarismo.[21] Hay dos tipos de casos que podríamos imaginar al considerar la posibilidad de un acuerdo incompletamente teorizado sobre el limitarismo. El primero tiene que ver con los defensores de diferentes perspectivas que están considerando la posibilidad de

---

17 Cf. Juan 2010, 14.
18 Sobre los límites a la riqueza y la opinión pública, véase Davis et al. 2020; Robeyns et al. 2021.
19 Fleurbaey 2018, 40.
20 Es importante señalar que respaldar los principios de nivel medio en un contexto específico no compromete a uno a respaldarlos también en otros; del mismo modo, rechazar los principios limitaristas de nivel medio en un contexto no significa que deban rechazarse en todos los demás. E incluso podríamos respaldar los principios limitaristas de nivel medio en contextos específicos para un propósito específico, pero no para otros: por ejemplo, para motivar a los superricos, pero no para guiar el diseño institucional. Por ejemplo, alguien podría pensar que los ingresos obtenidos en el mercado laboral son "merecidos" en el sentido moral, pero que los ingresos procedentes de las herencias no lo son, lo que permitiría aplicar políticas limitaristas en el contexto de los impuestos sobre las herencias, pero no en el contexto de los impuestos sobre la renta.
21 Agradezco a un revisor anónimo del *Journal of Applied Philosophy* por haber planteado esta objeción.

converger en una única concepción compartida del limitarismo. Aquí tengo en mente este primer tipo de casos. Pero también es relevante otro tipo de casos, a saber, si los defensores del limitarismo discrepan sobre la forma que debe adoptar el umbral limitarista. Por ejemplo, algunos podrían defender umbrales más altos que otros, o defender principios limitaristas para guiar a las instituciones, pero no a los agentes individuales. Sin embargo, cabe preguntarse de qué sirve converger en el limitarismo como principio de nivel medio si hay desacuerdo sobre la forma que debe adoptar dicho principio en la práctica.

En respuesta, nótese que incluso si hay un desacuerdo sobre el umbral limitarista exacto, los diferentes defensores de los principios limitaristas de nivel medio pueden acordar los procedimientos para determinar ese umbral, como por ejemplo mediante el voto o consultando a expertos. Y pueden preferir ese umbral a no tener ningún límite de riqueza en lo absoluto, incluso si el umbral que acuerdan es diferente del que consideran el mejor. La necesidad de semejante acuerdo es simplemente una característica del contexto en el que se despliegan los principios limitaristas de nivel medio. Sin embargo, y esto es importante, puede haber menos desacuerdo sobre qué forma debe adoptar el limitarismo en algunos casos importantes. Permítanme discutir dos de estos casos, partiendo del argumento de las necesidades y el argumento ecológico de Robeyns, para mostrar cómo los principios limitaristas de nivel medio pueden informar el diseño institucional y las acciones individuales.

El argumento de las necesidades afirma que la riqueza excedente debe utilizarse para satisfacer las necesidades urgentes de las personas. Este argumento no es controversial en realidad. Mucha gente, por ejemplo, incluyendo los igualitaristas, los prioritaristas y los suficientaristas, cree que tenemos fuertes razones normativas para erradicar la pobreza.[22] Y siguiendo la obra canónica de Peter Singer sobre este tema, los altruistas eficaces han defendido esta afirmación durante mucho tiempo.[23] Todos están de acuerdo en que quienes poseen riqueza por encima de algún umbral elevado tienen deberes específicos de erradicar la pobreza, a pesar de que discrepan sobre qué es lo que da lugar a esos deberes, si son deberes éticos y/o morales, o si esos deberes deben cumplirse mediante

---

22 Véase, por ejemplo, Nussbaum 2000; Blake 2001; Crisp 2003; Miller 2007; Hayek 2011.
23 Cf. Singer 1972; Singer 2009.

políticas gubernamentales o acciones individuales. Es importante destacar que la razón por la que los igualitaristas, los prioritaristas, los suficientaristas y otros pueden estar de acuerdo en que quienes tienen una riqueza que supera ese umbral tienen obligaciones morales especiales no es porque concedan valor al umbral limitarista *per se*. En el contexto de la mitigación de la pobreza, pues, los principios limitaristas de nivel medio pueden informar el diseño institucional y las acciones individuales.

Según el argumento ecológico, debemos utilizar la riqueza excedente para contribuir a la mitigación y adaptación climática.[24] En primer lugar, los ricos son responsables de una cantidad desproporcionada de emisiones en comparación con los demás y, por lo tanto, tienen una mayor responsabilidad individual en la lucha contra el peligroso cambio climático. En segundo lugar, las industrias que han permitido a la gente acumular vastas cantidades de riqueza, como la industria del petróleo, suelen depender de un uso intensivo de carbono. Por lo tanto, diseñar las instituciones de manera que los superricos sean responsables de una parte significativa de los costos de mitigación y adaptación climática puede considerarse una compensación por las externalidades negativas. En tercer lugar, al menos una parte de la riqueza de los superricos procede de industrias subsidiadas que son perjudiciales para el medio ambiente. En conjunto, estas tres razones, según Robeyns, justifican el limitarismo en este contexto. Y así, al pensar en las políticas en el contexto del cambio climático, aquellos que están de acuerdo con estas razones pueden adoptar un principio limitarista de nivel medio en ese contexto específico.

Por lo tanto, los principios limitaristas de nivel medio pretenden tender un puente entre la teoría y la circunstancia diciendo que cuando se teoriza sobre lo que la justicia requiere en circunstancias específicas, hay una afirmación *pro tanto* de que nadie debería tener una riqueza que supere el umbral limitarista. Y como tal principio, la tesis limitarista puede defenderse en la justicia distributiva.

---

24   Cf. Robeyns 2019, 258–60.

5. El limitarismo como presunción

Los limitaristas que afirman que existe una presunción a favor del limitarismo apoyan la siguiente definición:

> Limitarismo presuntivo: sin razones sustantivas que indiquen lo contrario, tenemos razones para considerar injusta una distribución si la riqueza de algunas personas supera el umbral limitarista.

Argumentaré a favor de este limitarismo presuntivo en la justicia distributiva. Más concretamente, la justicia exige una distribución limitarista de la riqueza, a menos que tengamos razones sustantivas para pensar lo contrario. Daré tres argumentos a favor de esto. En primer lugar, la "presunción a favor de la igualdad", ampliamente apoyada, fundamenta una "presunción de limitarismo" derivada.[25] En segundo lugar, la idea de la riqueza excedente fundamenta el limitarismo presuntivo. Y, en tercer lugar, el limitarismo presuntivo puede derivarse de preocupaciones morales como la igualdad política y la satisfacción de necesidades urgentes si tenemos en cuenta limitaciones epistémicas.

Permítanme aclarar primero lo que implica una "presunción". Una presunción es un principio de aversión al riesgo que pretende minimizar el posible daño de una decisión dadas las creencias previas y la evidencia disponible para el responsable de la toma de decisiones. Las presunciones se confunden a menudo con los principios sustantivos, pero es crucial reconocer las diferencias entre ellos.[26] Los principios sustantivos, como los patrones distributivos ideales, nos dicen lo que debemos hacer en el supuesto de que conozcamos los hechos relevantes. Pero las presunciones nos dicen cómo actuar en la ausencia de conocimiento de esos hechos. Podemos comparar las presunciones en la justicia distributiva con la presunción de inocencia en la teoría jurídica y el principio de precaución en la ética y la política medioambiental. La presunción de inocencia nos dice que debemos tratar a alguien como si

---

25 Utilizo indistintamente "presunción de limitarismo", "limitarismo presuntivo" y "la presunción limitarista".

26 Por ejemplo, Westen 1990, 253; Gosepath 2015, 182; Stark 2019. También debemos distinguir las presunciones de las afirmaciones *pro tanto*. Por ejemplo, el limitarismo *pro tanto* afirma que es injusto, al menos en un sentido, que la riqueza de algunas personas supere el umbral limitarista. Sin embargo, el limitarismo presuntivo no se basa en la suposición de que no se debe permitir a las personas superar el umbral limitarista.

fuera inocente hasta que se demuestre su culpabilidad. El principio de precaución nos dice cómo sopesar diferentes opciones en la ausencia de evidencia decisiva sobre sus consecuencias. Del mismo modo, las presunciones en la justicia distributiva nos dicen lo que la justicia distributiva requiere en ausencia de razones sustantivas para favorecer distribuciones específicas.

5.1 Limitarismo presuntivo y la presunción de igualdad

La presunción limitarista puede derivarse de la presunción igualitarista. Permítanme ilustrar la presunción igualitarista con un ejemplo.[27] Supongamos que Jesse quiere distribuir algunos bienes valiosos entre Adán y Eva dependiendo de quién de ellos escribe el poema más largo. Desgraciadamente, sin embargo, los poemas se pierden antes de que Jesse pueda leerlos y no hay forma de saber si fue Adán o Eva quien escribió el poema más largo. Ante esta incertidumbre, Jesse decide repartir los valiosos bienes de forma equitativa entre ellos. Esto no se debe a que crea que se lo merecen por igual; al fin y al cabo, eso es algo que Jesse no puede saber sin leer los poemas. De hecho, podría creer que *no* lo merecen por igual. Pero en ausencia de la información relevante, parece más justo que Jesse *presuma* que Adán y Eva son igualmente merecedores. Ésta es la presunción igualitaria en la justicia distributiva.

Ahora supongamos que Jesse distribuye los bienes valiosos entre Adán y Eva según algún principio moral sustantivo, como una concepción de "mérito" o "prioridad ponderada". De nuevo, sin embargo, Jesse carece de información sobre la medida en que Adán y Eva cumplen ese criterio. Consideremos ahora las siguientes distribuciones entre Adán y Eva:

---

27 Para una defensa y discusión de la presunción de igualdad, véase Räikkä 2019. Este ejemplo se basa en Räikkä 2019, 814–17. Räikkä también discute algunas objeciones a este caso específico, por ejemplo, que puede ser justo que Jesse no distribuya el bien valioso en lo absoluto. Dejaré esto de lado aquí.

	Adán	Eva
Distribución A	2	2
Distribución B	3	1
Distribución C	1	3
Distribución D	4	0
Distribución E	0	4

Suponiendo que Jesse no sabe a cuántos bienes tienen derecho Adán y Eva por razones sustantivas, la presunción igualitarista favorece la distribución A. En A, Adán y Eva pueden recibir como máximo dos bienes de más o dos de menos. En cambio, en B y C, pueden recibir hasta tres bienes de más o de menos. Y en D y E, pueden recibir hasta cuatro bienes de más o de menos. Siguiendo la presunción de igualdad, entonces, A es la distribución más adversa al riesgo, B y C son menos adversas al riesgo que A pero más adversas al riesgo que D y E, y D y E son las distribuciones menos adversas al riesgo (o las más tolerantes al riesgo). Por ello, es presuntamente justo, de acuerdo con la presunción de igualdad, distribuir los bienes valiosos por igual entre Adán y Eva.

Si consideramos ahora la distribución de la riqueza en lugar de la de bienes valiosos genéricos, la presunción de igualdad sostiene que las personas deberían tener cantidades iguales de riqueza, a menos que tengamos razones sustantivas que sugieran lo contrario. En general, cuanto mayor sea la porción de riqueza de Adán en relación con la de Eva, menos justa será probablemente la porción de Adán. Esto apoya al limitarismo presuntivo por implicación. Es probable que el limitarismo presuntivo reduzca o al menos limite la desigualdad objetable al establecer un umbral superior sobre cuánta riqueza pueden tener las personas.

La presunción del limitarismo es menos exigente que la presunción de igualdad. Esto se debe a que el limitarismo presuntivo especifica una gama más amplia de posibles distribuciones que son igualmente justas. Si, por ejemplo, el umbral limitarista considera que tener cuatro bienes valiosos o más es injusto, entonces, a diferencia de la presunción de igualdad, es agnóstico entre las distribuciones A, B y C. La presunción de igualdad, entonces, fundamenta una presunción de limitarismo derivada. Pero la relación no es bicondicional: se puede apoyar la presunción de limitarismo sin apoyar la presunción de igualdad.

Alternativamente, también podemos pensar en el limitarismo presuntivo como una especificación de lo que requiere la presunción de igualdad. El limitarismo presuntivo especifica lo que la justicia requiere específicamente en la distribución de la riqueza. Pero esto es compatible con respaldar la presunción de igualdad como el principio normativo fundamental general. Por ejemplo, la presunción de igualdad puede requerir una distribución de bienes primarios o de capacidades que sea equitativa, lo que implica, cuando se trata de la riqueza específicamente, que la distribución de la riqueza debe ser limitarista.

Por lo tanto, la presunción de limitarismo puede defenderse como una implicación de la presunción de igualdad en la justicia distributiva y/o como una especificación de una presunción más fundamental de igualdad en el contexto de la distribución de la riqueza.

5.2 Limitarismo presuntivo y riqueza excedente

El segundo argumento a favor del limitarismo presuntivo toma como punto de partida la afirmación limitarista de que algunas personas tienen riqueza excedente.[28] Como argumenté en la sección 2, la idea de la riqueza excedente puede basarse en tres afirmaciones diferentes, a saber: que por encima de cierto umbral la riqueza tiene un valor moral nulo, que la riqueza excedente se ve superada léxicamente por alguna otra preocupación normativa, o que, en la práctica, permitir que la gente tenga riqueza excedente tiene menos valor moral que redistribuirla. Aquellos que están de acuerdo en que, según una o más de esas interpretaciones, algunas personas tienen riqueza excedente, deben respaldar el limitarismo presuntivo.

Recordemos las distribuciones C y D.

	Adán	Eva
Distribución C	1	3
Distribución D	4	0

---

28 Agradezco a un revisor anónimo del *Journal of Applied Philosophy* por sugerir esta línea de argumentación.

Supongamos de nuevo que Jesse debe distribuir bienes valiosos entre Adán y Eva, pero que carece de la información relevante para distribuir esos bienes por razones sustantivas. Por otra parte, supongamos que las personas superan el umbral limitarista si tienen más de tres bienes. Si las distribuciones son de riqueza, esto significa que en C ni Adán ni Eva tienen riqueza excedente y que en D Adán tiene riqueza excedente, pero Eva no.

Más arriba argumenté que la presunción de igualdad prefiere C sobre D porque C es más igualitaria y que esto apoya la presunción limitarista por implicación. Pero podemos derivar una conclusión similar de la observación de que sólo en C nadie posee riqueza excedente. Si, como sostienen las presunciones de justicia distributiva, una distribución adversa al riesgo es preferible a una distribución tolerante al riesgo, entonces una distribución que redistribuya la riqueza excedente es preferible a una distribución que permita tener riqueza excedente. Entre C y D, entonces, C es la distribución más adversa al riesgo porque sólo en C no hay riqueza excedente. Por lo tanto, la idea de que algunas personas tienen riqueza excedente justifica la presunción limitarista.

Se podría objetar aquí que Adán podría ser realmente merecedor de cuatro bienes y, por ello, D es preferible a C por razones sustantivas. Sin embargo, si la riqueza por encima del umbral limitarista es realmente riqueza excedente, es difícil ver cómo alguien podría ser merecedor de ella, *moralmente hablando*. Sean cuales sean las razones sustantivas que tengamos para favorecer a D frente a C, si tener más de tres bienes significa que uno tiene riqueza excedente, esas razones no pueden ser que Adán tenga derecho a cuatro bienes. En cambio, esas razones deben ser que permitir a Adán tener más de tres bienes tiene otros beneficios moralmente significantes. Volveré a esta objeción en la sección 5.4.

5.3 Limitarismo presuntivo y restricciones epistémicas

El tercer argumento a favor del limitarismo presuntivo es que los responsables de la toma de decisiones a menudo carecen de las bases epistémicas para aplicar principios sustantivos para distribuir la riqueza de forma justa.[29] Joseph Heath, por ejemplo, sostiene que los principios

---

29 Al menos para distribuir los recursos económicos provenientes de determinadas fuentes de ingresos. Por ejemplo, existe un amplio consenso entre los filósofos

sustantivos relativos a la distribución de la renta del trabajo no ofrecen una explicación plausible de cómo debe distribuirse la renta del trabajo y cómo de hecho se distribuye.[30] Heath concluye que los mercados son estructuralmente incapaces de ofrecer salarios "justos" porque los mercados sólo canalizan el trabajo hacia su mejor empleo. Y puede defenderse algo similar con respecto a otros recursos económicos. En un mercado ideal, por ejemplo, el capital también se canaliza hacia su uso más productivo, donde "productivo" significa que aumenta una concepción específica del bienestar.

Por poner otro ejemplo, los igualitaristas de la suerte argumentan que a menudo es imposible saber cuáles son las ventajas y desventajas relativas de las personas en el mundo real. Este punto se extiende a todos los defensores de principios sustantivos que requieren conocer la posición comparativa de los individuos para especificar lo que requiere la justicia distributiva. Como dice Richard Arneson:

> la idea de que podríamos ajustar nuestro sistema de justicia distributiva basándonos en nuestra estimación del merecimiento o la responsabilidad general de las personas parece totalmente quimérica. Los individuos no llevan una puntuación de responsabilidad en la frente y el intento por parte de las instituciones o los individuos de adivinar la puntuación de las personas con las que tratan se disolvería seguramente en la práctica, dando rienda suelta a los propios prejuicios y resentimientos.[31]

Por lo tanto, aunque la justicia ciertamente se preocupa por la distribución de la riqueza, no es evidente que sepamos qué es lo que requiere con respecto a esa distribución en el mundo real por razones sustantivas.[32]

Sin embargo, mucha gente cree que lo que sí sabemos es lo que requiere la justicia en un sentido más amplio. Por ejemplo, el argumento democrático se basa en el supuesto de que la justicia requiere que se

---

      políticos de que los impuestos sobre las herencias son injustos por razones sustantivas y de que disponemos de la información relevante para rastrear esa injusticia. Cf. Pedersen 2018.

30 Cf. Heath 2018.

31 Arneson 2000, 97; cf. Dworkin 1981, 314. Véase también Herzog 2012.

32 Digo "real" porque uno puede respaldar los principios sustantivos que especifican lo que la justicia requiere si la información relevante está disponible. Por ejemplo, si la distribución de los recursos económicos debe basarse en el número de horas trabajadas, tendríamos una razón sustantiva clara para distribuir los recursos entre Adán y Eva *si sabemos cuántas horas han trabajado*. Pero aquí asumo que carecemos de esa información.

garantice la igualdad política, y ese compromiso con la igualdad política es ampliamente compartido. Asimismo, el argumento de las necesidades sugiere que la justicia requiere que los que tienen necesidades urgentes tengan prioridad. Si limitar la acumulación de riqueza y/o redistribuirla promueve esos objetivos, tenemos razones presuntivas para distribuir la riqueza de forma tal que respete ciertos límites. Y, de manera importante, el argumento democrático y el argumento de las necesidades no requieren conocimientos sobre las personas individuales para especificar la justicia en la asignación de la riqueza entre ellas. No necesitamos información sobre Adán y Eva para especificar lo que requiere la justicia presuntiva en la asignación de la riqueza entre ellos. Pero, según la presunción limitarista, lo que sí sabemos es que es más probable que una distribución entre Adán y Eva en la que ninguno de ellos supere el umbral limitarista sea compatible con la igualdad política y la satisfacción de las necesidades urgentes que una distribución en la que uno de ellos supere ese umbral.

Por lo tanto, si el argumento democrático o el argumento de las necesidades son válidos, el limitarismo presuntivo ofrece un criterio plausible para distribuir la riqueza si carecemos de razones sustantivas para favorecer distribuciones específicas. Y si la distribución de la riqueza es tal que es imposible saber si es acorde con ciertos principios sustantivos, o si es imposiblemente complejo aplicar dichos principios sustantivos a las distribuciones reales de la riqueza, el limitarismo presuntivo respaldará distribuciones en las que la gente no supere el umbral limitarista.

5.4 Tres objeciones al limitarismo presuntivo

Permítanme discutir tres objeciones a la presunción limitarista. La primera objeción es que el limitarismo presuntivo es presa de la misma objeción que el limitarismo de patrón ideal, pues podría no garantizar la igualdad política y la satisfacción de las necesidades urgentes. Esto se debe a que parece negligir posibles distribuciones de la riqueza que beneficien al máximo a los menos favorecidos. Por ejemplo, consideremos las dos distribuciones siguientes:

	Adán	Eva
Distribución C	1	3
Distribución F	2	4

Las distribuciones C y F difieren en que la cantidad total de riqueza en cada una de ellas es diferente. En C, ni Adán ni Eva superan el umbral limitarista de tres bienes. En F, sin embargo, Eva sí supera ese umbral. Pero en F Adán está mejor que en C. Entonces, ¿qué distribución debemos preferir? Si el limitarismo presuntivo hace que C sea más justo, se compromete con la afirmación de que las personas no deben superar el umbral, pero lo hace a expensas de Adán, que podría estar en una mejor situación. Sin embargo, si hace que F sea más justo, se compromete con una distribución que permite que la gente supere el umbral limitarista. Esto priva al limitarismo presuntivo de la afirmación distintiva limitarista de que una distribución es injusta si algunas personas superan el umbral limitarista. Por lo tanto, el limitarismo presuntivo parece poco plausible aquí por la misma razón que los patrones ideales limitaristas.

Sin embargo, los limitaristas pueden responder dos cosas. La primera es que el limitarismo presuntivo es irrelevante si tenemos razones sustantivas para favorecer ciertas distribuciones. Si sabemos que la redistribución de la riqueza excedente empeora la situación de los que están por debajo del umbral limitarista, la razón presuntiva limitarista se vuelve irrelevante. Pero sólo porque *sabemos* que Adán está mejor en F que en C favorecemos F sobre C. Esto saca a colación una diferencia crucial entre patrones y presunciones. Los patrones afirman que los objetivos relevantes para la justicia, como asegurar la igualdad política y satisfacer las necesidades urgentes, pueden cumplirse siguiendo un patrón específico. Por el contrario, las presunciones especifican principios adversos al riesgo que pretenden minimizar el daño de posibles asignaciones erróneas de bienes valiosos a la luz de la incertidumbre epistémica. La afirmación aquí *no es* que el limitarismo presuntivo conduzca al patrón que promoverá óptimamente los objetivos relevantes para la justicia, sino que es más probable que lo haga dadas las restricciones epistémicas existentes. Sin embargo, si no hay tales restricciones epistémicas, ya no tenemos que tomar en cuenta la presunción.

La segunda respuesta es que, de hecho, podríamos creer que C es preferible a F, al menos presuntamente, porque Adán podría estar peor en F. Las distribuciones C y F sólo indican cuánta riqueza tienen Adán y Eva, y parece que, *desde esa perspectiva específica*, Adán está peor en C que en F porque en esta última distribución tiene más riqueza. Sin embargo, eso deja abierta la posibilidad de que F deje a Adán en peor situación en algún otro ámbito moralmente valioso (por ejemplo, la posición social, la igualdad política, etc.) a pesar del hecho de que tiene más riqueza en esa distribución. Aunque el limitarismo presuntivo especifica lo que requiere una asignación justa de la riqueza, las razones para defender dicho limitarismo van más allá de una preocupación específica por la distribución de la riqueza como tal.

La segunda objeción al limitarismo presuntivo es que ofrece una teoría de la justicia distributiva que es demasiado mínima y que, además, ya está implicada por otras teorías. Dado que el limitarismo presuntivo sólo se centra en los superricos, sólo ofrece una explicación parcial de una distribución presuntamente justa. Sin embargo, no necesita agotar lo que la justicia presuntiva requiere con respecto a la distribución de la riqueza y también puede combinarse con otras presunciones.[33] Además, es posible que el igualitarismo, el prioritarismo, el suficientarismo y otras teorías distributivas puedan aceptar la presunción limitarista cuando piensen en la justicia distributiva en circunstancias no ideales. Sin embargo, esto no es una objeción al limitarismo presuntivo; a lo mucho, lo que demuestra es que el limitarismo presuntivo, al igual que los principios limitaristas de nivel medio, puede ser defendido desde una variedad de perspectivas diferentes. Eso sólo refuerza las expectativas del limitarismo en la justicia distributiva.

La tercera objeción al limitarismo presuntivo es que es redundante porque los responsables de la toma de decisiones siempre disponen de al menos *algunos* conocimientos para aplicar los principios sustantivos. Sin embargo, el limitarismo presuntivo también puede desempeñar un papel en estos casos. Por ejemplo, supongamos que la justicia requiere

---

33 Por ejemplo, el limitarismo presuntivo puede combinarse con un umbral de suficiencia. Dicho umbral se defiende como un requisito mínimo para una distribución justa en circunstancias no ideales en Carey 2020.

distribuir la riqueza en función del número de horas trabajadas y que Adán trabaja el doble de horas que Eva. ¿El hecho de que sepamos esto implica que Adán tiene derecho al doble de riqueza que Eva, independientemente de la distribución con la que terminemos? Esa conclusión no se sigue. Por un lado, no es evidente que la conversión de horas a riqueza sea tal que trabajar el doble de horas dé derecho al doble de riqueza. Además, no es evidente que la distribución de la riqueza sobre la base de ese principio sustantivo deba guiar toda la distribución de la riqueza. Por ejemplo, es posible que Adán y Eva tengan diferentes niveles de riqueza de entrada, lo que puede influir en la justicia con respecto a los beneficios adicionales. El principio sustantivo podría ofrecer sólo una especificación parcial de la justicia en la distribución de la riqueza, en cuyo caso el limitarismo presuntivo sigue siendo válido para el resto de los recursos económicos.

En resumen, la presunción limitarista puede derivarse de la presunción de igualdad, de la idea de riqueza excedente, y puede defenderse como una estrategia adversa al riesgo para distribuir la riqueza en función de las restricciones epistémicas. Estas razones no son mutuamente excluyentes, por supuesto, y de hecho pueden reforzarse mutuamente. Sin embargo, cada una de ellas proporciona un caso distintivo para la presunción del limitarismo en la justicia distributiva.

6. Conclusión

La tesis limitarista afirma que existe un umbral limitarista tal que alguien tiene demasiada riqueza si supera ese umbral. En este capítulo, he evaluado tres formas de defender la tesis limitarista en la justicia distributiva, concretamente, como un patrón distributivo ideal, como un principio de nivel medio y como una presunción. He argumentado que el limitarismo debe ser rechazado como un principio ideal y que, en su lugar, debe ser interpretado y desarrollado a lo largo de líneas no ideales. De manera más precisa, tanto como principio de nivel medio como presunción, el limitarismo puede desempeñar un papel en la justicia distributiva. En particular, he argumentado que, sin razones sustantivas que indiquen lo contrario, tenemos razones para considerar que una distribución es injusta si la riqueza de algunas personas supera el umbral limitarista. Y dadas las actuales disparidades de ingresos y riqueza entre ricos y pobres, y a la luz de la acumulación de riqueza en manos de una pequeña élite mundial, el limitarismo puede desempeñar un papel importante en eso.

Agradecimientos

Agradezco a Rutger Claassen, Fergus Green, Colin Hickey, Matthias Kramm, Tim Meijers, Ingrid Robeyns, Roël van 't Slot, Yara Al Salman y Marina Uzunova por discusiones y comentarios especialmente útiles sobre versiones previas de este artículo. También estoy agradecido con los revisores y editores del *Journal of Applied Philosophy* por su retroalimentación detallada y cuidadosa. Este capítulo fue originalmente publicado en *Journal of Applied Philosophy*, 38, 5, 760–73.

Referencias

Arneson, Richard J. 2000. Egalitarian Justice versus the Right to Privacy? *Social Philosophy and Policy*, 17, 91–119. https://doi.org/10.1017/S0265052500002120

Axelsen, David V. & Nielsen, Lasse. 2015. Sufficiency as Freedom from Duress. *Journal of Political Philosophy*, 23, 406–26. https://doi.org/10.1111/jopp.1204

Bayles, Michael. 1986. Mid-Level Principles and Justification. In James Roland Pennock & John W. Chapman (Eds.), *Justification* (pp. 49–67). New York: New York University Press.

Beauchamp, Tom L. & Childress, James F. 2001. *Principles of Biomedical Ethics*. Oxford: Oxford University Press.

Blake, Michael. 2001. Distributive Justice, State Coercion, and Autonomy. *Philosophy & Public Affairs*, 30, 257–96. https://doi.org/10.1111/j.1088-4963.2001.00257.x

Carey, Brian. 2020. Provisional Sufficientarianism: Distributive Feasibility in Non-Ideal Theory. *The Journal of Value Inquiry*, 54, 589–606. https://doi.org/10.1007/s10790-020-09732-7

Crisp, Roger. 2003. Equality, Priority, and Compassion. *Ethics*, 113, 745–63. https://doi.org/10.1086/373954

Davis, Abigail, Hecht, Katharina, Burchhardt, Tania, Gough, Ian, Hirsch, Donald, Rowlingson, Karen, & Summers, Kate. (2020). *Living on Different Incomes in London: Can Public Consensus Identify a 'Riches Line'?* Trust for London.

Drewnowski, Jan. 1978. The Affluence Line. *Social Indicators Research*, 5, 263–78. https://doi.org/10.1007/BF00352934

Dworkin, Ronald. 1981. What Is Equality? Part 2: Equality of Resources. *Philosophy & Public Affairs*, 10, 283–345.

Fleurbaey, Marc. 2018. Welfarism, Libertarianism, and Fairness in the Economic Approach to Taxation. In Martin O'Neill and Shepley Orr (Eds.), *Taxation: Philosophical Perspectives* (pp. 37–59). Oxford: Oxford University Press. https://doi.org/10.1093/oso/9780199609222.003.0003

Fraser, David. 2012. A 'Practical' Ethic for Animals. *Journal of Agricultural and Environmental Ethics*, 25, 721–46. https://doi.org/10.1007/s10806-011-9353-z

Gosepath, Stefan. 2015. The Principles and the Presumption of Equality. In Carina Fourie, Fabian Schuppert & Ivo Wallimann-Helmer (Eds.), *Social Equality: On What It Means to Be Equals* (pp. 167–85). Oxford: Oxford University Press. https://doi.org/10.1093/acprof:oso/9780199331109.003.0009

Harel Ben Shahar, Tammy. Mimeo. Limitarianism and Relative Thresholds. https://doi.org/10.2139/ssrn.3404687

Hayek, Friedrich A. von. 2011. *The Constitution of Liberty: The Definitive Edition*. Chicago: University of Chicago Press.

Heath, Joseph. 2018. On the Very Idea of a Just Wage. *Erasmus Journal for Philosophy and Economics*, 11, 1–33. https://doi.org/10.23941/ejpe.v11i2.326

Herzog, Lisa. 2012. Ideal and Non-Ideal Theory and the Problem of Knowledge. *Journal of Applied Philosophy*, 29, 271–88. https://doi.org/10.1111/j.1468-5930.2012.00577.x

Holtug, Nils. 2007. Prioritarianism. In Nils Holtug & Kasper Lippert-Rasmussen (Eds.), *Egalitarianism: New Essays on the Nature and Value of Equality* (pp. 125–56). Oxford: Clarendon Press. https://doi.org/10.1093/acprof:oso/9780199580170.003.0008

John, Stephen. 2010. In Defence of Bad Science and Irrational Policies: An Alternative Account of the Precautionary Principle. *Ethical Theory and Moral Practice*, 13, 3–18. https://doi.org/10.1007/s10677-009-9169-3

Lever, Annabelle. 2012. *New Frontiers in the Philosophy of Intellectual Property*. Cambridge: Cambridge University Press.

Miller, David. 2007. *National Responsibility and Global Justice*. Oxford: Oxford University Press.

Neuhäuser, Christian. 2018. *Reichtum Als Moralisches Problem*. Frankfurt: Suhrkamp.

Nussbaum, Martha C. 2000. Women's Capabilities and Social Justice. *Journal of Human Development*, 1, 219–47. https://doi.org/10.1080/713678045

O'Neill, Martin. 2008. What Should Egalitarians Believe? *Philosophy & Public Affairs*, 36, 119–56. https://doi.org/10.1111/j.1088-4963.2008.00130.x

Parfit, Derek. 1997. Equality or Priority. *Ratio*, 10, 202–21. https://doi.org/10.1111/1467-9329.00041

Pedersen, Jørgen. 2018. Just Inheritance Taxation. *Philosophy Compass*, 13, 1–10. https://doi.org/10.1111/phc3.12491

Räikkä, Juha. 2019. On the Presumption of Equality. *Critical Review of International Social and Political Philosophy*, 22, 809–22. https://doi.org/10.1080/13698230.2018.1438335

Ramsay, Maureen. 2005. A Modest Proposal: The Case for a Maximum Wage. *Contemporary Politics*, 11, 201–16. https://doi.org/10.1080/13569770500415173

Robeyns, Ingrid, Buskens, Vincent, van de Rijt, Arnout, Vergeldt, Nina & van der Lippe, Tanja. 2021. How Rich Is Too Rich? Measuring the Riches Line. *Social Indicators Research*, 154, 115–43. https://doi.org/10.1007/s11205-020-02552-z

Robeyns, Ingrid. 2017. Having too much. In Jack Knight & Melissa Schwartzberg (Eds.), *Wealth - Yearbook of the American Society for Political and Legal Philosophy* (pp. 1–44). New York: New York University Press.

Robeyns, Ingrid. 2019. What, If Anything, Is Wrong with Extreme Wealth? *Journal of Human Development and Capabilities*, 20, 251–66. https://doi.org/10.1080/19452829.2019.1633734

Sandin, Per, & Peterson, Martin. 2019. Is the Precautionary Principle a Midlevel Principle? *Ethics, Policy & Environment*, 22, 34–48. https://doi.org/10.1080/21550085.2019.1581417

Shields, Liam. 2012. The Prospects for Sufficientarianism. *Utilitas*, 24, 101–17. https://doi.org/10.1017/S0953820811000392

Singer, Peter. 1972. Famine, Affluence, and Morality. *Philosophy & Public Affairs*, 1, 229–43.

Singer, Peter. 2009. *The Life You Can Save: Acting Now to End World Poverty*. New York: Random House.

Stark, Cynthia A. 2019. The Presumption of Equality. *Law, Ethics and Philosophy*, 6, 7–27. https://doi.org/10.31009/LEAP.2018.V6.01

Sunstein, Cass R. 1995. Incompletely Theorized Agreements. *Harvard Law Review*, 108, 1733–72. https://doi.org/10.2307/1341816

Temkin, Larry S. 2003a. Egalitarianism Defended. *Ethics*, 113, 764–82. https://doi.org/10.1086/373955

Thompson, Dennis F. 2002. *Just Elections: Creating a Fair Electoral Process in the United States*. Chicago: University of Chicago Press.

Volacu, Alexandru & Dumitru, Adelin Costin. 2019. Assessing Non-Intrinsic Limitarianism. *Philosophia*, 47, 249–64. https://doi.org/10.1007/s11406-018-9966-9

Westen, Peter. 1990. *Speaking of Equality. An Analysis of the Rhetorical Force of "Equality" in Moral and Legal Discourse*. Princeton: Princeton University Pres.

Wolff, Jonathan. 2019. Method in Philosophy and Public Policy: Applied Philosophy versus Engaged Philosophy. In Annabelle Lever & Poama Andrei (Eds.), *The Routledge Handbook of Ethics and Public Policy* (pp. 13–24). London: Routledge. https://doi.org/10.4324/9781315461731-2

Zwarthoed, Danielle. 2018. Autonomy-based Reasons for Limitarianism. *Ethical Theory and Moral Practice*, 21, 1181–204. https://doi.org/10.1007/s10677-018-9958-7

6. Los límites del limitarismo

Robert Huseby

1. Introducción

El limitarismo es una perspectiva de la justicia distributiva según la cual existe un límite o umbral superior a la cantidad de bienes (por ejemplo, dinero, recursos, bienestar o capacidades) que las personas pueden tener de forma permisible.[1] Esta perspectiva es interesante, aunque algo desconcertante, ya que la mayoría de las concepciones de la justicia distributiva enfatizan lo que la gente debe tener, en lugar de lo que no debe tener.[2]

En este artículo, evalúo el limitarismo en sus versiones instrumental e intrínseca.[3] Empiezo examinando la forma *instrumental* de limitarismo de Ingrid Robeyns, ya que es la versión más elaborada y detallada disponible actualmente en la literatura. Sin embargo, veremos que esta teoría, aunque es plausible en muchos aspectos, no es limitarista como tal.

---

1   Robeyns 2017, 2019. Obsérvese que este capítulo evalúa el limitarismo tal y como se expone en Robeyns (2017, 2019). Robeyns (2022) precisa y revisa el limitarismo de maneras que no puedo tomar plenamente en cuenta aquí (aunque ocasionalmente me referiré a algunas de esas revisiones). Este capítulo se publicó por primera vez en *The Journal of Political Philosophy*, 2022, 30(2), pp. 230–48.
2   Dicho esto, Kramm y Robeyns (2020) encuentran rastros de argumentos "proto-limitaristas" en Platón, Aristóteles, Tomás de Aquino, John Maynard Keynes, Karl Marx, John Locke y John Stuart Mill.
3   Presupongo en todo momento que algo es intrínsecamente bueno si es bueno en sí mismo (independientemente de si es, además, bueno en virtud de la promoción de algún otro bien) y que algo es instrumentalmente bueno en virtud de que promueve algún otro bien (véase O'Neill 2008; Robeyns 2017, 6; Temkin 2003, 768). Obsérvese que el limitarismo también podría ser valioso de otras maneras. Podría, por ejemplo, tener un valor constitutivo. Sin embargo, por razones de espacio, debo dejar de lado aquí esas otras posibilidades.

Puede tener implicaciones de tipo limitarista cuando se aplica en ciertas condiciones no ideales, pero no constituye un verdadero limitarismo instrumental. Más bien, es una perspectiva mejor entendida como una combinación de igualitarismo y suficientarismo instrumentales.[4]

Además, y de forma más general, argumento que es difícil imaginar una versión convincente del limitarismo *intrínseco*.[5] Robeyns sugiere (pero se abstiene explícitamente de respaldar) algunas posibilidades basadas en la virtud, el paternalismo y el perfeccionismo. Sin embargo, ninguna de ellas es muy prometedora, sobre todo porque no constituyen un *limitarismo* intrínseco. Más bien, parecen basarse (previsiblemente) en el valor intrínseco de la virtud, el paternalismo y el perfeccionismo, respectivamente. Puede haber valores—por ejemplo, algunas virtudes— que tengan características de tipo limitarista, pero lo más probable es que su valor para los debates sobre la justicia distributiva sea limitado. También considero otra posibilidad basada más directamente en lo que (supuestamente) hay de malo en tener demasiado. Esta versión tampoco resulta convincente.

A continuación, vuelvo a las perspectivas limitaristas instrumentales y considero la propuesta de Danielle Zwarthoed de un limitarismo instrumental basado en el valor de la autonomía personal. En mi opinión, esta postura, al igual que la de Robeyns, se entiende mejor a la luz de un principio no limitarista (el suficientarismo).[6] Por lo tanto, los principales intentos de defender el limitarismo instrumental no parecen funcionar en tanto que limitarismo. Además, cualquier forma de limitarismo instrumental debe apoyarse en algún valor intrínseco más fundamental. Dado que planteo serias dudas sobre la posibilidad de que existan formas plausibles de limitarismo intrínseco (véase más arriba), este valor intrínseco debe ser otro—por ejemplo, el igualitarismo, el suficientarismo o la autonomía. Si estas afirmaciones son sólidas, no está claro que necesitemos el limitarismo como un principio de justicia distributiva distinto e independiente.

Además, evalúo la sugerencia de que el limitarismo podría ser valioso como un principio más limitado, como una "presunción" en la que se puede

---

4   Véase, sin embargo, Robeyns (2022) para una opinión contraria.
5   Que yo sepa, el limitarismo intrínseco no ha sido defendido en la literatura. Sin embargo, dado que el limitarismo es un principio de justicia distributiva relativamente desconocido, es interesante considerar si pudiera presentarse en versiones intrínsecas plausibles.
6   Zwarthoed 2019.

confiar bajo ciertas condiciones epistémicas, más que como un principio más general (intrínseco o instrumental) de justicia distributiva. También considero brevemente la idea de que el limitarismo podría tener valor como un principio más impactante que sus contendientes. Argumento que ninguna de estas versiones del limitarismo puede ser especialmente útil.

Mi conclusión general, pues, es que el limitarismo tiene un valor muy limitado para los debates sobre la justicia distributiva. No obstante, debo subrayar que no se pueden evaluar aquí todas las formas posibles de limitarismo (instrumental e intrínseco) y que podría haber otras versiones más plausibles, o más independientes, que las que yo considero.[7] No obstante, la conclusión, tal como es, no es un buen augurio para el limitarismo.

2. El limitarismo instrumental de Robeyns

El limitarismo se caracteriza en general por la afirmación de que "no es moralmente permisible tener más recursos de los necesarios para florecer plenamente en la vida".[8] Robeyns no especifica a detalle el florecimiento pleno, pero se refiere a tener al menos las capacidades adecuadas en ciertos aspectos centrales. Más allá de este nivel, es moralmente inadmisible tener dinero, riqueza u otros recursos financieros excedentes.[9] A Robeyns le parece sorprendente que "poca o ninguna teorización contemporánea de la justicia se ha centrado en la cola superior de la distribución del ingreso y la riqueza".[10] El limitarismo es una respuesta a esta falta de investigación normativa sobre los más favorecidos.

---

[7] Robeyns (2022) distingue entre las formas de teoría política "orientadas a la teoría" y las "orientadas a los problemas". Las formas de teoría política orientadas a los problemas tienen como objetivo resolver problemas reales en el mundo real, mientras que las orientadas a la teoría tienen como objetivo más específico la obtención de conocimiento moral (lo que no significa que la teoría política orientada a los problemas no se ocupe del conocimiento moral). Además, Robeyns argumenta que el limitarismo podría ser valioso desde una perspectiva orientada a los problemas, independientemente de si es teóricamente distinto. Lamentablemente, no tengo espacio para considerar esta posibilidad en el presente artículo.

[8] Robeyns 2017, 1–2.

[9] Ibíd., p. 4, Así, el florecimiento (basado en las capacidades) es la métrica de la justicia y los recursos (incluyendo la riqueza y el dinero) son (o están entre) los *distribuenda*. Véase Gheaus 2018.

[10] Robeyns 2017, 3. En cambio, iniciativas populares (incluido el movimiento Occupy) y varios economistas (incluido Piketty 2014) han problematizado el extremo

La versión específica del limitarismo de Robeyns es no ideal. No es una respuesta a la pregunta de qué requiere la justicia "en un mundo con propiedades idealizadas fuertes".[11] También es instrumental, pues el limitarismo no es visto como intrínsecamente valioso, sino como necesario en nuestro mundo no ideal para conseguir "dos valores intrínsecos: la igualdad política...ylasatisfaccióndenecesidadesurgentesinsatisfechas."[12] La defensa de Robeyns del limitarismo consiste, pues, en dos argumentos distintos, según los cuales la consecución de estos dos valores intrínsecos requiere principios y políticas limitaristas en nuestro mundo no ideal.[13] A continuación, evalúo estos dos argumentos sucesivamente.

A. El argumento de la igualdad política

Según el primer argumento, el limitarismo es necesario para asegurar la igualdad política porque "las grandes desigualdades de ingresos y riqueza socavan el valor de la democracia y el ideal de igualdad política en particular".[14] Refiriéndose a Christiano, Robeyns menciona

---

superior de la distribución: Robeyns 2017, 4.
11 Robeyns 2017, 2.
12 Ibid., p. 5. Es ambiguo decir que un principio es instrumentalmente valioso. Si la igualdad política es intrínsecamente valiosa, y el limitarismo es instrumentalmente valioso en virtud de su consecución, podemos preguntar dónde reside exactamente el valor instrumental. ¿Está en el *principio* limitarista, en las *políticas* limitaristas inspiradas por el principio, o quizás en los *estados de cosas* de tipo limitarista que resultan de las políticas? Presumiblemente, al menos los estados de cosas de tipo limitarista que hacen realidad la igualdad política son instrumentalmente valiosos. Si es así, es muy probable que las políticas limitaristas que hacen realidad esos estados de cosas también sean instrumentalmente valiosas. Tal vez el principio *como tal* puede ser instrumentalmente valioso también, en tanto que inspira las políticas que inspiran los estados de cosas que hacen realidad la igualdad política. Sin embargo, según mi lectura de Robeyns, son las *políticas* las que se señalan como instrumentalmente valiosas. Esto es razonable y está en consonancia con el uso ordinario. Por supuesto, esto no excluye que el propio principio, o los estados de cosas resultantes, puedan ser también instrumentalmente valiosos. Agradezco a Jakob Elster y Kasper Lippert-Rasmussen por sus útiles comentarios sobre esta cuestión.
13 Robeyns define el umbral limitarista como el florecimiento máximo sin hacer referencia a la igualdad política ni a las necesidades urgentes. Este límite, además, no puede derivarse significativamente de estos otros dos valores. Así, el florecimiento máximo parece ser un valor *intrínseco suficientarista* con un umbral superior. Aunque en la próxima sección discuto las versiones intrínsecas del limitarismo, dejo de lado la presente cuestión en dicho contexto, precisamente porque parece que el valor operativo es suficientarista más que limitarista.
14 Robeyns 2017, 8–9.

varios mecanismos mediante los cuales el dinero puede convertirse en poder político: la compra de votos, el control de acceso (*gatekeeping*), la influencia opiniones y el dinero como poder político independiente.[15] En opinión de Robeyns,

> [e]l argumento democrático a favor del limitarismo puede derivarse fácilmente de los mecanismos que Christiano esboza: dado que los ricos tienen dinero excedente, son muy capaces y aparentemente muy propensos a utilizar ese dinero para adquirir influencia y poder políticos.[16]

Se podría pensar que la legislación y otras medidas institucionales podrían garantizar la igualdad democrática, pero Robeyns sostiene que, aunque tales medidas son necesarias, son insuficientes, porque

> gran parte de la influencia política de los ricos escapa al funcionamiento de las instituciones formales ... [L]as grandes desigualdades de ingresos, y la posesión de dinero excedente en particular, siempre socavarán la igualdad política.[17]

En esta cita, Robeyns menciona tanto la desigualdad como el dinero excedente como retos para la igualdad política.[18] Pero no está claro por qué el *dinero excedente* debería ser un problema. Supongamos que todo el mundo fuera igualmente superrico. O bien, supongamos que todo el mundo fuera igualmente rico y estuviera ligeramente por encima del umbral limitarista. La riqueza excedente en estos escenarios no parece amenazar la igualdad política en absoluto. Por supuesto, ambos casos pueden considerarse ideales y, por lo tanto, quedan fuera del ámbito de la teoría de Robeyns. Consideremos, en cambio, un mundo no ideal (aunque estilizado) en el que el 10 por ciento de la población es (igualmente) superrica y el 90 por ciento restante carece por completo de dinero excedente. Es fácil ver que la desigualdad entre los dos grupos puede poner en peligro la igualdad política. Sin embargo, si el dinero excedente "en particular" es el problema, tendríamos motivos para estar casi igual de preocupados por la

---

15   Ibid., 10; Christiano 2012.
16   Robeyns, 2017, 9.
17   Ibid., 14.
18   También se hace referencia a la desigualdad en otro lugar (ibid., p. 6).

igualdad política *dentro del grupo de los igualmente superricos*. Esto no parece plausible.[19] Por lo tanto, la desigualdad debe ser el problema de fondo.

Por lo tanto, no está claro por qué la preocupación por la igualdad política proporciona razones instrumentales para las políticas *limitaristas*. Por supuesto, las políticas limitaristas aumentarán la igualdad en nuestro mundo real no ideal y desigual, y esto, a su vez, muy probablemente aumentará la igualdad política. Sin embargo, podría decirse que lo mismo ocurre con las políticas suficientaristas y prioritaristas. Y, en muchas circunstancias, también será cierto para las políticas utilitaristas. Por lo tanto, el objetivo de la igualdad política no proporciona ninguna base para las políticas limitaristas *en particular* y el limitarismo instrumental no es necesario para la igualdad política.

El limitarismo instrumental tampoco es suficiente para la igualdad política, ya que el limitarismo de Robeyns acepta diferencias de riqueza por *debajo* del umbral limitarista.[20] Incluso si nadie tuviera dinero excedente y las personas ubicadas en el umbral (de florecimiento pleno) tuvieran, por lo tanto, mucha menos influencia política de la que tendrían si fueran ricos o superricos, aun así tendrían *más* influencia política, al menos potencialmente, que aquellos cuyas necesidades más urgentes están apenas cubiertas.

Por supuesto, podría ser el caso que ninguno de los principios distributivos más conocidos, en sus versiones instrumentales, sea tanto necesario como suficiente para garantizar la igualdad política. Incluso la igualdad económica completa (a nivel del florecimiento pleno) podría ser compatible con *cierta* desigualdad política, sólo porque las personas dan prioridad a la influencia política de manera diferente, y algunos podrían incluso florecer *a través* de su actividad política, mientras que otros no.[21] Por lo tanto, no es una crítica efectiva señalar que el limitarismo, (quizás) como todos los demás principios, no es necesario ni suficiente para garantizar la igualdad política.

---

19 No se trata de insistir en que el dinero excedente, incluso si se distribuye de forma equitativa, nunca puede causar problemas *democráticos*. Quizás la compra de votos podría aumentar, lo cual está en conflicto con los valores democráticos. Pero la *igualdad* política, en particular, no resultaría amenazada.

20 Ésta no es una característica necesaria del limitarismo, pero si las diferencias por debajo del umbral fueran inadmisibles, éste se volvería al menos tan igualitarista como limitarista, porque entonces demandaría igualdad en el nivel de florecimiento pleno.

21 Volacu y Dumitru 2019, 257.

Sin embargo, como he argumentado (y como Robeyns sugiere a veces), el núcleo del problema parece ser que las *desigualdades* de medios económicos (más que el dinero excedente como tal) en la esfera distributiva causan desigualdades moralmente ofensivas en la esfera política.[22] Si esto es así, el problema está causado realmente por una *discrepancia* en la posesión de medios económicos entre los individuos. A la luz de esto, la estrategia más razonable es abordar la discrepancia como tal. Para ello, se puede empezar por el extremo superior, por el extremo inferior *o por ambos*. Robeyns opta por empezar por el extremo superior, sin ofrecer argumentos de por qué no deberíamos empezar por el extremo inferior (como sugerirían los prioritaristas y los suficientaristas),[23] o, lo que es más plausible, por qué no deberíamos empezar por ambos extremos simultáneamente. En mi opinión, el *igualitarismo instrumental* (de dinero o recursos financieros) es *claramente* el principio más plausible dado el problema que se plantea.

Para ilustrarlo, supongamos que el límite para el florecimiento pleno está en 10 y que A tiene 5, y B, 15.[24] El limitarismo aboga contra las posesiones superiores al límite e implica que la distribución debería ser A:5 y B:10. No se trata de sugerir, de forma poco caritativa, que el limitarismo sea incompatible con una distribución por debajo del límite. La cuestión es que la teoría enfatiza un extremo concreto de la distribución, a saber, la "cola superior", que en este caso se refiere a las 5 unidades excedentes de B. Si esas unidades desaparecen, el limitarismo no tiene más implicaciones. (Dependiendo de la medida en que se enfatice el aspecto suficientarista de la teoría).

Algo semejante puede decirse del suficientarismo (instrumental). Supongamos que el umbral está en 10 y que hay 5 unidades disponibles sin dueño. Estas unidades se pueden dar a A, de modo que A obtenga

---

22 Por supuesto, puede haber otras fuentes de desigualdad política.
23 Obsérvese que el argumento de las necesidades urgentes insatisfechas (véase más adelante) está motivado por el extremo inferior de la distribución. Pero el argumento de la igualdad política se presenta como válido de forma independiente. Como se ha citado anteriormente, "[e]l argumento democrático a favor del limitarismo *puede derivarse fácilmente* de los mecanismos que Christiano esboza"; Robeyns 2017, p. 9 (énfasis añadido). Además, el argumento de la igualdad política se presenta sin hacer referencia al argumento de las necesidades urgentes y no parece depender de él (y viceversa).
24 Este ejemplo no distingue entre métrica y *distribuendum*. Simplemente presupongo que A y B convierten de manera igualmente efectiva la riqueza en florecimiento y que ambos florecerán al máximo con 10, menos que al máximo con 5 y más que al máximo con 15.

10 y B se quede con 15. El suficientarismo en sí mismo no tiene más implicaciones (aunque esta perspectiva también es compatible con una distribución posterior, una vez asegurada la suficiencia). Así pues, el suficientarismo comienza en el extremo inferior, y el limitarismo, en el extremo superior. Pero el limitarismo permite desigualdades por debajo del umbral, y el suficientarismo, por encima.

El igualitarismo, por otro lado, sugiere directamente una *redistribución* de 5 unidades de B a A, de manera que ambos acaben teniendo 10. De nuevo, si, como parece plausible, la *desigualdad* es la raíz del problema, presentar el limitarismo (o el suficientarismo) como la solución es un error. Esto es así incluso si el limitarismo (y el suficientarismo) *redujera* el problema. La razón es que hay una alternativa disponible, el igualitarismo, que es superior y que reducirá el problema en mayor medida, al menos en una amplia gama de circunstancias.[25]

También hay un problema más general con el argumento de la igualdad política. Podemos suponer que el mundo es tal que hay suficientes recursos para que todos florezcan plenamente, o tal que no hay suficientes recursos para que todos florezcan plenamente.[26] Consideremos la primera posibilidad (que los limitaristas podrían rechazar como escenario ideal). Si quedan riquezas excedentes una vez que todos han alcanzado el umbral del florecimiento pleno, el limitarismo podría distribuirlas de forma igualitaria, con lo que la postura sería igualitarista en lugar de limitarista, y el argumento de la igualdad política sería redundante, o bien podría exigir la destrucción de las riquezas excedentes, en cuyo caso sería derrochadora e implausible.

Por otra parte, si no hay suficientes recursos en el mundo para que todos florezcan plenamente (lo que podría estar más en consonancia con el supuesto no ideal), parece deducirse de la concepción de florecimiento de Robeyns que todas las riquezas excedentes deberían gastarse, de alguna manera suficientarista, para maximizar la incidencia o el alcance

---

[25] Cualquier discusión sobre el valor instrumental de los diferentes principios será hasta cierto punto especulativa. Podría haber algunas circunstancias peculiares en las que las políticas limitaristas (o suficientaristas) darían mejores resultados, en términos de igualdad política, que cualquier otro principio. Sin embargo, dado el nivel de abstracción y generalidad de los argumentos de Robeyns, la igualdad parece obviamente superior al limitarismo.

[26] Dejando de lado por el momento la posibilidad de que haya exactamente suficientes recursos para que todos florezcan al máximo y por igual.

del florecimiento pleno.²⁷ La igualdad política no desempeñaría ningún papel significativo en este escenario.

Por lo tanto, si hay suficientes recursos para que todos florezcan, el limitarismo es o implausiblemente derrochador o indistinguible del igualitarismo. Si no hay suficientes recursos para que todos florezcan, el limitarismo parece indistinguible del suficientarismo. Por lo tanto, el argumento de la igualdad política sólo puede desempeñar un papel distinto si conlleva el despilfarro de recursos en circunstancias de abundancia. Pero éste no es un resultado muy plausible (y muy probablemente fuera del ámbito no ideal del limitarismo).

En general, no veo cómo el valor de la igualdad política respalda al limitarismo instrumental en particular. El limitarismo no es necesario ni suficiente para asegurar la igualdad política, pero, lo que es más importante, el limitarismo no parece ser el principio distributivo instrumental más adecuado para asegurar este importante valor. Más bien, alguna forma de igualitarismo instrumental (de dinero o recursos) es la alternativa superior.²⁸ Además, es difícil ver qué papel podría desempeñar la igualdad política en circunstancias no ideales de escasez (moderada).

B. El argumento de las necesidades urgentes insatisfechas

¿Qué ocurre con el valor de satisfacer las necesidades urgentes? Como se ha señalado, el umbral limitarista, según Robeyns, se sitúa en el nivel del florecimiento pleno. Una vez alcanzado este nivel, más dinero o riqueza no contribuirán, por definición, a un mayor florecimiento. (Aunque pueden contribuir a aumentar el bienestar, capacidades y formas de florecimiento que no concuerdan con la concepción moralizada de Robeyns).

> El argumento de las necesidades urgentes insatisfechas sostiene que, dado que el dinero excedente no contribuye al florecimiento de las personas, tiene un peso moral nulo y sería irrazonable rechazar el principio de que

---

27 Véase la nota 13 más arriba. Si tomamos en cuenta las necesidades urgentes, se trataría de un umbral más bajo con mayor prioridad, pero no alteraría la lógica básica suficientarista; Huseby 2010.
28 Para una crítica diferente del argumento de la igualdad política, véase Volacu y Dimitru 2019. Véase también Timmer 2019.

deberíamos utilizar ese dinero para satisfacer esas necesidades urgentes insatisfechas.[29]

El nivel en el que se satisfacen las necesidades urgentes es, además, significativamente inferior al nivel de florecimiento pleno. Así, el limitarismo (en esta versión) es una perspectiva en capas con dos umbrales, uno inferior y otro superior.

Dado que la satisfacción de las necesidades urgentes es intrínsecamente importante, y dado que el dinero o la riqueza excedente por encima del pleno florecimiento tiene un valor nulo, se deduce que aquellos cuyas necesidades urgentes no están satisfechas deben tener prioridad *absoluta* sobre los que tienen dinero excedente. Por lo tanto, los que están floreciendo plenamente, con dinero de sobra, deberían renunciar a su excedente para satisfacer las necesidades urgentes de los demás. Esto es, me parece, una versión del suficientarismo *intrínseco* (de dos niveles).[30]

¿Es el limitarismo instrumental el camino a seguir si queremos asegurar que se satisfagan las necesidades urgentes? Hay algunas razones para dudarlo. En primer lugar, la *inadmisibilidad* moral de tener demasiado no puede defenderse en general haciendo referencia a la importancia de satisfacer las necesidades urgentes. Supongamos que hay algunas personas cuyas necesidades urgentes no están satisfechas en la actualidad, pero cuyas necesidades urgentes podrían satisfacerse si se dispusiera de recursos financieros suficientes. Supongamos también que hay algunas personas que tienen riqueza excedente. Llamemos a la cantidad de recursos necesarios para satisfacer las necesidades urgentes X, y a la cantidad de dinero excedente en poder de quienes han alcanzado el umbral de florecimiento, Y.

El argumento de las necesidades urgentes insatisfechas no implica que sea inadmisible ser rico si $Y > X$. Sólo implica que es intrínsecamente importante que se satisfagan las necesidades urgentes y que los bienes por encima del nivel limitarista tienen un valor nulo. Se podría argumentar que en nuestro mundo no ideal se da el caso de que $Y < X$, lo cual es una afirmación empírica bastante atrevida, dada la cantidad de recursos disponibles actualmente.[31] Según el argumento de las necesidades

---

29 Robeyns 2017, 17. Véase también Timmer 2021.
30 Véase Volacu y Dumitru 2019, 258–9.
31 Algunos académicos, al menos, afirman que hay suficientes recursos en el mundo para alimentar hasta 10,000 millones de personas; Foley 2011.

urgentes insatisfechas, entonces, es perfectamente permisible ser rico mientras se satisfagan todas las necesidades urgentes (Y > X). Por lo tanto, este argumento a favor del limitarismo no funciona.

Una respuesta podría ser que *si* Y < X, entonces es, *en efecto*, inadmisible ser rico. Pero esto es una mera coincidencia. Si, en una situación dada, un igual nivel equivale a un nivel igual o inferior al umbral limitarista, el igualitarismo tiene implicaciones de tipo limitarista. Entonces sería, en efecto, inadmisible tener riqueza por encima del umbral, porque eso implicaría necesariamente la desigualdad. De nuevo, esto es sólo una coincidencia y posiblemente no constituye un aspecto teóricamente interesante del igualitarismo. Lo mismo ocurre si, en una situación dada, las distribuciones suficientaristas, prioritaristas o utilitaristas simplemente conducen a resultados en los que nadie está por encima del límite. En estos casos, cada uno de los principios implicaría que ser rico es inadmisible, pero aquí también esta implicación sólo sería el resultado fortuito de la aplicación de los diversos principios a circunstancias específicas.[32]

Además, si es intrínsecamente valioso que se satisfagan las necesidades urgentes de las personas (lo cual es plausible) y queremos considerar qué políticas ayudarían a conseguir este valor, el limitarismo no me parece muy prometedor. El suficientarismo instrumental es más razonable, ya que esta postura se enfoca directamente en elevar a los desfavorecidos hasta el umbral pertinente en lugar de descender (principalmente) a los ricos hasta el umbral (limitarista). El prioritarismo instrumental o el igualitarismo también parecen más adecuados para abordar el problema, ya que el primero da prioridad explícitamente a los más desfavorecidos y el segundo (como se ha señalado) se preocupa por igual de las dos colas de la distribución. Incluso el utilitarismo instrumental (si es que existe tal cosa) sería más apropiado, dados algunos supuestos plausibles sobre la utilidad marginal decreciente.

Por lo tanto, ninguno de los argumentos de Robeyns tiene éxito en tanto que argumento a favor del limitarismo instrumental. De nuevo, esto no implica que su postura sea implausible. Tanto la igualdad política como asegurar un mínimo básico son objetivos morales importantes.

---

32 Además, la cantidad de recursos financieros en el mundo no es absoluta. Podría darse el caso de que la existencia de algunos individuos superricos afectara positivamente el florecimiento de los desfavorecidos, a modo de ejemplo o inspiración. Agradezco a Kasper Lippert-Rasmussen por sus útiles comentarios sobre esta cuestión.

Pero como lo que me interesa aquí es evaluar qué tan prometedor es el limitarismo como principio de justicia distributiva, vale la pena resaltar que la concepción más elaborada disponible sobre el limitarismo instrumental no tiene realmente implicaciones limitaristas en lo absoluto.

3. Limitarismo intrínseco

Según la definición de Robeyns, "[e]l *limitarismo intrínseco* es la perspectiva de que ser rico es intrínsecamente malo, mientras que, según el *limitarismo no intrínseco*, las riquezas son moralmente no permisibles por una razón referente a algún otro valor".[33] Como se ha señalado, Robeyns se abstiene de defender el limitarismo intrínseco, pero menciona algunas versiones posibles, basadas en la virtud, el perfeccionismo o el paternalismo. Parece, sin embargo, que las expectativas del limitarismo intrínseco son bastante escasas.

A. Paternalismo, etc.

El paternalismo significa interferir en la autonomía de otras personas sin su consentimiento por su propio bien.[34] En el caso del limitarismo, el paternalismo significaría presumiblemente que algún agente, tal vez el Estado, impida que las personas tengan una riqueza superior al límite por su propio bien. Si es así, el exceso de riqueza debe ser malo para las personas (algo que sugiere Robeyns y defiende Zwarthoed).[35] Sin embargo, si tener riquezas por encima del nivel del florecimiento pleno es malo para las personas y ésta es la razón por la que son necesarias medidas paternalistas, entonces el paternalismo es meramente instrumental. Debe haber entonces algún *otro* valor intrínseco que el paternalismo deba proteger o promover—como, por ejemplo, el bienestar (que es una forma de entender "ser malo para las personas"), la virtud, la autonomía o algún valor perfeccionista. Pero entonces es uno de estos ideales el que está haciendo el trabajo, en lugar del paternalismo.

¿Qué hay de las otras sugerencias? Quizás tener demasiado puede socavar la posibilidad de realizar ciertas virtudes, o dificultar conseguir

---

33 Robeyns 2017, 7 (énfasis en el original).
34 Dworkin 2020.
35 Robeyns 2017, 5; Zwarthoed 2019.

otros ideales valiosos. La moderación, por ejemplo, puede ser difícil de conseguir en condiciones de exceso y lujo. En términos más generales, podría haber varias virtudes que son incompatibles con el exceso y varios valores perfeccionistas que son difíciles de conseguir en circunstancias de lujo. Esto no significa, por supuesto, que cualquiera de las posibles virtudes o valores perfeccionistas sea plausible, pero al menos podría serlo. Sin embargo, como en el caso del paternalismo, hay un problema más fundamental. Incluso si algunos de estos valores pueden fundamentar una concepción de la justicia que establezca un límite superior al nivel de bienes que sea permisible tener, esto no equivaldrá a formas intrínsecas de *limitarismo*. El límite sería *un instrumento* para *obtener* (las condiciones para) la virtud, la autonomía, los valores perfeccionistas o cualquier otro valor no limitarista, del mismo modo que la propia postura de Robeyns es (supuestamente) instrumental para obtener la satisfacción de las necesidades urgentes y la igualdad política.

A pesar de esto, puede haber valores intrínsecos tales que sea importante no tener demasiado de ellos; la virtud podría ser un lugar para buscar. La valentía, por ejemplo, es una virtud que es mejor tenerla en cantidades óptimas. No voy a negar la posibilidad de que tales valores puedan existir y que puedan exhibir características limitaristas.[36] Aun así, tales valores son muy diferentes de las formas de limitarismo que estamos considerando aquí, que se centran en la justicia distributiva. De nuevo, según Robeyns, el limitarismo intrínseco es la perspectiva de que "ser rico es intrínsecamente malo"[37] y no la perspectiva de que hay algunos valores intrínsecos que es mejor tener con moderación. Por lo tanto, es poco probable que los valores con características de tipo limitarista desempeñen un papel importante en las discusiones sobre la justicia distributiva.

---

36 Esto es simplemente una ilustración y no una afirmación sobre cómo se entienden generalmente las virtudes. Según Aristóteles, las virtudes representan el punto medio entre dos extremos. La valentía, por ejemplo, es el punto medio entre la cobardía y la temeridad; Kraut 2018. En términos limitaristas, tales virtudes serían valores cuyo límite funciona en ambos sentidos, como máximo y como mínimo. Agradezco a un dictaminador anónimo por plantear esta cuestión y a Hallvard Fossheim por sus útiles comentarios.

37 Robeyns 2017, 7.

B. Lo malo de tener demasiado

¿Qué podría ser entonces el limitarismo intrínseco? Consideremos, por ejemplo, el igualitarismo intrínseco. Según esta postura, lo que importa en *sí mismo* es que las personas estén igualmente bien en algún aspecto relevante.[38] El suficientarismo intrínseco, por otro lado, sostiene que lo que importa *en sí mismo* es que las personas estén lo suficientemente bien.[39] El limitarismo intrínseco sería, en consecuencia, la perspectiva de que importa *en sí mismo* que las personas *no* estén mejor, en algún aspecto relevante, que algún límite superior.[40]

Hay dos versiones de esta posibilidad. La versión *de afectación-de-la-persona* sostiene que es (intrínsecamente) malo *para* las personas tener demasiado dinero (o bienestar, o alguna otra métrica). La versión *de no-afectación-de-la-persona* sostiene que es (intrínsecamente) malo que las personas tengan demasiado dinero (o bienestar, o alguna otra métrica), independientemente de si esto es (también) malo *para* ellas.

Consideremos primero la versión *de afectación-de-la-persona*. Desde este punto de vista, tener demasiado es *malo para las personas*, y es malo intrínsecamente, del mismo modo que puede ser malo para las personas, e intrínsecamente, tener demasiado poco. Aquí conviene tener en cuenta que la métrica puede desempeñar un papel. Supongamos que la métrica es el bienestar. Es muy difícil pensar que pueda ser malo *para* uno, intrínsecamente, tener más bienestar. Tener más bienestar está conceptualmente muy cerca de que algo sea *bueno* para uno, posiblemente de manera intrínseca. Del mismo modo, es difícil pensar que tener más, o mejores, capacidades, pueda ser malo *para* uno, intrínsecamente.

Por otro lado, es plausible que *a veces* sea malo para las personas tener demasiado dinero o riqueza (y que esto pueda ser intrínsecamente malo). Pero hay que tomar en cuenta algunas preocupaciones. En primer lugar, es probable que esto sea contextual. Es difícil creer que exista un límite fijo por encima del cual más dinero o riqueza hará que la vida de las personas empeore en algún aspecto relevante, independientemente de quiénes sean esas personas, qué rasgos psicológicos tengan, cómo sea la distribución en otros lugares de la sociedad, dónde y cuándo vivan,

---

38   Parfit 1997; Temkin 2003.
39   Crisp 2003; Huseby 2010.
40   Robeyns 2017, 7.

etc. Pero tal vez este problema podría resolverse definiendo el límite *a la luz* de dicha variación, de manera tal que sea malo para una persona tener tanto dinero o recursos que de hecho sea malo para ella *dadas* sus circunstancias y rasgos individuales.

Sin embargo, hay problemas más importantes con la propuesta. Si tener demasiado es malo para las personas, lo que tienen de más y lo que obtienen de menos deben referirse a dos cosas diferentes: por ejemplo, la riqueza y el bienestar.[41] En algunas circunstancias, es coherente decir que si se obtiene más de X se obtiene menos de Y. Pero si alguien sugiriera que cuanto más se obtiene de X, menos se obtiene (simultáneamente) de X, nos costaría entender la proposición. Por ello, es difícil ver que pueda ser *intrínsecamente* malo tener demasiado. Lo que es intrínsecamente malo debe ser que las personas *empeoren* en algún aspecto. Y ¡no pueden empeorar en ese aspecto si mejoran en el mismo! Por otro lado, si empeoran porque tienen demasiado dinero, eso sólo significa que el dinero más allá de cierto umbral es *instrumentalmente* malo porque hace que la vida de las personas empeore. El valor intrínseco debe ser que la gente no caiga por debajo de algún nivel de, por ejemplo, bienestar o florecimiento. Esto insinúa, de nuevo, el suficientarismo, más que el limitarismo.

En tercer lugar, incluso si tener demasiado fuera intrínsecamente malo para las personas (lo cual, como he indicado, dudo), esto no nos daría (al menos todavía) una razón suficiente para concluir que es *moralmente inadmisible* tener demasiado.[42] La distancia entre lo malo y la inadmisibilidad debe ser cubierta por un camino argumentativo paternalista plausible. Tal vez se puedan proporcionar tales argumentos, pero no parece probable.

¿Y la versión *de no-afectación-de-la-persona*? Según esta perspectiva, es malo en sí mismo que la gente tenga demasiado, independientemente de que esto sea (también) malo para ellos. Esto también parece una sugerencia poco probable. Supongamos que hay tres posibles versiones futuras del mundo y que el umbral limitarista está en 10. En la primera versión posible, todo el mundo está muy por debajo del límite, en 4. En la segunda, todo el mundo está justo por debajo del límite, en 9. En la tercera, todo el mundo está justo por encima del límite, en 11. Los limitaristas intrínsecos dirían que, *al menos en un aspecto*, el último mundo es el peor de los tres. Es decir, el mundo en el que todo el mundo

---

41   O recursos y capacidades. O algo más.
42   Véase Robeyns 2017, 4.

está igualmente mejor es peor que un mundo en el que todo el mundo está igualmente mucho peor. Puede que valga la pena considerar estos casos teniendo en cuenta diferentes métricas de justicia. Pero independientemente de si partimos de que lo que debe distribuirse son los recursos, el bienestar, las capacidades o algo más, el limitarismo intrínseco *de no-afectación-de-la-persona* parece muy poco plausible.[43]

Lo que falta es una justificación convincente de por qué el límite está donde está (en el ejemplo anterior, el límite se establece, por supuesto, al azar) y por qué es intrínsecamente importante que la gente no tenga demasiado. Nada de esto basta para descartar de forma concluyente la posibilidad de que se desarrolle alguna versión plausible del limitarismo intrínseco, pero yo, por mi parte, no tengo altas expectativas.

4. Limitarismo instrumental más en general

Hasta ahora, he argumentado que el limitarismo instrumental de Robeyns no es realmente limitarista y que el limitarismo intrínseco, de manera (bastante) general, es poco prometedor. Esto deja un amplio espacio para otras formas de limitarismo instrumental. Como se ha señalado antes, Zwarthoed tiene una propuesta al respecto. En su opinión, la autonomía personal puede verse socavada por tener demasiado dinero y recursos financieros. Por lo tanto, si valoramos la autonomía intrínsecamente y es correcto que la autonomía puede verse frustrada por tener demasiado, entonces tenemos una razón para establecer un límite superior a la cantidad de dinero o riqueza que las personas pueden tener.

Sin embargo, aunque tener demasiado puede socavar la autonomía de *algunas* personas, esto es difícilmente generalizable.[44] Más importante aún, la autonomía suele requerir la *suficiencia* de, al menos, recursos. Las personas que no pueden cubrir sus necesidades básicas tienen muchas dificultades para tomar decisiones autónomas, mientras que muchos

---

43 Este ejemplo incluye al menos un escenario ideal (en el que todo el mundo está por encima del límite), pero esto no debería ser un problema en la medida en que estoy discutiendo aquí posibles versiones intrínsecas del limitarismo y no la versión específicamente (instrumental y) no ideal de Robeyns. Nótese que Timmer (2021) ha afirmado recientemente (de forma plausible) que las formas *ideales* de limitarismo parecen difíciles de defender (véase también Robeyns 2017, 37). Sin embargo, las cuestiones del limitarismo ideal e intrínseco son distintas.
44 Zwarthoed 2018, 1183.

que tienen demasiado son muy capaces de hacerse cargo de sus propias vidas. Así pues, la autonomía requiere robustamente la suficiencia, y sólo contingentemente requiere el limitarismo. Sería difícil, en mi opinión, justificar una política general de limitarismo con referencia a la autonomía. También sería difícil mostrar cómo la perspectiva basada en la autonomía podría justificar la *inadmisibilidad* de tener demasiado.

Robeyns también menciona otras posibles formas de políticas e instituciones inspiradas en el limitarismo, como las cuotas de emisiones, las cuotas del número de hijos que se pueden tener y los techos de capacidades definidos en función del impacto negativo de las acciones de cada uno sobre los demás.[45] En mi opinión, los dos primeros son más plausibles como ejemplos de una distribución igualitaria de porciones, y el último, como una implementación de una versión del principio de no daño. Si pensamos que algo debe distribuirse de forma igualitaria, la parte de cada uno es limitada, por supuesto, pero esto no significa que la distribución sea, por tanto, limitarista. Y si no se me permite hacer daño, hay algunos límites a lo que puedo hacer. Aun así, el principio de no daño no es limitarista en un sentido relevante.

Además, como se ha subrayado en todo momento, cualquier forma de limitarismo *instrumental* tendrá que basarse necesariamente en algún valor *intrínseco*. Y es poco probable que ese valor intrínseco sea de tipo limitarista, por las razones expuestas en la sección anterior. Por lo tanto, el limitarismo debe ser un medio para un fin. La perspectiva de Robeyns se basa en la igualdad y la suficiencia, y la de Zwarthoed, en la autonomía. Se podrían imaginar versiones basadas en el prioritarismo, la virtud o algún valor perfeccionista. El problema es que presentar una perspectiva como un principio novedoso de justicia distributiva puede verse como una *distracción*,[46] si este principio es en realidad sólo una forma empíricamente contingente de asegurar algún otro principio intrínseco más conocido. En otras palabras, no es útil presentarlo como un principio entre otros principios, de los cuales hay versiones intrínsecas (presumiblemente) plausibles.

Además, no es fácil pensar en un valor intrínseco plausible que se promueva mejor sólo estableciendo un umbral superior a cuánto puede tener la gente permisiblemente. En el caso de la igualdad política, las

---

45 Robeyns 2017, 4.
46 Ibid., 1–4.

necesidades urgentes y la autonomía, como he argumentado, es al menos igual de importante asegurarse de que la gente tenga la misma cantidad o que alcance algún umbral (coincida o no con el umbral limitarista). De nuevo, la necesidad del igualitarismo, el suficientarismo o, quizás, el prioritarismo instrumentales será *al menos* tan grande como la necesidad del limitarismo instrumental.

Además, como se ha indicado anteriormente, es difícil ver cómo se puede fundamentar la afirmación de que es *inadmisible* tener demasiado.[47] Por supuesto, a la luz de muchos principios, puede resultar inadmisible tener demasiado en algunas circunstancias, dada la distribución predominante. Pero el limitarismo sostiene que es inadmisible tener demasiado *sin* referencia a la distribución predominante[48] y sin referencia al valor intrínseco para cuya obtención el limitarismo es supuestamente instrumental. Es cierto que Robeyns define el limitarismo instrumental afirmando que "según el limitarismo no intrínseco, las riquezas son moralmente no permisibles por una razón referente a algún otro valor".[49] Así que podría ser incorrecto decir que el limitarismo instrumental afirma que es inadmisible tener demasiado sin referencia a algún otro valor intrínseco. Sin embargo, en otros lugares pareciera que tal es precisamente el caso: "[e]n pocas palabras, el limitarismo defiende que no es moralmente permisible tener más recursos de los necesarios para florecer plenamente en la vida".[50]

En cualquier caso, aquí hay cierta tensión. Si el limitarismo se define sin referencia a otros valores, es difícil justificar la afirmación de inadmisibilidad. ¿Por qué debería ser inadmisible tener demasiado en nuestro mundo no ideal? Pero si el limitarismo se define con referencia a otros valores, inmediatamente se parece más a una afirmación suficientarista. Entonces, el limitarismo sostiene que es importante que la gente alcance algún umbral moralmente relevante—por ejemplo, el umbral del florecimiento pleno—y que los recursos más allá de ese punto tienen un valor nulo. Los recursos de valor nulo pueden utilizarse para alcanzar ideales que tienen un valor moral mayor a cero (satisfacer necesidades urgentes, por ejemplo). Es, entonces, inadmisible tener

---

47 Ibid.
48 Sin embargo, véase Timmer 2021.
49 Robeyns 2017, 7.
50 Ibídem, 2. Véase también Timmer 2021, 2.

dinero excedente siempre que haya alguna causa moralmente más digna a la que se pueda destinar el excedente; de lo contrario, no lo es. Pero esto es justo lo que dice el suficientarismo (en muchas versiones). Al igual que todas las perspectivas suficientaristas que aceptan un umbral superior (negativo), esto implica que todas las posesiones por encima del umbral pueden utilizarse para otros objetivos distributivos más importantes, como proveer a los que están por debajo del umbral.[51] La afirmación de inadmisibilidad es sólo la implicación de esta postura cuando se aplica dada una serie determinada de condiciones empíricas.

En resumen, cualquier forma instrumental de limitarismo es valiosa en virtud de algún valor intrínseco. Si esto es así, referirse a un principio distributivo como "limitarista" no es muy útil, si el limitarismo relevante es instrumental para lograr, digamos, el igualitarismo, el prioritarismo, el utilitarismo, el suficientarismo, la virtud, la autonomía o algún valor perfeccionista. Por supuesto, el limitarismo instrumental podría en principio ser valioso en virtud de que promueva alguna forma de limitarismo intrínseco, pero, como hemos visto, es dudoso que cualquier forma de limitarismo intrínseco sea plausible. Además, ninguna de las formas de limitarismo instrumental sugeridas hasta ahora parece convincente, ya que los valores intrínsecos en los que se basan parecen ser promovidos de mejor manera por *otros principios instrumentales*. Esta última conclusión, por supuesto, sólo es aplicable a las pocas perspectivas examinadas y no a todas las formas posibles de limitarismo instrumental. Aun así, la evaluación realizada hasta ahora ofrece buenas razones para dudar de que el limitarismo tenga mucho que aportar a los debates sobre la justicia distributiva.

5. Formas limitadas de limitarismo

Hasta ahora he examinado el limitarismo como un principio de justicia distributiva. Al hacerlo, he considerado que el limitarismo compite con principios y teorías familiares como el igualitarismo, el prioritarismo, el suficientarismo y el utilitarismo. En mi opinión, éste es también el espíritu con el que el limitarismo (instrumental y no ideal) es presentado

---

51 Crisp 2003; Huseby 2010, 2020.

y defendido por Robeyns.⁵² Sin embargo, incluso si mis críticas hasta ahora hayan dado en el blanco, podría darse el caso de que haya espacio para principios limitaristas más limitados, quizás principios que puedan justificar políticas específicas. O podría darse el caso de que el limitarismo sea políticamente útil en formas en las que los principios más tradicionales no lo son.

Dick Timmer ha defendido recientemente el limitarismo siguiendo esta línea.⁵³ Timmer propone que el limitarismo puede defenderse como una *presunción* que especifica lo que requiere una distribución justa bajo "restricciones epistémicas".⁵⁴ Hay tres argumentos a favor de esta perspectiva. Según el primero, "[l]a presunción limitarista puede derivarse de la presunción igualitarista".⁵⁵ Según la presunción igualitarista, si debemos distribuir los bienes entre los individuos a la luz de algún principio moral, como el mérito (que es el ejemplo en el que se basa Timmer principalmente), y no sabemos quién es más merecedor, debemos distribuir los bienes por igual, porque esto reduce nuestras posibilidades de aumentar injusticias.⁵⁶ En el caso de Timmer (que se basa en un ejemplo presentado por Juha Räikkä),⁵⁷ un empresario debe asignar 4 unidades de bienes a dos trabajadores en función del mérito. En este caso, el empresario carece de información sobre la contribución individual de los trabajadores al trabajo. Según la presunción igualitarista, la mejor manera de proceder es dividir las unidades en partes iguales. Si ambos trabajadores reciben 2 unidades, el peor error que se puede cometer es que uno de ellos reciba 2 unidades de menos y otro 2 de más. Dado que el principio a llevar a cabo es un principio de mérito, tanto pagar de menos como pagar de más es un error. Si el empresario distribuye 3 unidades a un trabajador y 1 unidad al otro, el peor error posible es que un trabajador esté pagado de más por 3 y

---

52 Robeyns 2017, 1–3. Véase, sin embargo, Robeyns 2022.
53 También he recibido sugerencias similares de varios comentadores.
54 Timmer 2021, 760. Timmer también defiende el limitarismo como un *principio de nivel medio* que puede tender un puente entre las teorías normativas fundamentales y las circunstancias específicas que caracterizan el statu quo; ibíd., 763–5. No discutiré esto, pues me parece muy similar a lo que Robeyns denomina limitarismo instrumental, que he discutido más arriba.
55 Ibid. 766.
56 Esto también elimina efectivamente cualquier posibilidad de *reducir* injusticias, pero muchos estarán de acuerdo en que es peor aumentar la injusticia que no reducirla.
57 Räikkä 2019.

el otro esté pagado de menos por 3 (y aún peor para una distribución 4/0).[58] Por lo tanto, en esta situación, debemos distribuir de forma igualitaria si queremos distribuir a la luz del mérito, porque esto minimizará el alcance de la injusticia que podamos causar (inadvertidamente).

La presunción igualitarista, afirma Timmer, "apoya al limitarismo presuntivo por implicación. Es probable que el limitarismo presuntivo reduzca o al menos limite la desigualdad objetable al establecer un umbral superior sobre cuánta riqueza pueden tener las personas".[59] Sin embargo, no estoy seguro de que éste sea el caso. En el ejemplo de Timmer, el umbral limitarista se establece en 3 unidades. Si 4 unidades es todo lo que se puede distribuir, y 4 es demasiado, entonces nadie debería recibir más de 3. Tanto la presunción igualitarista como la limitarista están de acuerdo en que una distribución 3/1 es preferible a una distribución 4/0. Pero discrepan en que la presunción limitarista permite una distribución 3/1, mientras que la presunción igualitarista no. Por lo tanto, no es correcto que la presunción igualitarista implique la presunción limitarista.

Además, consideremos los contextos que toman en cuenta las posesiones iniciales. Este aspecto no está presente en el ejemplo original de Räikkä y es fácil ver por qué. Si queremos pagar a los trabajadores por un trabajo concreto en función del mérito en esa situación concreta, no necesitamos información sobre qué tan buena es su situación inicial. Por supuesto, sus posesiones iniciales pueden ser, por lo que sabemos, injustas, pero podemos suponer que la información sobre este aspecto es aún más inaccesible que la información sobre sus méritos relativos al completar el trabajo. Supongamos que aún quedan 4 unidades por distribuir, que el umbral limitarista está en 10 y que el trabajador A está actualmente en 6 y el trabajador B en 10. La presunción igualitarista implica que los trabajadores deben seguir recibiendo 2 unidades cada uno, siempre que no haya información sobre su mérito relativo (general y específico), lo que da lugar a una distribución de 8/12. La presunción limitarista, por supuesto, nos haría dar 4 unidades a A y 0 a B, lo que daría lugar a una distribución 10/10. Por lo tanto, la presunción igualitarista no implica la presunción limitarista. La presunción igualitarista, al menos en el caso que nos ocupa, en el que el mérito es el principio fundamental de

---

58 Ibíd., 815.
59 Timmer 2021, 766–7.

justicia, es insensible a las posesiones iniciales, mientras que la presunción limitarista es muy sensible a éstas y sería inexplicable si no lo fuera.[60]

También existe una preocupación más general. Según la presunción limitarista, "sin razones sustantivas que indiquen lo contrario, tenemos razones para considerar injusta una distribución si la riqueza de algunas personas supera el umbral limitarista".[61] En mi opinión, es difícil entender a qué refiere el umbral limitarista en absoluto si no se presupone que el limitarismo es en sí mismo un principio sustantivo de justicia distributiva. Sin embargo, es una premisa para la discusión de Timmer que el limitarismo *no* es un principio sustantivo de justicia y que la presunción limitarista es válida y útil a través de una gama de posibles principios sustantivos e ideales que no son ellos mismos limitaristas.

El segundo argumento dice que si uno acepta la tesis limitarista de que hay un umbral de riqueza por encima del cual la riqueza tiene un valor moral nulo (o al menos poco valor), entonces uno debería aceptar la presunción limitarista. Por lo tanto, hay que preferir las distribuciones en las que nadie tiene riqueza excedente[62] (al menos en situaciones en las que la cantidad total de riqueza o bienes es la misma). En mi opinión, esto sólo es válido si se presupone que la riqueza o los bienes por debajo del umbral son moralmente valiosos, o al menos más valiosos que la riqueza o los bienes por encima del umbral. Si es así, la "afirmación limitarista" es (nuevamente), en realidad, una afirmación suficientarista. Y los suficientaristas preferirían distribuciones con la mayor suficiencia posible; siempre que algunos individuos tengan riqueza por encima del umbral, su exceso de riqueza debería distribuirse entre los que están por debajo del umbral. En otras palabras, decir que se trata de una presunción limitarista, en lugar de una suficientarista, no parece correcto, por las razones expuestas anteriormente.

"El tercer argumento a favor del limitarismo presuntivo es que los responsables de la toma de decisiones a menudo carecen de las bases epistémicas para aplicar principios sustantivos para distribuir la riqueza de forma justa".[63] A continuación, Timmer sugiere que la igualdad política y la

---

60 Sería una digresión excesiva examinar la relación entre las presunciones igualitarista y limitarista cuando se presuponen otros principios morales fundamentales. El punto aquí es sólo mostrar que el primero no implica en general el segundo.
61 Timmer 2021, 6.
62 Ibíd., 8–9.
63 Ibíd., 9.

satisfacción de las necesidades urgentes son requerimientos sustanciales de la justicia, y no están plagados de esa incertidumbre epistémica.⁶⁴ Además,

> según la presunción limitarista, lo que sí sabemos es que es más probable que una distribución entre Adán y Eva en la que ninguno de ellos supere el umbral limitarista sea compatible con la igualdad política y la satisfacción de las necesidades urgentes que una distribución en la que uno de ellos supere ese umbral.⁶⁵

Me parece que esto repite las ideas centrales desarrolladas por los argumentos instrumentales del limitarismo, y mi respuesta es que una presunción limitarista parece mucho menos útil que una presunción igualitarista y algo menos útil que una presunción suficientarista. Esto es cierto a pesar de que se supone que las presunciones "especifican principios adversos al riesgo que pretenden minimizar el daño de posibles asignaciones erróneas de bienes valiosos a la luz de la incertidumbre epistémica".⁶⁶ No hay ninguna razón para pensar que la presunción limitarista es mejor para minimizar asignaciones erróneas que la presunción igualitarista o una posible presunción suficientarista, dados los objetivos de la igualdad política y la satisfacción de las necesidades urgentes.

Sin embargo, hay otra forma en la que el limitarismo podría desempeñar un papel en la justicia distributiva. Según Robeyns, el análisis normativo de los ricos "permitiría a los filósofos tener un mayor impacto en los debates existentes en la sociedad".⁶⁷ Esto se debe a que muchos partidos y movimientos políticos (y economistas) están preocupados por la riqueza de los muy ricos y los superricos.

A esto respondo con dos observaciones. En primer lugar, como estoy seguro de que Robeyns estará de acuerdo, el impacto como tal es un objetivo bastante vacío, y la medida en que el limitarismo pueda ser *valioso* en este sentido particular depende de la medida en que el limitarismo pueda ser teórica y moralmente justificado. Como debería quedar claro a estas alturas, no soy optimista al respecto. En segundo lugar, si la afirmación citada es cierta, eso sería válido presumiblemente para *todos* los análisis de la cola superior de la distribución, incluidas las críticas al limitarismo, y no

---

64 Las teorías que se basan en el mérito o la responsabilidad, por otra parte, tienen esos problemas epistémicos a raudales; ibíd., 10.
65 Ibid.
66 Ibíd., 11.
67 Robeyns 2017, 2.

sólo para los que defienden alguna forma de limitarismo. Por lo tanto, esto no proporciona ninguna razón particular para pensar que el limitarismo, en tanto que principio distributivo, es particularmente útil en este sentido.

6. Conclusión

En general, parece que la necesidad de un principio de justicia limitarista es muy limitada. El limitarismo instrumental de Robeyns, que es la versión del limitarismo que se encuentra más detalladamente elaborada actualmente, no es realmente limitarista, aunque pueda tener algunas implicaciones limitaristas en algunas circunstancias. En términos más generales, es difícil imaginar una versión plausible del limitarismo intrínseco, ya que sería difícil explicar por qué debería ser moralmente inadmisible, como tal, tener riqueza o bienes por encima de algún límite.

Además, otras posibles versiones del limitarismo instrumental, como la de Zwarthoed, parecen, al igual que la concepción de las necesidades urgentes de Robeyns, más suficientaristas que limitaristas. Evidentemente, puede haber muchas otras versiones, pero no tenemos muchas razones para abrazar el limitarismo instrumental hasta que veamos al menos una teoría de este tipo que sea convincentemente limitarista, y no suficientarista o igualitarista. Además, cualquier forma instrumental de limitarismo debe basarse en algún valor intrínseco que no sea el limitarismo (dado que las formas intrínsecas de limitarismo son implausibles).

Por último, argumenté que hay pocas razones para pensar que el limitarismo es particularmente útil, ya sea como una presunción o como un principio que permita a los filósofos tener más impacto en los debates públicos. Nada de esto pretende descartar que pueda defenderse alguna teoría limitarista plausible, o que el limitarismo pueda constituir una parte de una concepción híbrida general,[68] pero la evidencia hasta ahora sugiere que el limitarismo tiene una utilidad muy limitada en la discusión sobre la justicia distributiva.

---

68 Véase Robeyns (2022) para interesantes sugerencias en este sentido.

Agradecimientos

Versiones previas de este artículo fueron presentadas en un taller de GOODPOL en 2020, en el Nordic Network in Political Theory en 2020, en el Norwegian Network for Practical Philosophy en 2021 y en un taller sobre suficientarismo organizado por la Universidad de Liverpool en 2021. Estoy agradecido con Didde Boisen Andersen, David Axelsen, Katharina Bohnenberger, Lars Christie, Sebastian Johansen Conte, Ben Davies, Keith Dowding, Jakob Elster, Hallvard Fossheim, Markus Furendal, Andreas Føllesdal, Ian Gough, Clare Heyward, Fredrik Dybfest Hjorthen, Cathrine Holst, Simo Kyllönen, Ortrud Lessmann, Kasper Lippert-Rasmussen, Alejandra Mancilla, Jasmina Nedevska, Frank Nullmeier, Jørgen Pedersen, Thomas Princen, Jouni Reinikainen, Magnus Reitberger, Ingrid Robeyns, Rudolf Schuessler, Liam Shields, Espen Dyrnes Stabell, Attila Tanyi, Jesse Tomalty, Dick Timmer, David Vogt y tres dictaminadores anónimos por sus comentarios y sugerencias muy útiles.

Referencias

Christiano, Thomas. 2012. Money in politics. Pp. 241–57 in David Estlund (Ed.), *The Oxford Handbook of Political Philosophy*. Oxford: Oxford University Press. https://doi.org/10.1093/oxfordhb/9780195376692.013.0013

Crisp, Roger. 2003. Equality, priority, and compassion. *Ethics*, 113, 745–63. https://doi.org/10.1086/373954

Dworkin, Gerald. 2020. Paternalism. In Edward N. Zalta (Ed.), *The Stanford Encyclopedia of Philosophy*, https://plato.stanford.edu/archives/spr2020/entries/paternalism/.

Foley, Jonathan A. 2011. Can we feed the world and sustain the planet? A five-step global plan could double food production by 2050 while greatly reducing environmental damage. *Scientific American*, 305, 60–5.

Gheaus, A. 2018. Hikers in flip-flops: luck egalitarianism, democratic equality and the distribuenda of justice. *Journal of Applied Philosophy*, 35, 54–69. https://doi.org/10.1111/japp.12198

Huseby, Robert. 2010. Sufficiency—restated and defended. *Journal of Political Philosophy*, 18, 178–97. https://doi.org/10.1111/j.1467-9760.2009.00338.x

Huseby, Robert. 2020. Sufficientarianism and the threshold question. *Journal of Ethics*, 24, 207–23. https://doi.org/10.1007/s10892-020-09321-7

Kramm, Matthias and Ingrid Robeyns. 2020. Limits to wealth in the history of western philosophy. *European Journal of Philosophy*, 28, 954–69. https://doi.org/10.1111/ejop.12535

Kraut, Richard. 2018. Aristotle's ethics. In Edward N. Zalta (Ed.), *The Stanford Encyclopedia of Philosophy*, https://plato.stanford.edu/archives/sum2018/entries/aristotle-ethics/.

O'Neill, Martin. 2008. What should egalitarians believe? *Philosophy and Public Affairs*, 36, 119–56. https://doi.org/10.1111/j.1088-4963.2008.00130.x

Parfit, Derek. 1997. Equality and priority. *Ratio*, 10, 202–21. https://doi.org/10.1111/1467-9329.00041

Piketty, Thomas. 2014. *Capital in the 21st Century*. Cambridge, MA: Harvard University Press.

Räikkä, Juha. 2019. On the presumption of equality. *Critical Review of International Social and Political Philosophy*, 22, 809–22. https://doi.org/10.1080/13698230.2018.1438335

Robeyns, Ingrid. 2017. Having too much. Pp. 1–44 in Jack Knight and Melissa Schwartzberg (Eds.), *NOMOS LVI: Wealth*. New York: New York University Press.

Robeyns, Ingrid. 2019. What, if anything, is wrong, with extreme wealth? *Journal of Human Development and Capabilities*, 3, 251–66. https://doi.org/10.1080/19452829.2019.1633734

Robeyns, Ingrid. 2022. Why limitarianism? *Journal of Political Philosophy*, 30, 249–70.

Temkin, Larry. 2003. Egalitarianism defended. *Ethics*, 113, 764–82. https://doi.org/10.1086/373955

Timmer, Dick. 2019. Defending the democratic argument for limitarianism: a reply to Volacu and Dumitru. *Philosophia*, 47, 1331–9. https://doi.org/10.1007/s11406-018-0030-6

Timmer, Dick. 2021. Limitarianism: pattern, principle, or presumption? *Journal of Applied Philosophy*, 38, 760–63. https://doi.org/10.1111/japp.12502

Volacu, Alexandr and Adelin Costin Dumitru. 2019. Assessing non-intrinsic limitarianism. *Philosophia*, 47, 249–64. https://doi.org/10.1007/s11406-018-9966-9

Zwarthoed, Danielle. 2019. Autonomy-based reasons for limitarianism. *Ethical Theory and Moral Practice*, 21, 1181–204. https://doi.org/10.1007/s10677-018-9958-7

7. ¿Por qué el limitarismo?

Ingrid Robeyns

El objeto de discusión de este capítulo es el "limitarismo" que, en su formulación más general, es la idea de que en el mundo tal y como es nadie debería tener una cantidad de bienes valiosos, particularmente ingresos y riqueza, por encima de un determinado límite superior. ¿Qué aporta, si es que aporta algo, el "limitarismo" a la filosofía política normativa?

En la sección 1, describo el contexto en el que ha sido introducido el limitarismo. La sección 2 ofrecerá una exposición más detallada del limitarismo, incluyendo algunas contribuciones y desarrollos más recientes en la literatura. En las dos secciones siguientes, discuto el igualitarismo (Sección 3) y el suficientarismo (Sección 4) y me pregunto si pueden hacer lo que yo considero que es la tarea del limitarismo. La sección 5 argumenta que, dentro de las teorías de la justicia distributiva, el limitarismo es mejor entendido como parte de una concepción pluralista de la justicia. Esto se ilustra esbozando la propuesta de una concepción pluralista que combina el suficientarismo, el igualitarismo de oportunidad y el limitarismo. La sección 6 concluye uniendo todo y dará una respuesta a la pregunta de qué aporta el limitarismo a la filosofía política normativa.[1]

---

[1] Por razones de espacio y enfoque, no discuto en este artículo otras preocupaciones relacionadas con el limitarismo. Por ejemplo, el limitarismo está sujeto a las críticas que se hacen a todas las teorías de umbral; véase Timmer 2021a. Tampoco me ocuparé de la crítica de Huseby (2022) al limitarismo dirigida específicamente a los argumentos de Timmer (2021b).

1. El contexto del limitarismo

En "Tener demasiado", introduje el limitarismo, que en su formulación más general es la idea de que en el mundo tal como es, así como en los mundos posibles más cercanos, nadie debería tener bienes valiosos por encima de un umbral superior.[2] Estos bienes valiosos podrían ser varios tipos de bienes escasos y su distribución podría ser una preocupación a nivel macro o micro. En este capítulo, me centraré en las posesiones personales de dinero—ingresos y riqueza en particular—.

Mucho de lo que se ha escrito sobre las desigualdades materiales se enfoca en la posición de los más desfavorecidos y hace una distinción entre los pobres o desfavorecidos y los que no son pobres. El limitarismo económico cambia esa categorización de dos niveles en una distinción de tres niveles entre (1) los que son pobres o necesitados; (2) los que no son pobres, pero tampoco muy ricos, y (3) los que son muy ricos. Esto refleja la base material de la distinción clásica en sociología entre la clase trabajadora, la clase media y la clase alta. Esta distinción en tres niveles permite analizar qué es lo que le debemos a las personas de cada uno de esos tres grupos, así como lo que las personas de esos grupos le deben a los demás, algo que una mera distinción entre los pobres y los no pobres no nos permite hacer. En particular, dado que el limitarismo sostiene que, en la actualidad y en los mundos posibles cercanos, tener grandes concentraciones de riqueza no tiene efectos beneficiosos en general, deberíamos preferir moralmente el limitarismo a una situación en la que algunos tengan demasiado.[3] Los efectos beneficiosos de este cambio podrían ser varios, como contribuir a la satisfacción de las necesidades urgentes de los demás, abordar problemas de acción colectiva—como la financiación de una acción efectiva para el cambio climático—o proteger los valores democráticos.[4]

---

2   Robeyns 2017.
3   Se podría objetar que hay agentes que podrían hacer más bien con el exceso de dinero que el Estado, en cuyo caso deberían conservarlo. Sin embargo, como el limitarismo se refiere a la riqueza personal que uno conserva, y no a la riqueza que uno ha transferido a una organización benéfica o a una empresa que podría hacer ese bien, esa opción queda descartada. Sin embargo, esto plantea preguntas sobre cómo el limitarismo trazaría una línea clara entre la riqueza personal y la riqueza que alguien tiene como parte de una organización o empresa, lo cual tendré que abordar en trabajos futuros. Agradezco a Robert Huseby por esta objeción.
4   De ello se sigue que el limitarismo no apoya las transiciones a estados de cosas en los que todo el exceso de dinero es eliminado sin que tales transiciones tengan efectos beneficiosos. El exceso de dinero *en sí mismo* no es el problema y, por lo tanto, en sí

Para los filósofos políticos que se dedican a la investigación interdisciplinaria de las desigualdades y la justicia distributiva, el cambio de enfoque hacia la cola superior de la distribución de la renta y la riqueza no debería ser sorprendente. Los economistas llevan tiempo documentando el aumento de las desigualdades económicas, en particular la fuerte concentración de la riqueza entre los ricos.[5] Estos datos muestran que la desigualdad está aumentando en casi todos los países porque los muy ricos son cada vez más ricos. El limitarismo como idea es una contribución al debate de que hay algo malo no sólo en la desigualdad en general, sino en la concentración de la riqueza en particular. Los limitaristas creen que esto se puede captar de mejor manera introduciendo la idea del limitarismo *por separado*, en lugar de entender lo que está mal con una creciente concentración de la riqueza bajo la bandera más amplia del igualitarismo.[6] En ese sentido, el limitarismo es una estrategia simétrica a la preocupación por la eliminación de la pobreza, que, *ceteris paribus*, también reduciría la desigualdad. También se han dado razones específicas para la eliminación de la pobreza que no son todas reducibles a preocupaciones igualitaristas.[7]

Un aspecto de la discusión sobre el limitarismo es la pregunta sobre qué tipo de teorización ejemplifica. El limitarismo se ha propuesto para "el mundo tal y como es".[8] En el mundo tal y como es, hay hambre, indigencia y desventajas; muchas personas no pueden florecer; hay grandes problemas de acción colectiva que requieren nuestra atención colectiva, o bienes colectivos que están en peligro (en primer lugar, la biodiversidad y un clima estable), y las grandes posesiones de riqueza permiten a sus poseedores influir desproporcionadamente en la política y la elaboración de políticas, participar en formas de consumo que son altamente contaminantes y, en algunos países, incluso comprar la ciudadanía.[9]

---

mismo no debería ser eliminado; no es un mal como el veneno o la contaminación. Más bien, el exceso de dinero es perjudicial, por ejemplo, por sus efectos en la democracia, o su posesión por parte de los superricos es un desperdicio, por lo que su reasignación mejoraría el estado de cosas.

5 Véase, por ejemplo, Atkinson y Piketty 2007; Alvaredo et al. 2013; Piketty 2014.
6 Neuhäuser (2018) y Axelsen y Nielsen (2021) dan una serie de argumentos sobre por qué la riqueza extrema es problemática, incluyendo formas que no pueden ser captadas por las razones que normalmente se aducen para preocuparse meramente por la desigualdad económica.
7 Por ejemplo, Herlitz 2019.
8 Robeyns 2017, p. 3.
9 Por ejemplo, *Deutsche Welle* reportó que, en 2013, Malta vendió pasaportes por 650,000 euros; véase https://www.dw.com/en/

Propuse el limitarismo para la actualidad y los mundos posibles cercanos en los que tales injusticias y casos de malestar ocurren. Si viviéramos en un mundo diferente, en el que no hubiera daños sociales, todo el mundo floreciera plenamente, no hubiera injusticias o casos de malestar que puedan ser abordados por la intervención humana, y las concentraciones de dinero ya no facilitaran la corrupción o la compra de influencia política, en ese mundo dichoso, el limitarismo no exigiría ninguna redistribución de los recursos.[10] Del mismo modo, el limitarismo (tal como lo propuse) no aplica a las personas que viven en mundos que no están conectados. Lo que importa es la distribución de la riqueza en comparación con otros en el aquí y ahora; el limitarismo es una noción comparativa. La otra cosa que importa es que las personas estén conectadas de alguna manera; también es una noción relacional.[11] No es el nivel absoluto de riqueza en sí mismo lo que importa, independientemente de lo que tengan los demás e independientemente del estado general de las cosas en el que nos encontremos. Por lo tanto, si, tras una guerra nuclear, todo el mundo muere excepto una persona, que es multimillonaria, el limitarismo no juzgaría esa situación como injusta. El limitarismo simplemente no aplicaría.[12]

Por lo tanto, el limitarismo, al menos como yo lo propuse, debería entenderse como una contribución a la filosofía orientada a los problemas, en contraposición a una contribución a la filosofía orientada a la teoría.[13] Introduzco estas etiquetas aquí, ya que espero que sean una formulación útil para transmitir la distinción relevante. Es importante reconocer, sin embargo, que la distinción entre estas dos amplias corrientes de la filosofía

---

european-citizenship-sold-to-the-super-wealthy/a-16756198 .
10 Tal vez una forma diferente de limitarismo podría aplicar en un mundo así, como tener un límite superior que sea un porcentaje de la posesión media de la riqueza, o un limitarismo no en recursos monetarios, sino en alguna otra métrica de justicia. Éstas son opciones que necesitan ser exploradas más a fondo.
11 Sin embargo, el aspecto relacional podría ser muy mínimo, como compartir un planeta del que todos dependen, o tener una historia compartida. La cuestión de si un limitarismo completamente no relacional es plausible queda fuera del ámbito de este capítulo.
12 Agradezco a Martin Peterson por haber planteado esta cuestión por correspondencia.
13 En el momento en que introduje el limitarismo, lo mencioné como una contribución a la filosofía política no ideal. Tal y como lo veo ahora, hay un traslape entre la distinción de la filosofía política orientada a la teoría frente a la orientada a los problemas, por un lado, y la distinción de la filosofía política ideal frente a la no ideal, por otro. Esta última puede entenderse de varias maneras diferentes (véase, por ejemplo, Valentini 2012), de las cuales la distinción (funcional) entre teoría y problema es sólo una.

política tiene una larga historia y que ofrece diferentes perspectivas a los filósofos políticos con respecto a lo que consideran sus tareas principales y, derivado de esto, los métodos apropiados que utilizarán y las actitudes que adoptarán al atender a la investigación empírica.[14]

La filosofía política orientada a la teoría atiende al trabajo teórico de otros filósofos (o con trabajos propios previos) y esencialmente hace referencia a, y discute con, ese cuerpo de trabajo. Gran parte de la literatura sobre las teorías de la justicia distributiva de las últimas décadas ha sido filosofía política orientada a la teoría—filósofos políticos que escriben sobre cómo su perspectiva es diferente de la de otro filósofo, o cómo una perspectiva existente podría mejorarse o cuestionarse teóricamente—.

La filosofía política orientada a los problemas del mundo real (*filosofía política orientada a los problemas*, para abreviar) se enfoca en abordar los problemas prácticos del mundo y atiende a cualquier tipo de análisis que sea necesario para crear un conocimiento útil para abordar esos problemas. La filosofía política orientada a los problemas no busca el conocimiento por sí mismo, sino que se centra en la contribución de la filosofía a los retos de la sociedad; el objetivo es ayudar a los seres humanos a dar forma a sus acciones e instituciones de una manera normativamente sólida, sin sacrificar un análisis normativo sólido a los riesgos de la retórica o recurrir injustificadamente al statu quo.

En la filosofía política orientada a la teoría, los conceptos utilizados deberían, idealmente, captar fenómenos distintos y bien definidos y, normalmente, se dedica mucho esfuerzo a desarrollar distinciones finas con mucha precisión. En la filosofía política orientada a los problemas también se necesita cierto grado de precisión, pero el desiderátum más importante es la capacidad de contribuir de forma disciplinada y éticamente sólida a la resolución de problemas en el mundo real; esto también requerirá cierto involucramiento con el trabajo empírico. Está claro que las funciones de la filosofía política orientada a la teoría y de la filosofía política orientada a los problemas no son mutuamente excluyentes, pero cada trabajo (o vertiente de la literatura) prestará más atención a una de esas dos funciones.

---

14   Las discusiones metodológicas que se relacionan con varios aspectos de esta distinción (o distinciones estrechamente relacionadas), y lo que implica para la forma en que hacemos filosofía, se pueden encontrar en Goodin 1982; Rothstein 1998, cap. 1; Sen 2006, 2009; Robeyns 2012; Wolff 2015; 2018; Green y Brandstedt 2021, y muchos otros.

Esta discusión es relevante porque podemos tener diferentes preocupaciones argumentativas dependiendo de si nos dedicamos a la investigación orientada a la teoría o a la investigación orientada al problema. Por ejemplo, un concepto nuevo puede ser reducible al concepto A en el contexto 1 y al concepto B en el contexto 2, pero como la elaboración de políticas y la acción social pueden afectar tanto al contexto 1 como al contexto 2, ese concepto nuevo puede tener, no obstante, cierta fuerza orientadora. Un concepto recién introducido podría, a un alto nivel de abstracción, ser reducible a otro concepto (existente). A pesar de ello, el nuevo concepto podría ser mucho más esclarecedor o podría brindar una mejor orientación a la acción, lo que justificaría su existencia. Así, mientras que la filosofía política orientada a la teoría no siempre se pregunta (y a veces explícitamente *no* se pregunta) si ciertas ideas pueden usarse para desarrollar propuestas políticas o institucionales, la filosofía política orientada a los problemas no suele preguntarse si ciertas ideas son teóricamente distintas, siempre que esas ideas tengan como objetivo principal contribuir a resolver los problemas en la dirección en que nuestras razones, consideradas todas las cosas, nos guían.

Esta discusión también tiene implicaciones para mi respuesta al argumento de Robert Huseby, que abordo en este capítulo, especialmente en las secciones 3 y 4. Huseby afirma que el limitarismo es, en esencia, una combinación de igualitarismo intrínseco y de suficientarismo intrínseco. En las secciones siguientes, negaré estas afirmaciones; sin embargo, es importante subrayar que en el trabajo que he desarrollado hasta ahora, he presentado el limitarismo como una contribución a la filosofía política orientada a los problemas, no a la teoría. No obstante, en las Secciones 3 y 4 seguiré una aproximación teórica, ya que así es como interpreto los compromisos metodológicos que subyacen a la crítica de Huseby. En la Sección 6, volveré a examinar estas preocupaciones metodológicas y explicaré por qué creo que el limitarismo tiene una fuerza orientadora para actuar frente a algunos problemas del mundo real que el igualitarismo y el suficientarismo no tienen por sí mismos.

2. El limitarismo replanteado y refinado

Antes de abordar las preocupaciones de Huseby en las siguientes secciones, quiero resumir lo que he dicho sobre el limitarismo en trabajos anteriores, así como señalar algunos otros desarrollos recientes en la literatura.[15]

Empecemos por los conceptos centrales. La perspectiva limitarista tiene cuatro conceptos centrales: en primer lugar, los conceptos gemelos de dinero (o riqueza) excedente y la línea de la riqueza, y, en segundo lugar, los conceptos gemelos de exceso de dinero y el umbral limitarista. El *umbral limitarista* es la línea por encima de la cual el limitarismo afirma que nadie debería situarse: o bien debería haber políticas que se aseguren de que la gente no se sitúe por encima del umbral limitarista (regulación de los salarios, topes a las herencias que pueden recibirse a lo largo de una vida, etc.), o bien debería haber una redistribución que quite el dinero que supere el umbral limitarista para reasignarlo por debajo del umbral o para utilizarlo para financiar bienes públicos. El *exceso de riqueza* es el dinero que una persona tiene por encima del umbral limitarista y que, según el limitarismo, no debería tener.

Las nociones de *línea de la riqueza* y de *riqueza excedente* son casos especiales de las nociones más generales del umbral limitarista y del exceso de riqueza, si utilizamos el valor del florecimiento como criterio para determinar el umbral limitarista. La *línea de la riqueza* es el nivel de acumulación de riqueza a partir del cual, en algún punto de aumento de la riqueza, la riqueza adicional no produce una contribución adicional al florecimiento propio. Se considera que el florecimiento es un concepto saciable, y una vez que se llega a un determinado nivel de riqueza, se asume que más dinero no aumentará significativamente el valor del florecimiento propio, que podría disminuir o (asintóticamente) permanecer en el mismo nivel. Hasta ahora no he elaborado esta concepción del florecimiento con gran detalle, pero en la medida en que se ha elaborado, es claramente una concepción de lista objetiva de florecimiento humano más que una concepción hedonista o de satisfacción de deseos. También he argumentado que sólo debería cubrir el lado material del florecimiento. Además, es una concepción *política* o *pública*, en el sentido específico de

---

15 Dado que estoy respondiendo a la crítica de Huseby en este capítulo, es importante que distinga claramente los nuevos desarrollos, ya que la crítica de Huseby aborda los argumentos de mi trabajo previo; Robeyns 2017.

que es una concepción del valor del florecimiento utilizada para la toma de decisiones en el ámbito público y para el diseño de instituciones y prácticas. Un supuesto importante que respaldo es que, en esa concepción del valor del florecimiento, la contribución marginal del dinero a ese valor disminuye y se vuelve asintóticamente cero, o en algún momento se vuelve cero o negativa. El valor del florecimiento, en este sentido, se considera saciable con respecto al dinero. La *riqueza excedente* es toda la riqueza que una persona tiene por encima de la línea de riqueza; es la riqueza que no puede contribuir a esa concepción objetiva y pública del florecimiento.[16]

Cabe señalar que en mi trabajo sobre el limitarismo hasta ahora no se ha hecho ninguna distinción entre la línea de la riqueza y el umbral limitarista, o entre el exceso de dinero y el dinero excedente. Sin embargo, discusiones con críticos y colaboradores han puesto en claro que el umbral limitarista, por encima del cual quitamos y reasignamos el dinero, y la línea de la riqueza, que es la línea en la que entra la riqueza excedente, no tienen por qué ser lo mismo.[17] Diferentes razones a favor del limitarismo podrían apuntar a diferentes umbrales limitaristas. Por ejemplo, el umbral limitarista podría establecerse en el nivel a partir del cual los aumentos adicionales de la riqueza personal ponen en peligro la propia autonomía moral, o a partir del cual la riqueza adicional supone una amenaza para la democracia. Es conceptualmente posible, y plausible en la práctica, que estos distintos criterios conduzcan a umbrales limitaristas diferentes al umbral en el que el valor del florecimiento se vuelve significativamente cercano a cero.

Dick Timmer ha argumentado que los limitaristas no deberían presuponer que el valor marginal de la riqueza se vuelve cero o negativo y que podrían aceptar que todavía hay florecimiento por encima del umbral limitarista, pero que esto se ve superado por otras preocupaciones morales.[18] En mi opinión, dado que la concepción que he defendido no es una concepción del florecimiento en primera persona, sino pública o política, esto puede ser explicado. La concepción podría reconocer casos en los que la riqueza excedente podría seguir fomentando el florecimiento

---

16 Para más detalles sobre la concepción del florecimiento y la construcción de la línea de la riqueza, véase Robeyns 2017, 15–30). Para un estudio empírico que confirma la plausibilidad empírica de la noción de la línea de la riqueza, véase Robeyns et al. 2021.

17 Como se discutió en el taller de Utrecht, enero de 2019. Véase también Harel Ben Shahar 2019; Timmer 2021c, 115–33.

18 Timmer 2021b.

personal de alguien, pero la introducción de la distinción de la concepción política del florecimiento nos permite decidir colectivamente que el valor de esa contribución marginal se convierte en cero. En otras palabras, podría haber casos en los que el florecimiento mismo, según las evaluaciones de esa persona, sigue aumentando, pero el valor del florecimiento, según lo decidido por la comunidad política, es cero.

Una segunda aclaración sobre el limitarismo se refiere a los beneficiarios de la redistribución. Una de las motivaciones del limitarismo, así como una implicación del mismo, es situar a quienes cargan con los costos de la redistribución en un lugar más central dentro del debate. La literatura sobre la justicia distributiva se ha orientado principalmente a los beneficiarios y, por lo tanto, ha prestado relativamente poca atención a la cuestión de quién tiene los deberes de justicia, quién pagará los costos de las políticas redistributivas y quiénes podrían ser los agentes de la justicia.[19] David Miller ha argumentado en una línea similar que existe un acuerdo general de que ciertas necesidades morales deben ser satisfechas—desde salvar a la gente de hambrunas hasta rescatar a alguien en peligro directo—, pero que los filósofos políticos no han discutido con gran detalle sobre quién tiene la responsabilidad de satisfacer esas necesidades.[20] El limitarismo quiere llamar la atención sobre los que deben cargar con los costos de las políticas que tienen efectos redistributivos. Como argumentaré en la Sección 4, esto es importante para el argumento de por qué el limitarismo no puede reducirse al suficientarismo.

Un tercer punto de aclaración es que no se deduce del limitarismo que los que están situados por debajo de la línea de la riqueza no tengan que ser contribuyentes netos a las políticas redistributivas o a la financiación de bienes públicos valiosos. De hecho, mi intuición es que la cantidad total de dinero necesaria para hacer frente a todos estos males (X) es mayor que la cantidad total de riqueza excedente (Y). Robert Huseby cree que esto es una afirmación empírica bastante atrevida.[21] Lo dudo mucho, dado que las necesidades urgentes no satisfechas no son sólo la pobreza y el hambre, sino también otras formas de desventaja y sufrimiento (personas sin hogar, niños con necesidades educativas especiales, exclusión social,

---

19 Como sostiene O'Neill 2001; la literatura posterior ha cambiado un poco en este sentido, pero no mucho. Véase Hickey et al. 2021.
20 Miller 2001.
21 Huseby 2022.

soledad y analfabetismo funcional), así como diversos retos colectivos, como el cambio climático y otros problemas ecológicos. En la actualidad hay muy pocos países, si es que hay alguno, que satisfagan todas estas necesidades y desafíos colectivos. En conjunto, los problemas son enormes. En cualquier caso, mi supuesto de que XY explica parte de las intuiciones que tuve que impulsaron el limitarismo: si los recursos necesarios para satisfacer estas necesidades urgentes insatisfechas son tan vastos que XY, entonces deberíamos *empezar* por abordar esas necesidades utilizando el dinero que no se utiliza para el florecimiento de las personas, y si el dinero excedente agregado no es suficiente para abordar todas estas injusticias, necesidades urgentes insatisfechas y desafíos sociales, entonces podemos pedir a las clases medias que también contribuyan a abordarlos.

En cuarto lugar, hasta ahora he defendido dos argumentos a favor del limitarismo, aunque he hecho hincapié en que no creo que estos dos argumentos sean necesariamente exhaustivos en cuanto a las posibles justificaciones del limitarismo.[22] El primer argumento es el de las necesidades urgentes insatisfechas. Como he indicado anteriormente, las necesidades urgentes insatisfechas están relacionadas no sólo con la pobreza, sino también con formas de desventaja, aislamiento y estigmatización, con la falta de salud mental, así como con problemas de acción colectiva y bienes públicos que no se abordan suficientemente, como la restauración de la biodiversidad o las políticas de adaptación al clima. El argumento sobre las necesidades urgentes insatisfechas sostiene que si hay intervenciones (ya sean del Estado o de otros agentes de cambio) que pueden mitigar las necesidades urgentes insatisfechas y que requieren recursos financieros, el dinero excedente debería utilizarse para satisfacer esas necesidades. El otro argumento es el democrático, el cual sostiene que el dinero excedente es una amenaza para la igualdad política y que, partiendo del supuesto de que no es posible construir muros institucionales entre las esferas de la política y del dinero, deberíamos poner límites a la cantidad de dinero que puede tener la gente.

En quinto lugar, el limitarismo es una *concepción parcial de la justicia*, que puede combinarse con diferentes puntos de vista sobre lo que la justicia requiere por debajo del umbral. Evidentemente, la idea de que a los limitaristas no les importa lo que ocurre por debajo del umbral

---

22 Robeyns 2017. Zwarthoed (2019) ha defendido razones basadas en la autonomía a favor del el limitarismo.

es muy implausible, especialmente para los que apoyan el argumento de las necesidades urgentes insatisfechas. Sin embargo, existen varios principios diferentes que los limitaristas podrían respaldar con respecto a lo que ocurre por debajo del umbral limitarista. Podrían, por ejemplo, comprometerse adicionalmente con el prioritarismo, el suficientarismo y el igualitarismo. Y todos esos principios podrían ser sensibles a la responsabilidad o no; además, podrían ser principios basados en resultados u oportunidades. Añadir el limitarismo a este menú de principios nos provee las herramientas para desarrollar concepciones de la justicia distributiva que logren combinar varios de estos principios en lugar de defender sólo uno. Aunque algunas personas podrían considerar menos elegantes estas concepciones pluralistas de la justicia distributiva, empoderan el pensamiento filosófico sobre cuestiones relativas a la moral distributiva. Además, las concepciones pluralistas son especialmente importantes para orientar las acciones en el mundo real, ya que tenemos razones para que diferentes reglas distributivas apliquen a personas con diferentes niveles de riqueza.[23] Volveré a esta afirmación en la sección 5, donde esbozo cómo podría verse semejante concepción pluralista de la justicia distributiva. Pero, primero, explicaré por qué el limitarismo no puede reducirse ni al suficientarismo ni al igualitarismo.

3. Igualitarismo y limitarismo

Si ya tenemos el igualitarismo y el suficientarismo, ¿necesitamos todavía el limitarismo? Según Robert Huseby, la mejor manera de ver el limitarismo es como una combinación de igualitarismo instrumental y suficientarismo, de lo que se sigue que no es limitarista como tal.[24]

Veamos primero el igualitarismo. En esencia, el limitarismo no puede reducirse al igualitarismo porque, aunque hay diferentes interpretaciones del igualitarismo, para cada una de las interpretaciones plausibles hay objeciones fatales. El igualitarismo puede significar, y de hecho significa, varias cosas diferentes; es un concepto que tiene que ser formulado más específicamente antes de que pueda ser comparado

---

23 Herlitz (2019) argumenta esto en relación con la distinción entre los más desfavorecidos y otros grupos.
24 Huseby 2022, sec. 1.

con el limitarismo, ya que de lo contrario corremos el riesgo de hacer una comparación entre el limitarismo y un "blanco móvil". En primer lugar, mostraré esto respondiendo al argumento de Huseby de que el argumento democrático a favor del limitarismo es esencialmente un argumento a favor de la igualdad, y luego proporcionaré otro argumento sobre cómo el limitarismo y el igualitarismo son distintos.

A. ¿La igualdad política apoya al limitarismo?

Huseby argumenta que el limitarismo no es necesario ni suficiente para proteger el valor de la igualdad política. Estoy de acuerdo en que no es suficiente y nunca he afirmado lo contrario. Sin embargo, el hecho de que el limitarismo no sea suficiente para la igualdad política no debería molestar a los limitaristas, ya que el limitarismo ha sido propuesto explícitamente como un principio *parcial* de justicia. Claramente, también hay cambios sociales no distributivos que son necesarios para proteger la igualdad política, como que los ciudadanos estén educados y debidamente informados, así como una distribución particular de la riqueza y otros bienes por debajo del umbral limitarista. Así pues, la protección de la igualdad política requiere un conjunto de medidas.[25]

Según Huseby, el peligro para el valor de la igualdad política no es que la gente tenga riqueza excedente; más bien, la desigualdad (en términos financieros) es el problema de fondo. Estoy de acuerdo en que las *grandes* desigualdades son las que socavan la igualdad política y creo que es correcto que esto podría darnos razones para adoptar un umbral limitarista *relativo* en lugar de uno absoluto, como en el caso de la línea de riqueza.[26] Mientras que el argumento de las necesidades urgentes insatisfechas nos lleva a adoptar la línea de riqueza como el umbral limitarista correspondiente, el argumento democrático podría llevarnos a otro umbral limitarista. Pero eso no hace que el limitarismo sea superfluo; más bien, requiere una modificación. Limitar la riqueza sigue siendo un medio para limitar el tamaño de la brecha de desigualdad. También es relevante señalar que hay algo especial en el dinero excedente en lo que respecta a la democracia y es que el costo de oportunidad, en términos del florecimiento de aquellos que gastan su dinero en influencia política (socavando así la igualdad política),

---

25 Véase también Timmer 2019.
26 Véase Harel Ben Shahar 2019.

es cero. Los que no tienen riqueza excedente y gastan dinero en influencias políticas están pagando un costo de oportunidad en términos de su propio florecimiento material y, además, están extremadamente limitados en cuanto a la cantidad que pueden gastar por no ser superricos. Los efectos debilitantes para la democracia de sus donaciones serán muy limitados. Mientras tanto, dado que las fortunas de los superricos son de una escala que alcanza muchos miles de millones de dólares, pueden gastar cantidades masivas de dinero sin ningún costo de oportunidad real para ellos mismos.

B. ¿El igualitarismo es la alternativa superior?

Basándose en su análisis de la distribución de los medios económicos y el valor de la igualdad política, Huseby sostiene que el igualitarismo es la alternativa superior al limitarismo. Escribe:

> el problema está causado realmente por una *discrepancia* en la posesión de medios económicos entre los individuos. A la luz de esto, la estrategia más razonable es abordar la discrepancia como tal. Para ello, se puede empezar por el extremo superior, por el extremo inferior *o por ambos*. Robeyns opta por empezar por el extremo superior, sin ofrecer argumentos de por qué no deberíamos empezar por el extremo inferior… o, lo que es más plausible, por qué no deberíamos empezar por ambos extremos simultáneamente.[27]

En respuesta, hay que decir al menos tres cosas. En primer lugar, esta cita ignora el hecho de que el limitarismo no se ha introducido como un *reemplazo* de ninguno de los otros patrones, sino como una perspectiva que actualmente falta en los debates filosóficos sobre la justicia distributiva.[28] El objetivo es complementar, no reemplazar. En segundo lugar, en la medida en que el valor que queremos proteger es la igualdad política, empezar por el extremo inferior de la distribución no resolverá mucho. O bien las personas que son pobres utilizarán el aumento de ingresos para mejorar su bajo nivel de vida, o bien podrán hacer donaciones muy pequeñas a campañas políticas. En otras palabras, el resultado de reducir la desigualdad elevando a los más desfavorecidos no es el mismo que el de limitar lo que tienen los más favorecidos. Ambas estrategias pueden ser necesarias para algunos objetivos, pero para aumentar la

---

27 Huseby 2022, secc. 2.A.
28 Robeyns 2017, 2.

igualdad política, la segunda estrategia es más efectiva. El limitarismo es especialmente poderoso y útil para llamar nuestra atención sobre los efectos negativos que la concentración de la riqueza tiene sobre determinados valores. En tercer lugar, en la medida en que nos preocupan todos los valores que se ven afectados por la distribución del dinero, se deduce de mi argumento que deberíamos empezar por ambos extremos simultáneamente, ya que el argumento de las necesidades urgentes insatisfechas propone que el dinero se traslade de la parte superior de la distribución a la parte inferior, o que los que están en la parte superior de la distribución paguen el costo de las estrategias de acción colectiva.

Sin embargo, Huseby considera que existe una alternativa superior y que reducirá el problema en mayor medida. Esa alternativa es el igualitarismo. Sin embargo, no creo que esto sea verdad. El igualitarismo no hace que el limitarismo sea superfluo, porque el igualitarismo está subespecificado.

Por un lado, el igualitarismo podría especificarse como una teoría basada en los resultados o en las oportunidades. Como teoría basada en las oportunidades, el igualitarismo corre el riesgo de o ser epistémicamente demasiado exigente para ser implementado en el mundo real, o de conducir a formas de falta de respeto, por ejemplo, porque sus requisitos epistémicos podrían conducir a revelaciones vergonzosas.[29] El igualitarismo basado en las oportunidades también podría permitir desigualdades en los resultados con los efectos malos e injustos que los defensores del suficientarismo y el limitarismo han señalado. Por lo tanto, el limitarismo podría fácilmente tener implicaciones diferentes al igualitarismo cuando éste se entiende como igualdad de oportunidades.

Sin embargo, quizá la interpretación más caritativa de los argumentos de Huseby no sea el igualitarismo de oportunidades, sino el igualitarismo de resultados. ¿El igualitarismo basado en los resultados hace que el limitarismo sea superfluo?

El igualitarismo basado en los resultados se enfrenta a muchas objeciones conocidas. Las críticas a las posturas basadas en los resultados condujeron, por un lado, a las perspectivas basadas en las oportunidades y a las teorías igualitaristas sensibles a la responsabilidad y, por el otro, a las defensas del igualitarismo relacional y del suficientarismo con un umbral bajo de suficiencia. Parece totalmente implausible creer,

---

29 Por ejemplo, Wolff 1998.

en tanto que teoría de la justicia distributiva en el mundo real, que las desigualdades en los resultados no puedan justificarse en lo absoluto. Está claro que las personas que llevan un estilo de vida más frugal y gastan menos ahorrarán más y tendrán justificadamente más riqueza. Trabajar más o hacer un trabajo desagradable, peligroso, estresante o muy exigente puede justificar algunas desigualdades en los salarios y, por lo tanto, en los resultados.[30] Para los que rechazan el igualitarismo estricto de resultados, el limitarismo permite poner límites a las desigualdades de resultados, manteniendo el igualitarismo de oportunidades para otras partes de la distribución. En particular, me parece que combinar un suficientarismo de nivel bajo basado en los resultados y un umbral limitarista con la igualdad de oportunidades para aquellos que están situados entre los umbrales de suficiencia y limitarista es una postura intuitivamente muy plausible. Volveré brevemente a esta postura híbrida en la sección 5.

El limitarismo en los recursos financieros es una noción basada en los resultados. En consecuencia, una teoría distributiva que incluya el limitarismo podría ser más o menos demandante que una perspectiva igualitarista. Podría ser más demandante en comparación con el igualitarismo basado en las oportunidades y menos demandante en comparación con el igualitarismo basado en los resultados. El limitarismo en sí mismo permite desigualdades por debajo del umbral limitarista que un igualitarismo basado en los resultados no permite. Esto hace que el limitarismo sea menos exigente que un igualitarismo así. Por otro lado, si una concepción limitarista establece el umbral limitarista relativamente bajo, entonces podría no permitir ciertas posesiones de riqueza material que un igualitarismo de oportunidades sí permitiría, dependiendo del nivel de la línea de riqueza y dependiendo de cómo se especifique dicho igualitarismo.

En resumen, estoy de acuerdo con Huseby en que el igualitarismo, como noción basada en los resultados, reduciría en mucha mayor medida que el limitarismo muchos de los problemas, incluidas las desigualdades políticas, que el limitarismo pretende abordar. Pero como noción basada en las oportunidades, podría no hacerlo. Además, como noción basada en los resultados, hay muchas razones para no apoyar el igualitarismo. El limitarismo es una pieza de una perspectiva más

---

30 Brouwer y van der Deijl 2021; Mulligan 2021.

amplia que nos permite decir que algunas desigualdades de resultados pueden estar justificadas, pero que incluso si estas desigualdades están justificadas, la discrepancia no puede ser demasiado grande.

C. Tensiones entre los dos argumentos a favor del limitarismo

En su discusión sobre el limitarismo, Huseby observa posibles tensiones entre el argumento democrático (y el umbral limitarista correspondiente) y el argumento de las necesidades urgentes insatisfechas (y su umbral limitarista correspondiente, la línea de riqueza). Estoy de acuerdo en que éste era un punto débil de mi planteamiento original del limitarismo. Y estas tensiones podrían volverse más importantes si apoyamos más razones a favor de los umbrales limitaristas, dependiendo de si cada razón justifica un umbral limitarista diferente, y dependiendo de las consecuencias para otras partes de la distribución de la riqueza. Dilucidar cuáles son las implicaciones de esto requiere más de lo que puedo hacer aquí, pero permítanme responder brevemente a dos puntos.

El primer punto es que, en algunos contextos, el limitarismo podría estar sobredeterminado en el sentido de que, cuando el argumento de las necesidades urgentes insatisfechas se pone en práctica, requiere todo el dinero excedente, haciendo innecesario el argumento democrático. Estoy de acuerdo en que esto puede ocurrir. Pero, aunque interpreto que esto es una debilidad de mis argumentos para Huseby, creo que las responsabilidades morales sobredeterminadas deberían ser bienvenidas. La filosofía política orientada a los problemas trata de ser valiosa para el mundo tal y como es, y los reclamos morales sobredeterminados son más fáciles de poner en práctica y son, por lo tanto, políticamente más robustos; mientras todos los implicados en la toma de decisiones colectivas puedan respaldar una de las razones a favor del limitarismo, se encontrarán de acuerdo en implementar el cambio institucional en cuestión, a pesar de no estar de acuerdo en cuál es la única razón correcta para hacerlo.[31] En la medida en que queremos que la filosofía política esté orientada a los problemas y no sólo a la teoría, la sobredeterminación de un principio es un desiderátum, no un error.

En segundo lugar, como indiqué en la sección 2, estoy de acuerdo en que los dos argumentos bien podrían conducir a diferentes umbrales

---

31 Véase también Sunstein (1998), que ha defendido el razonamiento práctico colectivo mediante acuerdos incompletos.

limitaristas. Esta idea requerirá que el limitarismo resuelva cómo lidiar con múltiples umbrales limitaristas, pero no creo que sea una razón para rechazar el limitarismo. Más bien, el análisis debería impulsar a los igualitaristas, a los suficientaristas, a los limitaristas y a otros a abrazar el desarrollo de teorías híbridas y pluralistas, como se argumentará en la Sección 5. No obstante, primero me referiré a la crítica de que el limitarismo es reducible al suficientarismo.

4. Suficientarismo y limitarismo

¿El limitarismo es reducible al suficientarismo? Al igual que en el caso del igualitarismo, hay muchas versiones del suficientarismo: por ejemplo, las diferentes versiones pueden diferir en su alcance, su métrica, el nivel del umbral y si se trata de una perspectiva de un solo umbral o de umbrales múltiples.[32] La comparación entre el suficientarismo y el limitarismo no es sencilla por al menos dos razones. La primera razón, que Huseby mencionó en otro artículo reciente, es que la versión que desarrollé "es explícitamente no ideal y orientada a los recursos, lo que hace que una comparación directa entre ambos sea un poco difícil".[33] Además, aunque los umbrales de suficiencia no suelen detallarse en la literatura suficientarista, van desde un umbral en la línea de pobreza, o quizás en la calidad de vida media de la población, hasta un umbral mucho más alto parecido a una vida plenamente buena. Si nos interesan las comparaciones de posiciones sustantivas y no *meramente* de las estructuras de un determinado concepto, debemos tener un sentido suficientemente claro de lo que, sustantivamente, estamos comparando. De lo contrario, comparar el suficientarismo y el limitarismo requerirá que el limitarismo se compare con un blanco móvil.

Mi propia opinión está en consonancia con los que piensan que el suficientarismo capta algo con respecto a las obligaciones de justicia hacia los auténticamente desfavorecidos; es decir, los que sufren en algún sentido importante, no en un sentido marginal. Cuanto más alto sea el umbral suficientarista, más propenso será el suficientarismo a las críticas de sobrexigencia y a conducir a recomendaciones que generen injusticias. También hay otra razón por la que el umbral suficientarista debería ser bajo,

---

32 Casal 2016; Gosseries 2011; Shields 2012, 2020; Huseby 2019.
33 Huseby 2020, 211–12.

que aplica a los suficientaristas que apoyan la tesis de que, una vez que todo el mundo ha conseguido lo suficiente, no hay criterios distributivos que apliquen a los beneficios.[34] Shields ha argumentado que estos suficientaristas no pueden fijar el umbral en un nivel alto, ya que esto privaría a la teoría de cualquier orientación distintiva.[35] Se podrían construir perspectivas que uno califique de "suficientaristas" y que estén constituidas por otros principios distributivos en el rango por debajo del umbral o los umbrales, como el prioritarismo; pero entonces estamos hablando de perspectivas híbridas y Shields tiene razón en que la orientación distintiva que ofrecen no es una orientación suficientarista. Aunque, como argumentaré en la sección 5, estoy a favor de promover concepciones híbridas de la justicia distributiva, para poder determinar si el limitarismo se reduce al suficientarismo, debemos compararlo con una concepción suficientarista "pura" y plausible, no con las concepciones de facto híbridas.

Recordemos que el suficientarismo conlleva dos tesis: "La tesis positiva da cuenta de la importancia de que las personas vivan sobre un cierto umbral, libres de privaciones. La tesis negativa niega la relevancia de requerimientos distributivos alternativos".[36] Si el suficientarismo implica sólo un umbral, y no colapsamos el umbral de suficiencia y el umbral limitarista, entonces el suficientarismo no puede hacer el trabajo que hace el limitarismo. Para aquellos que creen que la categoría de "los pobres" o "los necesitados" es relevante para el pensamiento normativo, el limitarismo se introdujo para hacer una distinción entre tres grupos: los necesitados, los que no están necesitados, pero no están floreciendo plenamente, y los que tienen más recursos de los que necesitan para florecer plenamente. También se introdujo para prestar más atención a los que tienen obligaciones o responsabilidades en cuanto a la ayuda económica.

El cuadro 1 ilustra que el trabajo que realiza el limitarismo, con su enfoque explícito sobre quién debe pagar los costos, no puede reducirse al suficientarismo de un solo umbral. En la situación inicial, el grupo de nivel más bajo está necesitado, ya que necesita 20 unidades de recursos para cruzar la línea de pobreza, o el umbral de suficiencia, pero sólo tiene 10. ¿De dónde van a salir esas 10 unidades? Ahí es donde entra el limitarismo.

---

34 Ésta es una versión de la tesis negativa (véase el siguiente párrafo).
35 Shields 2012, 103–05.
36 Casal 2016, 265.

Supongamos que con 50 unidades de recursos se florece plenamente; todos los recursos adicionales representan riqueza excedente. El Estado A es suficientarista, pero no limitarista; el Estado B es suficientarista *y* limitarista, y el Estado C es igualitarista. El suficientarismo, al menos en la medida en que tal postura no tiene principios adicionales particulares por encima del umbral suficientarista, se satisfaría con el paso a A, pero el limitarismo no.[37]

Línea de pobreza/umbral de suficiencia = 20 unidades				
	Clase baja	Clase media	Clase alta	Riqueza total
Situación inicial	10	30	60	100
Estado A	20	25	55	100
Estado B	20	30	50	100
Estado C	33.3	33.3	33.3	100

Cuadro 1. Redistribuciones suficientaristas con y sin limitarismo

Se podría responder que lo que realmente importa es la comparación a nivel de principios y que deberíamos enfocarnos en qué valores son fundacionales. Pero ahí el limitarismo tampoco puede reducirse al suficientarismo. Concedamos, por beneficio del argumento, que el suficientarismo puede fundamentarse en un valor impersonal, como "el disvalor impersonal de que los individuos tengan vidas insuficientemente buenas".[38] Es cierto que el argumento de las necesidades urgentes insatisfechas se fundamenta en el mismo disvalor. Pero ése no es el único valor impersonal que fundamenta este argumento; los otros dos valores se enfocan en los contribuyentes.

El primero es el *disvalor del desperdicio*: dado que, por definición, el dinero excedente no puede contribuir al florecimiento de los superricos, es un desperdicio dejarles gastar su dinero en yates privados si ese dinero puede satisfacer las necesidades urgentes de los necesitados. El segundo es el *principio de capacidad financiera*. En su discusión sobre las responsabilidades

---

37 Los principios adicionales por encima del umbral suficientarista no son lo que hace que esas posturas sean *suficientaristas*, sino lo que las hace híbridas.
38 Huseby 2019, 18.

distributivas, Miller habla del principio de capacidad, que establece que quienes están más capacitados para atender las necesidades o el problema tienen una mayor o primera responsabilidad para hacerlo. En el contexto actual, podríamos dividir este principio de capacidad en dos partes: aquellos con la capacidad financiera para dar el dinero que se necesita para resolver los problemas relevantes podrían no ser las mismas personas que aquellos con la capacidad de agencia para poner en marcha y ejecutar los actos siempre y cuando dispongan de los recursos financieros necesarios. El limitarismo también se basa en el principio de la capacidad financiera: los que tienen más capacidad financiera deben ser los primeros en contribuir.

¿Qué hay de la comparación con una perspectiva suficientarista de umbrales múltiples? ¿Quizás, se podría argumentar, una perspectiva suficientarista de dos umbrales que fije el segundo umbral de suficiencia al mismo nivel que el florecimiento humano pleno hace que el limitarismo sea trivial? Ese umbral de dos niveles, por el que hay un umbral inferior en el nivel de pobreza o necesidad y un segundo en el nivel limitarista de una vida plenamente floreciente, parece ser la perspectiva que, en cuanto estructuras, acerca más al suficientarismo y el limitarismo.

Pero incluso aquí la similitud es engañosa. El suficientarismo afirma que la justicia requiere que todos alcancen esos dos umbrales y el suficientarismo *en sí mismo* no se preocupa por lo que ocurre por encima de los umbrales.[39] El limitarismo también implica un umbral, pero se enfoca en las personas situadas *por encima* del mismo, afirmando que tenemos razones para no querer que la gente se sitúe por encima de ese umbral—pero no dice nada sobre lo que se necesita entre el umbral inferior de suficiencia y el umbral superior de suficiencia—. De hecho, Volacu y Dumitru captan esto con precisión:

> Robeyns está intentando poner la perspectiva suficientarista cabeza abajo. Los suficientaristas se interesan por los beneficiarios de los procesos redistributivos, especificando un umbral de relevancia e intentando que el mayor número posible de individuos se sitúe en ese umbral o cerca de él. Los limitaristas, por el contrario, se interesan principalmente por quienes cargan con los deberes de los procesos redistributivos.[40]

---

39 Una vez más, el suficientarismo combinado con los principios de qué debe ocurrir por encima del umbral superior sí se preocuparía por ello, pero entonces hemos entrado en el terreno de las perspectivas pluralistas híbridas (sobre las cuales véase la sección 5).
40 Volacu y Dumitru 2018, 250.

Las perspectivas suficientaristas tratan sobre por qué todo el mundo debería estar *en o por encima* de uno o más umbrales de suficiencia; las posturas limitaristas tratan sobre por qué todo el mundo debería estar *por debajo* de un umbral limitarista. Las perspectivas suficientaristas pretenden asegurar que todo el mundo tenga lo suficiente de lo que importa; las perspectivas limitaristas versan sobre que nadie tenga demasiados recursos escasos. Ambas son teorías del umbral, pero preguntan cosas fundamentalmente diferentes. Las perspectivas suficientaristas son una respuesta, o una respuesta parcial, a la pregunta "¿Qué se le debe a la gente?". Las perspectivas limitaristas son una respuesta parcial a la pregunta "¿Qué deben a los demás quienes están por encima del umbral limitarista?". Al responder a esta última pregunta, los limitaristas no sólo se refieren a los valores de la igualdad, o de la suficiencia, sino que también pueden referirse a una pluralidad de valores que necesitan ser protegidos restringiendo la acumulación de exceso de riqueza.

Un suficientarista podría objetar que, en términos de estructura, el limitarismo es una versión de dos niveles del suficientarismo. Quisiera resistirme a esta conclusión por al menos tres razones. En primer lugar, como mencioné al principio de esta sección, estoy de acuerdo con quienes piensan que la intuición fuerte del suficientarismo es enfocarse en satisfacer un conjunto de necesidades básicas que queremos cubrir para todos. Sin duda, se pueden desarrollar teorías interesantes de un suficientarismo de dos niveles con principios adicionales aplicados en el espacio entre los umbrales, pero serían teorías pluralistas o híbridas que añaden elementos adicionales a lo que es genuinamente suficientarista.

En segundo lugar, mantener el enfoque de la suficiencia en satisfacer incondicionalmente las necesidades básicas es especialmente importante para la filosofía que pretende abordar problemas del mundo real, ya que la línea de pobreza (y abordar las desventajas) se reconoce claramente como una preocupación separada. Existen retos sociales separados que surgen de los problemas causados por la concentración de la riqueza. Los umbrales suficientarista y limitarista son, en efecto, todos los umbrales, pero la realidad empírica subyacente y los problemas de la pobreza o la necesidad y los del exceso de riqueza son enormemente diferentes.[41]

---

41 De ahí la necesidad de involucrarse a fondo con el conocimiento empírico y de recurrir a métodos empíricamente fundamentados.

Los filósofos pierden poder orientador de la acción al llamar a las teorías híbridas "teorías suficientaristas".

En tercer lugar, conceptualmente persiste la cuestión de separar a los portadores de los costos de los receptores de los beneficios aumentados. Esto es especialmente importante para las cuestiones sobre la ética distributiva de la provisión de bienes públicos, cuestiones que están virtualmente ausentes en la literatura suficientarista.

Al final, más que discutir sobre si el limitarismo puede reducirse al suficientarismo de umbrales múltiples, creo que se gana más explorando el valor de la combinación de esas perspectivas, a lo que ahora me refiero.

5. El papel del limitarismo en las teorías pluralistas de la justicia distributiva

El limitarismo es explícitamente una regla parcial de justicia distributiva; puede combinarse con reglas o patrones por debajo del umbral para convertirse en una concepción completa de la justicia. El limitarismo añade un enfoque explícito en los portadores de los costos—aquellos de quienes se tomarán los recursos para la redistribución o aquellos que tendrán menos recursos (en comparación con la situación previa al limitarismo) debido a medidas como una legislación de renta máxima o un límite a las herencias—. Pero podría decirse que algo similar ocurre con el suficientarismo. Por ejemplo, Shields argumentó recientemente que, si el suficientarismo se vuelve parte de una concepción pluralista que combine la suficiencia con el prioritarismo, el igualitarismo o el utilitarismo, es mucho más capaz de responder a la objeción de que la postura es implausiblemente indiferente a lo que ocurre por encima del umbral.[42] Shields remonta, con razón, las concepciones pluralistas a John Rawls y Paula Casal también las discute en su crítica detallada del suficientarismo.[43]

En mi opinión, el limitarismo puede proporcionar a los suficientaristas algunas herramientas que éstos necesitan para hacer más plausible su teoría, y lo mismo ocurre a la inversa. Si el umbral suficientarista es bajo, el limitarismo puede ayudarnos a elegir entre elevar a todo el mundo sobre ese umbral bajo quitando recursos a los que tienen más de lo que necesitan

---

42   Shields 2020, 7–9.
43   Casal 2016.

para llevar una vida plenamente floreciente o quitándoselos a los que no tienen privaciones, pero no han florecido plenamente, como ilustra el ejemplo numérico del Cuadro 1. Si existe un segundo umbral suficientarista más alto, pero que es más bajo que el umbral limitarista, se pueden plantear exactamente las mismas preguntas y el limitarismo puede desempeñar exactamente el mismo papel en el desarrollo de una concepción de la justicia distributiva. Sin embargo, si el umbral suficientarista más alto se encuentra al nivel del umbral limitarista, entonces tenemos una teoría que es esencialmente igualitarista en su aspiración.

La suficiencia está esencialmente orientada al beneficiario: se ocupa de lo que queremos que la gente tenga. El limitarismo trata, por un lado, de evitar los perjuicios del exceso de riqueza y, por otro, está orientado a la contribución: se ocupa de quién debe contribuir a las políticas redistributivas y a las intervenciones dirigidas a los problemas de acción colectiva, y de cuánto deben contribuir. La combinación de uno o más umbrales suficientaristas con umbrales limitaristas permite a los suficientaristas decir algo sobre de dónde se tomarán los recursos para los objetivos de la suficiencia.

Las concepciones pluralistas de la justicia distributiva pueden ser pluralistas con respecto a las reglas distributivas que aplican a las diferentes partes de la distribución, o pueden ser pluralistas en relación con las reglas distributivas que aplican a las diferentes métricas de justicia. También es muy probable que sean pluralistas con respecto a los valores subyacentes que los patrones propuestos pretenden proteger. Una perspectiva pluralista que, en mi opinión, necesita ser examinada más a fondo es tener una concepción de la justicia distributiva que tenga tres estratos.,[44][45] El primer estrato sería un umbral suficientarista de nivel bajo en términos de funcionamientos y capacidades *básicas*, que asegura que todos, independientemente de las necesidades diferenciales, puedan vivir una vida digna sin sufrir pobreza o exclusión social. Para este primer estrato, los valores de suficiencia y dignidad humana serían los

---

44 Esta concepción pluralista de la justicia distributiva se presentó al público en la conferencia de la HDCA en Ciudad del Cabo (septiembre de 2017) y en el taller de Utrecht sobre el patrón de justicia distributiva (enero de 2019).

45 Traducimos *"tier"* por "estrato" con su significado de "capa", "nivel" o "rango", en concordancia con el texto original. La noción de "estrato" aquí no tiene ninguna connotación jerárquica; más bien, denota la idea de diferentes rangos de bienestar a los que distintos principios distributivos aplican. [N.d.T.]

más importantes, y los valores de responsabilidad personal y eficiencia no desempeñarían ningún papel. El segundo estrato impondría un límite a los medios financieros (ingresos y sobre todo riqueza) para proteger una serie de valores, como la igualdad política, el no desperdicio y la no dominación. El tercer estrato se situaría entre el umbral de suficiencia y el umbral limitarista, y su valor más importante sería una concepción de la igualdad de oportunidades compatible con los incentivos. Aunque no dispongo de espacio aquí para desarrollar dicha concepción, es pluralista en cuanto a sus métricas, reglas distributivas y valores. Dado que la justicia distributiva afecta a múltiples valores y que esos valores entran en conflicto en algunos contextos, una concepción pluralista de la justicia distributiva como la esbozada aquí nos permite dar prioridad léxica a ciertos valores en algunas partes de la distribución.[46]

Este breve esbozo sin duda deja muchas preguntas sin responder, pero espero que sirva para ilustrar el punto de que, al introducir el limitarismo en nuestra teorización de la justicia distributiva, estamos haciendo que las teorías de la justicia distributiva sean más potentes a la hora de explicar lo que queremos de ellas para el mundo tal y como es y para mundos posibles cercanos.

6. ¿Qué puede aportar el limitarismo?

En las secciones anteriores, he argumentado contra la opinión de que el limitarismo puede reducirse a una combinación de suficientarismo e igualitarismo. Partiendo del enfoque teórico del debate que Huseby estableció, he argumentado que el limitarismo tiene cosas que ofrecer a las teorías de la justicia que no podemos encontrar ni en una forma defendible de igualitarismo ni en formas plausibles de suficientarismo (en la medida en que sean suficientaristas y no en la medida en que sean híbridas). En esta sección final, quiero retomar algunos comentarios hechos anteriormente y atar algunos cabos.

En primer lugar, a la hora de juzgar si una perspectiva propuesta es distinta, la filosofía orientada a los problemas nos pediría que atendiéramos a *todos sus argumentos en conjunto*. Incluso si hay una mejor

---

46 Como en el caso de la teoría de Rawls de la "justicia como imparcialidad"; Rawls 2012.

perspectiva para la razón 1 y otra mejor para la razón 2, podría darse el caso de que aquellos que se preocupan *tanto* por la razón 1 como por la razón 2 deberían respaldar una tercera perspectiva que aborde mejor estas dos razones. Creo que este argumento metodológico general aplica a cómo debe juzgarse el limitarismo. Ninguna de las perspectivas existentes capta una preocupación distintiva que el limitarismo intenta abordar, que es que a algunos (en las clases medias) se les imponen costos con fines redistributivos o de bienes públicos, mientras otros pueden conservar una riqueza excedente que no aumenta su florecimiento. Del hecho de que algunos argumentos limitaristas son compartidos por otras perspectivas no se deduce que el limitarismo no pueda tener su propio conjunto de valores y argumentos fundacionales.

Hay otro punto que hay que señalar. Supongamos que, como cree Huseby, el limitarismo no añade nada al igualitarismo ni al suficientarismo. Entonces tendría que ser verdad que podríamos entender y apreciar plenamente *las preocupaciones normativas* con respecto a la riqueza excedente desde la perspectiva de la igualdad y la suficiencia. Pero el punto de introducir un enfoque en la parte superior de la distribución es permitirnos preguntar e investigar cuáles son las razones distintivas para preocuparse por la riqueza extrema. El exceso de riqueza genera preocupaciones que tienen que ver con todos los siguientes elementos: no preguntarse lo suficiente sobre quién pagará los costos de la redistribución; el menoscabo de los valores democráticos por parte de quienes pueden hacerlo sin un costo significativo para ellos mismos; un desperdicio radical de recursos; desequilibrios de poder; la pérdida de autonomía moral; la dominación y el menoscabo de la dignidad humana, y el desaprovechamiento de soluciones de fácil financiamiento para los problemas de acción colectiva. Estas preocupaciones normativas no pueden expresarse con la misma precisión y claridad cuando se recurre a las nociones de igualitarismo y suficientarismo.

Mi último punto se refiere a cómo veo el campo de juego en el que debe juzgarse el limitarismo. El limitarismo se introdujo por primera vez como "una perspectiva de la justicia distributiva" o "una concepción parcial de la justicia distributiva".[47] Sigo sosteniendo que eso es verdad, pero también he llegado a ver con más claridad que los filósofos

---

47   Robeyns 2017, 1.

políticos tienen diferentes opiniones sobre lo que consideran que es una perspectiva de la justicia distributiva—y mi opinión sobre esto es presumiblemente más amplia que la de muchos otros—. Los filósofos políticos orientados a la teoría están especialmente interesados en cuáles son las razones a favor de una determinada afirmación normativa y si esas razones son teóricamente distintas. Los filósofos políticos orientados a los problemas están menos interesados en si, a nivel teórico, una de esas razones puede reducirse a otra razón. En cambio, buscan razones que contribuyan de forma distinta a abordar los problemas del mundo real. Creo que ése es el caso del limitarismo e interpreto que el interés político en el limitarismo respalda esta creencia.

Responder a la pregunta sobre qué aporta el limitarismo no puede reducirse a preguntar si a nivel teórico el limitarismo es reducible al igualitarismo y suficientarismo. Es probable que haya personas que respalden la posición de que el igualitarismo es sobrexigente, pero que debe haber límites a la desigualdad protegiendo a los vulnerables y limitando el exceso de riqueza, aunque permitiendo las desigualdades entre esos dos extremos. También habrá quienes se preocupen menos por la justicia distributiva en sí misma y piensen que la ausencia de dominación, tanto en la política como en el ámbito social, es el valor más importante a proteger, y que respalden el limitarismo por esas razones. Y habrá quienes tengan inclinaciones bienestaristas moderadas y crean que la concentración de la riqueza, cuando sólo conduce a la posesión de bienes de estatus y lujos, es un desperdicio en una sociedad en la que hay tantas necesidades urgentes insatisfechas.

Todos estos grupos, y otros, pueden coincidir en que los límites a la concentración de la riqueza son políticamente deseables y justificables; para ellos es importante estar de acuerdo en tener una razón para actuar y limitar la concentración de la riqueza (pero cada uno puede tener otra razón). No necesitan saber si hay, en un sentido filosófico estricto, algo "distintivo" en el limitarismo.[48] Dado un pluralismo de valores razonables, es probable que no todos los ciudadanos tengan razones para respaldar el igualitarismo de resultados; pero si todos los ciudadanos tienen razones, aunque diferentes, para respaldar el limitarismo, entonces eso es una fortaleza del limitarismo. Si un papel importante de la filosofía política es

---

48 Véase también Timmer (2021b) sobre el limitarismo como principio de nivel medio.

abordar problemas del mundo real, entonces en situaciones como ésta, el limitarismo será más orientador de la acción, ya que todo el mundo puede suscribir las propuestas limitaristas, pero no todo el mundo suscribiría las perspectivas igualitaristas o suficientaristas de umbral alto.

La cuestión de cuál es el valor y los límites del limitarismo no puede responderse, por lo tanto, sin preguntarse primero qué queremos de una teoría de la justicia.[49] Se pueden dar muchas respuestas diferentes a esa pregunta. Por supuesto, los filósofos orientados a los problemas también quieren que haya razones sólidas para respaldar una afirmación normativa; tienen tanto interés como los filósofos políticos orientados a la teoría en que sus análisis normativos sean sólidos. Pero, además, quieren que el limitarismo sea juzgado por la respuesta a la pregunta de si puede ayudar a abordar los problemas del mundo tal y como es y de los mundos posibles cercanos, ya sea desarrollándose en ideales rectores o cambiando el discurso público de una manera diferente. Dado que hay razones distintivas para respaldar el limitarismo, y dado que no nos compromete con las partes normativamente implausibles del igualitarismo, el limitarismo tiene un papel que desempeñar en la moral política del mundo real.

Agradecimientos

Agradezco a David Axelsen, Constanze Binder, Bob Goodin, Tammy Harel Ben-Shahar, Robert Huseby, Elena Icardi, Tim Meijers, Lasse Nielsen, Dick Timmer, Alex Volacu, Nicholas Vrousalis y un dictaminador anónimo por sus útiles comentarios sobre versiones anteriores de este capítulo. También agradezco a Colin Hickey, Chris Neuhäuser, Debra Satz y Liam Shields por expandir mi comprensión del limitarismo. Finalmente, agradezco a los participantes de los seminarios y talleres en Utrecht (enero de 2019), Bucarest (junio de 2019), Dortmund (noviembre de 2019), el LSE (mayo de 2021) y Róterdam (noviembre de 2021). Financiamiento para esta investigación fue proveído por el Programa de Investigación e Innovación de Horizonte Europa 2020, Consejo Europeo de Investigación, acuerdo de subvención No. 726153. Este capítulo fue publicado originalmente en *The Journal of Political Philosophy*, 2022, 30 (2), pp. 249–70.

---

49   Que era, por supuesto, la pregunta que se hacía Sen (2006).

Referencias

Facundo, Alvaredo, Atkinson, Anthony B., Piketty, Thomas & Saez, Emmanuel. 2013. The top 1 percent in international and historical perspective. *Journal of Economic Perspectives*, 27, 3–20. https://doi.org/10.1257/jep.27.3.3

Atkinson, Anthony B. & Piketty, Thomas. 2007. *Top Incomes over the 20th Century*. Oxford: Oxford University Press.

Axelsen, David & Nielsen, Lasse. 2021. Why we should worry about extreme wealth. MS: University of Essex.

Brouwer, Huub & van der Deijl, Willem. 2021. More onerous work deserves higher pay. In Anders Örtenblad (ed.), *Debating Equal Pay for All* (pp. 55–98). Cham: Palgrave Macmillan.

Casal, Paula. 2007. Why sufficiency is not enough. *Ethics*, 117, 296–336. https://doi.org/10.1086/510692

Casal, Paula. 2016. "Por qué la suficiencia no basta." En *Igualitarismo: una discusión necesaria*, editado por Javier Gallego S. y Thomas Bullemore L., traducido por Javier Gallego Saade, 263–95. Santiago de Chile: Centro de Estudios Públicos.

Goodin, Robert E. 1982. *Political Theory and Public Policy*. Chicago: University of Chicago Press.

Gosseries, Axel. 2011. Sufficientarianism. In E. Craig (Ed.) *Routledge Encyclopedia of Philosophy*, https://www.rep.routledge.com/articles/thematic/sufficientarianism/v-1. https://doi.org/10.4324/9780415249126-S112-1

Green, Fergus & Brandstedt, Eric. 2021. Engaged climate ethics. *Journal of Political Philosophy*, 29, 539–63. https://doi.org/10.1111/jopp.12237

Harel Ben Shahar, Tammy. 2019. Limitarianism and relative thresholds. *SSRN Working paper* http://dx.doi.org/10.2139/ssrn.3404687.

Herlitz, Anders. 2019. The indispensability of sufficientarianism. *Critical Review of International Social and Political Philosophy*, 22, 929–42. https://doi.org/10.1080/13698230.2018.1479817

Hickey, Colin, Meijers, Tim, Robeyns, Ingrid, & Timmer, Dick. 2021. The agents of justice. *Philosophy Compass*, 16, e12770. https://doi.org/10.1111/phc3.12770

Huseby, Robert. 2019. Sufficientarianism. In William R. Thompson (Ed.). *Oxford Research Encyclopedia of Politics*. Oxford University Press. https://doi.org/10.1093/acrefore/9780190228637.013.1382.

Huseby, Robert. 2020. Sufficientarianism and the threshold question. *Journal of Ethics*, 24, 207–23. https://doi.org/10.1007/s10892-020-09321-7.

Huseby, Robert. 2022. The limits of limitarianism. *Journal of Political Philosophy*, 3, 230–48. https://doi.org/10.1111/jopp.12274.

Miller, David. 2001. Distributing responsibilities. *Journal of Political Philosophy*, 9, 453–71. https://doi.org/10.1111/1467-9760.00136

Mulligan, Thomas. 2021. Equal pay for all: an idea whose time has not, and will not, come. in Anders Örtenblad (Ed.), *Debating Equal Pay for All* (pp. 21–35). Cham: Palgrave Macmillan.

Neuhäuser, Christian. 2018. *Reichtum als Moralisches Problem*. Frankfurt: Suhrkamp.

O'Neill, Onora. 2001. Agents of justice. *Metaphilosophy*, 32, 180–95. https://doi.org/10.1111/1467-9973.00181

Piketty, Thomas. 2014. *Capital in the 21st Century*. Cambridge, MA: Harvard University Press.

Rawls, John. 1999. *A Theory of Justice*, rev. edn. Cambridge, MA: Harvard University Press.

Rawls, John. 2012. *Teoría de la justicia*. Traducido por María Dolores González. Distrito Federal: Fondo de Cultura Económica.

Robeyns, Ingrid. 2012. Are transcendental theories of justice redundant? *Journal of Economic Methodology*, 19, 159–63.

Robeyns, Ingrid. 2017. Having too much. In Jack Knight & Melissa Schwartzberg (Eds.), Wealth - Yearbook of the American Society for Political and Legal Philosophy (pp. 1–44). New York: New York University Press.

Robeyns, Ingrid, Buskens,Vincent, van de Rijt, Arnout, Vergeldt, Nina & van der Lippe, Tanja. 2021. How rich is too rich? Measuring the riches line. *Social Indicators Research*, 154, 115–43.

Rothstein, Bo. 1998. *Just Institutions Matter*. Cambridge: Cambridge University Press.

Sen, Amartya. 2006. What do we want from a theory of justice? *Journal of Philosophy*, 103, 215–38.

Sen, Amartya. 2009. *The Idea of Justice*. London: Allen Lane.

Sen, A. (2010). *La idea de la justicia*. Traducido por Hernando Valencia Villa. Barcelona: Taurus.

Shields, Liam. 2012. The prospects for sufficientarianism. *Utilitas*, 24, 101–17. https://doi.org/10.1017/S0953820811000392

Shields, Liam. 2020. Sufficientarianism. *Philosophy Compass*, 15, e12704. https://doi.org/ 10.1111/phc3.12704

Sunstein, Cass R. 1998. Practice reason and incompletely theorized agreements. *Current Legal Problems*, 55, 267–98. https://doi.org/10.1093/clp/51.1.267

Timmer, Dick. 2019. Defending the democratic argument for limitarianism. *Philosophy*, 47, 1331–39. https://doi.org/10.1007/s11406-018-0030-6

Timmer, Dick. 2021a. Thresholds in distributive justice. *Utilitas*, 33, 422–41. https://doi.org/10.1017/S0953820821000194

Timmer, Dick. 2021b. Limitarianism: pattern, principle, or presumption? *Journal of Applied Philosophy*, 38, 760–73. https://doi.org/10.1111/japp.12502

Timmer, Dick. 2021c. *Thresholds and Limits in Theories of Distributive Justice*. PhD dissertation, Utrecht University.

Valentini, Laura. 2012. Ideal vs. non-ideal theory: a conceptual map. *Philosophy Compass*, 7, 654–64. https://doi.org/10.1111/j.1747-9991.2012.00500.x

Volacu, Alexandru & Dumitru, Adelin Costin. 2018. Assessing non-intrinsic limitarianism. *Philosophia*, 47, 249–64. https://doi.org/10.1007/s11406-018-9966-9

Wolff, Jonathan. 1998. Fairness, respect, and the egalitarian ethos. *Philosophy and Public Affairs*, 27, 97–122. https://doi.org/10.1111/j.1088-4963.1998.tb00063.x

Wolff, Jonathan. 2015. Political philosophy and the real world of the welfare state. *Journal of Applied Philosophy*, 32, 360–72. https://doi.org/10.1111/japp.12125

Wolff, Jonathan. 2018. Methods in philosophy and public policy: applied philosophy versus engaged philosophy. In Annabel Lever & Andrei Poama (Eds.), *Routledge Handbook of Ethics and Public Policy* (pp. 13–24). London: Routledge. https://doi.org/10.4324/9781315461731-2

Zwarthoed, Danielle. 2019. Autonomy-based reasons for limitarianism. *Ethical Theory and Moral Practice*, 21, 1181–204. https://doi.org/10.1007/s10677-018-9958-7

8. Limitarismo presuntivo: Una respuesta a Robert Huseby

Dick Timmer

1. Introducción

De acuerdo con el limitarismo, hay un límite superior a la cantidad de riqueza que la gente puede tener permisiblemente (Robeyns 2017; 2022; Timmer 2021a). En trabajos previos sobre el limitarismo, propuse el *limitarismo presuntivo*, según el cual el limitarismo está justificado cuando los responsables de la toma de decisiones desconocen o discrepan sobre el criterio distributivo apropiado o si desconocen las características relevantes de las personas (o ambas cosas) (Timmer 2021a, 765–71).[1] Sin embargo, en una crítica perspicaz al limitarismo presuntivo, Robert Huseby (2022, 244–46) planteó una serie de objeciones contundentes contra esta perspectiva. Algunas de estas objeciones exigen una revisión de mi defensa del limitarismo presuntivo, mientras que otras exigen una aclaración, cosa que pretendo hacer en este capítulo.

---

1   De manera más precisa, argumenté que cuando los responsables de la toma de decisiones desconocen el criterio distributivo apropiado (o si existe desacuerdo sobre ese criterio), deberían defender el limitarismo como un principio de nivel medio (Timmer, 2021a, 763–65). Y cuando desconocen las características relevantes de las personas, deberían defender el limitarismo como una presunción (Timmer, 2021a, 765–71). Ahora argumentaré explícitamente que el limitarismo presuntivo también puede ser defendido como un principio de nivel medio, pues puede recibir apoyo de un acuerdo incompletamente teorizado (véanse las secciones 3 y 5). Por ello, ahora diré que los responsables de la toma de decisiones deberían aplicar el limitarismo presuntivo si desconocen o discrepan sobre el criterio distributivo apropiado o si desconocen las características relevantes de las personas (o ambas cosas).

Este capítulo está estructurado de la siguiente manera. En la sección 2, repito y aclaro la idea principal que subyace al limitarismo presuntivo. En las secciones siguientes, discuto las objeciones de Huseby a los tres argumentos que ofrecí en apoyo del limitarismo presuntivo. En la sección 3, discuto el argumento de la presunción igualitarista. En la sección 4, discuto el argumento del excedente. En la sección 4, discuto el argumento epistémico. La sección 5 concluye.

2. Limitarismo presuntivo replanteado y refinado

Quiero empezar resumiendo y aclarando la idea principal que subyace al limitarismo presuntivo. Mi concepción del limitarismo presuntivo se inspira en un artículo de Juha Räikkä (2019) titulado "On the Presumption of Equality". Räikkä argumenta a favor de una *presunción igualitarista*, según la cual "[c]uando un agente asignador desconoce el criterio distributivo apropiado o las características relevantes de las personas (o ambas cosas) y no puede posponer la asignación, entonces debería distribuir los bienes igualitariamente, dado que la información relevante no está fácilmente disponible y que su ignorancia no es culpa suya" (Räikkä 2019, 810). Del mismo modo, quería examinar si los agentes asignadores, o "los responsables de la toma de decisiones", deberían aplicar principios limitaristas cuando desconocen o discrepan sobre el criterio distributivo apropiado o las características relevantes de las personas (o ambas cosas). Si tal es el caso, ¿deberían prevenir que las personas excedan algún límite superior? Argumenté que la respuesta a esta pregunta es afirmativa.

Defino el limitarismo presuntivo de la siguiente manera, y después ahondaré en esta perspectiva:

> Limitarismo presuntivo. A menos que los responsables de la toma de decisiones tengan razones sustantivas para sugerir lo contrario, deben actuar como si existiera un límite superior a la cantidad de riqueza que las personas pueden tener permisiblemente.[2]

---

2 Esta definición es una adaptación de la que proporcioné anteriormente (Timmer 2021a, 765). La formulación original es la siguiente:

> Limitarismo presuntivo: sin razones sustantivas que indiquen lo contrario, tenemos razones para considerar injusta una distribución si la riqueza de algunas personas supera el umbral limitarista.

Dicho de otro modo, el limitarismo presuntivo sostiene que, a menos que los responsables de la toma de decisiones conozcan el criterio distributivo adecuado y las características relevantes de las personas, deben actuar como si existiera un límite superior a la cantidad de riqueza que las personas pueden tener permisiblemente. El papel de tal presunción es ser "un principio de aversión al riesgo que pretende minimizar el posible daño de una decisión dadas las creencias previas y la evidencia disponible para el responsable de la toma de decisiones" (Timmer 2021a, 765).

Debería aclarar el uso que hago de las etiquetas "sustantivo" y "presuntivo" al distinguir entre distintos principios distributivos. Digo que los responsables de la toma de decisiones deberían aplicar principios sustantivos si hay un acuerdo sobre el criterio distributivo apropiado y si conocen las características relevantes de las personas. Si desconocen o discrepan sobre el criterio distributivo apropiado o las características relevantes de las personas (o ambas cosas), entonces deben aplicar principios presuntivos. Sin embargo, es importante señalar que en nuestro mundo rara vez se da el caso de que los responsables de la toma de decisiones tengan o un conocimiento completo de estos aspectos o una falta total del mismo. Así pues, es probable que los responsables de la toma de decisiones tengan que combinar y sopesar tanto las razones sustantivas como las presuntivas a la hora de evaluar diferentes escenarios distributivos (Timmer 2021a, 770).[3] Cuanto más conozcan o estén de acuerdo los responsables de la toma de decisiones sobre el criterio distributivo apropiado y las características relevantes de las

---

Las objeciones de Huseby aplican igualmente a cualquiera de las dos formulaciones del limitarismo presuntivo, por lo que la definición revisada no importa para la discusión de su argumento. Sin embargo, prefiero la formulación revisada porque se enfoca en el limitarismo presuntivo como una perspectiva sobre cómo deben actuar los responsables de la toma de decisiones si desconocen o discrepan sobre el criterio distributivo apropiado y/o las características relevantes de las personas. Además, define el limitarismo presuntivo no sólo como un principio de justicia, sino también como un principio moral que podría tener implicaciones de manera general en la filosofía política y la ética. Dicho esto, respaldo ambas definiciones del limitarismo presuntivo.

3   Por ejemplo, podemos saber que Ana trabaja más horas que Bob, pero tal vez no sepamos si realizan el mismo esfuerzo. Si distribuyéramos la riqueza en función de las horas de trabajo y el esfuerzo, tendríamos que combinar un principio sustantivo con un principio presuntivo en este caso (y lo mismo ocurre con otros principios distributivos).

personas, menos peso habrá que dar a las razones presuntivas. Y cuanto menos conozcan el criterio distributivo apropiado y las características relevantes de las personas, mayor será el peso de las razones presuntivas. Dicho esto, dejo de lado esta cuestión en el resto de este artículo porque tiene poca relación con mi discusión de las objeciones de Huseby. Pero encaja en un debate mucho más amplio e importante sobre cómo y qué principios distributivos pueden ofrecer orientación en el mundo real, un debate que sólo puedo mencionar aquí brevemente.[4]

Podemos distinguir las presunciones de otros tipos de principios distributivos enfocándonos en cuándo exactamente se supone que los principios presuntivos ofrecen orientación. Para ello, puede resultar útil examinar dos ejemplos de presunciones jurídicas.[5] Para empezar, la presunción de inocencia establece que debemos tratar a alguien como si fuera inocente hasta que se demuestre su culpabilidad. Como afirma la Declaración Universal de Derechos Humanos "Toda persona acusada de delito tiene derecho a que se presuma su inocencia mientras no se pruebe su culpabilidad, conforme a la ley y en juicio público en el que se le hayan asegurado todas las garantías necesarias para su defensa". Esto significa que cualquier persona acusada de cualquier crimen debe ser considerada inocente hasta que se demuestre su culpabilidad, lo que a menudo significa que su culpabilidad debe probarse más allá de toda duda razonable. Si se demuestra su culpabilidad más allá de toda duda razonable, deja de aplicarse la presunción de inocencia. Posteriormente, la presunción de fallecimiento establece que una persona puede ser declarada muerta incluso si no puede aportarse ninguna prueba innegable de su muerte. Esta presunción deja de aplicar si se demuestra que esa persona está de hecho viva (o muerta). Las presunciones aplican, pues, hasta que se aporten pruebas o argumentos contrarios decisivos en su contra.

En la justicia distributiva, las presunciones aplican cuando los responsables de la toma de decisiones carecen de razones sustantivas para favorecer ciertos resultados distributivos; es decir, aplican si los responsables de la toma de decisiones desconocen o discrepan sobre

---

4   Véase también la distinción de Robeyns (2022, 251–53) entre "filosofía política orientada a la teoría" y "filosofía política orientada a los problemas". Sobre la teoría ideal y la teoría no ideal en general, véase Valentini (2012).

5   Estos ejemplos proceden de Räikkä (2019, 810–12).

el criterio distributivo apropiado o las características relevantes de las personas (o ambas cosas). Por ejemplo, si la riqueza debe distribuirse en función de quién la merece más, pero los responsables de la toma de decisiones desconocen si Ana o Bob la merecen más, no podemos distribuir la riqueza sobre esta base. Del mismo modo, si se desconoce si Ana o Bob viven con privaciones, no se puede aplicar directamente el principio de que las personas deben vivir libres de privaciones. Alternativamente, si sabemos todo lo que hay que saber sobre Ana y Bob, pero desconocemos o discrepamos sobre el criterio distributivo correcto, las presunciones también pueden ofrecer orientación. En todos estos casos, los responsables de la toma de decisiones deben pensar qué distribución de la riqueza entre Ana y Bob es presuntamente justa, es decir, qué distribución minimizaría "el posible daño de una decisión dadas las creencias previas y la evidencia disponible para el responsable de la toma de decisiones" (Timmer 2021a, 765). El limitarismo presuntivo, por lo tanto, sostiene que si los responsables de la toma de decisiones desconocen o discrepan sobre el criterio distributivo apropiado o las características relevantes de las personas (o ambas cosas), deben decir que existe un límite superior a la cantidad de riqueza que las personas pueden tener permisiblemente para minimizar el posible daño de una decisión dadas las creencias previas y la evidencia disponible para los responsables de la toma de decisiones.

Debo señalar que algunos de mis argumentos sobre el limitarismo presuntivo apoyan umbrales mucho más altos que los detallados en la concepción de Robeyns (o de otros).[6] Por ejemplo, más adelante argumentaré que cuando los responsables de la toma de decisiones son incapaces de determinar un umbral preciso por razones epistémicas, al menos pueden estar seguros de que los multimillonarios están por encima de él. Sin embargo, el umbral de florecimiento de Robeyns es mucho más bajo que este umbral (Robeyns 2017, 14–30). Además, el límite de riqueza en el limitarismo presuntivo también puede ser *más bajo* que el umbral propuesto en otras concepciones. Por ejemplo, más adelante defiendo que un argumento a favor del limitarismo presuntivo es que puede ser que las personas tengan riqueza que tenga muy poco valor para el que la posee como para justificar que la conserven en

---

6   Doy las gracias a un dictaminador anónimo por esta observación.

lugar de redistribuirla. Dependiendo del peso de nuestras razones para redistribuir la riqueza, esto podría sugerir un umbral limitarista más bajo que el umbral de Robeyns para una vida plenamente floreciente.[7]

A continuación, defenderé los tres argumentos que propuse a favor del limitarismo presuntivo y que fueron criticados por Huseby. El argumento de la presunción igualitarista afirma que el limitarismo presuntivo debería ser respaldado porque otros principios presuntivos lo apoyan (Timmer 2021a, 766-67). El argumento del excedente afirma que el limitarismo presuntivo debería ser respaldado porque algunas personas tienen riqueza excedente, que es riqueza que carece de valor moral para el que la posee o que tiene demasiado poco valor para el que la posee como para justificar que la conserve en lugar de redistribuirla (Timmer 2021a, 767-68). El argumento epistémico dice que si los responsables de la toma de decisiones desconocen las características relevantes de las personas (por ejemplo, porque desconocen hasta qué punto las personas merecen su riqueza), entonces es presuntamente justo imponer un límite superior a qué tanta riqueza puedan tener las personas (Timmer 2021a, 768-69).

3. El argumento presuntivo-igualitarista

Mi primer argumento a favor del limitarismo presuntivo fue que si uno respalda el igualitarismo presuntivo—la perspectiva de que si se desconoce si las distribuciones desiguales están justificadas, los bienes deberían distribuirse igualitariamente—entonces uno debería respaldar el limitarismo presuntivo. Esto se debe a que "es probable que el limitarismo presuntivo reduzca o al menos limite la desigualdad objetable al establecer un umbral superior sobre cuánta riqueza pueden tener las personas" (Timmer 2021a, 766-67). Por lo tanto, argumenté que la presunción igualitarista "apoya al limitarismo presuntivo por implicación" (Timmer 2021a, 766). Por razones que discutiré más adelante, Huseby muestra correctamente que este argumento falla: el igualitarismo presuntivo no implica conceptualmente el limitarismo presuntivo. Sin embargo, sus objeciones sugieren una versión más

---

[7] He abordado ampliamente en otro lugar la cuestión de cómo determinar el nivel del umbral limitarista. Véase Timmer (2021b, 115-33).

fuerte y revisada de este argumento: que el limitarismo presuntivo debería ser respaldado como un principio de nivel medio porque otros principios presuntivos lo *apoyan*, aunque no se siga conceptualmente de estos principios.

La objeción de Huseby (2022, 244–45) va dirigida a la afirmación de que la presunción igualitarista apoya al limitarismo presuntivo por implicación. Su primer argumento es que la presunción igualitarista puede favorecer distribuciones más igualitarias que la presunción limitarista. El limitarismo presuntivo permite grandes desigualdades por debajo del umbral, mientras que el igualitarismo presuntivo no. En segundo lugar, Huseby argumenta que, si se tienen en cuenta las posesiones iniciales, el igualitarismo presuntivo podría requerir que algunas personas superen el umbral limitarista. Supongamos que la persona A está casi en el umbral limitarista, mientras que la persona B no lo está. Si la riqueza adicional debe distribuirse uniformemente entre A y B, entonces A podría superar el umbral limitarista cuando reciba la parte que le corresponde. El igualitarismo presuntivo, argumenta Huseby, apoya este resultado, mientras que el limitarismo no.

Creo que Huseby se equivoca y acierta a la vez. Se equivoca en el sentido de que podría argumentarse que el igualitarismo presuntivo rechazaría distribuir la riqueza adicional uniformemente sin importar la distribución inicial e incluso si algunas personas tienen grandes cantidades de riqueza. A diferencia de lo que sugiere Huseby (2022, 245), los igualitaristas presuntivos también deberían, en mi opinión, ser sensibles a las posesiones iniciales.[8] Muchos regímenes fiscales progresivos favorecidos por los igualitaristas gravan más la riqueza adicional de alguien que ya es muy rico. Éstas y otras políticas similares son igualitaristas no porque distribuyan los bienes adicionales igualitariamente, sino porque los distribuyen de tal forma que se atenúan las desigualdades existentes. Para cualquier umbral limitarista razonablemente alto, entonces, como el umbral de Robeyns por encima del cual las personas pueden vivir una vida plenamente floreciente (Robeyns 2017, 14–30), parece que los igualitaristas también tienen buenas razones para decir que la igualdad no requiere dar partes

---

8   Huseby (2022, 245) sugiere que el igualitarismo presuntivo podría ser sensible a las posesiones iniciales, pero rechaza que éste sea el caso con respecto a los principios igualitaristas basados en el merecimiento.

iguales adicionales a las personas justo por debajo de ese umbral y a las personas muy por debajo de ese umbral. En su lugar, es probable que el igualitarismo dé más peso a los más desfavorecidos.

Pero Huseby señala correctamente que los igualitaristas presuntivos no están comprometidos con el limitarismo presuntivo. Estoy de acuerdo con esto. Un compromiso con el igualitarismo presuntivo no implica conceptualmente un compromiso con el limitarismo presuntivo. Pero, aunque simpatizo mucho con la objeción de Huseby de que los límites a la riqueza no se derivan lógicamente de un compromiso con la igualdad, esto sugiere hacer una revisión del argumento de la presunción igualitarista: el limitarismo presuntivo debería ser respaldado porque otros principios presuntivos lo apoyan, aunque no se derive conceptualmente de estos principios.

Recordemos la formulación del argumento de la presunción igualitarista. Como señala Huseby (2022, 244–45), el argumento afirma que el igualitarismo presuntivo "apoya al limitarismo presuntivo por implicación" (Timmer 2021a, 766). La objeción de Huseby se enfoca en la afirmación sobre la implicación, es decir, en lo que se sigue de un compromiso con el igualitarismo presuntivo. Y Huseby plantea que la presunción igualitarista no implica la presunción limitarista. Sin embargo, todavía podemos sostener que los igualitaristas presuntivos tienen fuertes razones para apoyar el limitarismo presuntivo. Además de defender el limitarismo como un principio presuntivo, también he argumentado que el limitarismo es un principio de nivel medio (Timmer 2021a, 763–65). Como principio de nivel medio, el limitarismo puede recibir apoyo de un "acuerdo incompletamente teorizado", que se produce cuando hay un acuerdo sobre qué resultados u objetivos perseguir, pero un desacuerdo sobre la lógica subyacente acerca de por qué estos resultados u objetivos concretos deben perseguirse (Sunstein 1995). Siguiendo esta idea, los igualitaristas presuntivos podrían respaldar el limitarismo presuntivo no porque corresponda con su teoría de la justicia subyacente, sino porque promueve resultados u objetivos que les importan. El limitarismo presuntivo puede promover intereses igualitaristas porque el limitarismo presuntivo puede ser respaldado tanto por igualitaristas como por otros teóricos de la justicia distributiva, como los prioritaristas y los suficientaristas. Por ejemplo, en el artículo anterior argumenté lo siguiente:

> Tanto los suficientaristas como los prioritaristas [...] pueden estar de acuerdo en que la justicia requiere la erradicación de la pobreza y apoyar las políticas e instituciones que pretenden hacerlo, incluidas las políticas limitaristas. Sin embargo, para los suficientaristas el fundamento de ese limitarismo es que los pobres viven por debajo del umbral de suficiencia; en cambio, los prioritaristas apoyan el limitarismo porque los pobres tienen prioridad ponderada. Los principios limitaristas de nivel medio evitan este desacuerdo fundacional y permiten llegar a un acuerdo sobre los compromisos normativos en casos específicos. (Timmer 2021a, 763).

De ahí que el limitarismo presuntivo pueda recibir apoyo de una variedad de perspectivas. El valor del limitarismo como un principio de nivel medio depende, por lo tanto, de su capacidad para suscitar un acuerdo incompletamente teorizado sobre lo que la justicia requiere en relación con la distribución de la riqueza.

Desde mi punto de vista, entonces, la cuestión es si el igualitarismo presuntivo proporciona razones fuertes para apoyar el limitarismo presuntivo en "circunstancias caracterizadas por la desigualdad de la riqueza, la desigualdad del poder político, la pobreza extrema y el cambio climático disruptivo" (Timmer 2021a, 763), que son las circunstancias en las que se supone que el limitarismo proporciona orientación. Los igualitaristas presuntivos pueden apoyar perspectivas que les acerquen al objetivo que favorecen, incluso si esto a veces conduce a resultados que no les satisfagan del todo. Esto es similar a cómo los consecuencialistas de las reglas pueden respaldar ciertas reglas incluso si en algunos casos hacen que sus resultados no sean óptimos. Podría argumentarse que varias perspectivas sobre la justicia, tanto distributiva como de otro tipo, podrían apoyar los límites a la riqueza, al menos presuntamente. Una de estas perspectivas es que las distribuciones que permiten una riqueza extrema tienen más probabilidades de socavar la libertad política y la igualdad de oportunidades, fomentar una jerarquía de estatus, la dominación y la explotación, y dejar a cientos de millones de personas en pobreza extrema, aunque pudieran beneficiarse de políticas redistributivas.

Por lo tanto, los igualitaristas presuntivos pueden y probablemente deberían respaldar el limitarismo presuntivo cuando los responsables de la toma de decisiones desconocen o discrepan sobre el criterio distributivo apropiado o las características relevantes de las personas (o ambas cosas), no porque sea una *implicación* de su perspectiva, sino porque es probable que reduzca la desigualdad objetable. Desde el punto de vista del igualitarismo presuntivo, un mundo en el que el limitarismo presuntivo es implementado es preferible a un mundo en el que no.

4. El argumento del excedente

El segundo argumento a favor del limitarismo presuntivo es el *argumento del excedente* (Timmer 2021a, 767–68). El argumento del excedente sostiene que el limitarismo presuntivo está justificado si algunas personas tienen riqueza excedente, que es riqueza que carece de valor moral para el que la posee o que tiene demasiado poco valor para quien la posee como para justificar que la conserven en lugar de redistribuirla (Timmer 2021a, 761; véase también Robeyns 2022, 254–55). La idea que subyace a este argumento es que uno podría sostener—y, en mi opinión, con buenas razones—que en nuestro mundo algunas personas tienen riqueza excedente, así definida. En noviembre de 2021, Elon Musk se convirtió en la primera persona en valer más de 300 mil millones de dólares, según Forbes. Es bastante improbable, por decirlo suavemente, que tal riqueza pueda justificarse sobre la base de principios comunes de justicia distributiva, como el igualitarismo, el prioritarismo o el suficientarismo, o de una concepción de necesidad o la libertad individual.[9] Es probable que gravar tal riqueza y redistribuirla genere beneficios significativos sin incurrir en muchos costos. Por este motivo, el argumento del excedente afirma que decir que existe un límite superior a la cantidad de riqueza que las personas pueden tener permisiblemente tiene más probabilidades de ser justo que no hacerlo. Para decirlo más concretamente, el argumento sostiene que gravar la riqueza de los multimillonarios tiene más probabilidades de promover la justicia—tanto distributiva como de otro tipo—que de obstaculizarla.

La principal objeción de Huseby al argumento del excedente es que se basa en razonamientos suficientaristas, porque, como él dice, el argumento "sólo es válido si se presupone que la riqueza o los bienes por debajo del umbral son moralmente valiosos, o al menos más valiosos que la riqueza o los bienes por encima del umbral. Si es así, la

---

9   Para una perspectiva alternativa, véase Flanigan y Freiman (2022).

"afirmación limitarista" es (nuevamente), en realidad, una afirmación suficientarista" (Huseby 2022, 245). Sin embargo, esta objeción está equivocada.[10] El limitarismo no necesita comprometerse con la afirmación de que todo lo que ocurre por debajo del umbral es más valioso, desde el punto de vista de la justicia, que lo que ocurre por encima del umbral, y que esto justifica la redistribución de la riqueza por encima del umbral. Sólo requiere que digamos que al menos *algunas* mejoras por debajo del umbral son más valiosas, por ejemplo, porque permiten satisfacer necesidades urgentes o promueven la igualdad política, y que al menos en lo que respecta a la riqueza *por encima* del umbral, es probable que la redistribución pueda hacerse sin costos significativos para aquellos a los que se les quitan estos bienes. No obstante, el limitarismo sólo proporciona una concepción parcial de la justicia que se enfoca en de dónde pueden tomarse recursos sin incurrir en daños moralmente significativos, o al menos con una baja probabilidad de incurrir en tales daños. De ahí que deba rechazarse la objeción de que el limitarismo es una forma de suficientarismo.

Sin embargo, podemos extraer otra objeción al argumento del excedente de la discusión de Huseby sobre el limitarismo presuntivo. Según Huseby,

> es difícil entender a qué refiere el umbral limitarista en absoluto si no se presupone que el limitarismo es en sí mismo un principio sustantivo de justicia distributiva. Sin embargo, es una premisa para la discusión de Timmer que el limitarismo no es un principio sustantivo de justicia y que la presunción limitarista es válida y útil a través de una gama de posibles principios sustantivos e ideales que no son ellos mismos limitaristas (Huseby 2022, 245).

Huseby argumenta que el "umbral limitarista" no denota nada si no es un principio sustantivo, como el que proporciona la concepción de Robeyns de la vida plenamente floreciente. Esto ejerce presión sobre el argumento del excedente como argumento a favor del limitarismo presuntivo. El argumento del excedente sostiene que es presuntamente justo redistribuir la riqueza que carece de valor moral para el que la posee o que tiene demasiado poco valor para el que la posee como para

---

10 Sobre la relación entre suficientarismo y limitarismo, véase también Robeyns (2022, 261–64).

justificar que se la quede en lugar de redistribuirla (Timmer 2021a, 767–68). Sin embargo, los responsables de la toma de decisiones no tienen por qué aplicar el limitarismo presuntivo si son conscientes de ello. Por ejemplo, si alguien tiene 300 mil millones de dólares mientras cientos de millones de personas viven en la pobreza extrema, es injusto, si es que algo lo es, decir que el multimillonario debería tener aún más riqueza si ello no beneficia a quienes están por debajo de la línea de la pobreza. Sin embargo, el razonamiento *presuntivo* no juega ningún papel aquí porque en este caso conocemos tanto el criterio distributivo apropiado (a saber: erradicar la pobreza) como las características relevantes de las personas (a saber: una persona tiene miles de millones de dólares mientras que otras viven en la privación). Al decir que alguien tiene riqueza excedente, los responsables de la toma de decisiones parecen estar conscientes tanto del criterio distributivo apropiado como de las características relevantes de esta persona.

Sin embargo, el argumento del excedente aún puede desempeñar algún papel a la hora de justificar el limitarismo presuntivo. Por ejemplo, incluso si existe incertidumbre sobre el nivel exacto en el que la riqueza se convierte en riqueza excedente, el limitarismo presuntivo puede ofrecer orientación. Dicha incertidumbre podría surgir, por ejemplo, debido a una incertidumbre subyacente sobre la teoría de la justicia correcta o porque el umbral limitarista es demasiado vago para ofrecer orientación en todos los casos relevantes. A pesar de ello, todavía se puede argumentar que al menos algunas personas tienen riqueza excedente con base en la baja probabilidad de que su riqueza contribuya a algo que sea moralmente valioso—y esa afirmación, que se basa en la probabilidad de que dicha riqueza tenga (suficiente) valor moral para el poseedor como para justificar que la conserve, es una afirmación presuntiva. Es decir, incluso si hay incertidumbre sobre el nivel exacto del umbral limitarista, existe una presunción a favor de redistribuir al menos una parte de la riqueza de los superricos sobre la base de que es improbable que esto les perjudique, pero puede aportar mejoras significativas relevantes para la justicia.

5. El argumento epistémico

El tercer argumento a favor del limitarismo presuntivo, el "argumento epistémico", afirma que si los responsables de la toma de decisiones desconocen las características relevantes de las personas (por ejemplo, porque no saben lo merecedoras que son las personas de su riqueza), entonces es presuntamente justo imponer un límite superior a la riqueza que pueden tener las personas.

Muchos principios distributivos, como la distribución según la productividad marginal o el merecimiento, requieren conocimiento sobre el mérito relativo de las personas o alguna otra característica de un individuo (Timmer 2021a, 768-69). Supongamos por ahora que los responsables de la toma de decisiones desconocen estas características. Éste puede ser el caso por diversas razones, como los límites tecnológicos que restringen el tipo y la cantidad de información que puede adquirirse, o preocupaciones éticas (por ejemplo, la privacidad u objeciones a revelaciones vergonzosas) con respecto a la recopilación de datos por parte de corporaciones y autoridades. Por ello, los responsables de la toma de decisiones pueden ser incapaces de calcular la productividad marginal de las personas u otro factor en función del cual deberían tener más o menos riqueza. Puede que no sepamos, por ejemplo, cuántas horas trabajan Ana y Bob, qué tan talentosos son, cuál es su contribución individual a algún logro colectivo, etcétera. O puede que no sepamos si uno de ellos está o no privado de algún bien valioso, como la vivienda o el acceso a la atención médica básica. Sin acceso a esa información, los responsables de la toma de decisiones deben actuar basándose en principios presuntivos.

El limitarismo presuntivo puede ser justificado por estos motivos epistémicos. Si, por ejemplo, la justicia tiene que ver con asegurar la igualdad política y satisfacer las necesidades urgentes de las personas, que son las dos principales preocupaciones morales que Robeyns adujo al introducir el limitarismo, entonces podemos preguntarnos si es más probable que limitar la cantidad de riqueza que la gente puede tener permisiblemente promueva asegurar la igualdad política y satisfacer las necesidades urgentes de las personas. Además, podemos hacerlo incluso si desconocemos las características relevantes de las personas.

Basándome en los argumentos sobre la satisfacción de las necesidades urgentes y la promoción de la igualdad política, he argumentado en otro lugar que una distribución en la que ni Ana ni Bob superen "el umbral limitarista [es más probable que] sea compatible con la igualdad política y la satisfacción de las necesidades urgentes que una distribución en la que uno de ellos supere ese umbral" (Timmer 2021a, 769). El nivel del umbral limitarista, en este caso, se determina evaluando cuándo la riqueza de las personas supera un umbral por encima del cual es probable que la redistribución de riqueza adicional promueva la igualdad política y permita satisfacer las necesidades urgentes (otros limitaristas podrían, por supuesto, aducir razones diferentes).

La objeción de Huseby al argumento epistémico a favor del limitarismo presuntivo es que no apoya el limitarismo presuntivo en particular. Dice:

> No hay ninguna razón para pensar que la presunción limitarista es mejor para minimizar asignaciones erróneas que la presunción igualitarista o una posible presunción suficientarista, dados los objetivos de la igualdad política y la satisfacción de las necesidades urgentes (Huseby 2022, 246).

Sin embargo, mucho depende de qué significa "mejor que". Huseby tiene razón al afirmar que la presunción limitarista tendría el mismo objetivo que una presunción igualitarista o una presunción suficientarista. Y en algunos casos, estos últimos principios presuntivos serían preferibles porque persiguen valores intrínsecos directamente (es decir, promoviendo la igualdad o erradicando la deficiencia) en lugar de indirectamente (es decir, limitando la riqueza). Por ejemplo, en una sociedad perfectamente suficientarista o en una sociedad perfectamente igualitarista, los objetivos de asegurar lo suficiente para todos y proteger la igualdad política se cumplen mejor que en una sociedad perfectamente limitarista. Esto se debe a que el limitarismo es agnóstico con respecto a cómo se distribuye la riqueza por debajo del umbral máximo, por lo que podría permitir desigualdades que no garanticen la satisfacción de las necesidades urgentes.

Además, en la medida en que son concepciones comprehensivas de la justicia, el igualitarismo y el suficientarismo clasifican diferentes estados del mundo, mientras que el limitarismo sólo se centra en los superricos. Las concepciones comprehensivas de la justicia especifican cuándo algo es una mejora y cómo priorizar entre diferentes objetivos moralmente valiosos. El limitarismo, en cambio, sólo ofrece una orientación parcial y sólo en determinadas condiciones empíricas. Y no se sostiene por sí mismo. La idea central del limitarismo de que hay un límite superior a la cantidad de riqueza que la gente puede tener permisiblemente debe estar arraigada en una concepción más general de la justicia. Es decir, el limitarismo es, en un sentido importante, menos comprehensivo que estas otras perspectivas.

Sin embargo, los principios distributivos también pueden ser "mejores que" otros principios distributivos por otros motivos. Aunque estoy de acuerdo con Huseby en que las presunciones igualitaristas o suficientaristas también pueden utilizarse para abordar las necesidades urgentes o promover la igualdad política, eso no significa que el limitarismo presuntivo no tenga ningún papel que desempeñar. Por un lado, materializar una sociedad perfectamente suficientarista o una sociedad perfectamente igualitarista podría ser mucho menos factible que materializar una sociedad limitarista, por lo que podríamos preguntarnos qué sociedad podemos razonablemente aspirar a materializar a la luz de un compromiso con la suficiencia o la igualdad. E incluso *si* el objetivo es materializar una sociedad suficientarista o igualitarista, el limitarismo presuntivo puede ser valioso porque ofrece una respuesta parcial a la pregunta de quién pagará las políticas y los cambios institucionales necesarios para materializar esa sociedad suficientarista o igualitarista.

Hay al menos dos razones adicionales por las que el limitarismo presuntivo es valioso como un principio de justicia distributiva. En primer lugar, dada la utilidad marginal decreciente de la riqueza adicional, es más probable que se eviten las asignaciones erróneas injustas de riqueza enfocándose en los que se encuentran en el extremo superior de la distribución. Así pues, el limitarismo presuntivo es valioso a la hora de pensar en lo que la justicia requiere de los miembros más ricos de la sociedad. Al hacerlo, los considera ante todo portadores de deberes de justicia más que receptores de justicia. En una línea similar, Robeyns distingue dos razones para enfocarse en la riqueza excedente y en el extremo superior de la distribución, a saber, que nos permite enfocarnos en la asignación derrochadora de la riqueza en el extremo superior de la distribución y porque quienes poseen grandes cantidades de riqueza tienen la capacidad de contribuir más a la provisión de bienes públicos y a la persecución de valores públicos (Robeyns 2022, 263). Además, el limitarismo ofrece orientación para teorizar sobre las políticas que pretenden contener específicamente la riqueza, como a través de los impuestos sobre la riqueza o los impuestos sobre sucesiones. Esto es diferente del igualitarismo presuntivo y del suficientarismo presuntivo, que van dirigidos a una porción mucho mayor de la distribución y son ideales distributivos mucho más amplios.

En segundo lugar, el limitarismo presuntivo se enfoca en la distribución de la riqueza que se encuentra en el extremo superior de la distribución y es menos exigente que otros ideales distributivos, por ejemplo, porque no requiere elevar a las personas por encima de su umbral. Por ese motivo, puede combinarse con otros principios de justicia distributiva (Robeyns 2022, 265–66; Hickey, este volumen). Incluso si todo lo que el limitarismo presuntivo implica pudiera ser implicado por el igualitarismo presuntivo y el suficientarismo presuntivo, la carga argumentativa del limitarismo presuntivo es diferente.

Permítanme plantear este punto de otro modo. Huseby afirma que el limitarismo puede reducirse a otros tipos de principios, como el igualitarismo, el prioritarismo, el suficientarismo y el utilitarismo. Pero esta supuesta indistinción es también una fortaleza de la perspectiva— como queda claro si el limitarismo es defendido como un principio de nivel medio. Existe incertidumbre epistémica con respecto a qué teoría fundacional de la justicia es correcta o preferible. Sin embargo, si un buen número de teorías diferentes apoyan el limitarismo, entonces ésta es una razón de peso para respaldarlo, independientemente de qué otros compromisos tengan esas diferentes teorías. El limitarismo es valioso *precisamente porque* puede ser apoyado por esos diferentes principios y precisamente porque sus implicaciones distributivas resuenan con esos diferentes principios.

6. Conclusión

Según el limitarismo presuntivo, a menos que los responsables de la toma de decisiones conozcan el criterio distributivo apropiado y las características relevantes de las personas, deben actuar como si existiera un límite superior a la cantidad de riqueza que las personas pueden tener permisiblemente. Huseby ha planteado una serie de poderosas objeciones a esta perspectiva, que he tratado de abordar en este artículo. Tanto aquí como en trabajos anteriores, he argumentado que el limitarismo presuntivo ofrece una respuesta plausible a la incertidumbre epistémica en el mundo real y en el contexto de la desigualdad real de la riqueza en muchas sociedades contemporáneas. Aunque existe una incertidumbre epistémica considerable con respecto a la teoría fundacional correcta de la justicia, muchas de estas teorías apoyan al limitarismo presuntivo. En el contexto de los retos sociales suscitados por la desigualdad de la riqueza, con los que también deben lidiar los igualitaristas y otras teorías distributivas, el limitarismo presuntivo sostiene que, a menos que los responsables de la toma de decisiones tengan razones sustantivas para sugerir lo contrario, deben actuar como si existiera un límite superior a la cantidad de riqueza que las personas pueden tener permisiblemente.

Agradecimientos

Doy las gracias a Savriël Dillingh, Colin Hickey, Robert Huseby, Elena Icardi, Matthias Kramm, Tim Meijers, Christian Neuhäuser, Ingrid Robeyns y los miembros del grupo de lectura de Fair Limits por sus valiosas discusiones y comentarios sobre borradores previos de este artículo. También doy las gracias a los dos dictaminadores anónimos de este libro.

Referencias

Flanigan, Jessica & Christopher Freiman. 2022. Wealth Without Limits: In Defense of Billionaires. *Ethical Theory and Moral Practice*, 25(5), 755–75. https://doi.org/10.1007/s10677-022-10327-3

Hickey, Colin. 2023. Sufficiency, Limits, and Multi-Threshold Views. In: Ingrid Robeyns (Ed.). *Having Too Much: Philosophical Essays on Limitarianism*. Cambridge: Open Book Publishers, pp. 219–46.

Huseby, Robert. 2022. The Limits of Limitarianism. *Journal of Political Philosophy*, 30(2), 230–48. https://doi.org//10.1111/jopp.12274

Raikka, Juha. 2019. On the Presumption of Equality. *Critical Review of International Social and Political Philosophy*, 22(7), 809–22. https://doi.org/10.1080/13698230.2018.1438335

Robeyns, Ingrid. 2017. Having Too Much. In: Jack Knight and Melissa Schwartzberg (Eds.). *NOMOS LVI: Wealth. Yearbook of the American Society for Political and Legal Philosophy*. New York: New York University Press, pp. 1–44.

Robeyns, Ingrid. 2022. Why Limitarianism? *Journal of Political Philosophy*, 30(2), 249–70. https://doi.org/10.1111/jopp.12275

Sunstein, Cass R. 1995. Incompletely Theorized Agreements. *Harvard Law Review*, 108(7), 1733–72. https://doi.org/10.2307/1341816

Timmer, Dick. 2021a. Limitarianism: Pattern, Principle, or Presumption? *Journal of Applied Philosophy*, 38(5), 760–73. https://doi.org/10.1111/japp.12502

Timmer, Dick. 2021b. *Thresholds and Limits in Theories of Distributive Justice*. Utrecht: Utrecht University. https://doi.org/10.33540/570

Valentini, Laura. 2012. Ideal vs. non-ideal theory: a conceptual map. *Philosophy Compass*, 7(9), 654–64. https://doi.org/10.1111/j.1747-9991.2012.00500.x

9. Suficiencia, límites y perspectivas de umbrales múltiples

Colin Hickey

1. Introducción

El suficientarismo, que para este momento ya ha sido ampliamente discutido en la literatura sobre justicia distributiva, sostiene que tenemos razones de peso (quizás incluso de naturaleza distinta) para asegurarnos de que la gente tenga lo suficiente de ciertos bienes. Una perspectiva más reciente en la literatura sobre justicia distributiva es el "limitarismo". Acuñado por Ingrid Robeyns, el limitarismo sostiene que es impermisible tener demasiado de ciertos bienes (Robeyns 2017). En otras palabras, hay límites superiores sobre cuántos recursos podemos tener justificadamente. Otros autores han considerado que el limitarismo ha puesto "la perspectiva suficientarista cabeza abajo" (Volacu y Dumitru, 2019). Mientras que el suficientarista identifica un umbral más allá del cual todos deberían estar, el limitarista identifica un umbral por debajo del cual todos deben permanecer.[1]

---

[1] Más adelante, discutiré algunos de los argumentos ofrecidos a favor del limitarismo y a lo largo del capítulo ayudaré a clarificar su pretendido significado, dado que es una perspectiva menos familiar que el suficientarismo. Sin embargo, podemos empezar simplemente con esta descripción amplia e intuitiva del tipo de papel funcional que pretende desempeñar.

En este capítulo analizo la relación entre estas dos perspectivas.[2] En concreto, investigo si los suficientaristas también tendrían que (o incluso deben)[3] respaldar la tesis limitarista y, del mismo modo, si los limitaristas también tendrían que (o incluso deben) respaldar una tesis suficientarista. Argumento afirmativamente que los suficientaristas tienen muy buenas razones para adoptar una tesis limitarista, al igual que los limitaristas para adoptar una tesis suficientarista. Dicho de otro modo, en lugar de simplemente poner la otra perspectiva "cabeza abajo", espero mostrar que cada una de las dos perspectivas contiene en sí misma la semilla de la otra.

La cuestión de si cada perspectiva también *debe* adoptar la otra es más controvertida. A pesar de que considero algunos argumentos especulativos sobre una conexión conceptual necesaria entre las dos perspectivas, los resultados son más tentativos. Así pues, aunque en principio sea posible afirmar una perspectiva sin la otra, hacerlo es difícil de justificar y no es aconsejable.

Por supuesto, existe una variedad sustancial en el tipo de suficientarismo o limitarismo que la gente adopta o podría adoptar. Estoy tratando de ser ampliamente ecuménico al comprender la estructura general de la relación entre las perspectivas; esto no quiere decir, por lo tanto, que no pueda haber buenas razones para que ciertas versiones de una rechacen ciertas versiones de la otra.[4]

---

2   Robeyns (2017, p. 38) prevé la posibilidad de una investigación eventual de este tipo: "Una cuestión particular que requiere atención es cómo el limitarismo se relaciona con la concepción de la suficiencia en términos de un cambio en las razones que damos para preocuparnos por los beneficios por debajo y por encima del umbral, en lugar de la concepción más dominante de simplemente preocuparse por que todos tengan lo suficiente". Introducir el limitarismo significa que tenemos que considerar cómo los recursos por encima del límite de la riqueza se relacionan con los reclamos morales, no sólo de los que están por debajo del umbral de suficiencia, sino también potencialmente de los que se encuentran en el espacio intermedio por encima de éste, pero por debajo del límite de riqueza. Discutiré esta cuestión más adelante.

3   El texto original hace una distinción entre *should* y *must*, que en este caso se decidió expresarla en español usando el pospretérito de *tener que* como traducción de *should* y *deber* como traducción de *must*, decisión que es aplicada consistentemente a lo largo del capítulo. Dada la ausencia de un concepto en español idéntico a *should*, esta decisión pretende hacer patente la diferencia modal expresada en el original. [N.d.T.]

4   No puedo ser completamente ecuménico. Por ejemplo, si alguien insiste en sostener una versión fuerte de la "tesis negativa" del suficientarismo, como se discute más

Concluyo el capítulo sugiriendo algunas razones por las que, en realidad, debería ser menos sorprendente de lo que podríamos pensar que nuestras teorías más plausibles de la justicia distributiva resulten ser perspectivas "de umbrales múltiples" de una cierta estructura, que contengan (al menos) un umbral suficientarista y un umbral limitarista. Sin descartar el reto que supone especificar el contenido sustantivo de tales umbrales suficientaristas y limitaristas, la estructura general se corresponde tan bien con nuestro lenguaje conceptual deóntico estándar que no debería sorprendernos que nuestras teorías de la justicia distributiva adopten una forma paralela.

2. ¿Los suficientaristas tendrían que ser también limitaristas? ¿Deben serlo?

Empiezo, en esta sección, considerando si los suficientaristas tendrían que (o incluso deben) respaldar también una tesis limitarista que defina un límite superior a la acumulación de recursos. En primer lugar, respondo a una objeción preliminar que descarrilaría la idea desde el principio. Después, considero algunas razones más positivas a favor de que los suficientaristas respalden adicionalmente una tesis limitarista. Concluyo la sección considerando algunas razones conceptuales más especulativas de por qué podría ser necesario hacerlo.

2.1 Una objeción preliminar

La idea de que los suficientaristas tendrían que ser también limitaristas puede parecer inmediatamente objetable a quienes estén familiarizados con la literatura suficientarista. Tradicionalmente, el suficientarismo ha sido propuesto en relación con dos tesis: una "positiva" y otra "negativa" (Casal 2016). La tesis positiva subraya las razones de particular peso que tenemos para garantizar que la gente se asegure lo suficiente de algunos bienes.[5] La tesis negativa, por otro lado, pretende sugerir que una vez

---

adelante, y se niega a aceptar cualquier movimiento hacia la discusión no ideal, puede que no le convenza.

5   Tomo prestada aquí la formulación de Liam Shields (2012, p. 106). La formulación original de Casal de la tesis positiva es que es importante que "las personas vivan sobre un cierto umbral, libres de privaciones". Véase (2016, pp. 265).

que todo el mundo ha cruzado el umbral con lo suficiente, ningún criterio distributivo aplica a la distribución de beneficios y cargas por encima del umbral.[6] Como tal, el suficientarismo a menudo se considera un tipo de teoría de la justicia distributiva más minimalista. Es una forma de decir que, una vez que la gente tiene lo suficiente, no tenemos que preocuparnos por ciertos tipos de desigualdades, ni siempre priorizar a los más desfavorecidos.

A la luz de esta imagen estándar, el problema potencial de sugerir que los suficientaristas también tendrían que adoptar una tesis limitarista no es difícil de ver. ¿No descartaría la tesis negativa del suficientarismo la posibilidad de comprometerse también con el limitarismo desde un principio? Después de todo, la tesis negativa respalda la afirmación de que "ningún criterio distributivo aplica" por encima del umbral de suficiencia. Pero al sugerir que hay límites a la cantidad de recursos que uno puede acumular justificadamente, el limitarismo *es* un criterio distributivo por encima del umbral de suficiencia. A primera vista, esto parece inconsistente con la imagen suficientarista estándar, por lo que podría parecer que intentar fusionar ambas perspectivas conduce a un callejón sin salida.

Hay tres puntos que responder, con el fin de mitigar la fuerza de la acusación y preservar la posibilidad de que los suficientaristas al menos *puedan* respaldar adicionalmente el limitarismo, de modo que podamos determinar más adelante si *tendrían que* (o deben) hacerlo. Los dos primeros se refieren a cómo tendríamos que entender el estatus de la tesis negativa y su relación con un potencial compromiso limitarista. La tercera cuestiona si los suficientaristas siquiera tendrían que respaldar la tesis negativa y, en caso de que sí, de qué forma.

El *primer punto* es metodológico. Al evaluar si la tesis negativa excluiría la posibilidad de un umbral limitarista concomitante (no se diga recomendar uno), deberíamos estar atentos al contexto y a los propósitos por los que los argumentos suficientaristas fueron propuestos. Ésta es la mejor manera de entender y evaluar los compromisos centrales del suficientarismo y si sus defensores tendrían que prohibir o sugerir

---

6 Puede que esta formulación sea demasiado fuerte, ya que incluso la conocida defensa de Roger Crisp (2003a) de la tesis negativa permite que pueda haber algunos criterios agregativos (para producir más en lugar de menos, incluso si la distribución no te importa).

una tesis limitarista complementaria. En otras palabras, sugiero que interpretemos la afirmación de la tesis negativa a la luz de su objetivo discursivo.

Con esto en mente, podemos pasar al *segundo punto*. Cuando Paula Casal introdujo por primera vez e intentó aclarar el núcleo conceptual del suficientarismo con la distinción entre la tesis positiva y la negativa, curiosamente propuso que esta última "rechaza razonamientos 'igualitaristas' o 'prioritarios', al menos sobre algún umbral crítico" (Casal 2016, p. 267). Llama la atención la ausencia de un rechazo del razonamiento limitarista. Por supuesto, puede parecer ligeramente injusto señalar la omisión en la afirmación de Casal como evidencia de una posible compatibilidad entre ambos. Al fin y al cabo, el término "limitarismo" no se introdujo hasta más tarde. Dicho esto, esto de hecho revela hacia dónde apunta de manera estándar la defensa y el aislamiento conceptual del pensamiento suficientarista: a saber, apunta a tipos particulares de patrones distributivos (igualitaristas y prioritaristas) en la teorización *ideal* sobre la justicia distributiva. Especialmente cuando juntamos la afirmación de Casal con otras formulaciones clásicas de la tesis negativa en la literatura, empieza a emerger una imagen sobre la forma pretendida del concepto y el alcance de la tesis negativa, que nos informa sobre cómo deberíamos interpretar su potencial compatibilidad con un socio limitarista.

Considérese, por ejemplo, la versión de Harry Frankfurt de la tesis negativa: "si todos tuvieran lo suficiente, no tendría consecuencias morales el hecho de que algunos tuvieran más que otros" (Frankfurt 2006, p. 196).[7] O, de forma similar, al considerar y rechazar la tesis negativa, Shields la resume de esta manera: "una vez que todos se han asegurado lo suficiente, ningún criterio distributivo aplica a los beneficios [adicionales]".[8] Como era de esperarse, los antecedentes

---

7 A Frankfurt sobre todo le interesa, por supuesto, intentar mostrar que no deberíamos exagerar la importancia de la igualdad económica, que es exactamente mi punto: que no deberíamos tomar la gramática superficial de las afirmaciones que pretenden criticar el igualitarismo como si constituyeran algún núcleo inmutable del suficientarismo que bloquearía al limitarismo.

8 Shields añade, sin embargo, que "criterios completamente agregativos pueden aplicar" (2012, p. 103). Véase también la afirmación de David Axelsen y Lasse Nielsen (2015, p. 409): "una vez que las personas están libres de [presiones significativas contra el éxito en áreas centrales de la vida humana], las desigualdades son *irrelevantes* desde el punto de vista de la justicia".

importan mucho aquí. Ninguna de las formulaciones de la tesis negativa da licencia alguna para inferir que una tesis limitarista no podría aplicar en circunstancias en las que la gente no tiene lo suficiente. No obstante, el limitarismo (y su llamamiento a poner límites a la acumulación individual de recursos) se introdujo explícitamente como una teoría parcial, no ideal, de la justicia. Sólo se pretendía que aplicara en nuestras circunstancias radicalmente no ideales.[9] Así que incluso si el núcleo fundamental del suficientarismo requiere una tesis negativa robusta de esta variedad (algo que cuestionaré más adelante), es consistente con el núcleo fundamental del limitarismo porque la tesis limitarista está reservada para cuando el antecedente de la tesis negativa no se satisface: un mundo no ideal donde incontables personas caen por debajo del umbral de suficiencia. Restringir el ámbito de compatibilidad potencial de esta manera no traiciona el espíritu del suficientarismo, que también pretende sustancialmente hacer teorización no ideal.[10] Así que, para una gama significativa (tal vez predominante) de propósitos para los que deberíamos querer hacer un uso productivo del concepto, la tesis negativa del suficientarismo no excluye una contraparte limitarista.[11]

Esto nos lleva al tercer punto a mencionar en respuesta a la objeción preliminar, que es que puede argumentarse plausiblemente que los suficientaristas tendrían que rechazar esta formulación de la tesis negativa de todos modos. Si los suficientaristas no respaldan esta versión (llámese la versión "fuerte") de la tesis negativa, entonces no hay razón para impedirles que respalden principios distributivos por encima del umbral de suficiencia (de cualquier tipo, no sólo principios limitaristas). El argumento para liberar la tesis negativa, al menos en esta forma fuerte, se apoya en gran medida en el influyente trabajo de

---

9   Este punto queda especialmente claro en Robeyns (2022). Además de los otros argumentos que discutiremos más adelante, Robeyns (2019, pp. 258–60) ofrece un "argumento ecológico" explícito a favor del limitarismo en el contexto del cambio climático, utilizando los límites de la riqueza para financiar los esfuerzos de mitigación y adaptación. Véanse también, por ejemplo, Millward-Hopkins (2022) y Wiedmann et al. (2020).

10   Para un argumento específicamente no ideal a favor del suficientarismo, véase Carey (2020).

11   No creo que sea necesario, pero si los lectores opinan lo contrario, mi tesis general puede restringirse en su alcance o proponerse exclusivamente al nivel de diseño institucional en lugar de al nivel de valores fundamentales (para poner entre paréntesis al teórico suficientarista idealista puro) y seguir siendo un desarrollo interesante.

Liam Shields, quien ha argumentado (persuasivamente, me parece) que el núcleo conceptual esencial del suficientarismo reside en la conjunción de la tesis positiva de arriba y lo que él llama la "tesis del cambio".

> *Tesis del cambio*: una vez que las personas han asegurado lo suficiente, hay una discontinuidad en la velocidad de cambio del peso marginal de nuestras razones para beneficiarlas más (Shields 2012; 2016).[12]

No puedo adentrarme demasiado en el debate sobre la perspectiva de Shields aquí, excepto para señalar que parece que encontró algo importante al negar que haya una buena motivación en el núcleo conceptual del suficientarismo para mantener la tesis negativa fuerte. De hecho, ésta ha sido la característica que ha parecido particularmente objetable a los críticos del suficientarismo: que es indiferente a desigualdades por encima del umbral con respecto a las cuales no debería ser indiferente (Shields 2012, p. 104).[13] Echar abajo esta objeción al suficientarismo, al tiempo que conserva la preocupación focal con respecto a ciertos tipos de privación distintos y moralmente importantes, es probablemente un paso positivo para el suficientarista. Esto es especialmente verdad si, como argumento a continuación, pueden hacerlo al tiempo que captan una versión aún más sensata de la intuición que sustenta a la tesis negativa: que algunas desigualdades por encima del umbral no importan.

Por otro lado, Robert Huseby ha desarrollado recientemente una interpretación muy diferente de la tesis negativa, que en realidad haría

---

12 Shields considera que un tipo diferente de tesis podría, junto con la tesis positiva, ayudar a formar el núcleo del suficientarismo, en particular una "tesis de la depreciación", que afirma que "una vez que las personas han asegurado lo suficiente, nuestras razones para beneficiarlas más son más débiles" (2012, p. 107). Shields rechaza esto porque piensa que no distinguiría lo suficientemente la perspectiva con respecto al prioritarismo. No estoy seguro de qué tan fuertes son estos *desiderata*, o de si hay otras consideraciones teóricas o pragmáticas que distinguirían adecuadamente este tipo de suficientarismo. Puede que el hecho de ser analíticamente distinto (en lugar de útilmente separable, pero interdefinible/traducible en última instancia) no sea un punto decisivo en uno u otro sentido.

13 En consecuencia, una vez que abandonamos la tesis negativa del suficientarismo, la motivación del igualitarista estándar para negar la tesis central del suficientarismo disminuye notablemente. Los igualitaristas tienen buenas razones para respaldar la idea de que hay razones particularmente de peso a favor de tener lo suficiente de ciertos bienes, *en particular en contextos en los que la igualdad no es posible*. Simplemente querrán sostener una afirmación adicional sobre el valor distintivo, y a veces normativamente diferenciador, de la igualdad.

que aceptarla apuntara más fuertemente en la dirección de adoptar también el limitarismo (Huseby 2020).[14] En lugar de concebir que la tesis negativa, al señalar un dominio por encima del cual los criterios distributivos no aplican, refiere al mismo umbral que el umbral que señala la categoría que es especialmente importante que la gente alcance (es decir, el umbral de suficiencia), él interpreta que refiere a un umbral diferente. Según esta interpretación, la tesis negativa se refiere únicamente a la idea de que "existe un nivel de bienestar N tal que, por encima de él, no surgen preocupaciones de justicia y tal que quienes están por debajo [tienen] prioridad absoluta sobre quienes están por encima" (Huseby 2020, p. 213). Ese nivel N podría ser mucho más alto que el umbral de suficiencia, lo que ayudaría a evitar que el suficientarismo fuera indiferente a ciertas desigualdades y reclamos de quienes están situados por encima del umbral de suficiencia.

Esta lectura de la tesis negativa en realidad la hace particularmente compatible con el limitarismo (de hecho, casi convierte la tesis negativa en una tesis limitarista sobre dónde reside el límite superior).[15] Según esta interpretación, tanto la tesis negativa como el limitarismo indican una posición por encima del umbral de suficiencia en la que los bienes adicionales no proporcionan ningún valor moral o basado en la justicia, y en la que los que están por debajo tienen prioridad absoluta. Es decir, hay mucho espacio para que los suficientaristas también respalden el limitarismo.

2.2 El argumento positivo a favor

En la subsección anterior, intenté responder a una objeción preliminar a la idea de que los suficientaristas también tendrían que ser limitaristas. Con la esperanza de haber abierto suficiente espacio para tal posibilidad, en esta subsección desarrollaré los rudimentos de un argumento positivo a favor de la idea.

Hay un sentido obvio en el que el argumento positivo descansa sobre el mérito de los argumentos a favor del limitarismo. Si éstos son convincentes, por supuesto, el suficientarista tendría que respaldarlos,

---

14 Véase en particular la sección 3 de Huseby.
15 En realidad, no lo hace y hacerlo requeriría una premisa adicional, pero el propio Huseby sugiere que está "apoyada" por el limitarismo de Robeyns. Ibídem, p. 211.

incluso si eso requiriera abandonar una afirmación conceptual como la tesis negativa fuerte.[16] Y aunque más adelante diré algo más sobre el poder significativo de las intuiciones subyacentes y de la fuerza de esos argumentos, esto no sería un hallazgo particularmente interesante porque tiene la forma "S tendría que creer L porque L es verdadera".[17]

Así que, en lugar de eso, quiero hablar de *otros* motivos (más internos) por los que hay razones para que los suficientaristas adopten el limitarismo. Quiero sugerir una serie de maneras en las que hacerlo ayuda a los suficientaristas a abordar problemas latentes con un costo teórico mínimo.

He mencionado antes, siguiendo a Shields, que puede haber buenas razones para que los suficientaristas abandonen la versión más fuerte de la tesis negativa. En parte, esto se debe a que parece tener implicaciones contraintuitivas, a saber, que es "indiferente" a desigualdades por encima del umbral a las que no debería ser indiferente. Alguien que se mantiene a flote justo por encima del umbral se encuentra en una posición muy diferente a la de un multimillonario cuyos sueños más salvajes son satisfechos.[18] Abandonar esa versión más fuerte de la tesis negativa proporciona el espacio conceptual para abordar esas implicaciones contraintuitivas. Pero, en realidad, para esquivar la objeción hay que dar una explicación positiva de por qué uno no es indiferente *de hecho*, en lugar de meramente señalar (abandonando la tesis negativa fuerte) que la perspectiva no es indiferente *en principio*.

Al articular cuándo puede decirse que tenemos demasiado, el limitarismo ofrece precisamente esa explicación. Además, lo hace de una manera que puede preservar lo que probablemente sea la intuición más fundamental y plausible de la formulación original de la tesis negativa fuerte, que es que algunas desigualdades por encima del umbral no importan. El limitarismo sólo refina la intuición señalando que algunas sí importan. Para el limitarista, la desigualdad entre la persona que gana

---

16   Lo cual, como ya mencioné, no creo que sea necesario, aunque haya buenas razones para ello.
17   Aunque podría ser una característica interesante el que, si esto requiere que se abandone la tesis negativa fuerte, la razón sería debido al limitarismo.
18   A menos que se interprete que el umbral es tan alto como para que la diferencia plausiblemente carezca de sentido. Pero hacerlo traicionaría la idea de la suficiencia como una teoría sobre un mínimo social y sería mucho más violento para la idea central que abandonar la tesis negativa fuerte.

60,000 y 65,000 dólares puede no importar (supongamos que ambos están cómodamente por encima del umbral de suficiencia), pero la desigualdad entre alguien que gana 15,000 dólares (supongamos que eso le sitúa justo por encima del umbral de suficiencia) y 1,000,000 de dólares (supongamos que eso le sitúa por encima del umbral limitarista) sí importa.[19] Esto también preserva los recursos del suficientarista para rechazar ciertas formas de razonamiento prioritarista e igualitarista, sin abrirse a los tipos más obvios de objeciones que los defensores de estas perspectivas pueden plantear sobre prioridades o desigualdades que claramente parecen importar.

Además, el discurso en torno al suficientarismo suele estar fuertemente orientado a los *beneficiarios*. Se enfoca en gran medida en caracterizar lo que se les debe a las personas y por qué eso que se les debe es particularmente importante moralmente hablando (o por qué su privación es particularmente perniciosa), etc., más que en quién lo debe. Complementar con una perspectiva limitarista (especialmente, como se discute más adelante, una que está justificada por los mismos valores) ayuda a rellenar la faceta del deber correspondiente para tener una teoría más completa de la justicia distributiva. Por supuesto, no rellena todas las lagunas sobre la responsabilidad, pero sí provee una adición muy necesaria en esa dirección. Rechazarla básicamente equivale a rechazar el fruto más al alcance del árbol del deber. Diré algo más sobre este punto en la sección 5, más adelante.

Adoptar una tesis limitarista puede, por lo tanto, ayudar al suficientarista a resolver algunos problemas y llenar algunas lagunas. Pero también puede hacerlo a un costo teórico relativamente bajo. Una de las principales preocupaciones que la gente tiene sobre el limitarismo es el escepticismo sobre la idea de que podamos identificar umbrales superiores de una manera no arbitraria (véase Timmer 2021b; 2022).[20] Para el suficientarista, adoptar el limitarismo añade otro umbral, sin duda. No obstante, ya está comprometido con la existencia y la defendibilidad de un umbral especificado de forma no arbitraria (véase

---

19 Obviamente, estas cifras son sólo esquemáticas, no implican los compromisos definitivos de los suficientaristas o los limitaristas.

20 Para consideraciones adicionales en defensa de los umbrales (ya sea entre necesidades y deseos, o con respecto a la condición de persona, los lujos o el dolor), véase Benbaji (2005; 2006).

Huseby 2020). Por lo tanto, añadir otro umbral (limitarista) no trae un tipo único de problema (como lo haría para una perspectiva que no acepte *ningún* umbral). De perdidos, al río, por así decirlo. El punto clave es que el tipo general de vulnerabilidades del limitarismo no añade mucho costo teórico a una perspectiva que ya está comprometida con el mismo tipo de dispositivo teórico, justificado por el mismo tipo de razones, en su fundamento. Esto es particularmente cierto si los suficientaristas siguen la novedosa formulación de Huseby de la tesis negativa mencionada anteriormente, en la que esencialmente ya están comprometidos a identificar y defender el tipo de umbral superior que adoptaría el limitarista.[21] Un punto aparte, que también vale la pena plantear, es que una vez que estamos lidiando con cuestiones no ideales, que es el enfoque particular del limitarismo, este tipo de preocupación por la arbitrariedad y, por lo tanto, su costo teórico potencial, se vuelve aún menor, ya que puede haber buenas razones para respaldar umbrales que son legal o políticamente defendibles, incluso si son metafísicamente arbitrarios en cierto sentido.[22]

2.3 La afirmación de la necesidad (y las "circunstancias de la justicia")

Ahora que he considerado algunos argumentos a favor de la idea de que los suficientaristas tienen algunas razones importantes para también respaldar una tesis limitarista, quiero considerar la idea de que deben hacerlo. En particular, quiero examinar un argumento especulativo que indaga el concepto mismo de las "circunstancias de la justicia" para encontrar una razón por la que el suficientarismo también debe estar comprometido con una tesis limitarista (bajo alguna descripción).

Considérese, entonces, el concepto estándar de las "circunstancias de la justicia". Esencialmente, las circunstancias de la justicia funcionan como las condiciones para la aplicación de los principios de justicia. Siguiendo a Rawls (que a su vez sigue a Hume), éstas son las "condiciones normales en las cuales la cooperación humana es tanto

---

21 Pero puede argumentarse un punto similar con respecto a las formas de suficientarismo que aceptan valores o principios saciables. Véase Nielsen (2019).
22 Agradezco a Dick Timmer por discusiones sobre este punto. Véanse también sus discusiones en Timmer (2021b y 2022).

posible como necesaria" (Rawls 2012, p. 126).[23] Las condiciones incluyen propiedades de las personas así como propiedades de sus entornos. Las circunstancias son indicadas por contextos en los que individuos de capacidades aproximadamente similares conviven en el tiempo y en el espacio, en los que son vulnerables a que sus planes sean bloqueados por otros. Son contextos en los que las necesidades e intereses de las personas son lo suficientemente similares o complementarios como para posibilitar una cooperación mutuamente ventajosa. No obstante, también son lo suficientemente diferentes como para dar lugar a fines y propósitos distintos y a "exigencias conflictivas acerca de los recursos naturales y sociales disponibles" (Rawls 2012, p 127). Además, las personas siempre operan con conocimientos limitados, en los que los sesgos y las distorsiones son comunes. Quizá lo más importante para nuestra discusión es que se trata de condiciones de escasez moderada de recursos. Como dice Rawls

> Los recursos, naturales y no naturales, no son tan abundantes que los planes de cooperación se vuelvan superfluos; por otra parte, las condiciones no son tan duras que toda empresa fructífera tenga que fracasar inevitablemente. Mientras que todos los acuerdos mutuamente ventajosos son factibles, los beneficios que producen se quedan cortos frente a las demandas planteadas por los hombres.[24]

Lo que quiero sugerir es que el mero hecho de estar en las circunstancias de la justicia, y por lo tanto para que cualquier tesis suficientarista aplique, puede implicar en sí mismo un compromiso tácito con una tesis limitarista. ¿Por qué sería esto cierto?

Hay un sentido obvio en el que la condición de escasez moderada implica algunos límites colectivos.[25] Sin embargo, como cuestión

---

[23] Véase también Hume (2000, 3.2.2.2–3, 3.2.2.16) y Hume (1998, 3.1.12, 3.1.18, 3.8–9). Hay debates sobre qué es exactamente lo que Rawls añade o cambia con respecto a Hume. Véase, por ejemplo, Hope (2010). Para discusiones más amplias, véase también Barry (1989), Nussbaum (2006), Vanderschraaf (2006) y Tebble (2020).

[24] Véase la presentación completa de Rawls en (2012, pp. 126–27). Hume pensaba que o bien la "abundancia" o la escasez/"necesidad" extremas (en el aspecto ambiental), o bien la "moderación y carácter humanitario" o la "rapacidad y malicia" perfectas (en el aspecto psicológico) harían inútil la justicia, (2012, 9 3.1.12; 48). Es común, pues, resumir las circunstancias de la justicia como circunstancias de *altruismo limitado* y *escasez moderada de recursos*.

[25] Por supuesto, éstos pueden ser afectados hasta cierto punto por la tecnología, la eficiencia, etc., sobre lo que hablaré más adelante.

descriptiva, esto aún no es interesantemente normativo del modo en que se pretende que la tesis limitarista lo sea, que pretende ir más allá de una mera descripción general de recursos colectivamente finitos. Para que sea normativa, en el sentido relevante, tiene que existir la posibilidad de quede corta frente a los estándares de la norma.

El camino que lleva del hecho básico de los recursos finitos a una tesis limitarista propiamente normativa puede ser muy variado. Una manera consiste en defender un umbral normativo que se queda corto frente a los límites físicos finitos.[26] Por ejemplo, considérese el cambio climático, donde el límite (normativo) de los combustibles fósiles que nos es permisible quemar colectivamente es inferior al límite (descriptivo) de todas las reservas de combustibles fósiles que podríamos quemar debido a las diversas consecuencias destructivas de hacerlo.[27]

Otra forma más universal de unir el hecho descriptivo de los recursos finitos con una tesis limitarista apropiadamente normativa es pasar de un límite colectivo a cuestiones de distribución y de derechos, permisos y justos títulos (*entitlements*) individuales. Por ejemplo, tal vez sea permisible utilizar colectivamente todo el suministro finito mundial de algún recurso, pero siempre que nos preocupemos en lo absoluto por cómo se distribuye ese uso (que es lo que el suficientarista necesariamente hace), el límite colectivo finito no normativo implicará límites individuales normativos para las personas en cuanto participantes, accionistas, usuarios, etc. Para ver este punto de forma esquemática, imagínese un mundo con 10 personas y 30 unidades de recursos. Supóngase que, de acuerdo con el suficientarismo, todo el mundo tiene derecho a 2 unidades. Esto implica que existe un límite normativo superior significativo para cualquier individuo de (como máximo) 12 unidades (2 de su derecho de suficiencia y, potencialmente, 10 del excedente después de que todos los demás hayan asegurado su derecho de suficiencia). Cuáles serían los límites individuales precisos

---

26 Aunque no voy a insistir en este punto, ya que nos llevaría demasiado lejos en el concepto y la lógica de la normatividad, vale la pena considerar si la mera unión de los hechos de los recursos finitos con una demostración de que nuestros deseos colectivos superan sus posibilidades es suficiente para proporcionar una tesis lo suficientemente normativa en cuanto a cómo se *recibirá psicológicamente* la permanencia dentro de los confines de los recursos físicos finitos.

27 Ésta es, de hecho, una de las razones por las que Robeyns defiende el limitarismo. Véase (2019, pp. 258–60).

implicados por los límites colectivos en relación con las garantías suficientaristas como una cuestión de distribución es, por supuesto, debatible. Puede que no sean los límites que se asociarían con un reclamo a una porción igual. Puede que no sean los límites que Robeyns identificó al acuñar el "limitarismo", que se dirige a los recursos más allá de lo que es necesario para una vida floreciente.[28] No obstante, mientras nos preocupemos por algún tipo de distribución equitativa que limite a los individuos a una parte no exclusiva u otra, la lógica de una tesis limitarista significativa es inevitable; dicho coloquialmente, sólo es el precio por el que estamos regateando (es decir, dónde se establece el umbral limitarista). Así que, independientemente de cómo se resuelva ese debate, quiero sugerir que los límites colectivos inherentes a estar en las circunstancias de la justicia implican algunos límites individuales significativamente normativos. Eso puede ser suficiente, de manera consistente con el espíritu de la categoría, para mostrar que el suficientarista también debe estar comprometido con una tesis limitarista, bajo alguna descripción.[29]

Esto sería verdad a menos que a través de la cooperación podamos superar de alguna manera las condiciones de escasez moderada de un modo que relaje tales normas distributivas, lo cual no parece plausible por al menos tres razones. En primer lugar, empíricamente, la escala a la que las necesidades valiosas de las personas permanecen insatisfechas es realmente masiva.[30] En segundo lugar, la forma en que concebimos la escasez en las circunstancias de la justicia también está determinada

---

28 De hecho, discuto más adelante algunas razones por las que, en última instancia, podríamos pensar que los límites individuales son en realidad *inferiores* al punto de florecimiento.

29 Más adelante diré algo sobre la posibilidad de que la forma estructural general de una tesis limitarista que pudiera surgir de esto no sea lo suficientemente sustantiva como para considerarse *significativamente* limitarista.

30 El estatus de esta afirmación podría depender de exactamente qué tan global sea el alcance de los principios de justicia distributiva. Es más plausible que algunas sociedades individuales sean capaces de eliminar, dentro de sus filas, la necesidad extrema y, por lo tanto, la "escasez moderada". A menudo, por supuesto, las sociedades ricas que podría parecer que están más cerca de haber eliminado la escasez moderada simplemente descargan los costos y ocultan las externalidades negativas en otro lugar. Ésa es una motivación común para querer una imagen de la justicia distributiva que sea global en su alcance. Además, todo esto depende de la precisión con la que interpretemos en qué consiste la "escasez moderada". Dicho todo esto, confío lo suficiente en los argumentos a favor de un alcance global de la justicia como para que, si mi argumentación aquí se limitara a perspectivas

por las vastas profundidades del deseo y la imaginación humanos, así como por el reconocimiento de la inevitable competencia por el estatus y los bienes posicionales, que es probable que en conjunto proporcionen fuentes inagotables de necesidad que inevitablemente superan lo que nuestros recursos posibilitan (incluso cuando crecen a través de la cooperación, la tecnología, el aumento de la eficiencia, etc.). En tercer lugar, incluso si la cooperación es de algún modo suficiente para producir excedentes suficientes para poner fin a las condiciones de escasez moderada, no está claro que esto deba autorizar una relajación de las normas distributivas tal que elimine al menos algunas tesis limitaristas significativas (en lugar de simplemente indicar que el límite debería ser ligeramente superior). Hacerlo parecería socavar las condiciones de éxito y, por lo tanto, la estabilidad de encontrarse en un estado sin escasez moderada. Dicho de un modo más conceptual, sería extraño que el buen funcionamiento de la justicia pudiera sacarnos de las circunstancias de la justicia. Me parecería más apropiado, en un caso tan exitoso de cooperación, decir que habríamos realizado la justicia, con el imperativo de preservarla, o de ajustar al alza sus ambiciones.[31]

Atender más cuidadosamente, pues, a las circunstancias de la justicia podría plausiblemente exigir que el suficientarista acepte una tesis limitarista significativa. No obstante, antes de pasar a la siguiente sección, hay un punto más amplio que considerar. Vale la pena reconsiderar algunos de los argumentos utilizados para motivar el suficientarismo o criticar el pensamiento igualitarista o prioritarista en el contexto de la reflexión sobre las circunstancias de la justicia. Por ejemplo, Roger Crisp utiliza su famoso "caso de Beverly Hills" para sugerir que, a la hora de elegir entre un grupo de ricos y superricos a los que ofrecer vino fino, sería "absurdo" exigir necesariamente dar prioridad a los meramente ricos, sólo porque están en una peor situación. Una vez que los individuos están por encima de cierto nivel, sugiere, "cualquier preocupación prioritarista por ellos desaparece por completo" (Crisp 2003a, p. 755).

---

globales, no me molestaría. En mi opinión, eso meramente equivaldría a limitarse al conjunto correcto de perspectivas de todos modos.

31 Es decir, podría posicionarnos para revisar al alza nuestros juicios sobre lo que la justicia exige para situarnos de nuevo en un contexto recién concebido de escasez moderada; un peldaño más arriba en la escalera.

Sin embargo, este tipo de argumento tiene un verdadero problema que queda al descubierto cuando se le considera en el contexto de las circunstancias de la justicia. A saber, no está claro por qué deberíamos considerar que la intuición de Crisp apunta en contra de las perspectivas igualitaristas o prioritaristas a favor de las suficientaristas, en lugar de simplemente indicar que el mundo que está considerando no está operando en las circunstancias de la justicia en lo absoluto. Para que funcione como él quiere, la intuición depende de un supuesto implícito de que se encuentra en las circunstancias de la justicia y que el prioritarista o igualitarista estarían comprometidos a dar el vino al grupo de los ricos en lugar de al grupo de los superricos. Pero, no está claro que ése sea un supuesto legítimo. Éste es un movimiento resbaladizo que se da a menudo en la literatura. El mundo en el que tenemos que elegir entre dar vino a los ricos o a los superricos no es, decididamente, un mundo de escasez moderada, que es la condición para la aplicación de los principios de justicia.[32] Y hay argumentos razonables para afirmar que esto es lo que explica la intuición de Crisp, más que cualquier ventaja necesaria del suficientarista.

Obviamente, dado mi proyecto aquí, esto no se trata de poner en duda el suficientarismo. Sin embargo, sí se trata de resaltar otra forma en la que prestar atención a las circunstancias de la justicia en nuestros argumentos en este ámbito es de crucial importancia. En particular, vale la pena remarcarlo porque es el mismo tipo de argumento que podría esgrimirse contra un suficientarista que adoptara una tesis limitarista complementaria. Por ejemplo, ¿de verdad podríamos justificar la redistribución del vino de los superricos justo por encima del umbral limitarista a los meramente ricos justo por debajo (cuando ambos están «por encima de un cierto nivel»)? La intuición de que podríamos no ser capaces justificar tal redistribución sólo podría servir como objeción a la idea de que los suficientaristas también tendrían que adoptar el limitarismo si el limitarismo estuviera comprometido con tales redistribuciones. No obstante, no es así y no tiene por qué serlo.[33] De

---

32 El propio Crisp, al responder a las críticas de Larry Temkin, aclara que está pensando en este caso no como posibles estados de cosas de algunos ricos en nuestro mundo, sino en un mundo posible totalmente independiente y plenamente descrito. Véase Crisp (2003b, p. 121). Véase también Temkin (2003).

33 Véase Robeyns (2022), que responde a Huseby (2022) en una dinámica que se desarrolló precisamente de esta manera.

hecho, una explicación más plausible de la fuerza de la intuición de que no necesitamos redistribuir de esta manera es precisamente porque el caso tal como se describe en el experimento mental cae fuera de las circunstancias de la justicia (donde la tesis limitarista aplica), en lugar de indicar algún problema con la tesis limitarista misma. De este modo, atender a las circunstancias de la justicia también es importante a la hora de evaluar el éxito de argumentos y experimentos mentales específicos en relación con la justicia distributiva.

Hay que admitir que el argumento más amplio de las "circunstancias de la justicia", según el cual el suficientarista también debe adoptar una tesis limitarista, está lleno de retos.[34] Recordemos que he intentado ser ecuménico sobre la forma de las tesis suficientarista y limitarista. Uno podría pensar, sin embargo, que incluso si necesariamente hay límites, para que cuente como significativamente limitarista, la tesis tendría que tener un contenido más definido que los límites que potencialmente podrían derivarse de este argumento de las "circunstancias de la justicia". O que la justificación del límite debe tener una forma determinada. Es difícil ver alguna razón de principio para creer esto, sin saber más sobre los límites agregados y lo que el umbral de suficiencia exige, pero no tengo espacio para considerar plenamente esta posibilidad. Sin embargo, vale la pena situar esa duda potencial en la discusión más amplia, ya que no pondría en duda la tesis general, sino sólo la idea de que sería una afirmación necesaria. Así pues, aunque creo que definitivamente vale la pena considerar este argumento, si al final no es convincente, me contentaré con dejar esta sección con el conjunto de argumentos anteriores para sugerir al menos que hay razones de peso a favor de que los suficientaristas también respalden una tesis limitarista.

---

34 De hecho, algunos podrían preocuparse de que demuestra demasiado porque implicaría que cualquier perspectiva de la justicia distributiva tendría que adoptar el limitarismo. Esto, por supuesto, no es un resultado que me disgustaría. Me he enfocado en esta comparación porque estas perspectivas son vistas como reflejos la una de la otra.

3. ¿Los limitaristas tendrían que ser también suficientaristas? ¿Deben serlo?

En la sección anterior, consideré si los suficientaristas tendrían que (o incluso deben) respaldar también una tesis limitarista, argumentando que sí tendrían que. En esta sección, procedo desde la otra dirección para considerar si los limitaristas tendrían que (o incluso deben) respaldar también una tesis suficientarista. Del mismo modo, concluyo que tendrían que hacerlo. Vuelvo a considerar un argumento especulativo a favor de una conexión conceptualmente necesaria. Y aunque es debatible si deben hacerlo necesariamente, en principio, cualquier limitarismo plausible y bien motivado lo hará.

A diferencia del suficientarismo, el limitarismo nunca se formuló con una tesis "negativa" simétrica, por lo que no existe una preocupación inicial similar que excluya la adopción por parte del limitarista de una tesis suficientarista adicional. Así pues, podemos pasar directamente a las razones positivas a favor de hacerlo.

3.1. El argumento positivo a favor

La razón principal por la que los limitaristas tendrían que ser también suficientaristas queda clara cuando consideramos los tipos de argumentos más plausibles que se ofrecen a favor de la tesis limitarista misma. Esos mismos argumentos dependen de razonamientos robustamente suficientaristas. El limitarista saca provecho de lo difícil que es ignorar las intuiciones en el núcleo del suficientarismo: rastrear la particular importancia moral de garantizar ciertos bienes básicos hasta la idea de que algunas posesiones excesivas de recursos que *compiten* con dichos bienes básicos son injustificables.

Se han defendido dos argumentos principales a favor del limitarismo, que podemos resumir del siguiente modo:

> El argumento de las necesidades urgentes insatisfechas (NUI)—Existen necesidades moralmente urgentes insatisfechas que podrían eliminarse mediante la redistribución de los recursos de los extremadamente ricos. La satisfacción de tales necesidades se produciría a costa de valores

mucho menos moralmente importantes que aquellos que se encuentran por encima del umbral limitarista.[35]

El argumento democrático (AD)—La riqueza extrema socava los valores democráticos fundamentales y el derecho a la igualdad política. Los ricos pueden convertir su poder económico en poder político y desviar los procesos nominalmente democráticos hacia sus intereses (a través del gasto en campañas y de súper PACs, grupos de presión (*lobbyists*), el control de acceso (*gatekeeping*), el acceso a los medios de comunicación, el establecimiento de agendas, *think tanks*, etc.). Esto priva a los que menos ganan del valor real de su participación democrática (Robeyns 2017, pp. 6–10; Christiano 2012).

Cada uno de estos argumentos deriva su fuerza de una preocupación que puede plantearse (al menos parcialmente) en términos de lenguaje suficientarista (hay que reconocer que el primero es más fácil que el segundo). La razón por la que los recursos de lujo o la riqueza extrema deberían limitarse y redistribuirse, según NUI, es precisamente por la importancia moral de elevar a las personas por encima de un cierto estándar y eliminar las necesidades urgentes insatisfechas.[36] Recordemos la formulación de la tesis positiva del suficientarista de más arriba, que resalta las razones de particular peso que tenemos para garantizar que las personas se aseguren lo suficiente de algunos bienes.[37] Cómo

---

35 En la formulación original de Robeyns, que sitúa el umbral limitarista en las riquezas superiores a las necesarias para el florecimiento, afirma que en realidad no hay ningún costo moral en esa redistribución, "dado que el dinero excedente no contribuye al florecimiento de las personas, tiene un peso moral nulo y sería irrazonable rechazar el principio de que deberíamos utilizar ese dinero para satisfacer esas necesidades urgentes insatisfechas". (p. 12) No hace falta estar de acuerdo con la idea de que tienen un peso moral nulo para sentir la fuerza de la afirmación comparativa de que retener esos recursos sería inadmisible y pueden redistribuirse legítimamente.

36 Como insinué anteriormente, un tercer argumento es que tales límites son necesarios para evitar una catástrofe medioambiental debido al consumo desproporcionado e insostenible de los ricos. Véase de nuevo Robeyns (2019), pp. 258–60. Véase también Hickey (2021). Para otras formas más metodológicas de defender el limitarismo sobre esta base, véase Timmer (2021a).

37 Una implicación de la tesis del cambio es quizás menos explícita, pero en el acto mismo de señalar las necesidades urgentes insatisfechas, el argumento parece implicar que las razones que tenemos para eliminarlas son particularmente fuertes y diferentes de otros tipos de razones que uno podría alegar a favor de la redistribución. Aunque satisfacer las necesidades urgentes insatisfechas puede no significar todavía que alguien tenga "lo suficiente", la forma única en que funge como justificación del umbral limitarista sugiere la lógica del pensamiento suficientarista y el pensamiento basado en (la tesis de) el cambio.

puede interpretarse AD de manera tal que adopte potencialmente una tesis suficientarista es quizá más oscuro porque en su superficie versa sobre la «igualdad política». Sin embargo, no es infrecuente que los suficientaristas piensen que, para algunos bienes, el umbral suficientarista que se exige es también una exigencia igualitarista. A veces, tener lo suficiente significa tener una parte igual. Esto es particularmente claro cuando se consideran derechos políticos como el voto. Tener un voto claramente no es suficiente si otros tienen diez (y, por supuesto, incluso si uno tiene derechos formales de voto iguales, los obstáculos desproporcionados para ejercer el voto, o la desigualdad en la configuración de la agenda política, también podrían revelar una representación o participación política insuficiente). Si bien los compromisos exactos del limitarista con respecto a la igualdad política son debatibles, lo que está claro en AD es que la riqueza extrema implica que algunas personas tienen demasiado poder político y, en virtud de ese exceso, dada su naturaleza posicional, otras tienen demasiado poco como para que sea consistente con los valores democráticos. Esto puede entenderse razonablemente como una preocupación suficientarista, de modo que un poder político suficiente para todos, en la medida en que el limitarista piense que realmente necesita igualarse, requiere limitar la riqueza y la influencia política que conlleva.

Puede considerarse que ambos argumentos centrales a favor del limitarismo, NUI y AD respectivamente, comprenden la esencia (o que al menos implican una forma) del suficientarismo, al menos dentro del alcance del ámbito al que se supone que aplica la tesis limitarista. Parece, pues, que negar alguna versión de la tesis suficientarista sería injustificado y autodestructivo para el limitarista.

3.2. La afirmación de la necesidad

Aunque los dos argumentos principales que se han utilizado para defender el limitarismo parecen implicar un compromiso con la lógica suficientarista para justificar el límite propuesto, hay otros argumentos que se podrían dar para adoptar el limitarismo. Tanto NUI como AD son razones referentes-a-otros a favor del limitarismo, pero también se podrían aducir razones referentes-a-uno. Por ejemplo, tal vez la riqueza extrema, los recursos, los bienes, etc., reducen la propia autonomía, o son intrínsecamente malos o corrompen el espíritu.[38] Así que, en principio, es posible rechazar la fuerza de NUI y AD (y su compromiso inferido con una tesis suficientarista) y seguir respaldando el limitarismo. Sin embargo, hacerlo parece particularmente desacertado. Es muy difícil ver cómo un argumento intrínseco o referente-a-uno a favor del limitarismo sería más plausible que NUI o AD, lo cual sería necesario para derrotar el argumento de que los limitaristas también respalden una tesis suficientarista. Si este tipo de argumentos intrínsecos o referentes-a-uno tienen algún papel que desempeñar, es probable que sea como argumentos de apoyo *adicionales* para fortalecer el argumento limitarista más allá de NUI y AD, y muy seguramente no como argumentos de *sustitución*. En la medida en que eso sea verdad, la necesidad de respaldar una tesis suficientarista, para el limitarista, es bastante segura (aunque no sea una necesidad lógica estricta).

Pero hay otro argumento que quiero explorar sobre por qué podría ser *necesario* que los limitaristas respaldaran también una tesis suficientarista. Esto nos lleva de nuevo a las "circunstancias de la justicia", que sugerí que podrían desempeñar un papel en asegurar la adición de una tesis limitarista para el suficientarista. Hay un argumento relacionado que puede aplicar también en esta dirección, para que el limitarista adopte una tesis suficientarista.

Volvamos a la idea básica de que las "circunstancias de la justicia" pretenden señalar las "condiciones normales en las cuales la cooperación humana es tanto posible como necesaria". ¿Qué haría "necesaria" la cooperación? Podría interpretarse como un mero hecho descriptivo establecido por la cohabitación temporal y geográfica. Por otro lado, se podría argumentar que la interpretación más plausible de lo que significa que la cooperación en las circunstancias de la justicia sea

---

38 Zwarthoed (2018), por ejemplo, sugiere que la riqueza extrema podría obstaculizar el desarrollo de las capacidades deliberativas, facilitar la formación de preferencias adaptativas problemáticas, erosionar la capacidad de una persona para revisar su concepción del bien (porque le habitúa a un estilo de vida caro, o porque desencadena irresistiblemente temores de pérdida de estatus), o ser incompatible con una forma importante de transparencia con los propios valores. Aunque potencialmente se podría transformar este argumento en una forma "suficientarista" apelando a un umbral suficiente de autonomía al que todo el mundo tiene derecho y sugiriendo que tener un exceso de riqueza empuja a la gente por debajo de ese umbral. Hacer esto reforzaría la afirmación de la necesidad al incluir estas razones referentes-a-uno a favor del limitarismo en una lógica suficientarista.

"necesaria" es ya un fenómeno normativo. Según esta interpretación, la necesidad consiste en que ya existe una intolerabilidad implícita de que al menos algunas personas estén por debajo de algún estándar que dicha cooperación pretende corregir. De ser cierto, esto sugeriría que un germen de la lógica suficientarista es inherente a la idea misma de estar en las circunstancias de la justicia. Este resultado de tal interpretación de las circunstancias de justicia reforzaría, por supuesto, la posición del suficientarista en el panorama de la justicia distributiva y sería un indicador importante del estatus fundacional de las intuiciones suficientaristas.[39] Pero también tendría implicaciones para el limitarismo (y quizás para cualquier teoría de la justicia distributiva).

Para hacerlo explícito: para que el limitarismo se sostenga, tenemos que estar en las circunstancias de la justicia. Pero si el hecho mismo de estar en esas circunstancias de la justicia conlleva una tesis suficientarista (bajo alguna descripción, como el hacedor de verdad de la afirmación de que la cooperación es "necesaria"), entonces el limitarista también debe estar comprometido con una tesis suficientarista. Puede que no sea precisamente la misma tesis que algunos suficientaristas intentarían defender, pero parece suficientarista en un sentido no trivial.

Una vez más, estoy intentando ser ecuménico sobre la forma específica de las tesis suficientaristas y limitaristas. Sin embargo, paralelamente a la preocupación que planteé en la otra dirección más arriba, eso podría tener un costo. Uno podría pensar que para contar como *significativamente suficientarista*, la tesis necesitaría un contenido más definido o ser necesariamente un umbral más alto de lo que potencialmente podría salir de este argumento de las "circunstancias de la justicia".[40] Como antes, no puedo considerar plenamente este

---

39 De nuevo, a algunos podría preocuparles que esto demuestre demasiado porque implicaría que toda teoría de la justicia distributiva tendría que ser también suficientarista. Para mí, éste es un resultado bienvenido y es interesante que surja de una discusión sobre su relación con el limitarismo.

40 Incluso si muchos suficientaristas se enfocan en la importancia para la justicia de garantizar las "necesidades básicas" para todos, lo cual podría ser lo suficientemente mínimo para que este argumento funcione, podría, por ejemplo, no establecer el umbral de conformidad que Frankfurt discute, o el umbral de disfrutar de la "libertad de apremios" que Axelsen y Nielsen defienden (2015). Este resultado, por supuesto, no excluiría que el limitarista adoptara uno de estos umbrales suficientaristas más ricos, simplemente podría no desprenderse de manera necesaria de este argumento de las "circunstancias de la justicia". Es posible que se desprenda de NUI o AD.

punto y no quiero que demasiadas cosas dependan de este argumento especulativo. Puede que sea demasiado rápido y fácil para ser posiblemente verdadero, pero su fracaso no socavaría el argumento general a favor de unir el limitarismo con el suficientarismo. Así que, aunque ciertamente vale la pena considerarlo, deberíamos contentarnos con salir de esta sección más amplia con un argumento muy fuerte para los limitaristas a favor de respaldar también una tesis suficientarista, incluso si el argumento a favor de una necesidad conceptual con base en las circunstancias de la justicia no es irrebatible (al menos no para algunas interpretaciones específicas y más robustas de cómo tendría que ser el umbral suficientarista para contar de la manera correcta).

4. Justicia distributiva y perspectivas de umbrales múltiples

En las dos secciones previas he intentado argumentar, en primer lugar, que los suficientaristas también tendrían que respaldar una tesis limitarista y, en segundo, que los limitaristas también tendrían que respaldar una tesis suficientarista. A un mayor nivel de abstracción, esto implica que cada perspectiva tendría que ser en realidad una teoría de la justicia distributiva *de umbrales múltiples*, compuesta tanto por un umbral suficientarista como por un umbral limitarista. También podemos referirnos a éstos como un umbral "suelo" y un umbral "techo", o un umbral "inferior" y un umbral "superior".

Vale la pena distinguir esta estructura de umbrales múltiples de otro tipo de perspectiva "de umbrales múltiples" que ha surgido en la literatura suficientarista. Robert Huseby ha presentado una perspectiva suficientarista que también articula dos umbrales, lo que él llama un umbral "mínimo" y un umbral "máximo". Sin embargo, éstos funcionan como dos tipos diferentes de umbrales de *suficiencia* con un contenido más o menos inclusivo. Uno destaca la importancia de garantizar las necesidades básicas de todos como un umbral fundacional. El otro destaca la importancia de garantizar un estado de conformidad como una exigencia más involucrada de justicia suficientarista (Huseby 2010).[41]

---

41 Éstos son diferentes de los dos umbrales mencionados anteriormente durante la discusión de la tesis positiva y negativa del trabajo más reciente de Huseby (2020).

Para efectos de este capítulo, no me comprometo a decir si tendríamos que respaldar o no estos dos umbrales suficientaristas, o si puede haber argumentos a favor de múltiples umbrales limitaristas en los que nuestras razones cambien de índole.[42] La moraleja clave está en la estructura general: que hay buenas razones para pensar que tanto los suficientaristas como los limitaristas tendrían que respaldar al menos dos umbrales, uno en el suelo y otro en el techo. Cualquier umbral adicional, de la variedad de Huseby o de otro tipo, puede someterse a debate.[43]

Además, aunque pueda sonar extraño, en contextos particulares el umbral inferior y el umbral superior podrían colapsar el uno en el otro y compartir el mismo valor. Como dije antes, no es notable que los suficientaristas sostengan que para algunos bienes lo que cuenta como suficiente es la igualdad. Al nivel de la orientación normativa de la acción, la perspectiva de umbrales múltiples en tales contextos sería indistinguible de la igualitarista, pero conservaría la flexibilidad modal a través de un espacio de diferentes posibilidades en donde los umbrales intuitivamente deberían separarse.[44]

5. Umbrales distributivos y estatus deónticos

En esta sección, quiero mostrar por qué la estructura de umbral multinivel que acabo de articular debería ser menos sorprendente una vez que la consideramos en relación con otros ámbitos de la normatividad. De hecho, una vez que advirtamos lo bien que la idea central se corresponde con otro lenguaje conceptual deóntico muy estándar sobre *derechos, permisos y deberes*, unir la idea de un umbral suficientarista con uno limitarista en una sola perspectiva no debería resultar extraño en lo absoluto. De hecho, tal vez debería parecer bastante obvio.

Triangulando diferentes lenguajes normativos, el umbral de suficiencia pretende esencialmente indicar lo que las personas pueden reclamar como una cuestión de derecho o de justo título. El espacio entre

---

42 Si multiplicamos los umbrales en demasía, existe el riesgo de diluir el significado de un umbral y acercarse al razonamiento prioritarista general, pero no creo que eso sea un riesgo particular en este caso.
43 Por ejemplo, de nuevo, como los de Benbaji (2005; 2006).
44 Considero que este potencial para captar intuiciones igualitaristas, sin compartir las mismas vulnerabilidades, es una ventaja teórica.

el umbral de suficiencia y el umbral limitarista indica esencialmente la gama de las posesiones permisibles de recursos que no pueden reclamarse como una cuestión de justo título, pero que tampoco está mal tener. Y el umbral limitarista, como límite superior a las posesiones permisibles de recursos, es el punto más allá del cual dichas posesiones son ilegítimas. Es donde se acaba el permiso y, por lo tanto, donde comienza el acto indebido y donde los deberes de devolución entran en vigor.[45]

Si quisiéramos representar visualmente el espacio conceptual, podríamos tener algo como lo siguiente (Figura 1):

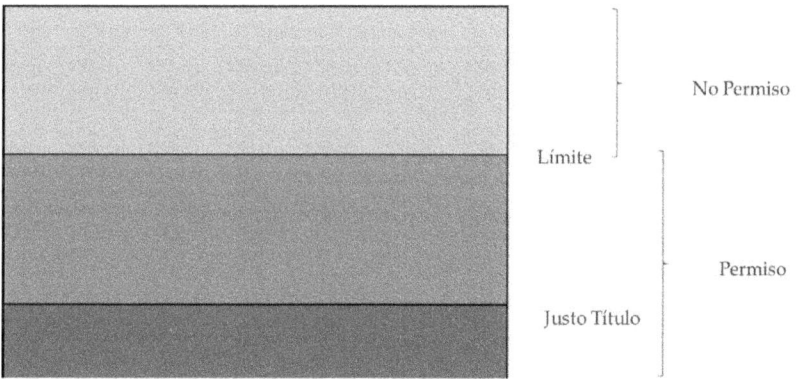

Fig. 1 Posesiones distributivas

La estructura inherente a la perspectiva de umbrales múltiples es esencialmente la estructura subyacente a todo nuestro discurso deóntico. Es decir, se trata de una estructura que combina los derechos o justos títulos con los permisos y los no permisos o prohibiciones.[46] Para diferentes propósitos, uno podría querer interpretar estas tres categorías moralmente en lugar de políticamente. Por ejemplo, se podría pensar que uno tiene derecho moral (*morally entitled*) a más o menos de

---

[45] En una literatura diferente y con fines ligeramente distintos, Ian Gough (2017) describió una idea análoga como un "pasillo de consumo", entendido como el rango "entre los estándares mínimos, que permiten a cada individuo vivir una vida buena, y los estándares máximos, que aseguran un límite en el uso de cada individuo de los recursos naturales y sociales con el fin de garantizar una vida buena para los demás en el presente y en el futuro". Véase también Raworth (2017).

[46] Por supuesto, hay otras formas de justificar los no permisos, como si alguien roba a otro, así que no quiero insinuar que esta simple representación cubre todo el panorama deóntico.

lo que uno tiene derecho político (*politically entitled*), o que los límites morales a la posesión de recursos son más o menos estrictos de lo que es defendible o exigible como límite político. Pero independientemente del tipo específico de interpretación deóntica que se quiera dar, lo que queda para la perspectiva de umbrales múltiples es una estructura muy familiar. Esto debería darnos la confianza adicional de que el resultado de respaldar una perspectiva de umbrales múltiples, en lugar de ser visto como algo extraño o único, debería ser bienvenido como un signo de fluidez en el discurso deóntico, del que la justicia distributiva pretende formar parte.

Debería aclarar un último punto, antes de pasar a la sección final del capítulo. Adoptar esta continuidad entre el lenguaje deóntico estándar y la perspectiva de umbrales múltiples es consistente con las distinciones sobre los diversos "grados de incorrección" o la priorización comparativa intracategorial. Por ejemplo, tener un umbral limitarista no excluye juicios de que es más incorrecto acaparar mil millones de dólares que un millón y un dólares, si el umbral se fijara en un millón. El umbral simplemente indica un cambio en el estatus normativo del permiso al no permiso. Así, aunque ambos sujetos podrían estar violando sus deberes, es coherente afirmar que el multimillonario lo está haciendo significativamente peor. De hecho, parte de la explicación misma del porqué radica en la cantidad comparativamente mayor de otros valores normativos más importantes que podrían satisfacerse con un uso alternativo de los recursos excedentes del multimillonario.

6. La pregunta latente

Mi principal ambición en este capítulo ha sido sugerir que los suficientaristas tendrían que respaldar una tesis limitarista y que los limitaristas tendrían que respaldar una tesis suficientarista y, por lo tanto, ambas tendrían que ser perspectivas de umbrales múltiples. En cierto modo, esto deja, por supuesto, la mayor pregunta por responder: ¿cómo deberíamos interpretar el contenido sustantivo, y por lo tanto deóntico, de los umbrales? ¿Dónde deben fijarse? Más que la mera estructura, esto es lo que se requiere en última instancia para proporcionar orientación para la acción desde una teoría de la justicia distributiva. No intentaré dar aquí una respuesta convincente, pero a modo de conclusión, quiero ofrecer algunas reflexiones con ese fin último.

En primer lugar y como recordatorio importante, es posible que los diferentes tipos de bienes que están implicados como asuntos de interés en nuestra teorización sobre la justicia distributiva puedan, de hecho, si son pluralistas e irreductibles, requerir un tratamiento diferenciado a la hora de establecer umbrales.

En segundo lugar, cualquier aproximación (o, en última instancia, respuesta) adecuada a la cuestión del establecimiento de los umbrales tendrá que implicar una retroalimentación amplia entre una serie de valores fundamentales y el contexto empírico relevante. Por ejemplo, necesitamos conocer el estado de nuestros recursos colectivos y lo que se puede y no se puede conseguir con ellos. Mi opinión es que el umbral limitarista debe determinarse en relación con el umbral suficientarista (véase, por ejemplo, Hickey 2021). Por lo tanto, para determinar qué tan arriba llegan nuestros permisos distributivos, tenemos que empezar con lo que, en el extremo inferior, son plausiblemente especificados como justos títulos. Supongo que eso comenzará con las propuestas de justos títulos menos controvertidas y más minimalistas, como la preocupación por garantizar las necesidades básicas y la subsistencia. A partir de ahí, podríamos extendernos a una preocupación expandida por asegurar una esfera de los bienes de la agencia.[47] Más allá de eso, tal vez podríamos subir otro peldaño hasta una preocupación expandida por asegurar lo que Frankfurt (2006) o Huseby (2010) denominan «conformidad». Más allá de eso, tal vez podríamos extendernos en última instancia a una preocupación por asegurar lo que Robeyns indica en su despliegue del concepto de «florecimiento».

Inevitablemente, hacen falta argumentos robustos sobre qué es lo que constituye plausiblemente un justo título y, a su vez, sobre cómo especificar qué necesita ser el umbral limitarista. Sin embargo, una cosa que sí parece verdadera es que los conflictos más problemáticos no empiezan a surgir sino hasta que situamos el umbral limitarista lo suficientemente bajo como para empezar a recortar seriamente la conformidad o el florecimiento de los individuos. Mientras sigamos dedicándonos a recortar los meros lujos de los ricos, no es plausible

---

47 Tal vez como el umbral suficientarista "promotor de la autonomía" propuesto por Axelsen y Nielsen (2015).

pensar que sus propios justos títulos puedan bloquear la redistribución hacia los derechos más básicos de los más desfavorecidos.

Dicho esto, en el mundo real, es muy probable que el límite superior más defendible sea más bajo de lo que pensamos. Es posible que éste reduzca sustancialmente lo que solemos considerar posesiones permisibles o incluso justos títulos, como parte de nuestra conformidad o florecimiento (véase de nuevo Hickey 2021). A pesar de los avances reales sacando a millones de personas de la pobreza extrema en los últimos años, la magnitud del sufrimiento y de las necesidades urgentes insatisfechas en todo el mundo es abrumadora. En términos del lenguaje deóntico que acabamos de introducir, hay un exceso prácticamente interminable de los derechos y justos títulos más básicos que no se satisfacen. Además, a medida que seguimos afrontando los costos acumulados de la pandemia, el empeoramiento del cambio climático, las guerras y conflictos mortíferos, la agitación política generalizada, etc., las expectativas de un mayor deterioro son elevadas. Teniendo en cuenta lo anterior, puede resultar que tomarse en serio la igualdad moral de las personas acabe apuntando a un límite superior más bajo de lo que podríamos haber imaginado.

Además, este mismo conjunto de hechos también podría revelar que lo que uno tiene derecho (o permiso) a tener puede quedarse muy corto con respecto a lo que realmente se necesitaría para una vida floreciente.[48] Naturalmente, esto depende de qué tan minimalista sea la concepción (personal o teórica) que uno tenga del florecimiento. Pero es seguro decir que muchas visiones superan lo que probablemente sobreviva como una porción distributiva permisible cuando el alcance de las necesidades básicas globales es tomado en serio. Ninguno de estos pensamientos especulativos pretende ser una cuestión de principios, sino más bien una reflexión preocupada sobre el estado fundamental e inaceptablemente desesperado de muchos miles de millones de personas en todo el mundo que probablemente pueden reclamar justos títulos más plausibles a los recursos distributivos para las necesidades básicas que otros para procurarse las condiciones materiales necesarias para, digamos, la conformidad, el florecimiento o el lujo.

---

48 Sobre las dificultades de garantizar una vida buena para todos dentro de los límites planetarios, véase O'Neill et al. (2018).

Como ocurre con muchos proyectos filosóficos, quedan cuestiones sustanciales por resolver. Definir la forma de los umbrales más plausibles para cualquier perspectiva de umbrales múltiples resultante es la principal de ellas. Lo que espero haber mostrado aquí, al argumentar que los suficientaristas tendrían que respaldar una tesis limitarista y que los limitaristas tendrían que respaldar una tesis suficientarista, es sólo que, a medida que avancen en detallar el contenido de la justicia distributiva, tendrían que mirar en dos direcciones, a (al menos) dos umbrales.

Agradecimientos

Quiero dar las gracias a Ingrid Robeyns, Dick Timmer y Fergus Green por sus útiles comentarios y discusiones sobre borradores previos de este capítulo. Gracias también a las audiencias en la Universidad de Bucarest y la Universidad de Princeton por su valiosa retroalimentación. Parte de este trabajo ha sido financiado por el Consejo Europeo de Investigación (ERC) en el marco del programa de investigación e innovación Horizonte 2020 de la Unión Europea (acuerdo de subvención nº 726153). También ha contado con el apoyo de la Climate Futures Initiative de la Universidad de Princeton.

Referencias

Axelsen, David and Lasse Nielsen. 2015. Sufficiency as Freedom from Duress, *Journal of Political Philosophy*, 23 (4), 406–26. https://doi.org/10.1111/jopp.12048

Barry, Brian. 1989. *Theories of Justice*. Hemel-Hempstead: Harvester-Wheatsheaf.

Benbaji, Yitzak. 2005. The Doctrine of Sufficiency: A Defence, *Utilitas*, 17(3), 310–32. https://doi.org/10.1017/S0953820805001676

Benbaji, Yitzak. 2006. Sufficiency or Priority? *European Journal of Philosophy*, 14(3), 327–48. https://doi.org/10.1111/j.1468-0378.2006.00228.x

Carey, Brian. 2020. Provisional Sufficientarianism: Distributive Feasibility in Non-ideal Theory, *The Journal of Value Inquiry*, 54, 589–606. https://doi.org/10.1007/s10790-020-09732-7

Casal, Paula. 2007. Why Sufficiency Is Not Enough, *Ethics*, 117, 296–326. https://doi.org/10.1086/510692

Casal, Paula. 2016. "Por qué la suficiencia no basta." En *Igualitarismo: una discusión necesaria*, editado por Javier Gallego S. y Thomas Bullemore L., traducido por Javier Gallego Saade, 263–95. Santiago de Chile: Centro de Estudios Públicos.

Christiano, Thomas. 2012. Money in Politics. In: David Estlund (Ed.). *The Oxford Handbook of Political Philosophy*. Oxford: Oxford University Press, pp. 241–57.

Crisp, Roger. 2003a. Equality, Priority, and Compassion, *Ethics*, 113(4), 745–63. https://doi.org/10.1086/373954

Crisp, Roger. 2003b. Egalitarianism and Compassion, *Ethics*, 114(1), 119–26. https://doi.org/10.1086/377088

Frankfurt, Harry. 1987. Equality as a Moral Ideal, *Ethics*, 98, 21–43.

Frankfurt, Harry. 2006. "La igualdad como ideal moral". En *La importancia de lo que nos preocupa: Ensayos filosóficos*, traducido por Verónica Inés Weinstahl y Servanda María de Hagen, 195–228. Buenos Aires: Katz.

Gough, Ian. 2017. Recomposing Consumption: Defining Necessities for Sustainable and Equitable Well-being, *Philosophical Transactions of the Royal Society A: Mathematical, Physical and Engineering Sciences*, 375 (Issue 2095): 20160379. https://doi.org/10.1098/rsta.2016.0379

Hickey, Colin. 2021. Climate Change, Distributive Justice, and "Pre-Institutional" Limits on Resource Appropriation, *European Journal of Philosophy*, 29(1), 215–35. https://doi.org/10.1111/ejop.12569

Hope, Simon. 2010. The Circumstances of Justice, *Hume Studies*, 36(2), 125–48. http://doi.org/10.1353/hms.2010.0015

Hume, David. 2000. *A Treatise of Human Nature* (Ed. David Fate Norton and Mary J. Norton). New York: Oxford University Press.

Hume, David. 1998. *An Enquiry Concerning the Principles of Morals* (Ed. Tom L. Beauchamp). New York: Oxford University Press.

Huseby, Robert. 2010. Sufficiency: Restated and Defended, *The Journal of Political Philosophy* 18 (2), 178–97. https://doi.org/10.1111/j.1467-9760.2009.00338.x

Huseby, Robert. 2020. Sufficiency and the Threshold Question, *The Journal of Ethics*, 24, 207–23. https://doi.org/10.1007/s10892-020-09321-7

Huseby, Robert. 2022. The Limits of Limitarianism, *The Journal of Political Philosophy*, 30(2), 230–48. https://doi.org/10.1111/jopp.12274

Millward-Hopkins, Joel. 2022. Inequality can double the energy required to secure universal decent living, *Nature Communications*, 13, 5028. https://doi.org/10.1038/s41467-022-32729-8

Nielsen, Lasse. 2019. Sufficiency and Satiable Values, *Journal of Applied Philosophy*, 36(5), 800–16. https://doi.org/10.1111/japp.12364

Nussbaum, Martha. 2006. *Frontiers of Justice*. Cambridge, MA: Belknap Press.

O'Neill, Daniel, et al. 2018. A good life for all within planetary boundaries. *Nature Sustainability*, 1, 88–95. https://doi.org/10.1038/s41893-018-0021-4

Rawls, John. 1999. *A Theory of Justice*. Cambridge, MA: Harvard University Press.

Rawls, John. 2012. *Teoría de la justicia*. Traducido por María Dolores González. Distrito Federal: Fondo de Cultura Económica.

Raworth, Kate. 2017. *Doughnut Economics: Seven Ways to Think Like a 21st-Century Economist*. London: Random House.

Robeyns, Ingrid. 2017. Having Too Much. In: J. Knight & M. Schwartzberg (Eds.). NOMOS LVI: Wealth. *Yearbook of the American Society for Political and Legal Philosophy*. New York: New York University Press, pp. 1–44.

Robeyns, Ingrid. 2019. What, If Anything, Is Wrong with Extreme Wealth? *Journal of Human Development and Capabilities*, 20 (3), 251–66. https://doi.org/10.1080/19452829.2019.1633734

Robeyns, Ingrid. 2022. Why Limitarianism? *The Journal of Political Philosophy*, 30(2), 249–70. https://doi.org/10.1111/jopp.12275

Shields, Liam. 2012. The Prospects for Sufficientarianism, *Utilitas*, 14, 101–17. https://doi.org/10.1017/S0953820811000392

Shields, Liam. 2016. *Just Enough: Sufficiency as a Demand of Justice*. Edinburgh: Edinburgh University Press.

Tebble, A. J. 2020. On the Circumstances of Justice, *European Journal of Political Theory*, 19(1), 3–25. https://doi.org/10.1177/1474885116664191

Temkin, Larry. 2003. Egalitarianism Defended, *Ethics*, 113(4), 764–82. https://doi.org/10.1086/373955

Timmer, Dick. 2021a. Limitarianism: Pattern, Principle, or Presumption? *Journal of Applied Philosophy*, 38(5), 760–73. https://doi.org/10.1111/japp.12502

Timmer, Dick. 2021b. Thresholds in Distributive Justice, *Utilitas*, 33(4), 422–41. https://doi.org/10.1017/S0953820821000194

Timmer, Dick. 2022. Justice, Thresholds, and the Three Claims of Sufficientarianism, *The Journal of Political Philosophy*, 30(3), 298–323. https://doi.org/10.1111/jopp.12258

Vanderschraaf, Peter. 2006. The Circumstances of Justice. Politics, *Philosophy & Economics* 5(3), 321–51. https://doi.org/10.1177/1470594X06068303

Volacu, Alexandru and Adelin Dumitru. 2019. Assessing Non-intrinsic Limitarianism, *Philosophia*, 47, 249–64. https://doi.org/10.1007/s11406-018-9966-9

Wiedmann, Thomas, et al. 2020. Scientists' warning on affluence, *Nature Communications*, 11, 3107. https://doi.org/10.1038/s41467-020-16941-y

Zwarthoed, Danielle. 2018. Autonomy-Based Reasons for Limitarianism, *Ethical Theory* Moral Practice, 21, 1181–204. https://doi.org/10.1007/s10677-018-9958-7

10. Un argumento neorrepublicano a favor del limitarismo

Elena Icardi

1. Introducción

Planteada inicialmente por Philip Pettit (1999), la libertad como no-dominación representa el ideal central del neorrepublicanismo.[1] Según esta interpretación, estar libre de dominación significa no estar expuesto a la capacidad de interferencia de nadie sin poder controlarla, tanto frente a nuestros conciudadanos como frente al Estado (Pettit, 2012). Con respecto a este último, la libertad como no-dominación implica que cada ciudadano debería disfrutar de una igual oportunidad de influencia política.

Este requisito parece peligrar con la presencia de ciudadanos muy ricos en una democracia (McCormick, 2011; 2019). Los superricos disfrutan de oportunidades adicionales porque pueden, por ejemplo, invertir injustamente en campañas políticas y/o influir en la opinión pública financiando redes sociales, *think tanks*, etc. (Christiano 2012;

---

[1] Por "neorrepublicanismo" me refiero a la corriente de la filosofía política contemporánea que ha revivido la tradición republicana como una alternativa al pensamiento liberal predominante, siendo su ideal central la libertad como no-dominación en contraposición a la libertad como no interferencia (Skinner 1984; Pettit 1999). Aunque varios pensadores se refieren a dicha corriente simplemente como "republicanismo"—Dumitru (2020) es uno de ellos—yo prefiero utilizar "neorrepublicanismo" para evitar cualquier confusión con la propia tradición republicana y para indicar una postura contemporánea tan específica.

Cagé 2018). También tienen poder independiente tanto en la esfera económica (Christiano 2010; 2012; véase también Knight & Johnson 1997) como a manera de capital social (Robeyns 2017; véase también Timmer 2019), lo que les permite impactar la toma pública de decisiones incluso sin invertir realmente en ella.

Además, este poder solo puede limitarse mínimamente mediante restricciones institucionales formales (Christiano 2010; 2012; Robeyns 2017). Cuando algunas personas poseen tanta más riqueza que otras a tal punto que tienen acceso a los privilegios mencionados, las barreras formales pueden, en efecto, hacer poco para prevenirlo. En este sentido, me parece que, en lugar de respaldar soluciones procedimentales para proteger la democracia de la dominación de los ricos, como han hecho generalmente los neorrepublicanos (por ejemplo, McCormick 2011), deberíamos contemplar limitaciones sustantivas..[2]

El limitarismo, tal y como fue propuesto recientemente por Ingrid Robeyns (2017), podría dotar al neorrepublicanismo de tales limitaciones. Según Robeyns, la riqueza individual excesiva debería restringirse y una de las razones que ofrece para hacerlo es para salvaguardar el proceso democrático. Por lo tanto, parece haber un argumento *prima facie* de por qué el limitarismo sería beneficioso para el neorrepublicanismo.[3] Deberíamos preguntarnos, por lo tanto, si puede argumentarse que si uno apoya la libertad como no-dominación, uno debería respaldar un umbral limitarista. Y si es así, qué formas debería adoptar este umbral y por qué.

En lo que sigue, argumento que el limitarismo debería, en efecto, ser defendido dentro del neorrepublicanismo. Dado que (a) la libertad como no-dominación se basa en que los ciudadanos tengan igual oportunidad de influencia política, y (b) dada tanto la influencia desproporcionada de los

---

[2] Nótese que un creciente enfoque en las propuestas sustantivas se ha abierto paso en el panorama neorrepublicano; véase, por ejemplo, la economía cívica de Richard Dagger (2006), el análisis de Stuart White sobre la democracia de propietarios (2016) y el republicanismo socialista de Tom O'Shea (2020). Sin embargo, la cuestión de si éstas son propuestas alternativas o complementarias y cuál de ellas encaja mejor con el neorrepublicanismo va más allá del alcance de este capítulo. Me parece que la respuesta a estas preguntas no negaría ningún aspecto de la tesis de que vale la pena añadir el limitarismo a la caja de herramientas neorrepublicana.

[3] Casassas y De Wispelaere (2016) ya enumeran el limitarismo como una de las formas en que los neorrepublicanos podrían establecer un techo económico para prevenir que los ricos tengan demasiado poder político. Sin embargo, no exploran esta opción a profundidad.

ricos como la insuficiencia de las restricciones formales, esta igualdad de oportunidad sólo puede existir si se limita la riqueza individual excesiva, (c) la libertad como no-dominación requiere que se limite la riqueza individual excesiva y esta tarea puede lograrse estableciendo un umbral limitarista. Mi perspectiva de este umbral, sin embargo, es diferente de la del primer defensor del limitarismo republicano, Adelin-Costin Dumitru (2020). En mi opinión, dicho umbral debería limitar los recursos que la gente necesita para tener oportunidades desproporcionadas de influencia política, en lugar de retirar únicamente los recursos que la gente no necesita para florecer plenamente. Es decir, el límite debería situarse en el nivel a partir del cual los ricos dominan el proceso de la toma pública de decisiones al disfrutar de los privilegios antes mencionados. Este capítulo argumenta a favor de este tipo de umbral limitarista.

Para ello, el capítulo está organizado del siguiente modo. En primer lugar, analizo las razones por las que la libertad como no-dominación requiere que se limite la riqueza individual excesiva. En segundo lugar, argumento que, a pesar de que la libertad como no-dominación requiere que se limite la riqueza individual excesiva y de que esta tarea puede lograrse a través del limitarismo, un umbral limitarista basado en la idea del florecimiento pleno no se corresponde con esta tarea. Por último, discuto un tipo diferente de umbral, que es independiente del valor del florecimiento y que afirmo que es una precondición del requisito democrático que fundamenta la libertad neorrepublicana.

2. El neorrepublicanismo y el problema de las élites

Para entender por qué el neorrepublicanismo exige que se limite la riqueza individual excesiva, introduzcamos, en primer lugar, la idea de la libertad como no-dominación. Es bien sabido que la libertad como no-dominación fue descrita por primera vez por Philip Pettit en su *Republicanismo: Una teoría sobre la libertad y el gobierno* (1999) y fue desarrollada en obras posteriores, como *On the People's Terms: A Republican Theory and Model of Democracy* (2012).

Según el republicanismo de Pettit, una persona está libre de dominación cuando no está expuesta al poder arbitrario de nadie (Pettit 1999). Formulado de otro modo, una persona no está dominada cuando no está expuesta a la capacidad incontrolada de otra persona de interferir en sus elecciones (Pettit 2012).⁴ Nótese que la interferencia en sí no es necesaria para que se produzca la dominación. Lo que importa es la *capacidad* de interferir basada en la asimetría de poder que la gente reconoce que existe entre ellos. Para aclarar este punto, Pettit sugiere la conocida imagen de lo que él llama "el esclavo de un amo amable" (Pettit 1999, p. 56)—utilizaré los términos persona esclavizada y esclavizador en lo que sigue—. Incluso si el esclavizador, siendo "benigno y permisivo" (Pettit 1999, p. 52), no interviene directamente en la vida de la persona esclavizada y le permite hacer lo que quiera, la persona esclavizada sigue estando dominada dado que el esclavizador puede obstaculizar su vida en cualquier momento y dado que aquélla no tiene ningún control sobre ello. Es esa capacidad incontrolada de interferir, es decir, la posibilidad de elegir si interferir o no y cómo hacerlo, y no la interferencia en sí misma, lo que debe descartarse.

Por lo tanto, las personas deberían estar protegidas de una capacidad incontrolada de interferencia tal si quieren estar libres de la dominación. Es decir, los individuos deberían tener asegurada una posición como iguales para que puedan "mirar a los demás a los ojos sin tener motivos para el miedo o la deferencia que un poder de interferencia podría inspirar" (Pettit 2012, p. 84);⁵ el Estado debería concederles un estatus de igualdad con este propósito. Sin embargo, para evitar que las interferencias del Estado sean una fuente de dominación en sí mismas, hay que añadir otro requisito: no sólo debería concedérsele a las personas un estatus de igualdad entre sí (no-dominación horizontal), sino que también deberían gozar de control sobre las decisiones del gobierno (no-dominación vertical).⁶ Esta forma de control compartido es en sí misma justificable por el neorrepublicanismo, ya que "si la ciudadanía controla la discrecionalidad estatal de manera adecuada […] entonces la imposición de un orden social a esos ciudadanos no les restará libertad" (Pettit 2012, p. 160).

---

4   Pettit sustituye el término "arbitrario" (1999) por la palabra "incontrolado" (2012) como un intento explícito de evitar tener "connotaciones engañosas" o "un término dependiente de un valor o moralizado" en su definición (Pettit 2012, p. 58). No obstante, no debe entenderse que la palabra "incontrolado" tenga un significado sustancialmente distinto de "arbitrario", por lo que las utilizo indistintamente en este capítulo.
5   Es el así llamado "test de la mirada" (Pettit 2012).
6   De este modo se prevendría tanto lo que Pettit denomina *dominium* (es decir, la dependencia horizontal de los semejantes) como lo que define como *imperium* (es decir, la imposición vertical de la voluntad gubernamental) (Pettit 1999, p. 58).

Pero ¿qué significa que la ciudadanía controle el Estado? En términos de Pettit, tener el control significa tanto tener "cierta influencia sobre el proceso conducente al resultado" como utilizar esa influencia "para imponer una dirección relevante al proceso" (Pettit 2012, p. 153). Por lo tanto, en primer lugar, que los ciudadanos controlen el Estado significa que cada ciudadano debería tener igual influencia en las decisiones gubernamentales. Sin embargo, esto no puede implicar que cada ciudadano deba participar por igual en el proceso de toma pública de decisiones (Pettit 2012, p. 169), ni que cada ciudadano deba tener la misma probabilidad de éxito a la hora de influir en él (Scanlon 2018, p. 80). Por ejemplo, los ciudadanos podrían tener un nivel diferente de disposición a participar en la política o diferentes capacidades como oradores, y no debería considerarse que tales factores socavan el principio neorrepublicano de igual influencia.

> Lo que la influencia igualmente compartida requiere, por lo tanto, sólo puede ser un igual acceso al sistema de influencia popular: una oportunidad de participación en ese sistema que esté disponible con igual facilidad para cada ciudadano (Pettit 2012, p. 169).

En otras palabras, si los ciudadanos han de tener control sobre el proceso de toma pública de decisiones, cada ciudadano debería tener igual oportunidad de influirlo.[7]

Mientras que el que las personas tengan una igualdad de estatus entre sí es una cuestión de justicia social, este requisito de tener igualdad de oportunidad de influir en la política es una cuestión de legitimidad política. Además, según Pettit, estos dos ámbitos parecen mantener una relación jerárquica: la legitimidad política es lo primero, y la justicia social, lo segundo (Pettit 2012, pp. 24–25; pp. 130–32). Si los ciudadanos no gozan de igualdad de oportunidades para influir en el proceso legislativo, su igual estatus horizontal también será arbitrario porque estarán rodeados de leyes sobre las que no tienen verdadero control. En palabras de Pettit

> Un fracaso en la legitimidad política comprometería la robusteza de la libertad más profundamente que un fracaso sólo en la justicia social. Mientras que la mera falta de justicia social sólo nos haría vulnerables

---

7 Véase también Poama y Volacu (2021) para una conceptualización similar de la igualdad de oportunidades de influencia política. Agradezco a un dictaminador anónimo por sugerirme este texto.

ante nuestros conciudadanos, la falta de legitimidad política nos haría vulnerables en dos frentes (Pettit 2012, p. 24).

Cuando los ciudadanos no pueden controlar las decisiones públicas, son dominados tanto en sentido vertical como horizontal.

Los ciudadanos podrían, por ejemplo, ser tratados como iguales por su reina, experimentando así una igualdad de estatus entre sí; pero si no disfrutan de ninguna oportunidad de participar en el proceso de toma de decisiones de la reina en relación con los asuntos públicos, dicha igualdad de estatus sólo se producirá si ella tiene la suficiente buena voluntad para permitirlo. En ese caso, no sólo estarán expuestos a la dominación vertical de su reina, sino también a la dominación horizontal potencial de sus semejantes, ya que el igual estatus entre ellos podría cambiar en cualquier momento dependiendo de la voluntad de la reina. Como ilustra este ejemplo, la no-dominación horizontal no puede asegurarse robustamente sin que antes se asegure la no-dominación vertical. Aunque es importante que los ciudadanos sean tratados como iguales por el Estado, lo más importante para los neorrepublicanos parece ser que los ciudadanos tengan control sobre las decisiones del Estado. En este sentido, la legitimidad política debería considerarse la condición previa para asegurar la libertad como no-dominación (Pansardi 2015).

Sin embargo, esta condición previa se ve comprometida por la presencia de élites económicas en una democracia. Aunque Pettit parece pasar por alto este problema, John P. McCormick lo ha subrayado recientemente, señalando que

> Investigaciones históricas y empíricas nos ofrecen abundante evidencia que sugiere que los ricos siempre han sido, e invariablemente seguirán siendo, una fuerza inminentemente dominante dentro de las democracias (McCormick 2019, p. 127).

Las democracias contemporáneas muestran una clara prueba de ello al estar generalmente sesgadas hacia los intereses de los ricos.[8] Sin embargo, dado que McCormick cree que se debe dejar libertad a las personas para que dirijan sus propios asuntos, acumulando así diferentes cantidades de riqueza, aborda el problema de que los ricos dominan

---

8 Para estudios empíricos véase, por ejemplo, Gilens (2005); Bartels (2008); Gilens & Page (2014); Piketty (2013); Cagé (2018).

la democracia enfocándose en rediseñar el procedimiento democrático mismo en lugar de limitar sus riquezas.[9] Por el contrario, en mi opinión, la amenaza que suponen las élites económicas no puede contrarrestarse procedimentalmente, porque las personas muy ricas parecen disfrutar de una influencia política desproporcionada (Scanlon 2018, p. 82) que elude las restricciones institucionales formales.

Esto sucede por dos razones. Por un lado, la riqueza representa un *proxy* que puede utilizarse para obtener oportunidades adicionales de influir en la política. Los recursos económicos pueden traducirse en influencia política a través de distintos mecanismos, que pueden ser tanto directos (por ejemplo, financiando campañas políticas) como indirectos (por ejemplo, financiando plataformas de redes sociales y/o *think-tanks* para influir en la opinión pública y/o el conocimiento común) (Christiano 2012; Cagé 2018). Por otro lado, la riqueza proporciona a sus propietarios un conjunto más amplio de privilegios que les otorgan más posibilidades de afectar el proceso de toma pública de decisiones incluso sin invertir en él. Tal es el caso, por ejemplo, de cierto tipo de educación y/o redes de influencia que las personas tienen gracias a su dinero—lo que es llamado más generalmente "capital social" (Robeyns 2017, pp. 9–10; Timmer 2019, p. 1337)—, pero también del llamado "poder independiente" que los ricos tienen en la esfera económica y que inevitablemente se refleja en la política (Christiano 2012). Sin duda, la riqueza puede ser tanto un instrumento para ganar influencia política (ya sea directa o indirectamente) como un instrumento para adquirir todos aquellos factores no relacionados con la riqueza que también afectan la igualdad de oportunidades para influir en la política.

Además, las medidas formales no previenen este problema. En primer lugar, rastrear todos los mecanismos a través de los cuales la riqueza puede ser un instrumento para ganar influencia política no parece realmente factible. E incluso si fuera factible, cabría preguntarse si sería deseable dado que "la aplicación de una protección procedimental podría implicar

---

9   McCormick teoriza lo que denomina "democracia maquiavélica", que es una democracia que se compone de "instituciones específicas de clase", es decir, asambleas en las que los ciudadanos no ricos pueden hablar por sí mismos y tomar decisiones entre ellos (McCormick 2011, p. 13). No tengo espacio aquí para profundizar en la propuesta de McCormick, pero me parece que su propuesta se encuentra con los mismos problemas que abordaré más adelante en esta sección en relación con las soluciones formales en general.

invasiones potencialmente problemáticas de la privacidad, en la medida en que podría requerir un monitoreo cercano de los patrones de gasto de los más favorecidos" (Schemmel 2011, p. 378). Lo que parece aún más problemático es que, incluso si las medidas formales fueran factibles y deseables para prevenir que el dinero se traduzca en influencia política, esto seguiría sin ser suficiente para resolver el problema. Tales soluciones no abordarían las formas independientes antes mencionadas en las que la riqueza crea una desigualdad de oportunidades de influencia política.

Incluso si existe una separación formal entre economía y política, los ricos pueden determinar el éxito o el fracaso de las políticas. Considérese, por ejemplo, el caso de los impuestos. Si el tipo impositivo marginal superior aumentara, los ciudadanos ricos podrían decidir trasladar su capital a otros países en los que se apliquen códigos fiscales más favorables. Para evitar este resultado, los gobiernos podrían abstenerse de elevar el tipo impositivo marginal superior en primer lugar; en este sentido " los gobiernos deben tomar decisiones con la vista puesta en lo que las entidades económicas poderosas hacen en respuesta a esas decisiones" (Christiano 2012, p. 8). Por lo tanto, incluso si los ciudadanos ricos no participan en los procesos de creación de políticas, inevitablemente influirán en ellos a través de sus amenazas o promesas (Knight & Johnson 1997; Christiano 2010). Así pues, las barreras formales no pueden prevenir que los ricos tengan oportunidades injustas de influir en la política.

Por lo tanto, hay que contemplar soluciones sustantivas. Como señala Christian Schemmel, estas soluciones serían a la vez "menos intrusivas", ya que no implican ningún monitoreo del gasto de los individuos, y "más efectivas", porque resuelven la raíz del problema. Una analogía adecuada es el desarme, que sería una mejor forma de evitar los problemas relacionados con las armas que "dejar las armas en posesión de los más favorecidos y limitarse a prohibir su uso" (Schemmel 2011, pp. 378–79). Sin embargo, es importante señalar que lo que debería restringirse no es la riqueza individual en sí misma, sino aquella cantidad de riqueza que conduce al acceso a los mecanismos y privilegios ya mencionados que son capaces de evadir las restricciones formales. Formulado de otro modo, el problema no es que unos tengan más riqueza que otros, ni que puedan invertir su riqueza en la política, sino que unos tengan tanta más riqueza que otros al grado de que disfrutan de oportunidades ilimitadas e injustas de influir en la política.[10] Por lo tanto, si queremos que se garantice la condición previa para la libertad como no-dominación, es decir, la legitimidad política, lo que debería limitarse es la riqueza individual excesiva.[11] En las siguientes secciones investigaré cómo podría hacerse esto.

3. Limitarismo y el problema del florecimiento

El limitarismo de Ingrid Robeyns (2017; 2019; 2022) podría dotar al neorrepublicanismo de ese límite. El limitarismo es una teoría que argumenta que la riqueza individual excesiva debería limitarse, y una de las razones que Robeyns ofrece para hacerlo es que protegería a la democracia frente a la influencia política desproporcionada de los superricos (Robeyns 2017, p. 5).[12] Además, el razonamiento parece similar al que acabo de

---

10 Del mismo modo, Schemmel afirma que el problema no surge "siempre y cuando se evite la plutocracia y los ricos no sean también los poderosos, en general, que utilizan el sistema político meramente para perseguir sus propios intereses" (2011, p. 379).

11 Supóngase que Apolítico es muy rico, mientras que Político no lo es. Político está tan interesado en la política que invierte todos sus recursos en ella, mientras que Apolítico no tiene absolutamente ningún interés en la política; por lo tanto, aunque tiene mucho más dinero que Político, no invierte nada con este fin. Al final del día, Político tendrá mayor influencia política que Apolítico aunque Apolítico sea más rico que él. Sin embargo, me parece que Apolítico no está dominado por Político ya que en principio gozan de una igual oportunidad de influir en la política; Apolítico simplemente decide no aprovecharla—recordemos que lo problemático no es que las personas tengan una probabilidad de éxito diferente, sino que tengan oportunidades injustas de influir (Scanlon 2018). Por el contrario, y esto podría ser contraintuitivo, Apolítico sí domina a Político: incluso si Apolítico decide no aprovechar sus mayores oportunidades de influir en la política debido a su riqueza, sí tiene tales oportunidades. Como el amo amable, Apolítico podría decidir no intervenir nunca en la política, pero sus recursos le proporcionan la capacidad incontrolada de hacerlo y, como hemos visto, la dominación es una cuestión de capacidad más que de interferencia real. Así pues, me parece que en aras de la no-dominación deberíamos limitar la fortuna de Apolítico en lugar de restringir las inversiones de Político. Agradezco a un dictaminador anónimo por sugerirme este ejemplo.

12 La otra razón es satisfacer "necesidades urgentes insatisfechas" (Robeyns 2017, p. 5). En resumen, la riqueza de los superricos debería limitarse para recaudar los recursos necesarios para satisfacer ciertas necesidades urgentes insatisfechas contemporáneas, como la pobreza. Aunque Robeyns no excluye la posibilidad de que haya más razones para respaldar el limitarismo, se adhiere a los dos argumentos que expuso anteriormente, particularmente "el argumento democrático" y "el argumento de las necesidades urgentes insatisfechas" (Robeyns 2017, p. 5). Este capítulo se enfoca únicamente en el primero en relación con el razonamiento que aquí se discute.

analizar. Dado que el ideal democrático de igualdad política parece verse socavado por la presencia de ciudadanos muy ricos en una democracia—quienes innegablemente pueden disfrutar de mayores oportunidades para influir en la política debido a su riqueza—y dado que las restricciones formales no logran superar este problema, la riqueza de estos ciudadanos debería limitarse. Dicho de otro modo, para proteger el ideal democrático de igualdad política, deberían restringirse las fortunas individuales excesivas.

Dicho más precisamente, Robeyns cree que lo que debe restringirse es la "riqueza excedente", es decir, la riqueza que los individuos poseen por encima de lo que ella denomina la *"línea de riqueza"*: "el nivel de acumulación de riqueza a partir del cual, en algún punto de aumento de la riqueza, la riqueza adicional no produce una contribución adicional al florecimiento propio" (Robeyns 2022, p. 254, cursiva en el original). Mientras que por debajo de un cierto nivel de riqueza las personas podrían tener razones válidas para guardar su dinero para sí mismos con el fin de alcanzar sus propios objetivos de vida, por encima de ese nivel de riqueza diferentes concepciones de la justicia podrían admitir que el beneficio que la gente podría obtener de su dinero es insignificante, es decir, es un "excedente" sin el cual pueden vivir. Robeyns reconoce ciertamente que el umbral limitarista no coincide necesariamente con la llamada línea de la riqueza; de hecho, "[d]iferentes razones a favor del limitarismo podrían apuntar a diferentes umbrales limitaristas" (Robeyns 2022, p. 254); en particular, admite que el argumento democrático podría exigir un umbral limitarista relativo diferente al establecido en relación con el valor del florecimiento. Sin embargo, Robeyns enfatiza que habría, no obstante, "algo especial en el dinero excedente en lo que respecta a la democracia y es que el costo de oportunidad, en términos del florecimiento de aquellos que gastan su dinero en influencia política (socavando así la igualdad política), es cero" (Robeyns 2022, p. 257). Es decir, la gente no experimenta realmente ninguna pérdida cuando invierte su riqueza excedente en la política, por lo que es más probable que lo haga. Por lo tanto, me parece que un umbral limitarista para la igualdad política que se corresponda con la línea de riqueza, es decir, que limite la riqueza excedente—la riqueza que la gente no necesita para su florecimiento pleno—sigue siendo deseable. Por lo tanto, me enfocaré primero en esta versión del limitarismo.

La pregunta que ahora surge es si esta versión del limitarismo sería adecuada para el neorrepublicanismo. En otras palabras, ¿un umbral limitarista tal basado en la línea de riqueza prevendría que los miembros de las élites económicas dominaran el proceso democrático, lo que, como ya se ha mencionado, representa una amenaza peligrosa, si no *la* más peligrosa, para la libertad neorrepublicana? Según Adelin-Costin Dumitru (2020), la respuesta es afirmativa. Dumitru introduce primero el limitarismo dentro del neorrepublicanismo porque el limitarismo "concentra en un único paraguas teórico las respuestas que se pueden dar a [dos] intuiciones [neorrepublicanas]": las "intuiciones contra la riqueza extrema", por un lado, y la "intuición suficientarista", por otro (Dumitru 2020, pp. 386–87).

En su opinión, el limitarismo debería defenderse dentro del neorrepublicanismo, en primer lugar como complemento de la afirmación suficientarista de este último con respecto a la independencia material, a saber, la idea de que para estar libre de dominación, una persona debe poseer al menos los recursos relevantes que se necesitan para ser autosuficiente; de lo contrario dependerá del poder arbitrario de otros para hacerlo.[13] El limitarismo indicaría de dónde se podrían recaudar los recursos necesarios para proporcionar a todos ese mínimo. Además, permitiría recaudar esos recursos sin violar los derechos de nadie.

> Esto se debe a que el limitarismo gravaría y redistribuiría la parte de la riqueza de un individuo que no contribuye a ayudar a ese individuo a llevar una vida floreciente, es decir, una parte que es irrelevante desde el punto de vista de la justicia (Dumitru 2020, p. 387).

En este sentido, el limitarismo sería la herramienta más adecuada para promover el objetivo de la suficiencia.

Sin embargo, ésta no es la única forma en la que el limitarismo contribuiría a la libertad como no-dominación. Según Dumitru, el limitarismo también sería beneficioso para el neorrepublicanismo porque "aseguraría que los superricos no pudieran utilizar su dinero para eludir las políticas republicanas implementadas en un país" (Dumitru 2020, p. 391). En otras palabras, el limitarismo también sería beneficioso para el neorrepublicanismo porque evitaría que los ricos tuvieran una influencia

---

13   Como reconoce Dumitru mismo, esta idea es bastante común entre los proponentes de la libertad como no-dominación; véase, por ejemplo, Pettit (1999; 2007; 2012); Raventós (2007); Lovett (2009).

política desproporcionada, como se discutió en la sección anterior. Por lo tanto, además de que la libertad como no-dominación requiera un umbral inferior para la independencia material, la libertad como no-dominación requeriría un umbral superior, que permitiría tanto identificar qué recursos deben recaudarse para cumplir el objetivo de suficiencia como preservar la democracia del poder político injusto de las élites. Además, en relación con la versión del limitarismo que he esbozado anteriormente, Dumitru argumenta que dicho umbral superior debería trazarse en relación con la idea del florecimiento pleno para no violar los derechos de nadie. Esto es lo que él llama "limitarismo republicano" (Dumitru 2020, p. 377).

Aunque simpatizo con la opinión de Dumitru, creo que el limitarismo debería introducirse en el neorrepublicanismo ante todo por esta última razón, ya que lo que buscamos es una forma de superar el problema de las élites económicas en la política. Además, parece que ni las restricciones institucionales formales ni el suficientarismo pueden proteger la igual oportunidad de los ciudadanos en política frente a la influencia injusta de los ricos. Tal vez sería necesario un mínimo económico para los individuos a fin de garantizar a todos una voz independiente en los asuntos públicos (Raventós 2007, p. 64). Pero esto no sería suficiente para garantizarles una igualdad de oportunidades de influencia política: "incluso si todos los ciudadanos tuvieran acceso a medios *suficientes* [...] los ciudadanos más ricos, que pueden gastar más, tendrían posibilidades significativamente mayores" (Scanlon 2018, p. 82, cursiva en el original). De ahí que se deba abogar por un límite económico superior para prevenir que los ricos dominen el proceso democrático. Esto no significa que fijar dicho límite no pueda ayudar a alcanzar el objetivo suficientarista, ni que esto no disminuiría también la dominación horizontal (o *dominium*) de los ciudadanos por parte de sus semejantes muy ricos. Lo que argumento, sin embargo, es que este límite debería fijarse en primer lugar para contrarrestar su dominación vertical (o *imperium*). A este respecto, sin embargo, la propuesta específica de Dumitru para el limitarismo republicano es problemática, porque cuando se trata de proteger la democracia de la influencia desproporcionada de los superricos, la idea del florecimiento pleno es una causa perdida.

Esto se debe a que, como destaca brillantemente Tammy Harel Ben-Shahar, el punto en el que la igualdad política es socavada por la riqueza excesiva individual no coincide necesariamente con el punto en el que los individuos florecen plenamente (Harel Ben-Shahar 2019, p. 9). Las personas que se encuentran por debajo de la línea de riqueza podrían seguir teniendo riqueza suficiente para disfrutar de oportunidades ilimitadas y desproporcionadas de influir en la política. Además, esto podría ser verdad incluso si estas oportunidades vinieran acompañadas de algunos costos en términos de florecimiento. Para algunas personas puede ser más importante influir en el curso de la política que prosperar plenamente y algunas pueden incluso considerar que el poder político forma parte de su florecimiento y decidir invertir su dinero en aumentar sus posibilidades de conseguirlo (Volacu & Dumitru 2019). En otras palabras, aunque tales individuos no poseerían lo que Robeyns denomina dinero excedente, es decir, no tendrían más recursos de los necesarios para su florecimiento pleno, esos individuos seguirían teniendo más oportunidades de influir en el proceso de toma pública de decisiones debido a su riqueza. Así pues, un umbral limitarista que coincidiera con la línea de la riqueza resultaría ineficaz para proteger el ideal democrático de igualdad política de la influencia desproporcionada de los ricos.[14]

Cabe señalar que el hecho de que la línea de riqueza no necesariamente coincide con el punto en el que las personas disfrutan de mayores oportunidades de influencia política debido a su riqueza no significa que la línea de riqueza deba fijarse en un nivel superior. Simplemente significa que *podría* serlo y, si lo fuera, que ello sería problemático a efectos de proteger la democracia de la dominación de los ricos. En otras palabras, lo que este argumento sugiere es que el nivel en el que los individuos florecen plenamente y aquel en el que disfrutan de oportunidades injustas de influencia política son distintos y que a priori no sabemos cuál de ellos

---

14 Una objeción similar puede encontrarse en el trabajo de Volacu y Dumitru (2019). Los dos autores argumentan que establecer un límite superior a la riqueza individual resultaría ineficaz, ya que nada por debajo del umbral establecido prevendría que los individuos financiaran el proceso político y, por lo tanto, ganaran más influencia a través de sus medios financieros—que es lo que Dick Timmer llama la "objeción de la eficacia" (Timmer 2019) y que discuto en otro lugar (Icardi 2022). Sin embargo, según su interpretación, el problema parece ser que las personas que se encuentran por debajo de la línea de la riqueza pueden seguir invirtiendo su riqueza en la política. En cambio, yo argumento que el problema es que las personas que se encuentran por debajo de la línea de riqueza podrían seguir poseyendo recursos suficientes para disfrutar de oportunidades desiguales de influir en la política. Como se mencionó anteriormente, invertir riqueza en la política no es problemático *per se*, pero sí lo es cuando proporciona a algunas personas oportunidades desproporcionadas de influencia política.

es más alto que el otro. Por lo tanto, si queremos dejar a las personas con recursos suficientes para florecer plenamente, *corremos el riesgo* de dejarles con recursos suficientes para también dominar el proceso democrático, socavando así la libertad como no-dominación. Por lo tanto, parece que para proteger la libertad neorrepublicana de la dominación vertical de los ricos, deberíamos renunciar a la idea de definir el límite en términos de florecimiento pleno y, en su lugar, establecer el umbral en donde ese tipo de dominación se materializa—que es similar a lo que Harel Ben-Shahar contempla para la igualdad política en general (Harel Ben-Shahar 2019)—.[15]

Sin embargo, se podría argumentar que la condición de excedente es una condición necesaria para justificar el umbral limitarista. La riqueza individual excesiva puede limitarse por encima de la línea de la riqueza precisamente porque ya no contribuye al florecimiento de los individuos. Por lo tanto, parece necesario un *trade-off*: para hacer realidad la libertad como no-dominación deberíamos limitar los recursos de los ricos para prevenir que disfruten de una influencia política desproporcionada, pero dado que no podemos privar a las personas de los recursos que necesitan para florecer plenamente, el umbral limitarista debería coincidir con la línea de la riqueza, limitando así sólo la riqueza excedente.

Sin embargo, este *trade-off* parece problemático al menos por dos razones. En primer lugar, dado que el umbral limitarista no sería el mismo para los dos resultados separados de florecer plenamente y no tener una influencia política injusta, la línea de riqueza, que no es más que el umbral limitarista cuando se define en relación con el valor del florecimiento pleno, no garantizaría una solución al problema de las élites económicas en la política. Además, como se ha argumentado anteriormente, las medidas formales parecen incapaces de salir al rescate. A pesar de este problema, uno podría decir que la libertad como no-dominación, que, recordemos, se basa en tal requisito de legitimidad política, no debería considerarse como el único valor en juego. Ésta parece ser la tesis de Dumitru: "la libertad como no-dominación no

---

15 Nótese que no estoy argumentando que se deba renunciar a la idea del florecimiento pleno en general; esta idea podría seguir siendo valiosa en otros aspectos. Por ejemplo, no abordo la cuestión de si definir el límite en términos de florecimiento pleno se ajustaría al argumento de las necesidades urgentes insatisfechas (Harel Ben-Shahar 2019; Icardi 2022).

agota el ámbito de la justicia" (Dumitru 2020, p. 395). A saber, hay otros valores que deben tomarse en cuenta, como el florecimiento individual.

> La noción de florecimiento nos proporciona así este segundo umbral. Por encima del punto de no-dominación, las desigualdades no importan, hasta un punto de corte en el que el dinero que alguien pueda seguir poseyendo ya no le ayudará a florecer (Dumitru 2020, p. 396).

En segundo lugar, sin embargo, me parece que, *contra* Dumitru, desde una perspectiva neorrepublicana no tendría sentido cambiar la libertad como no-dominación por el florecimiento. Esto no es sólo porque, para los neorrepublicanos, la libertad como no-dominación en general es el valor último, sino también porque estar libre de la dominación representa la condición previa que hay que asegurar para que la gente florezca. De hecho, para que las personas puedan configurar y perseguir sus propios objetivos de vida y creencias, no deberían, ante todo, estar expuestas al poder arbitrario de nadie. Por supuesto, hay otras condiciones que permiten a las personas lograr su autorrealización: por ejemplo, sus habilidades, su salud, sus medios materiales, etc. Pero, como una cuestión de justicia, la libertad como no-dominación debería salvaguardarse en primer lugar, porque si no eres libre, aunque seas capaz y tengas salud y/o los medios para hacer algo, sólo puedes hacerlo *cum permissu*— experimentando la misma incertidumbre que una persona esclavizada que tiene un esclavizador "amable". En este sentido, la libertad como no-dominación debería entenderse como un bien primario en términos rawlsianos, a saber, algo que a todo el mundo le gustaría tener para alcanzar sus otros objetivos (Pettit 1999, p. 125–27). Por lo tanto, para un neorrepublicano, no tendría sentido retirar menos recursos de los necesarios para asegurar la libertad como no-dominación con el fin de proteger la posibilidad de que las personas florezcan plenamente, porque, desde la perspectiva neorrepublicana, su posibilidad de florecer depende en primer lugar de su libertad como no-dominación.

En esta fase, desde la perspectiva neorrepublicana, habría sólo una razón para establecer un umbral limitarista en relación con la idea de florecimiento pleno. Dumitru no explora esta opción, ya que en general concibe el florecimiento pleno y la no-dominación como dos objetivos distintos. Pero un neorrepublicano podría, en cambio, considerarlos estrictamente vinculados entre sí. Si el florecimiento pleno fuera constitutivo de la libertad como no-dominación, tendríamos una razón para no retirar los recursos que la gente pudiera necesitar para florecer plenamente, aunque dejar a la gente con esos recursos pudiera socavar la libertad como no-dominación en otros aspectos: por ejemplo, dando a algunas personas oportunidades desproporcionadas para influir en la política. Desde este punto de vista, estar libre de dominación no solo implicaría la ausencia del poder arbitrario de cualquier otra persona, sino también la presencia de un determinado conjunto de oportunidades para lograr la autorrealización (Qizilbash 2016, p. 26).

Si dejamos a un lado las cuestiones relativas a por qué, por ejemplo, el florecimiento pleno de alguien debería tener prioridad en este caso sobre mejorar el florecimiento de todos *tout court* (Harel Ben-Shahar 2019, p. 10),[16] podemos enfocarnos en el hecho de que esta lectura es incompatible con la comprensión de Pettit de la libertad como no-dominación. Aunque según Pettit alcanzar el "autodominio personal" (Pettit 1999, pp. 115) sin estar libre de la dominación parece ser imposible, él cree que uno puede estar libre de la dominación con o sin alcanzar el propio "autodominio personal", porque la libertad como no-dominación es una cuestión de estatus más que de hacer realidad oportunidades. Lo que realmente importa es que las personas tengan igual poder independientemente del número de opciones que estén abiertas para ellas.[17] Esto no significa que no deban asegurarse diversas opciones como cuestión de libertad como no-dominación. Como se mencionó anteriormente, debe concedérsele a las personas al menos un nivel mínimo de recursos para que a todos se les otorgue la independencia material relevante. Sin embargo, cuántas opciones tiene una persona por encima de ese mínimo ya no parece ser una cuestión de dominación. Como dice lúcidamente Kyle Swan,

---

16 Si admitimos que el florecimiento es constitutivo de la libertad como no-dominación, podríamos preguntarnos, con Harel Ben-Shahar, "por qué deberíamos priorizar la obtención del florecimiento pleno para uno (los ricos), en lugar de utilizar los recursos para mejorar el florecimiento de aquellos que son significativamente menos florecientes" (2019, p. 10). Es decir, si el florecimiento es tan importante, ¿por qué no deberíamos argumentar que la riqueza de los superricos sí debería redistribuirse para conceder a todos un cierto nivel de florecimiento?

17 Aquí radica la diferencia entre lo que Pettit denomina "igualitarismo estructural" y lo que él llama "igualitarismo material". El primero significa disfrutar del mismo poder y es necesario para la libertad como no-dominación, mientras que el segundo significa disfrutar de conjuntos similares de opciones y no es necesario para la libertad como no-dominación (Pettit 1999, p. 153).

[p]roveer más de lo que aseguraría dicha independencia sin duda fomentaría las capacidades de los beneficiarios, su libertad real o efectiva para alcanzar el bienestar, ya que tendrían a su disposición seres y haceres más valiosos. Pero nada de esto hace nada para abrir opciones donde antes habían estado sujetos a dominación (Swan 2012, p. 445).

En conclusión, la libertad como no-dominación no conlleva el florecimiento individual, aunque se erige como la condición necesaria, mas no suficiente, para ello, ya que proporciona a las personas la posibilidad de configurar y perseguir libremente sus propios objetivos de vida. De ello se sigue que, en lugar de negar a alguien la posibilidad de florecer plenamente, establecer el umbral limitarista en aras de la libertad como no-dominación, es decir, situarlo allí donde la riqueza individual excesiva amenaza el requisito de la legitimidad política, lo fundamentaría. Por lo tanto, desde la perspectiva neorrepublicana, el *trade-off* carecería de sentido. La siguiente sección investiga cómo debería ser este umbral limitarista independiente del valor del florecimiento.

4. Un umbral limitarista para la libertad como no-dominación

En resumen, para que la libertad como no-dominación esté asegurada, las personas deberían disfrutar de igualdad de oportunidades para influir en el proceso de toma pública de decisiones. La concentración de la riqueza en manos de pocas personas (es decir, la existencia de élites socioeconómicas en una democracia) pone en peligro esa condición previa de la libertad neorrepublicana. Además, dado que las restricciones formales no protegen suficientemente esta condición, lo que debería limitarse es la riqueza individual excesiva en sí misma. Sin embargo, cuando se trata de asegurar la libertad como no-dominación dentro de la democracia, tal límite no debería establecerse con referencia a la idea del florecimiento pleno, como es el caso de la línea de la riqueza de Robeyns, que ha sido recuperada por Dumitru. Esto se debe a que la libertad como no-dominación y el florecimiento no sólo son dos valores distintos, sino que también pueden entrar en conflicto entre sí. Además, para los neorrepublicanos no tendría sentido intercambiar su valor fundamental—la libertad como no-dominación—por otro valor como el florecimiento. Así pues, el umbral limitarista debería trazarse de modo que sólo proteja la libertad como no-dominación.

Sin embargo, si tanto el umbral inferior como el superior fueran establecidos en relación con la idea de libertad como no-dominación, según Dumitru, "el umbral de suficiencia y el umbral limitarista serían idénticos" (Dumitru 2020, p. 395). Esto se debe a que, en su opinión, la libertad como no-dominación sólo puede instruirnos sobre el umbral inferior. A saber, cuando se trata de la justicia distributiva, el único requisito de la libertad como no-dominación sería la independencia material: una vez que la independencia material ha sido concedida a todos, las desigualdades materiales ya no serían una cuestión de dominación. Por lo tanto, según Dumitru, desde la perspectiva neorrepublicana sería imposible identificar ningún otro umbral sin referir a otros valores, como el valor del florecimiento pleno. En este sentido, si los recursos en general fueran tan escasos que apenas fueran suficientes para conceder a todos la independencia material, en aras de la libertad como no-dominación y de la libertad como no-dominación únicamente, parece plausible suponer que todos los recursos que las personas no necesitan para su autoconservación podrían y deberían redistribuirse con el objetivo de conceder a todos la independencia material. De ello se sigue que, en esta situación, el umbral superior se colapsaría en el inferior, o el umbral superior no existiría. Esto contradice mi intuición de que podemos establecer un umbral limitarista en aras de la libertad como no-dominación sin referirnos a la idea de florecimiento pleno.

Sin embargo, creo que este problema surge sólo cuando el umbral limitarista se introduce dentro del neorrepublicanismo en primer lugar como un complemento del suficientarismo, como sostiene principalmente Dumitru. En cambio, si el umbral limitarista se defiende como una solución al poder político ilimitado de las élites, como yo sugiero, este problema no surgiría dado que hay razones para pensar que lo que permite a las élites económicas disfrutar de un poder político ilimitado es que quienes pertenecen a dichas élites poseen *mucha más* riqueza que los demás. Pensemos en el caso antes mencionado de que el aumento de los impuestos provoque el envío de capitales a otro país. Si tu capital es sólo ligeramente superior al de tus conciudadanos, tu amenaza de trasladarlo en el caso de un incremento de impuestos perderá de repente su peso, es decir, no tendrás ningún poder independiente problemático en relación con el éxito o el fracaso de esa política (Knight & Johnson 1997; Christiano 2010). Por lo tanto, la separación formal entre política y economía resultaría efectiva en casos similares. De hecho, para disfrutar de oportunidades desproporcionadas de ejercer influencia política debido a tu riqueza a pesar de las restricciones formales que pretenden prevenirlo, tendrías que poseer mucha más riqueza que tus conciudadanos. Por un lado, nadie gozaría de más poder que sus conciudadanos si todos poseyeran recursos similares, independientemente de la magnitud de esos recursos..[18] Por el otro, nadie gozaría de este poder ilimitadamente si tuviera pocos más recursos que otros (Icardi 2022). Una vez más, no son las desigualdades económicas en sí mismas las que socavan la democracia, sino las desigualdades económicas agudas (Pansardi 2016).[19] Por lo tanto, el objetivo de proteger la democracia de la dominación de las élites proporcionaría los fundamentos para un umbral limitarista que es diferente de la línea de suficiencia a pesar de no depender de la idea de florecimiento pleno. En este sentido, me parece que, contrario a lo que Dumitru supone, el umbral superior diferiría del umbral inferior incluso si ambos se basan en la idea de libertad como no-dominación.

Cuando se trata de impedir que los ricos dominen el proceso democrático, el umbral limitarista debería ser tanto relativo a lo que los ciudadanos poseen en promedio, como relativamente alto en comparación con lo que los ciudadanos poseen en promedio, ya que debe situarse en el punto en el que la riqueza individual represente una amenaza para la democracia y las medidas formales sólo puedan tener un efecto mínimo sobre ella. Si la riqueza individual excesiva no es limitada, algunas personas siempre podrán disfrutar de oportunidades desproporcionadas de influir en la política debido a esta riqueza, dominando así el proceso de toma pública de decisiones. Esto no significa que el umbral limitarista sea suficiente para asegurar que todos tengan igualdad de oportunidades de influencia política. También son necesarias leyes que garanticen formalmente la igualdad política a los ciudadanos, y otras asimetrías de poder, además de las derivadas de las desigualdades económicas, deberían abordarse con el fin de asegurar la libertad neorrepublicana. Además, probablemente también debería contemplarse limitar el poder

---

18   Ésta es la razón por la que muchos defensores del limitarismo conciben un umbral relativo; véase Harel Ben-Shahar (2019); Alì & Caranti (2021); Caranti & Alì (2021); Icardi (2022).
19   Para trabajos empíricos sobre esta cuestión, véanse, por ejemplo, Dahl (1998); Gilens (2005, p. 786).

de los grupos de presión y las empresas.[20] No obstante, dada la dificultad de aislar el poder político del poder económico, limitar la riqueza individual excesiva parece ser un medio necesario para garantizar la legitimidad política,[21] y el limitarismo es una buena forma de hacerlo.

Esto nos conduce a otro impasse. Si el umbral limitarista debería preservar el proceso democrático, se sigue que dónde debe ponerse dicho umbral no puede ser decidido por este proceso mismo. Dado que el proceso democrático precedería la introducción del límite económico, estaría sesgado a favor de los intereses de los ricos, que seguirían disfrutando de una mayor influencia en el proceso democrático debido a su riqueza (Caranti & Alì 2021, p. 96). En otras palabras, dado que las restricciones formales pueden hacer poco para prevenir que los superricos tengan oportunidades injustas de influir en el proceso de toma pública de decisiones, la elección de dónde poner el umbral limitarista, si se hace democráticamente, favorecería inevitablemente las preferencias de los superricos. Por lo tanto, la riqueza individual excesiva debería limitarse ex ante y dicho límite debería representar una precondición de la democracia.

Sin embargo, un límite tal implementado ex ante corre el riesgo de ser una fuente de dominación en otro sentido, dígase en tanto que fue establecido sin que los ciudadanos tuvieran ningún control sobre él y es, por lo tanto, arbitrario en el sentido neorrepublicano. Sin embargo, me parece que el impasse que acabamos de describir es sólo aparente. Si la riqueza individual excesiva socava inevitablemente la igualdad de oportunidades de los ciudadanos para influir en el proceso de toma pública de decisiones, lejos de amenazar la legitimidad política, restringirla la otorgaría. En consecuencia, estoy de acuerdo con Pamela Pansardi cuando afirma que una distribución más igualitaria de los

---

20 Por razones de espacio, no profundizaré en esta cuestión. Pero, como sugiero en otro lugar (Icardi 2022), podrían contemplarse diferentes soluciones para disminuir el poder de estas entidades: mientras que algunos podrían pretender aplicar el limitarismo, por ejemplo, limitando la riqueza de las empresas privadas, otros podrían apartarse de él. No obstante, limitar la riqueza individual excesiva podría tener algunos efectos beneficiosos: por ejemplo, reduciría el poder adquisitivo de los accionistas individuales, disminuyendo así la concentración de poder en sus manos.

21 Con respecto a la idea de que limitar la desigualdad económica desempeña un papel instrumental en la igualdad política, véase Ronzoni (2022). Según ella, "la igualdad distributiva se utiliza, tras un escrutinio cuidadoso, como *proxy* de la igualdad *política* [...]: nos preocupa la desigualdad material porque se traduce muy fácilmente en desigualdad de poder" (Ronzoni 2022, p. 748, cursiva en el original).

recursos "no debe entenderse como un objetivo que la democracia debería promover, sino más bien como un requisito procedimental para la realización del ideal de la democracia como no-dominación" (Pansardi 2016, p. 103).[22] Del mismo modo en que a todo el mundo debería concedérsele "igual acceso al sistema de influencia popular" (Pettit 2012, p. 169) como precondición para que los ciudadanos disfruten del control sobre el Estado, a todo el mundo debería impedírsele tener demasiado.[23] Esto se debe a que si alguien tuviera demasiado, las restricciones formales no podrían impedirle obtener más oportunidades de influir en la política debido a su riqueza; por lo tanto, ese alguien disfrutaría de un mayor control sobre el proceso de toma pública de decisiones—es decir, lo dominaría; así, la libertad como no-dominación se vería socavada—.

Tal y como yo lo veo, entonces, si uno defiende el limitarismo para el neorrepublicanismo, tiene que considerar el primero como una teoría ideal: el exceso de riqueza individual no debería limitarse sólo en el mundo tal y como es, sino también en el mundo tal y como debería ser. Esto difiere de la interpretación de Robeyns del limitarismo como una teoría no ideal (Robeyns 2017) que aplicaría a "la actualidad y los mundos posibles cercanos" (Robeyns 2022, p. 251). Según ella, el limitarismo representaría una propuesta para mundos caracterizados por las injusticias actuales o similares, mientras que en mi opinión sería una parte integral del mundo ideal al que deberíamos aspirar como una cuestión de justicia. Para un neorrepublicano, tal mundo ideal se distingue por el hecho de que todos

---

22 Interpreto el término "procedimental" en la cita no en el sentido de significar no sustantivo, sino en el sentido de ser un requisito (sustantivo) para el propio procedimiento democrático.

23 Dejo a un lado la cuestión de cómo debería establecerse este límite *ex ante*. Mi intuición es que los estudios empíricos deberían instruirnos sobre el nivel en el que la riqueza individual permite a sus propietarios obtener oportunidades desiguales ilimitadas; ahí es donde debería ponerse el límite. Además, este proceso de arriba abajo (*top-down*) debería ir seguido de otro de abajo arriba (*bottom-up*). En línea con la idea de Pettit de "disputabilidad individual" (Pettit 1999; 2012), cada ciudadano debería tener la posibilidad de disputar esta elección. Dicho de manera más precisa, los ciudadanos deberían poder disputar el alcance del umbral limitarista, así como su implementación, etc.—con el límite económico en vigor, su toma pública de decisiones ya no estaría inevitablemente sesgada hacia los intereses de los ricos—. Por el contrario, los ciudadanos no deberían poder disputar el umbral en sí, es decir, no deberían poder eliminarlo, del mismo modo en que los ciudadanos pueden enmendar el sistema democrático sin poder eliminar la condición de igual oportunidad de influencia. No obstante, parecen necesarias más investigaciones para comprender mejor estos procesos de arriba abajo y de abajo arriba.

disfrutan de la libertad como no-dominación y, como he argumentado, este resultado parece imposible sin limitar el exceso de riqueza individual—incluso en la más ideal de las democracias, si algunas personas tuvieran demasiado, dominarían el proceso de toma pública de decisiones gracias a su riqueza—. Por lo tanto, si se quiere preservar el proceso democrático de la dominación de los superricos, hay que limitar su riqueza ex ante. Según esta interpretación, tal vez el umbral limitarista no podría ser una solución al problema actual de las élites económicas—entre otras cosas porque sería demasiado tarde para intervenir ex ante—, pero sin duda podría convertirse en una característica clave de la democracia ideal en una perspectiva normativa neorrepublicana.

5. Conclusión

En conclusión, la libertad como no-dominación requiere que se limite la riqueza individual excesiva. Dado que los ricos disfrutan de una oportunidad desproporcionada de ejercer influencia política debido a su riqueza y las restricciones institucionales formales no pueden abordar adecuadamente ese problema, limitar la riqueza individual excesiva se erige como una condición necesaria para el requisito democrático que fundamenta la libertad neorrepublicana, y esta condición puede alcanzarse a través de un umbral limitarista. Así pues, el limitarismo debería defenderse dentro del neorrepublicanismo.

Sin embargo, el umbral debería ponerse en el punto en el que la riqueza individual amenaza la igual oportunidad de influencia política de los ciudadanos, en lugar de corresponderse con la línea de riqueza de Robeyns y limitar la riqueza que los individuos no necesitan para florecer plenamente, como defiende Dumitru. Además, a diferencia de Dumitru, este umbral no coincidiría con el nivel en el que todo el mundo es materialmente independiente, ya que las personas deben poseer muchos más recursos que sus semejantes para disfrutar de mayores oportunidades de influir en la política gracias a ellos. Dado que ese límite económico es una precondición de la legitimidad política, no sería en sí mismo una fuente de dominación. Además, a menos que contemplemos un sistema democrático a escala mundial, esta precondición sólo se mantendría dentro de las fronteras estatales.

Dónde poner exactamente el límite sigue siendo una pregunta abierta. Parece ser una cuestión para los estudios empíricos, que deberían informarnos sobre cuánta riqueza individual representa realmente un peligro para la democracia. Otra pregunta abierta se refiere a qué es exactamente lo que debería limitarse. ¿Qué tipo de recursos económicos amenazan el buen funcionamiento del proceso democrático? ¿Deberían preocuparnos los ingresos de los individuos, su riqueza o lo que heredan? Éstas también parecen ser cuestiones que requieren más trabajo empírico, siendo el criterio rector para responder a estas preguntas hasta qué punto estos tipos de recursos económicos tienen un efecto adverso en la dimensión vertical de la libertad como no-dominación.

No obstante, este capítulo se enfoca en las razones normativas para introducir el limitarismo dentro del neorrepublicanismo. Esto debería hacerse para prevenir que las élites económicas dominen la política y, por lo tanto, debería fijarse el umbral en donde este riesgo se materializa. Curiosamente, la libertad como no-dominación ofrece entonces otro argumento a favor del limitarismo que es independiente del controvertido valor del florecimiento pleno, pero que sigue siendo compatible con la presunción general de que se les permitiría a las personas conservar sus recursos para sí mismas hasta cierto nivel.

Agradecimientos

Agradezco a Yara Al Salman, Giulia Bistagnino, Morten Byskov, Dorothea Gädeke, Christian Neuhäuser, Nicola Riva, Ingrid Robeyns, Dick Timmer y tres dictaminadores anónimos por sus valiosos comentarios sobre versiones anteriores de este capítulo. También estoy agradecida con los miembros del proyecto financiado por el ERC "The Business Corporation as a Political Actor" (Universidad de Utrecht) y a los participantes en los siguientes eventos por sus muy útiles discusiones: la King's College London Graduate Conference in Politics, Philosophy & Law (diciembre de 2021), la III Geneva Graduate Conference in Political Philosophy (febrero de 2022), el Seminario Permanente de Filosofía Práctica (Universidad de Milán, junio de 2022), la décimo segunda edición de los Braga Meetings on Ethics and Political Philosophy (junio de 2022, panel sobre "Predistribution and Property-Owning Democracy"), y la décimo tercera edición de la Braga Summer School on Political Philosophy and Public Policy (julio de 2022).

Referencias

Alì, Nunzio & Caranti, Luigi. 2021. How Much Economic Inequality Is Fair in Liberal Democracies? The Approach of Proportional Justice, *Philosophy and Social Criticism*, 47(7), 769–88. https://doi.org/10.1177/0191453720987865

Bartels, Larry. 2008. *Unequal Democracy: The Political Economy of the New Gilded Age*. Princeton, NJ: Princeton University Press.

Cage, Julia. 2018. *Le prix de la démocratie*. Paris: Fayard.

Caranti, Luigi & Alì, Nunzio. 2021. The Limits of Limitarianism. Why Political Equality Is Not Protected by Robeyns' Democratic Argument, *Politica & Società*, 89–116. https://doi.org/10.4476/100808

Casassas, David, & De Wispelaere, Jurgen. 2016. Republicanism and the Political Economy of Democracy, *European Journal of Social Theory*, 19(2), 283–300. https://doi.org/10.1177/1368431015600026

Christiano, Thomas. 2010. The Uneasy Relationship Between Democracy and Capital, *Social Philosophy & Policy*, 27, 195–217. https://doi.org/10.1017/S0265052509990082

Christiano, Thomas. 2012. Money in Politics. In: D. Estlund (Ed.). *The Oxford Handbook of Political Philosophy*. Oxford: Oxford University Press, pp. 241–58. https://doi.org/10.1093/oxfordhb/9780195376692.013.0013

Dagger, Richard. 2006. Neo-republicanism and the Civic Economy, *Politics, Philosophy & Economics*, 5(2), 151–73. https://doi.org/10.1177/1470594X06064219

Dahl, Robert A. 1998. *On Democracy*. New Haven: Yale University Press.

Dumitru, Adelin-Costin. 2020. Republican Limitarianism and Sufficientarianism: A Proposal for Attaining Freedom as Non-Domination, *Ethical perspectives*, 27(4), 375–404. https://doi.org/10.2143/EP.27.4.3289451

Gilens, Martin. 2005. Inequality and Democratic Responsiveness, *The Public Opinion Quarterly*, 69(5), 778–96.

Gilens, Martin, & Page, Benjamin. 2014. Testing Theories of American Politics: Elites, Interest Groups, and Average Citizens, *Perspectives on Politics*, 12(3), 564–81. https://doi.org/10.1017/S1537592714001595

Harel Ben-Shahar, Tammy. 2019. *Limitarianism and Relative Thresholds*. Unpublished manuscript, https://ssrn.com/abstract=3404687.

Icardi, Elena. 2022. Perche limitare l'eccessiva ricchezza individuale? Ragioni e problemi del limitarianesimo, *Biblioteca della libertà*, anno LVII, n. 233, 99–125. https://doi.org/10.23827/BDL_2022_1

Knight, Jack & Johnson, James. 1997. What Sort of Political Equality Does Deliberative Democracy Require? In: J. Bohman, & W. Rehg (Eds.).

Deliberative Democracy Essays on Reason and Politics. Cambridge, MA: MIT Press, pp. 279–319.

Lovett, Frank. 2009. Domination and Distributive Justice, *The Journal of Politics*, 71(3), 817–30. https://doi.org/10.1017/S0022381609090732

McCormick, John P. 2011. *Machiavellian Democracy*. Cambridge: Cambridge University Press.

McCormick, John P. 2019. The New Ochlophobia? Populism, Majority Rule and Prospects for Democratic Republicanism. In: Y. Elazar, & G. Rousseliere (Eds.). *Republicanism and the Future of Democracy*. Cambridge: Cambridge University Press, pp. 122–42.

O' Shea, Tom. 2020. Socialist Republicanism, *Political Theory*, 48(5), 548–72. https://doi.org/10.1177/0090591719876889

Pansardi, Pamela. 2015. Republican Democracy and the Priority of Legitimacy Over Justice, *Philosophy and Public Issues (New Series)*, 5(2), 43–57. http://fqp.luiss.it/category/numero/2015-5-2/

Pansardi, Pamela. 2016. Democracy, Domination, and the Distribution of Power: Substantive Political Equality as a Procedural Requirement, *Revue Internationale de Philosophie*, 275, 89–106. https://doi.org/10.3917/rip.275.0091

Pettit, Philip. 1997. *Republicanism: A Theory of Freedom and Government*. Oxford: Oxford University Press.

Pettit, Philip.1999. *Republicanismo. Una teoría sobre la libertad y el gobierno*. Traducido por Toni Doménech. Barcelona: Paidós.

Pettit, Philip. 2007. A Republican Right to Basic Income? *Basic Income Studies*, 2(2), 1–8. https://doi.org/10.2202/1932-0183.1082

Pettit, Philip. 2012. *On the People's Terms: A Republican Theory and Model of Democracy*. Cambridge: Cambridge University Press.

Piketty, Thomas. 2013. *Le capital au XXIe siècle*. Paris: Éditions du Seuil.

Poama, Andrei & Volacu, Alexandru. 2021. Too Old to Vote? A Democratic Analysis of Age-Weighted Voting, *European Journal of Political Theory*. https://doi.org/10.1177/14748851211062604

Qizilbash, Mozaffar. 2016. Some Reflections on Capability and Republican Freedom, *Journal of Human Development and Capabilities*, 17(1), 22–34. https://doi.org/10.1080/19452829.2015.1127217

Raventos, Daniel. 2007. *Basic Income: The Material Conditions of Freedom*. London: Pluto Press.

Robeyns, Ingrid. 2017. Having too much. In: Jack Knight & Melissa Schwartzberg (Eds.). *Wealth - Yearbook of the American Society for Political and Legal Philosophy*. New York: New York University Press, pp. 1–44.

Robeyns, Ingrid. 2019. What, if Anything, is Wrong with Extreme Wealth? *Journal of Human Development and Capabilities, 20*(3), 251–66. https://doi.org/10.1080/19452829.2019.1633734

Robeyns, Ingrid. 2022. Why Limitarianism? *Journal of Political Philosophy*, 30, 249–70. https://doi.org/10.1111/jopp.12275

Ronzoni, Miriam. 2022. On the Surprising Implications of Coercion Theory, *Political Studies, 70*(3), 739–56. https://doi.org/10.1177/0032321720985720

Scanlon, Thomas. 2018. *Why Does Inequality Matter?*. New York: Oxford University Press.

Schemmel, Christian. 2011. Why Relational Egalitarians Should Care About Distributions, *Social Theory and Practice, 37*(3), 365–90. https://doi.org/10.5840/soctheorpract201137323

Skinner, Quentin. 1984. The Idea of Negative Liberty: Philosophical and Historical Perspectives. In R. Rorty, J. Scneewind, & Q. Skinner (Eds.). *Philosophy of History: Essays on the Historiography of Philosophy*. Cambridge: Cambridge University Press, pp. 193–221.

Swan, Kyle. 2012. Republican Equality, *Social Theory and Practice, 38*(3), 432–54. https://doi.org/10.5840/soctheorpract201238324

Timmer, Dick. 2019. Defending the Democratic Argument to Limitarianism: A Reply to Volacu and Dumitru, *Philosophia*, 47, 1331–39. https://doi.org/10.1007/s11406-018-0030-6

Volacu, Alexandru & Dumitru, Adelin-Costin. 2019. Assessing Non-Intrinsic Limitarianism, *Philosophia*, 47, 249–64. https://doi.org/10.1007/s11406-018-9966-9

White, Stuart. 2016. Republicanism and property-owning democracy: How are they connected? *The Tocqueville Review/La revue Tocqueville, 37*(2), 103–24. https://www.muse.jhu.edu/article/647051

11. El argumento del autorrespeto a favor del limitarismo

Christian Neuhäuser

El limitarismo es la perspectiva de que la justicia requiere la limitación de la riqueza, al menos en determinadas condiciones. En su forma original, el limitarismo fue desarrollado por Ingrid Robeyns y fue justificado normativamente con dos argumentos: el argumento democrático y el argumento de las necesidades urgentes insatisfechas (Robeyns 2017; 2022). El argumento democrático afirma que una determinada concentración de la riqueza socava el justo valor de la igualdad política. Las personas muy ricas y especialmente las extremadamente ricas tienen un poder político desproporcionado y a veces dominante. La justicia requiere que se limite la riqueza hasta un punto en el que no socave la igualdad política. El argumento de las necesidades urgentes insatisfechas afirma que la riqueza por encima de un umbral determinado no aporta nada, o al menos nada que sea significativo para el florecimiento de las personas ricas.[1] Por esta razón, el dinero por encima de este umbral puede emplearse de una mucho mejor manera satisfaciendo las necesidades urgentes de otros, lo cual puede ser razonablemente conceptualizado como un requisito de la justicia. Por lo tanto, la justicia exige la redistribución de la riqueza por encima de este umbral. Por consideraciones de eficiencia, podría ser mejor no gravar todo el dinero por encima del umbral, sino sólo una gran parte. Los economistas suelen juzgar que el setenta por ciento es un tipo impositivo marginal superior/más alto eficiente (Hamlin 2018).

---

1   La concepción del florecimiento puede ser ontológicamente objetiva en el sentido defendido por Martha Nussbaum (2006) o hacerse objetiva a través de procedimientos públicos, como defiende Amartya Sen (2010).

En este capítulo, quiero contribuir a la justificación del limitarismo proponiendo un argumento novedoso a favor del mismo, distinto de los dos argumentos desarrollados por Robeyns.[2] Este argumento se basa en el autorrespeto como un bien básico primario (Rawls 2001; Eyal 2005; Stark 2012). Según este argumento, el limitarismo es necesario para proteger la base social del autorrespeto de todos los miembros de la sociedad para que puedan desarrollar un sentido de valor propio y perseguir sus proyectos personales. Dado que este tipo de autorrespeto es un bien básico más importante que la riqueza por encima de cierto umbral, el limitarismo puede justificarse como un principio de justicia o como una implicación política directa de los principios de justicia, si resulta necesario para garantizar la base social del autorrespeto. Este argumento del autorrespeto es compatible con los argumentos democrático y de las necesidades urgentes insatisfechas. Al mismo tiempo, es independiente de éstos. Incluso si los argumentos democráticos y de las necesidades urgentes insatisfechas fallan, el argumento del autorrespeto puede proporcionar una base robusta para la justificación del limitarismo (Volacu/Dumitru 2019; Timmer 2019; Huseby 2022).

En este capítulo, el argumento del autorrespeto a favor de un principio limitarista de justicia se desarrollará en cinco secciones. En la primera sección discutiré la idea de autorrespeto tal y como la desarrolla Rawls. Argumentaré que incluso según la mejor interpretación disponible de la concepción rawlsiana del autorrespeto proporcionada por Cynthia Stark (2012), la concepción sigue siendo incompleta. La concepción rawlsiana del autorrespeto es demasiado psicológica e ignora de forma problemática la estructura normativa de la dependencia del autorrespeto del respeto social. Debido a esto, Rawls pasa por alto la función que la igualdad económica, o más bien la desigualdad económica limitada, tiene como base social para el autorrespeto. Esta crítica de la concepción clásica rawlsiana del autorrespeto sienta las bases para el argumento basado en el autorrespeto a favor del limitarismo. En la segunda sección, daré un breve resumen informal de este argumento y, en las tres secciones restantes, discutiré los elementos más importantes del argumento. En la tercera sección, defenderé

---

2 Otros autores han desarrollado una serie de argumentos adicionales desde entonces (por ejemplo, Zwarthoed 2018; Dumitru 2020; Gough 2020; Timmer 2021; Elena Icardi, así como Tim Meijers en este volumen). El argumento que aquí se presenta es diferente de esos argumentos.

la afirmación de que el autorrespeto depende normativamente del estatus de ciudadano de igual posición (*equal standing*). En la cuarta sección argumentaré que el principio de diferencia es inadecuado para garantizar la igualdad de posición como base social del autorrespeto. Esto conduce a la afirmación en la quinta sección de que, por esta razón, el principio de diferencia debería complementarse con un principio limitarista. Éste puede entenderse bien como un principio de justicia que se integra al segundo principio rawlsiano, o bien como una política que se justifica directamente por el segundo principio de justicia. Esto depende, como argumentaré más adelante, de cómo se interprete el principio de diferencia. El capítulo termina con un breve resumen del argumento y la posibilidad de una perspectiva ecuménica con respecto al principio limitarista.

1. El autorrespeto como bien primario y su dependencia del igual respeto

John Rawls famosamente afirma que el autorrespeto es uno de los bienes básicos y puede que el más importante. Concede al autorrespeto un lugar central, aunque a veces pasado por alto, en su teoría de la justicia. Y Rawls es bastante claro sobre la importancia del autorrespeto. Escribe sobre él como un bien básico (2001, p. 92):

> Las bases sociales del autorrespeto, con lo que entendemos aquellos aspectos de las instituciones básicas normalmente esenciales si los ciudadanos han de tener clara conciencia de su valor como personas y han de ser capaces de promover sus fines con autoconfianza.

Rawls piensa que el autorrespeto es necesario para la autoestima, que a su vez es necesaria para poder perseguir proyectos personales, que a su vez es necesario para darle sentido a la vida. En resumen, en el marco rawlsiano el autorrespeto es una condición necesaria para una vida significativa. Aparentemente, también es la razón por la que es tan importante para Rawls afirmar en diferentes lugares que sus principios de justicia proporcionan una base social suficiente para el autorrespeto. Es verdad, por supuesto, que una teoría liberal de la justicia puede contribuir al sentido de la vida sólo indirectamente proveyendo medios para diferentes fines, ya que según las creencias liberales los individuos deberían ser autónomos a la hora de dar sentido a sus vidas. Sin embargo, una teoría liberal de la justicia aún necesita proporcionar la base social que permita a las personas hacerlo. Si no lo hace, le falla a la gente en cuanto a lo que es más importante para ellos.

La cuestión entonces es cómo exactamente aseguran los principios de justicia la base social del autorrespeto. Me parece que la mejor interpretación de la concepción rawlsiana del autorrespeto al momento de escribir este capítulo es la de Cynthia Stark (2012). Ella argumenta que es un error suponer que el autorrespeto es un bien básico sólo porque tiene un valor instrumental. Más bien, la mejor manera de interpretar a Rawls es sosteniendo que el autorrespeto también tiene un valor intrínseco y que los principios de justicia son necesarios para asegurar este valor intrínseco. Stark argumenta que el autorrespeto depende de las circunstancias personales y políticas. Con base en este supuesto, afirma que un ciudadano necesita ser capaz de ver sus contribuciones sociales como valiosas para tener un autorrespeto seguro. Esta contribución valiosa puede entenderse de tres maneras. Según la primera, la contribución tiene que ser vista como especialmente meritoria para el autorrespeto. Cuanto más valiosa sea la contribución, más motivos tendrá alguien para respetarse a sí mismo. Según la segunda interpretación, la contribución tiene que ser intrínsecamente buena para el contribuidor mismo. Contribuir a la sociedad de una forma específica tiene que mejorar la vida del contribuidor de forma directa. Según la tercera interpretación, la contribución simplemente tiene que importar socialmente. Tiene que ser algo que beneficie a la sociedad, aunque no de una forma especialmente meritocrática.

Stark argumenta que la primera interpretación es incompatible con la perspectiva igualitaria de las teorías rawlsianas, porque crearía una jerarquía de respeto y autorrespeto basada en el supuesto valor de las contribuciones sociales. La verdadera cuestión está entre la segunda y la tercera interpretación. Stark argumenta que sólo la tercera interpretación está respaldada por la teoría de Rawls, porque sólo aquí se establece el vínculo necesario para una teoría política del autorrespeto entre las circunstancias políticas y el autorrespeto. El problema con la segunda interpretación es que el deber político de respeto mutuo, el principio de diferencia y la prioridad de la libertad no serían necesarios para el autorrespeto si el valor del autorrespeto fuera meramente visto como algo intrínsecamente bueno para una persona. Es posible conseguir una estructura básica en la que las personas puedan perseguir libremente sus proyectos de vida personales sin estos principios políticos. Sin embargo, si el autorrespeto depende de que la contribución social de uno importe socialmente, esos principios se vuelven cruciales. Sólo cuando esos principios están en pie, los ciudadanos pueden tener la sensación segura de que sus contribuciones son consideradas valiosas por la sociedad y de que importan de este modo. Esto es verdad porque esos principios pretenden asegurar, como argumentaré más adelante, que las personas puedan actuar como ciudadanos que hacen contribuciones socialmente importantes y que sean vistos como tales.

Con su interpretación, Stark consigue refutar un contraargumento serio en contra de la posición rawlsiana hallado recurrentemente en la literatura (Thomas 1978; Eyal 2005; Doppelt 2009). Los partidarios de este contraargumento entienden el autorrespeto según la segunda interpretación y, por lo tanto, interpretan que sólo tiene un valor instrumental para perseguir proyectos de vida personales. Esto desconecta el autorrespeto de los principios de justicia de una manera problemática, porque es concebible hacer que el autorrespeto sea psicológicamente inmune contra lo que, en términos rawlsianos, tiene que ser visto como injusticias imperantes. Partiendo de este supuesto, los críticos sostienen que la argumentación a favor de los principios específicos rawlsianos de justicia basada en el bien básico del autorrespeto es deficiente, porque el bien instrumental del autorrespeto puede asegurarse de otras maneras. Si esto fuera verdad, el bien básico del autorrespeto no estaría adecuadamente asegurado por los principios rawlsianos de justicia y éstos tendrían que ser revisados en consecuencia.

Sin embargo, si Stark tiene razón en que para Rawls el autorrespeto tiene un valor intrínseco y que depende de contribuciones socialmente valiosas, entonces este contraargumento no es sólido. Puesto que el autorrespeto tiene un valor intrínseco en el sentido de que no sólo está vinculado a la concepción individual de la vida buena de un ciudadano, sino que también está directamente ligado a contribuciones socialmente valiosas, los principios de justicia son necesarios para asegurar esta conexión. Creo que la interpretación de Stark sobre Rawls es superior a las demás interpretaciones ofrecidas en la literatura porque consigue mostrar que su teoría no es inconsistente de manera obviamente perjudicial. Al mismo tiempo, la interpretación de Stark saca a la luz otros dos problemas con la comprensión de Rawls del autorrespeto que son importantes a la hora de considerar el limitarismo. El primer problema es que, incluso según la lectura de Stark, la teoría de Rawls sigue siendo demasiado psicológica. El segundo problema, y para este capítulo el crucial, es que según su interpretación parece un tanto arbitrario ver la igualdad política como necesaria, pero la desigualdad económica como no problemática para el autorrespeto.

Puede que Rawls no haya tenido la intención de crear el primer problema, que es que la comprensión del autorrespeto es excesivamente psicológica. Como señala Stark, Rawls considera que el autorrespeto tiene un valor intrínseco y que depende de las circunstancias políticas y no sólo de las personales. Alguien que no es respetado adecuadamente por las instituciones de la estructura básica de la sociedad tiene motivos para considerar que su autorrespeto está siendo violado, independientemente de si esto daña o no su capacidad psicológica para perseguir sus proyectos personales. Sin embargo, incluso según la interpretación de Stark, el valor intrínseco del autorrespeto se considera fundacional para tener una creencia segura en el valor objetivo de los proyectos personales que uno persigue. Esta creencia está asegurada, según la interpretación de Stark, por una sociedad que comunica que la contribución de al menos algunos de esos proyectos importa socialmente. Los principios de justicia y las instituciones derivadas de ellos son necesarios para asegurar esta creencia en el valor social de las contribuciones propias.

Creo que esta interpretación de la relación entre el autorrespeto, los principios de justicia y las contribuciones socialmente valiosas entiende las cosas al revés. No es porque el autorrespeto de las personas dependa psicológicamente de contribuciones socialmente valiosas por lo que merecen respeto en la forma de los principios de justicia. Por el contrario, las personas merecen primero respeto como miembros iguales de la sociedad que importan. Por ello, parte de la tarea de los principios de justicia es ofrecerles la oportunidad de realizar contribuciones que sean socialmente valiosas.[3] Si una persona no es respetada por la sociedad y

---

3 Nótese que "socialmente valioso" es muy diferente de "económicamente valioso". Si las estructuras sociales se establecen adecuadamente, las personas con discapacidades mentales severas pueden hacer contribuciones socialmente valiosas, por ejemplo, manteniendo relaciones estrechas con otras personas y ampliando su visión de la vida y de la humanidad. Por lo tanto, la concepción de autorrespeto que aquí se defiende puede utilizarse para defender el igual estatus social de las personas con discapacidades severas. Sin embargo, esto no cambia el hecho de que el contractualismo rawlsiano se enfrenta al problema de ser poco inclusivo en su planteamiento de la posición original (Nussbaum 2007).

sus instituciones, su queja no debe consistir en que psicológicamente ya no puede experimentar el valor social de sus proyectos. Puede que dicha persona sea muy consciente del hecho de que la sociedad la trata mal, pero puede que siga estando segura en la creencia de que importa y de que lo que tiene que ofrecer también importa. Su queja es que la sociedad no la respeta ni a ella ni a su "yo", por así decirlo, como debería. El tipo de daño causado a su autorrespeto, que tiene un efecto negativo sobre ella, es normativo y no principalmente psicológico.[4] Por lo tanto, la concepción rawlsiana mejorada del autorrespeto que se defiende aquí es que una persona se respeta a sí misma si se ve como un miembro de la sociedad de igual posición que otros miembros que tienen derecho a ser respetados como tales.

El segundo problema surge una vez que la concepción normativa del autorrespeto queda establecida y está estrechamente relacionado con la cuestión de por qué un principio del limitarismo podría ser necesario en una teoría rawlsiana de la justicia. Según Rawls, una razón para optar por la igualdad de derechos básicos, incluido el valor justo de la igualdad de derechos políticos, es el hecho de que son necesarios para que los ciudadanos se vean a sí mismos respetados como miembros que contribuyen a la sociedad (1971, p. 441). Sólo cuando se vean como ciudadanos políticamente iguales tendrán razones suficientes para creer que son respetados por las instituciones de la estructura básica. Si esta posición es convincente, y a efectos de este capítulo presupongo que lo es, se presenta inmediatamente otra consideración. Podría argumentarse que la igualdad económica también es necesaria para que los ciudadanos se vean a sí mismos como respetados en tanto que miembros iguales de la sociedad, ya que las instituciones económicas forman parte de la estructura básica. Por lo tanto, estas instituciones deben diseñarse para asegurar una igualdad económica fuerte.

Sin embargo, Rawls no adopta esta postura. En su lugar, está a favor del principio de diferencia, que podría argumentarse que permite una estructura de incentivos económicos que, al menos en principio, permite una

---

4 Mi lectura de esta concepción normativa del autorrespeto es que se remonta a la obra de Avishai Margalit (1994). Colin Bird (2008) menciona esto brevemente en su crítica, pero continúa dirigiendo su crítica contra una concepción psicológica del autorrespeto. Un problema, ciertamente, es que Margalit es bastante esquemático en sus observaciones sobre este tema y, hasta el momento de escribir este capítulo, ningún autor ha analizado suficientemente la distinción entre una concepción psicológica y una normativa.

desigualdad económica considerable, aunque no ilimitada (Reiff 2012). No está tan claro por qué Rawls cree que la igualdad económica es innecesaria para asegurar el respeto como una base social del autorrespeto. Tal vez sea porque cree que la igualdad política y la justa igualdad de oportunidades asegurarán que el nivel de desigualdad económica no sea demasiado alto, pero esto dista mucho de ser un hecho, como discutiré más adelante. Esta incertidumbre abre una discusión sobre si el principio de diferencia por sí solo es adecuado para proteger la base social del autorrespeto. Si el principio de diferencia es compatible con un nivel relativamente alto de desigualdad económica y si esto amenaza el autorrespeto, entonces necesita ser sustituido o quizás complementado por un principio limitarista. El objetivo de dicho principio sería limitar la desigualdad económica al nivel necesario para asegurar que la base social del autorrespeto no se vea amenazada.

Una forma prometedora de evitar esta necesidad de complementar el principio de diferencia con un principio limitarista sería argumentar que al principio de diferencia no sólo le conciernen los bienes primarios de ingresos y riqueza, sino también directamente el autorrespeto. Si se entiende de este modo, cualquier diferencia de ingresos y riqueza permitida por el principio de diferencia ya se encuentra limitada a un grado tal que la base social del autorrespeto no se vea amenazada. En este caso, el principio limitarista ya estaría incorporado al principio de diferencia. En la quinta sección, argumentaré que no importa mucho cuál sea la interpretación correcta del principio de diferencia. Basta con establecer que la posición rawlsiana basada en una concepción normativa mejorada del autorrespeto tiene que abrazar un principio limitarista de justicia y una política que limite directamente el nivel más alto de ingresos y de acumulación de riqueza posibles. El argumento presentado en las siguientes secciones de este capítulo pretende alcanzar ese resultado.

2. Respeto, desigualdad económica y el principio de diferencia

Como se mencionó en la sección anterior, de acuerdo con Rawls, la desigualdad política es incompatible con el igual respeto, pero la desigualdad económica parece ser compatible con él. Dado que no sólo las instituciones políticas sino también las económicas forman parte de la estructura básica de la sociedad, esta valoración diferente del ámbito político y del económico necesita una explicación. Tiene que haber una diferencia considerable entre el estatus político y el económico de los ciudadanos que sea lo suficientemente fuerte como para explicar la necesidad de igualdad en el ámbito político y la falta de ella en el económico. Además, y lo que es más importante, para que la posición rawlsiana se sostenga, también debe ser el caso que no haya otras razones independientes de la que se encuentra en el caso político que fundamenten la igualdad económica como un requisito para el igual respeto.

En efecto, existe una razón por la que se requiere una igualdad política que no está presente en el caso económico y tiene que ver con la toma vinculante de decisiones y el monopolio de la fuerza del Estado. Sin embargo, de esta diferencia no se sigue que no sea necesaria la igualdad económica o, al menos, una limitación de la desigualdad. Esto se debe a que existe una razón independiente para este requisito, que se basa en el bien primario del autorrespeto. Sigue existiendo una diferencia entre el ámbito político y el económico, porque la razón independiente conduce a un requisito más débil, no para la igualdad estricta, sino para la desigualdad limitada. Discutiré estas afirmaciones en tres pasos en esta sección, porque proporcionan el trasfondo para el argumento a favor de un principio limitarista que se desarrollará en las siguientes secciones.

El primer paso del argumento consiste en reconocer que existe una razón clara para exigir una igualdad estricta en el caso político que no está presente en el caso económico. Esta razón es simplemente que el Estado es un agente de poder supremo, porque las reglas básicas de la sociedad se hacen vinculantes en un proceso político y se concede al Estado el monopolio de la fuerza para imponer el cumplimiento de esas reglas (McMahon 1994). Sólo cuando los ciudadanos tienen una igual influencia sobre esas normas tienen motivos para considerarse miembros iguales de la sociedad. Tener menos influencia que los demás obviamente constituye directamente tener un rango inferior, porque uno está políticamente dominado por esos otros y sometido a su voluntad política. Pienso que ésta es la razón por la que Rawls exige que se dé un valor justo al derecho a la igualdad de participación y que no sea sólo un derecho formal (Krishnamurthy 2013; Edmundson 2020).

La misma estructura de dominación no está presente en el caso económico, porque podría argumentarse que no hay decisiones vinculantes de una magnitud similar que estén respaldadas por un monopolio de la fuerza. En cambio, al menos en circunstancias relativamente ideales, los agentes económicos tienen la opción de salir de acuerdos institucionales específicos sin costos considerables, como dejar de trabajar para una determinada empresa o dejar de comprar ciertos productos. Pero incluso en esas circunstancias relativamente ideales, la mayoría de los ciudadanos probablemente no puedan permitirse dejar de trabajar del todo y todos tienen que comprar al menos algunos productos. Sin embargo, la existencia de mejores opciones de salidas laborales y la posibilidad continua de cambiar las normas legales que gobiernan las estructuras e instituciones económicas mediante procesos políticos de toma de decisiones reducen la dominación en el lugar de trabajo hasta tal punto que se diferencia mucho de la dominación política a nivel estatal. Asimismo, también es la razón del fracaso de los argumentos directos de casos paralelos que exigen la democratización de las empresas, simplemente porque los Estados tienen que ser democráticos para ser legítimos (Jacob & Neuhäuser 2018).

El segundo paso del argumento consiste en considerar la posibilidad de que exista otra razón para vincular la desigualdad económica y el estatus como un miembro de la sociedad de igual posición. En primer lugar, debe quedar claro que el que la igualdad política y económica no sean casos análogos no implica directamente que no haya razones para exigir la igualdad en el ámbito económico. Puede ser simplemente que existan diferentes argumentos para tal requisito que apliquen directamente al ámbito económico. Sin embargo, que yo sepa, al momento de escribir este capítulo no se ha proporcionado ningún argumento de este tipo. Hay muchos argumentos generales diferentes a favor de una presunción de igualdad que podrían aplicarse al ámbito económico (Timmer 2021). Pero el problema con esos argumentos es que sólo constituyen un argumento *prima facie*, ya que pueden darse razones para apartarse de la igualdad estricta.[5] El principio de diferencia, por ejemplo, da una razón tal al favorecer la maximización del bienestar por encima de la igualdad (Freeman, 2013). Tales razones pueden ser discutidas, por supuesto, pero incluso entonces la igualdad estricta no sería un requisito directo de la justicia. Simplemente sería el resultado del hecho de que todas las razones para apartarse de la igualdad fueran derrotadas, lo cual es bastante improbable, en cualquier caso.

---

5   Que, notablemente, es una de las tareas en las que Gerald Cohen (2008) siguió trabajando.

El argumento que probablemente más se acerque a una defensa más directa de la igualdad estricta en el caso económico es el planteado por Elizabeth Anderson y algunos otros autores de mentalidad republicana (Anderson 2017; González-Ricoy 2014; Breen 2015). Anderson afirma que en muchos lugares de trabajo los trabajadores son dominados de un modo que socava la igualdad relacional. Dado que la igualdad relacional es exigida por la justicia, esos tipos de dominación son injustos. Creo que esta exigencia es compatible con un marco rawlsiano ampliamente concebido. Como se discutirá en la siguiente sección, el autorrespeto rawlsiano depende de la igualdad relacional en el sentido de que todo el mundo tiene derecho a ser visto y tratado como un miembro igual de la sociedad. Desde este punto de vista, también es posible estar de acuerdo en que la dominación en el lugar de trabajo socava esta forma de igualdad de posición. Sin embargo, esto no establece un requisito de igualdad estricta en todo el ámbito económico que incluya una distribución igualitaria de la riqueza y los ingresos. Por el contrario, establece que todas las formas de desigualdad que conducen a la dominación o que socavan la posición de una persona como miembro igual de la sociedad de otras maneras son injustas.

En el tercer paso, la idea básica del argumento en contra de la desigualdad excesiva basado en el autorrespeto puede aducirse como una razón para exigir la igualdad de posición en el ámbito económico. Según este argumento, los ciudadanos tienen derecho a ser vistos y tratados como miembros iguales de la sociedad, ya que esto es lo que la concepción normativa del autorrespeto en tanto que un bien primario de suma importancia requiere. Además, las formas de desigualdad económica que socavan la posición de una persona como miembro igual de la sociedad son objetables desde este punto de vista. Asimismo, las formas de desigualdad económica que no socavan la igual posición no son objetables partiendo del argumento del autorrespeto normativo. Tal y como yo lo veo, esto conduce a un principio limitarista, porque un principio tal puede estar diseñado para reducir la desigualdad económica en un grado tal que sea compatible con la igual posición que acabamos de describir.

Este argumento para restringir la desigualdad económica tiene que responder a una serie de preguntas: ¿qué es exactamente la igualdad de posición y por qué es tan importante para el autorrespeto? ¿Qué formas de desigualdad económica socavan la igual posición y cuáles no? ¿De qué manera podría ser necesario un principio limitarista para asegurar la igual posición? Lidiar con estas cuestiones es crucial para determinar si debería integrarse un principio limitarista al marco rawlsiano de los principios de justicia para rechazar las formas de desigualdad económica que perjudican la igual posición. ¿Es necesario un principio limitarista para que esos principios cumplan su cometido de asegurar la base social del autorrespeto? Quiero abordar este conjunto de preguntas en las siguientes secciones paso a paso. Esta discusión mostrará que las libertades básicas y el principio de igualdad justa de oportunidades son cruciales para asegurar el autorrespeto, pero que el principio de diferencia como único principio distributivo es inadecuado para esta tarea porque no consigue establecer una igual posición. Este resultado abre un espacio conceptual para complementar el principio de diferencia con un principio limitarista.

3. Igual posición y autorrespeto

El concepto de igualdad de posición de los ciudadanos es de vital importancia para responder a la pregunta de si una desigualdad económica de cierta magnitud constituye o no una amenaza para el autorrespeto. Esto depende de dos supuestos: a saber, que la desigualdad económica amenaza este tipo de igual posición y que la igual posición como ciudadano es una base social del autorrespeto. Así pues, la pregunta crucial es: ¿qué justifica estos dos supuestos? En esta sección argumentaré que la igual posición es necesaria para el autorrespeto, aunque más en un sentido normativo que psicológico. El supuesto de que la desigualdad económica socava la igual posición se abordará en la siguiente sección, aunque defender plenamente estos supuestos va más allá del alcance de este capítulo. En cambio, quiero destacar que no carecen de plausibilidad, lo cual es suficiente para dar al principio limitarista cierto fundamento como un principio de justicia en un marco rawlsiano ampliamente concebido.

Para establecer la dependencia del autorrespeto de la igual posición como ciudadanos, hay que mostrar dos cosas. En primer lugar, hay que establecer la dependencia normativa del autorrespeto con respecto al respeto (Dillon 2022). En segundo lugar, hay que explicar por qué esto atañe al respeto en tanto que un miembro igual de la sociedad y no simplemente en tanto que un ciudadano con los mismos derechos legales. La idea de que el autorrespeto depende del respeto de los demás es criticada señalando el hecho de que una persona puede conservar su autorrespeto aunque se le falte al respeto (Bird 2008). La crítica da por sentado que la dependencia se entiende como causal y que a través de mecanismos psicológicos el autorrespeto se ve socavado causalmente por diversas formas de falta de respeto. Sin embargo, si se pueden proveer casos en los que alguien conserve su autorrespeto en una situación tal, la afirmación de la dependencia se ve socavada. Creo que este argumento en contra de la dependencia es erróneo, porque presupone una concepción demasiado heroica del yo. Sin embargo, no defenderé aquí la hipótesis de la dependencia psicológica, que requiere un capítulo propio.

En su lugar, quiero argumentar que la tesis de la dependencia puede leerse de otra manera directamente normativa y que esto es suficiente para establecer que el autorrespeto depende del respeto social. La idea básica es bastante simple. Los miembros de la sociedad tienen el derecho normativo de hacer que su autorrespeto dependa del respeto social (Alcoff 2006; Brownlee 2020). Esto significa que tienen derecho a desarrollar una concepción del yo que dependa de que los demás les respeten como miembros contribuidores de la sociedad. Este derecho existe independientemente de si su autorrespeto depende o no psicológicamente del respeto, como en el caso de la libertad religiosa. Incluso si alguien puede vivir una vida perfectamente feliz y plena sin ejercer una determinada religión e incluso si no tiene absolutamente ningún interés en ser religioso, sigue teniendo derecho a la libertad religiosa.

La pregunta restante, entonces, es ¿por qué deberíamos suponer que existe un derecho tal a hacer depender el autorrespeto del respeto social? La respuesta rawlsiana depende de la idea básica de concebir la sociedad como un nexo de cooperación (Freeman 2009). Según esta idea, está justificado que las personas desarrollen una concepción del bien en la que su cooperación social desempeñe un papel central. Es natural suponer que para esas personas la cooperación social se convierte en una parte central de su yo y que quieren ser respetadas por sus esfuerzos cooperativos. En otras palabras, quieren que su autorrespeto dependa de que se les respete como miembros cooperativos de la sociedad. Dado que la cooperación es lo que justifica la existencia de la estructura básica en primer lugar, están perfectamente justificados a desarrollar una concepción del bien que involucre hacer depender su autorrespeto de ser respetados como miembros contribuidores de la sociedad. El hecho de que puedan conservar su autorrespeto incluso si se les falta el respeto no tiene consecuencias para esta dependencia normativa del autorrespeto del respeto social.

Incluso si se establece que el autorrespeto depende del respeto, la pregunta que aún puede plantearse es por qué los derechos liberales básicos no son una base social suficiente para el autorrespeto. Según el argumento rawlsiano, la afirmación de que uno debe ser respetado como miembro cooperador de la sociedad implica algo más que simplemente tener los mismos derechos básicos. Como afirma Rawls (2002, p. 93), también requiere la realización del valor justo de los derechos políticos, la igualdad justa de oportunidades y el principio de diferencia. Rawls no es muy claro sobre por qué cree que se requieren esos principios, pero la interpretación de Stark (2012) de su concepción del autorrespeto aclara este punto. Los principios de justicia están diseñados para asegurar que todos puedan respetarse a sí mismos como miembros de la sociedad que hacen una contribución socialmente valiosa a la misma. Como se dijo anteriormente, estoy de acuerdo con esta interpretación, que explica por qué el autorrespeto depende de ser respetado como un miembro de la sociedad de igual posición. Los ciudadanos tienen derecho a la igualdad de posición en el sentido de que tienen derecho a ser considerados miembros de la sociedad que aportan una contribución valiosa a la misma.

Se podría objetar que, de hecho, no todos los miembros de la sociedad hacen aportaciones valiosas. Además, se puede objetar que no hacen contribuciones igualmente valiosas y, por lo tanto, no merecen el mismo respeto. La respuesta a la primera parte de la objeción es que, contrariamente a la objeción estándar de excluir a los niños pequeños y a las personas discapacitadas, puede interpretarse que el marco rawlsiano exige una estructura básica que haga posible que cada miembro realice una contribución valiosa. Además, según esta interpretación, las contribuciones no son reducibles a la cooperación económica.[6] Y hay estructuras básicas en las que no todo el mundo puede aportar algo valioso. Un ejemplo craso es una sociedad en la que las personas con discapacidades físicas son vistas

---

6   Por ejemplo, las personas con discapacidades severas pueden hacer diversas contribuciones valiosas simplemente haciendo felices a otras personas gracias a su personalidad. Rawls no desarrolló su teoría en esta dirección y sus fundamentos contractualistas son un obstáculo serio para hacerlo, lo cual Martha Nussbaum (2007) y otros han criticado con razón. Pero creo que Samuel Freeman (2007, pp. 107–08) tiene razón al argumentar que el marco rawlsiano no es hostil a esta concepción tan inclusiva de la cooperación.

como no contribuidoras y tal vez son incluso excluidas. Sin embargo, si uno adopta una concepción muy inclusiva de la cooperación y supone que todo ser humano es digno de respeto, esto sólo significa que esa estructura básica es injusta y necesita ser sustituida por otra más inclusiva.[7]

La respuesta a la segunda parte de la objeción es que no deberíamos jerarquizar el valor de las contribuciones, precisamente porque esto introduciría jerarquías de estatus que socavan el respeto básico y la idea de la sociedad como una empresa cooperativa. En su lugar, a los miembros de la sociedad se les debería conceder lo que Ian Carter (2016) ha denominado, aunque en un contexto diferente, respeto en la opacidad con respecto a sus contribuciones. El respeto en la opacidad significa que las personas merecen el mismo nivel de respeto a pesar de ciertas diferencias en los tipos de contribuciones que realizan. Este tipo de respeto en la opacidad garantiza la estabilidad de la estructura social cooperativa. Además, dado que las contribuciones cooperativas siempre dependen también del talento y de las precondiciones sociales, lo que cuenta moralmente según el marco rawlsiano es el esfuerzo contributivo y no su efecto.

Esto es así porque es posible concebir diferentes sociedades justas en las que diferentes talentos y propiedades personales puedan contribuir más o menos a la empresa cooperativa. Dada esta flexibilidad, la elección de una determinada estructura social es siempre arbitraria hasta cierto punto, lo que hace que los logros dependan siempre también de la suerte y nunca únicamente del mérito (Neuhäuser 2021). El hecho de que el valor de las aportaciones cooperativas depende del carácter arbitrario de las estructuras sociales refuerza el argumento de que las contribuciones no deberían jerarquizarse, sino que deberían estar sujetas al respeto en la opacidad.[8]

---

7   Es posible plantear el argumento de este artículo y aun así abandonar la exigencia de cooperación. Lo que es crucial, entonces, para el respeto básico como miembro de igual posición no es la cooperación, sino la pertenencia. Martha Nussbaum (2007), entre otros, defiende esta postura. Yo simpatizo mucho con esta postura, pero en este artículo me adheriré a la exigencia de cooperación, porque su propósito es argumentar a favor del limitarismo dentro de un marco rawlsiano.

8   Podría pensarse que la idea del respeto en la opacidad socava el argumento de este artículo. Si todo el mundo tiene derecho a un igual respeto independientemente del valor de la contribución, ¿por qué es necesaria una limitación de la riqueza para igualar la recompensa de esta contribución con el fin de expresar el igual respeto? La opacidad ya asegura el igual respeto, o eso parece. La respuesta es bastante simple: el respeto en la opacidad es una afirmación normativa. Con base en esto, el limitarismo contribuye a una estructura social que permite el igual respeto.

Si esto es verdad, los principios de justicia y la estructura básica de la sociedad deben reflejar este derecho a ser respetados como miembros iguales de la sociedad independientemente del valor efectivo del esfuerzo contributivo. En la siguiente sección argumentaré que, a diferencia de las libertades básicas y la igualdad justa de oportunidades, el principio de diferencia por sí solo es incapaz de asegurar la igual posición social como base social del autorrespeto.

4. El principio de diferencia e igualdad de posición

Las libertades básicas son obviamente importantes para proteger la igual posición como base social del autorrespeto. Tener las mismas libertades básicas expresa directamente la igual posición. Se podría objetar que un conjunto muy reducido de libertades básicas podría cumplir esta función. Sin embargo, dado que las libertades básicas también aseguran los otros bienes primarios y el respeto por las capacidades morales de los ciudadanos, tienen que ser adecuadas y no mínimas (Schemmel 2019, 2021). Por otra parte, la igual posición requiere una igualdad básica con respecto a la posesión de poder político y legal. Los responsables de la toma de decisiones políticas y los jueces siguen siendo ciudadanos y, como tales, tienen una igual posición que los demás ciudadanos, no una superior. Un conjunto adecuado de libertades básicas que incluya el valor justo de la igualdad política puede entenderse como la garantía de esta igual posición frente a formas desproporcionadas de poder político y jurídico (Thomas 2018).

Del mismo modo, la igualdad justa de oportunidades es obviamente importante para la igualdad de posición. Sólo cuando todo el mundo tiene una oportunidad justa de trabajar en determinadas ocupaciones o en ciertos roles laborales, esos puestos son compatibles con la igualdad de posición. La igualdad justa de oportunidades asegura que todos los miembros de la sociedad sean tomados en cuenta con seriedad para esos puestos. Y las ocupaciones y determinados roles deben diseñarse de tal manera que no menoscaben la igual posición de los ciudadanos. Los jueces, por ejemplo, no merecen un trato especial fuera de los tribunales. Al mismo tiempo, tienen un poder jurídico considerable. Si este poder está adecuadamente controlado y funcionalmente justificado, entonces no socava la igualdad de posición, siempre y cuando todos tengan una oportunidad justa de alcanzar este puesto. Una cuestión controvertida planteada en la teorización rawlsiana, por supuesto, es qué implica la igualdad justa de oportunidades (Sachs 2012; Lindblom 2018). Pero aquí basta con señalar la importancia de este principio para asegurar la igual posición como ciudadanos.

Sin embargo, no ocurre lo mismo con el principio de diferencia. Al menos en teoría, éste parece permitir un nivel relativamente alto de desigualdad económica si ello conduce a maximizar el bienestar económico de los miembros más económicamente desfavorecidos de la sociedad. Sin embargo, si es verdad que la posición de una persona como miembro igual de la sociedad es la base social del autorrespeto, entonces no es claro que maximizar el bienestar económico de los ciudadanos sea lo que los más desfavorecidos elegirían y, por lo tanto, lo que se elegiría en la posición original.[9] Incluso si en un escenario alternativo B la situación económica de los miembros menos favorecidos de la sociedad es ligeramente peor en términos puramente económicos que en la situación A, podrían seguir prefiriendo esta situación A en la que la desigualdad económica es menor. La razón de esta elección no debe ser una preferencia infundada por la igualdad económica estricta o incluso algún tipo de envidia, que podría dar lugar a las objeciones de la nivelación hacia abajo (Gustafsson 2020). La razón de esta postura podría ser, en cambio, el valor independiente de la igual posición social como base social del autorrespeto. Por lo tanto, la cuestión crucial para esta línea de argumentación es por qué la igualdad económica, o al menos una desigualdad económica fuertemente limitada, es importante para la igualdad de posición.

La respuesta a esta pregunta depende de cómo se interprete esta posición en tanto que un miembro igual de la sociedad como base social del autorrespeto. Creo que se pueden formular al menos dos argumentos para creer que la igualdad de posición depende de una desigualdad económica limitada. El primer argumento se basa en la importancia de poder participar en prácticas sociales comunes, lo cual es necesario para expresar directamente la idea de que uno tiene igual posición. El segundo argumento apunta a la importancia del acceso a los bienes económicos, que es necesario para expresar simbólicamente una igual posición. Ambos argumentos juntos establecen, o al menos así lo creo, que el nivel de desigualdad económica no debe ser demasiado

---

9   Por esta razón, el método del equilibrio reflexivo exige una revisión de la teoría de la justicia basada en la intuición.

alto si se quiere proteger la base social del autorrespeto. Sin embargo, no establecen la necesidad de una igualdad económica estricta.

El primer argumento contra la desigualdad económica enfatiza la importancia de las prácticas sociales para la igualdad de posición (Harel Ben Shahar 2018). Para que los ciudadanos gocen de igual posición, no basta con tener sólo derechos básicos e igualdad justa de oportunidades. También tienen que poder participar en prácticas sociales que se consideran actividades normales de las personas que viven en una sociedad determinada, independientemente de si quieren hacer uso de esta capacidad y participar en ellas o no (Alcoff 2006; Brownlee 2020). Puede tratarse de todo tipo de prácticas, como salir a cenar, ir de vacaciones o visitar museos, ir al cine o a festivales. También pueden ser actividades deportivas u otros pasatiempos, contribuir a las actividades escolares de los niños o a las salidas de los lugares de trabajo, o participar en la educación a lo largo de toda la vida. Sin embargo, es razonable suponer, al menos en las sociedades de mercado, que estas actividades y especialmente participar en ellas de forma regular cuestan una cantidad considerable de dinero. Si es cierto que es importante que las personas puedan participar plenamente en este tipo de actividades, deben tener acceso a los recursos económicos necesarios para ello.

Llegados a este punto, podría objetarse que no se trata de un problema relacionado con la riqueza, ni siquiera con la desigualdad económica como tal. Se trata más bien de un problema relacionado con la pobreza, ya que no se debe impedir a las personas que participen en prácticas sociales importantes por no disponer de recursos económicos suficientes para ello. En otras palabras, el ingreso mínimo no debería estar demasiado alejado del ingreso medio. Sin embargo, esta objeción subestima el carácter económico relacional de las prácticas sociales importantes (Hirsch 1977). Si, por ejemplo, el veinte por ciento más rico de la sociedad tiene mucho más dinero que el resto, puede crear y participar en prácticas sociales que nadie más puede costear. También pueden utilizar, intencionadamente o no, su poder social para presentar estas prácticas como especialmente dignas de respeto. De este modo, se crea una sociedad de estatus en la que se ve amenazada la igual posición no sólo de los pobres, sino incluso del treinta por ciento cuyos ingresos están por encima del ingreso medio, pero que no pertenecen a los ricos. Para asegurar que la desigualdad económica no amenace la igualdad de posición a través de prácticas que confieren estatus, se necesita un umbral tanto superior como inferior.

El segundo argumento a favor de la dependencia de la igualdad social de la desigualdad económica limitada es similar al primer argumento. La diferencia es que en este caso no se trata de prácticas sociales importantes a las que la gente deba tener acceso económico, sino directamente de bienes de estatus.[10] Ciertos bienes tienen un valor de uso específico, que es el valor de expresar simbólicamente el estatus social. Tener el título de doctor en filosofía es, entre otras cosas, un bien (esperemos) no económico que expresa (o intenta expresar) un valor social específico de educación y, en la mente de algunas personas, inteligencia y quizá incluso sabiduría (Halliday 2016). Del mismo modo, un reloj Rolex o un coche Porsche son bienes económicos que expresan (el valor de) ser rico. A menudo este juicio va acompañado de la impresión de que el propietario también debe ser exitoso, un miembro valioso de la sociedad, inteligente, etcétera. Al igual que en el caso del título de doctor en filosofía que implica sabiduría, esta impresión puede ser errónea, pero esto es irrelevante en términos de que sea una opinión generalizada. Si estos significados simbólicos de los artículos de lujo caros son generalizados, pueden convertirse en parte de una economía de estatus que amenace la igualdad de posición (Brennan & Pettit 2004). En una economía de consumo en la que se emplean enormes recursos de mercadotecnia para incitar a la gente a comprar este tipo de bienes, la creación de jerarquías de estatus y la explotación de las ansiedades de estatus constituyen una buena estrategia de *marketing*.

Sin embargo, ambos argumentos dependen ciertamente de una serie de supuestos empíricos. ¿Es cierto que existen las jerarquías de estatus descritas? ¿Las personas atribuyen realmente un significado simbólico a los bienes de lujo? Si esas prácticas y bienes de estatus existen, ¿están realmente tan extendidas que amenazan la igualdad de posición? No es tarea de este capítulo aportar pruebas empíricas de la tesis de que las prácticas y los bienes de estatus existen y socavan la igualdad de posición. En cambio, el argumento se basa en la presuposición de que esto es el caso y de que es condicional en este sentido. Sigue siendo importante analizar la estructura normativa del argumento, que es el enfoque de este capítulo, porque la evidencia cotidiana apoya fuertemente los supuestos empíricos.

---

10 Es lo que Fred Hirsch (1977) ha descrito como bienes posicionales basados en el estatus.

Muchas personas tienen un sentido agudo del estatus y de cómo se expresa en las prácticas jerárquicas y la comunicación simbólica en su vida cotidiana (Frank 2020). Las peleas sobre el estatus y la ansiedad relacionada con el estatus también parecen desempeñar un papel importante en el éxito de los movimientos populistas que socavan la estabilidad de las democracias liberales (Cohen 2019). Además, la importancia de muchas prácticas sociales y bienes económicos es difícil de explicar sin hacer referencia a su función de conferir estatus. Esta evidencia es suficiente, o al menos así lo creo yo, para cuestionar si el principio de diferencia es adecuado para asegurar la igualdad de posición o si, en cambio, es preferible otro principio que limite la desigualdad económica de forma más directa.

5. El principio de diferencia y el principio limitarista

Si la desigualdad económica de cierta magnitud socava la igualdad de posición como base social del autorrespeto, entonces el principio de diferencia podría ser deficiente o podría no estar adecuadamente pormenorizado. Si se trata de lo primero o de lo segundo depende de cómo la relación entre las bases sociales del autorrespeto y el principio de diferencia es interpretada. El principio de diferencia está abierto a muchas interpretaciones (Van Parijs 2003). Aquí, dos posibilidades son relevantes. Según una interpretación, al principio de diferencia le conciernen los cinco tipos de bienes primarios, incluidas las bases sociales del autorrespeto. Según la segunda interpretación, existe una cierta distribución entre los principios de justicia con respecto al papel que desempeñan con respecto a los bienes primarios. El primer principio de justicia asegura los derechos y libertades básicos, así como la libertad de movimiento y la libre elección de ocupación. La primera mitad del segundo principio asegura que "los poderes y las prerrogativas que acompañan a cargos y posiciones de autoridad y responsabilidad" (Rawls, 2002, p. 91) se distribuyan sobre la base de una igualdad justa de oportunidades. El principio de diferencia, por lo tanto, se refiere a los ingresos y la riqueza. El bien primario de las bases sociales del autorrespeto está, según esta segunda interpretación, asegurado indirectamente por todos los principios de justicia y las instituciones correspondientes. En otras palabras, la distribución justa de los otros bienes primarios mediante los principios de justicia también asegura las bases sociales del autorrespeto.

Creo que hay razones para creer que la segunda interpretación es la correcta, pero dejaré esta cuestión interpretativa a un lado, pues es irrelevante para lo que argumento aquí.[11] Esto es así porque, en ambos casos, el principio de diferencia debe complementarse con un principio limitarista para asegurar las bases sociales del autorrespeto y especialmente la igual posición como miembro contribuidor de la sociedad. La diferencia radica simplemente en que, según la primera interpretación, el principio de diferencia ya debe incluir algo parecido a un principio limitarista, que simplemente no está pormenorizado. La razón de esto podría ser que Rawls no es muy claro sobre lo que requiere el autorrespeto. Sin embargo, si la propuesta aquí es correcta y el autorrespeto requiere una igual posición como miembro contribuidor de la sociedad, lo que a su vez requiere una desigualdad económica limitada, esto conduce directamente a un principio limitarista como un requisito estricto de la justicia, que está embebido en el principio de diferencia. Si la segunda interpretación es correcta, el principio limitarista no está embebido en el principio de diferencia, pero el conjunto de principios de justicia rawlsianos es insuficiente para garantizar que las bases sociales del autorrespeto estén aseguradas. Es necesario añadir un principio limitarista para garantizar que las desigualdades económicas no socaven la igual posición social.

En efecto, en ambos casos se necesita un principio limitarista para asegurar que la desigualdad económica no se produzca al punto que resulte problemática para el autorrespeto. Tener un umbral superior por sí solo es ciertamente insuficiente para esta tarea y adicionalmente se necesita también un umbral inferior. En una discusión con Rodney G. Peffer (1994), Rawls reconoció que se presume implícitamente que tal umbral inferior es satisfecho en una sociedad bien ordenada. En contraposición, Rawls no reconoce explícitamente la necesidad de un umbral superior y de un principio limitarista, lo que de acuerdo con el argumento aquí desarrollado es un descuido. Este principio limitarista necesita formar parte de los

---

11 Rawls escribe: "En una sociedad bien ordenada, donde todos los ciudadanos tienen asegurados iguales derechos y libertades básicos y oportunidades equitativas, los menos aventajados son los que pertenecen a la clase de ingreso con las expectativas más bajas" (2002, p. 92). Más adelante añade, en relación con las bases sociales del autorrespeto: "Estas bases sociales son cosas tales como el hecho institucional de que los ciudadanos tienen iguales derechos básicos, y el reconocimiento público de ese hecho y que todo el mundo acepta el principio de diferencia, él mismo una forma de reciprocidad" (2002, p. 93). Creo que citas como éstas apuntan a la segunda interpretación.

principios de justicia para asegurar las bases sociales del autorrespeto. Al igual que ocurre con otros principios abstractos de justicia, las instituciones políticas y la razón pública tienen la tarea de especificar dónde deben establecerse los límites inferior y superior para asegurar la igualdad de posición. Según el argumento basado en el autorrespeto, esto depende de qué tipos de prácticas sociales y símbolos de estatus que crean jerarquías de estatus están presentes y extendidos en una sociedad determinada.

Una pregunta pendiente es si debería entenderse que el principio limitarista sustituye al principio de diferencia. De ser así, la distribución del ingreso y la riqueza entre los límites inferior y superior quedaría fuera del ámbito de la justicia distributiva. En cambio, podría entenderse que el principio limitarista sustenta el principio de diferencia. En este caso, el principio de diferencia regiría la distribución del ingreso y la riqueza dentro de los límites establecidos. No quiero adoptar aquí una postura firme sobre esta cuestión. El propósito de este capítulo es mostrar la importancia de integrar un principio limitarista en el marco rawlsiano para asegurar las bases sociales del autorrespeto. Sin embargo, quiero hacer una rápida observación sobre esta cuestión: la ventaja de la segunda propuesta de sustentar en lugar de sustituir el principio de diferencia podría radicar en que es bastante improbable que no surjan cuestiones de justicia entre un umbral inferior y uno superior de ingresos y riqueza. La equidad podría requerir maximizar la situación de los más desfavorecidos para el espacio entre esos umbrales. En línea con esto, los rawlsianos pueden aferrarse al argumento del incentivo embebido en el principio de diferencia (Casal 2017; Lister 2018; 2020). Dentro de los límites de los umbrales inferior y superior, la estructura económica básica podría seguir siendo establecida de tal manera que las personas tengan un incentivo para ser más productivas e inventivas en términos económicos con el fin de ganar más dinero, lo que sería beneficioso para el desarrollo económico de toda la sociedad, al menos si también se cumplen los requisitos de sostenibilidad.

Esta propuesta de complementar el principio de diferencia con un principio limitarista dentro del marco rawlsiano se enfrenta ciertamente a diversas objeciones. Una objeción parece necesitar especialmente una respuesta para que toda la idea despegue. Esta objeción afirma que no hay mucho espacio para la desigualdad en la teoría rawlsiana original y que, por esta razón, no se necesita ningún principio limitarista adicional. Según esta objeción, Rawls es consciente de la necesidad de limitar la desigualdad económica (1971, p. 545). Simplemente cree que esto ya está incorporado en su teoría. Las libertades básicas y especialmente el valor justo de la libertad política junto con la igualdad justa de oportunidades ya implican una seria limitación de la desigualdad económica, porque las desigualdades agudas conducen a formas de poder social que socavan el primer principio de justicia y la primera mitad del segundo principio de justicia. La única forma de reducir eficazmente este poder es limitar la desigualdad. Las instituciones diseñadas para asegurar la igualdad política y la igualdad justa de oportunidades, como una democracia de propietarios, también restringen la desigualdad económica (O'Neill & Williamson 2012). En otras palabras, dado que un principio limitarista es una parte implícita del marco rawlsiano, no hay necesidad de hacerlo explícito.

¿Qué podemos decir de este argumento? Para ser franco, no creo que sea una objeción en absoluto. Es ciertamente posible que los principios rawlsianos de justicia requieran implícitamente una limitación de la desigualdad económica. También podría ser el caso que las instituciones políticas que esos principios requieren ya limiten la desigualdad en un grado suficiente. Alan Thomas (2018), por ejemplo, argumenta que un esquema rawlsiano que implique una democracia de propietarios tendrá consecuencias muy igualitarias, porque sólo así se asegurará el valor justo de la libertad política y la igualdad justa de oportunidades. Mi desacuerdo con inferir de este supuesto que un principio limitarista adicional es innecesario es doble.

En primer lugar, no es imposible que esos principios puedan satisfacerse de modo que se permita una desigualdad económica considerable. Por ejemplo, podría ser posible asegurar el valor justo de la libertad política disociando el sistema político de la influencia económica mediante políticas estrictas. En Estados Unidos, por ejemplo, las contribuciones a las campañas políticas están muy poco reguladas, mientras que otros países tienen normas mucho más estrictas. También es posible, por poner otro ejemplo, regular estrictamente el movimiento entre ejercer un cargo político y obtener un puesto directivo en la industria privada para evitar el cabildeo de puerta giratoria. Políticas similares con efectos restrictivos respecto a la influencia del dinero en las oportunidades educativas y profesionales son concebibles. Cuanto más eficaces resulten ser estas políticas, más débiles serán los argumentos a favor de reducir la desigualdad económica basándose en los principios clásicos rawlsianos de justicia. Dado que la cuestión de qué tan probable es esto parece ser una pregunta abierta y, al menos en parte, empírica, la necesidad de un principio directamente limitarista para asegurar la base social del autorrespeto sigue en pie.

En segundo lugar, incluso si los otros principios aseguran indirectamente la limitación de la desigualdad, el principio limitarista proporciona un argumento adicional y directo a favor de dicha limitación. Dado que el argumento a favor del principio limitarista se basa en la provisión de la base social para el importante bien primario del autorrespeto, es especialmente contundente, al menos dentro del marco rawlsiano. Si es verdad que el autorrespeto se basa en la igual posición social y ésta requiere una limitación de la desigualdad económica, entonces tenemos un argumento fuerte a favor de dicha limitación. Diversas políticas, como el ingreso básico incondicional, gravar riquezas, redistribuir el capital, etc., pueden justificarse utilizando el principio limitarista como requisito del autorrespeto si puede mostrarse que esas políticas son necesarias para limitar eficazmente la desigualdad económica.

6. Conclusión

El objetivo de este capítulo fue mostrar que un principio limitarista de justicia es digno de consideración dentro de un marco rawlsiano. Argumenté que limitar la desigualdad puede entenderse como un requisito para asegurar el estatus de todos los miembros de la sociedad como ciudadanos iguales. A su vez, esta igual posición puede entenderse como una base social para el autorrespeto de las personas en su papel de miembros cooperadores de la sociedad. Una sociedad justa tiene que asegurar la posibilidad de que todos puedan hacer contribuciones valiosas y debe reconocer el derecho de todos los miembros de la sociedad a tener un rango igual como miembros contribuidores. Este rango se asegura concediendo a todos los ciudadanos igual posición, lo que a su vez exige limitar la desigualdad para prevenir la competencia y las jerarquías de estatus y permitir a todos los ciudadanos participar en actividades sociales que expresen estatus.

Este argumento a favor del limitarismo basado en el autorrespeto puede entenderse como complementario de otros argumentos a favor del limitarismo que se basan en consideraciones de bienestar, sostenibilidad y participación democrática (republicana). Al mismo tiempo, creo que tiene un papel adicional que desempeñar. Si Rawls está en lo cierto al afirmar que el autorrespeto es una condición posibilitadora importante para que las personas se vean a sí mismas como miembros contribuidores de la sociedad, asegurar el autorrespeto aumentará con toda probabilidad el cumplimiento de los principios de justicia. Este mayor cumplimiento, a su vez, facilitará que los Estados satisfagan las necesidades urgentes, trabajen por la sostenibilidad y establezcan estructuras democráticas sustanciales. En otras palabras, implementar un principio limitarista puede verse como una herramienta importante que podría utilizarse para crear sociedades más justas.

Agradecimientos

Doy muchas gracias por mejorar el argumento a Daniel Beck, Niklas Dummer, Martina Herrmann, Tim Meijers, Lea Prix, Mark Reiff, Ingrid Robeyns, Beverley Sykes, Dick Timmer y Jonas Zorn.

Referencias

Alcoff, Linda Martin. 2006. *Visible Identities: Race, Gender, and the Self*, Oxford: Oxford University Press.

Anderson, Elizabeth. 1999. What's the point of equality?, *Ethics*, 109(2), pp. 287–337.

Anderson, Elizabeth. 2017. Private government, in: E. Anderson (Ed.), *Private government: how employers rule our lives (and why we Don't talk about it)*, Princeton, NJ, Princeton University Press, pp. 37–71.

Bird, Colin. 2008. Self-Respect and the Respect of Others, *European Journal of Philosophy*, 18(1), pp. 17–40.

Breen, Keith. 2015. Freedom, republicanism, and workplace democracy, *Crit Rev Int Soc Pol Phil*, 18(4), pp. 470–85.

Brennan, Geoffrey & Pettit, Philip. 2004. *The Economy of Esteem: An Essay on Civil and Political Society*, Oxford: Oxford University Press.

Brownlee, Kimberley. 2020. *Being Sure of Each Other: An Essay on Social Rights and Freedoms*, Oxford: Oxford University Press.

Carter, Ian. 2011. Respect and the Basis of Equality, *Ethics*, 121(3), pp. 538–71.

Carter, Ian. 2016. "El respeto y la base de la igualdad." En *Igualitarismo: una discusión necesaria*, editado por Javier Gallego S. y Thomas Bullemore L., traducido por Joaquín Vásquez, 193–228. Santiago de Chile: Centro de Estudios Públicos.

Casal, Paula. 2017. Mill, Rawls and Cohen on Incentives and Occupational Freedom, *Utilitas*, 29(4), pp. 375–97.

Cohen, G. A. 2008. *Rescuing Justice and Equality*. Harvard: Harvard University Press.

Cohen, Jean L. 2019. Populism and the Politics of Resentment, *Jus Cogens*, 1(1), pp. 5–39.

Dillon, Robin S. 2022. Respect, *The Stanford Encyclopedia of Philosophy*, https://plato.stanford.edu/archives/fall2022/entries/respect/.

Doppelt, Gerald. 2009. The Place of Self-Respect in A Theory of Justice, *Inquiry*, 52, pp: 127–54.

Dumitru, Adelin-Costin. 2020. Rescuing Sufficientarianism from Itself, *South African Journal of Philosophy*, 39(3), pp. 347–59.

Edmundson, William A. 2020. What Is the Argument for the Fair Value of Political Liberty? *Social Theory and Practice*, 46(3), pp. 497–514.

Eyal, Nir. 2005. 'Perhaps the Most Important Primary Good': Self-Respect and Rawls's Principles of Justice, *Politics, Philosophy and Economics*, 4(2), pp. 195–219.

Frank, Robert H. 2020. *Under the Influence: Putting Peer Pressure to Work*. Princeton: Princeton University Press.

Freeman, Samuel. 2007. *Rawls*, Oxfordshire: Routledge.

Freeman, Samuel. 2009. *Justice and the Social Contract: Essays on Rawlsian Political Philosophy*, Oxford: Oxford University Press.

Freeman, Samuel. 2013. Property-Owning Democracy and the Difference Principle, *Analyse & Kritik*, 35(1), pp. 9–36.

Gonzalez-Ricoy, Ihigo. 2014. The republican case for workplace democracy, *Soc Theory Pract*, 40(2), pp. 232–54.

Gough, Ian. 2020. Defining Floors and Ceilings: The Contribution of Human Needs Theory, *Sustainability: Science, Practice and Policy*, 16(1), pp. 208–19.

Gustafsson, Johan E. 2020. The Levelling-Down Objection and the Additive Measure of the Badness of Inequality, *Economics and Philosophy*, 36(3), pp. 401–06.

Halliday, Daniel. 2016. Private Education, Positional Goods, and the Arms Race Problem, *Politics, Philosophy and Economics*, 15(2), pp. 150–69.

Hamlin, Alan. 2018. What Political Philosophy Should Learn from Economics about Taxation, in M. O'Neill & S. Orr (Ed.), *Taxation: Philosophical Perspectives*, (pp. 17–36) Oxford: Oxford University Press.

Harel Ben Shahar, Tammy. 2018. Positional Goods and the Size of Inequality, *Journal of Political Philosophy*, 26(1), pp. 103–20.

Hirsch, Fred. 1977. *The Social Limits to Growth*. London: Routledge.

Huseby, Robert. 2022. The Limits of Limitarianism, *Journal of Political Philosophy*, 30(2), pp. 230–48.

Jacob, Daniel, & Neuhauser, Christian. 2018. Workplace Democracy, Market Competition and Republican Self-Respect, *Ethical Theory and Moral Practice*, 21(4): pp. 927–44.

Krishnamurthy, Meena. 2013. Completing Rawls's Arguments for Equal Political Liberty and its Fair Value: The Argument From Self-Respect, *Canadian Journal of Philosophy*, 43(2), pp. 179–205.

Lindblom, Lars. 2018. In Defense of Rawlsian Fair Equality of Opportunity, *Philosophical Chapters*, 47(2), pp. 235–63.

Lister, Andrew. 2018. The Difference Principle, Capitalism, and Property-Owning Democracy, *Moral Philosophy and Politics*, 5(1), pp. 151–72.

Lister, Andrew. 2020. Publicity, reciprocity, and incentives, *Canadian Journal of Philosophy*, 50(1), pp. 67–82.

Margalit, Avishai 1994. *The Decent Society*. Cambridge, MA: Harvard University Press.

McMahon, Christopher 1994. *Authority and democracy: a general theory of government and management*. Princeton, NJ: Princeton University Press.

Neuhauser, Christian 2021. Property-owning democracy, market socialism and workplace democracy, *Review of Social Economy*, 79(3), pp. 554–80.

Nussbaum, Martha. 2007. *Frontiers of Justice: Disability, Nationality, Species Membership*, Harvard: Harvard University Press.

O'Neill, Martin & Williamson, Thad. 2012. *Property-Owning Democracy: Rawls and Beyond*. Hoboken, NJ: Wiley-Blackwell.

Peffer, R. G. 1994. Towards a more adequate Rawlsian theory of social justice, *Pacific Philosophical Quarterly*, 75(3–4), pp. 251–71.

Rawls, John. 1971. *A Theory of Justice*. Harvard: Harvard University Press.

Rawls, John. 2012. *Teoría de la justicia*. Traducido por María Dolores González. Distrito Federal: Fondo de Cultura Económica.

Rawls, John. 2001. *Justice as Fairness: A Restatement*. Harvard: Harvard University Press.

Rawls, J. (2002). *La justicia como equidad. Una reformulación*. Editado por Erin Kelly. Barcelona: Paidós.

Reiff, Mark R. 2012. The Difference Principle, Rising Inequality, and Supply-Side Economics: How Rawls Got Hijacked by the Right, *Revue de Philosophie Économique*, 13(2), pp. 119–73.

Robeyns, Ingrid. 2017. Having too much. In Jack Knight & Melissa Schwartzberg (Eds.), Wealth - Yearbook of the American Society for Political and Legal Philosophy (pp. 1–44). New York: New York University Press.

Robeyns, Ingrid. 2022. Why Limitarianism?, *Journal of Political Philosophy*, 30(2), pp. 249–70.

Sachs, Benjamin. 2012. The Limits of Fair Equality of Opportunity, *Philosophical Studies*, 160 (2), pp. 323–43.

Schemmel, Christian. 2019. Real Self-Respect and its Social Bases, *Canadian Journal of Philosophy*, 49(5): 628–51.

Schemmel, Christian. 2021. *Justice and Egalitarian Relations*. Oxford: Oxford University Press.

Stark, Cynthia. 2012. Rawlsian Self-Respect. In Mark Timmons (Ed.), *Oxford Studies in Normative Ethics* (pp. 238–61). Oxford.

Sen, Amartya. 2009. *The Idea of Justice*. Harvard: Harvard University Press.

Sen, A. (2010). *La idea de la justicia*. Traducido por Hernando Valencia Villa. Barcelona: Taurus.

Thomas, Larry. 1978. Rawlsian Self-Respect and the Black Consciousness Movement, *Philosophical Forum*, 9, pp. 303–14.

Thomas, Alan. 2018. *Republic of Equals*. Oxford: Oxford University Press.

Timmer, Dick. 2019. Defending the Democratic Argument for Limitarianism: A Reply to Volacu and Dumitru, *Philosophia*, 47(4), pp. 1331–39.

Timmer, Dick. 2021. Limitarianism: Pattern, Principle, or Presumption?, *Journal of Applied Philosophy*, 38(5), pp. 760–73.

Van Parijs, Philippe. 2003. Difference Principles. In Samuel Richard Freeman (Ed.), *The Cambridge Companion to Rawls*. Cambridge: Cambridge University Press.

Volacu, Alexandru & Dumitru, Adelin Costin. 2019. Assessing Non-Intrinsic Limitarianism, *Philosophia*, 47(1), pp. 249–64.

Winters, Jeffrey A. 2011. *Oligarchy*. New York: Cambridge University Press.

Zwarthoed, Danielle. 2018. Autonomy-Based Reasons for Limitarianism, *Ethical Theory and Moral Practice*, 21(5), pp. 1181–204.

12. Cambio climático, justicia distributiva y límites "preinstitucionales" a la apropiación de recursos

Colin Hickey

1. Introducción

En este capítulo, intento construir parte de una teoría distintiva de la justicia distributiva global para dar una concepción adecuada de la moral climática. Mi objetivo principal, al centrarme en cuestiones de justicia relativas a la distribución de un tipo particular de recurso global, es argumentar que los individuos, antes de la existencia de instituciones justas, están obligados, como cuestión de principios de justicia distributiva global, a restringir su uso, o a compartir de forma justa los beneficios de cualquier uso que sobrepase sus justos títulos (*entitlements*), de la capacidad de la Tierra para absorber gases de efecto invernadero dentro de un rango justificable específico.[1]

Otros en la literatura climática han señalado en direcciones vagamente similares ofreciendo principios de distribución (normalmente para

---

1 Aunque no lo argumentaré aquí, también creo que esto funciona como la *base normativa* de cómo las instituciones globales distributivamente justas para gobernar el cambio climático asignarían el acceso a, o las porciones de, ese recurso y sus beneficios.

las emisiones).² Peter Singer, por ejemplo, ha defendido una forma de igualitarismo de las emisiones de gases de efecto invernadero (Singer 2006). Henry Shue distingue entre las emisiones de subsistencia y las de lujo, y sostiene que "las emisiones deberían repartirse de forma algo más igualitaria que en la actualidad" porque no es justo "pedirles a algunas personas que renuncien a sus necesidades para que otras puedan conservar sus lujos" (Shue 2014, 58, 64).

Sin embargo, un rasgo llamativo de la literatura es la frecuencia con la que estas perspectivas no aclaran las implicaciones de tales principios respecto a los deberes de los individuos (en lugar de los colectivos), especialmente en una situación anterior a la existencia de instituciones justas (a lo que llamaré "preinstitucional").³ Genuinamente no está claro si ofrecen argumentos sobre cuáles son nuestros deberes "preinstitucionales" o si sólo ofrecen argumentos sobre cómo deberían ser nuestras instituciones climáticas (y luego, quizá, de manera derivada, cuáles serían nuestros deberes de cumplimiento "postinstitucionales" con ellas).⁴

En este capítulo espero profundizar—a la luz de nuestra situación preinstitucional y con una orientación deliberada hacia los deberes individuales—la lógica detrás de los tipos de intuiciones que Shue y otros en la literatura señalan correctamente, pero que han quedado subexplorados y latentes.

---

2   Para algunos estudios más amplios sobre diversos principios que los académicos han considerado, véase Gardiner (2004) o Caney (2012).

3   Shue, por ejemplo, tiende a revestir su obra de un lenguaje colectivo, llenándolo de "nosotros", "los ricos", o "las naciones ricas", etc. (véase, por ejemplo, Shue 2014, 49–51, 73, 76, 294), aunque reconoce la necesidad de una explicación de la transición y el objetivo final, p. 56–8, 73.

4   Muchos dentro de la literatura de ética climática y más allá han pensado que los derechos y deberes preinstitucionales con respecto a la apropiación de recursos son inexistentes o demasiado poco claros como para proporcionar cualquier contenido y, por lo tanto, los individuos tienen deberes a lo sumo de apoyar la creación de instituciones colectivas para resolver los problemas del cambio climático. Walter Sinnott-Armstrong (2005), Kingston y Sinnott-Armstrong (2018), Maltais (2013), Johnson (2003). Elizabeth Cripps (2013) priorizan la promoción de las instituciones. Esto también es una parte central de la obra de Onora O'Neill (2005), que es escéptica de los deberes de apoyo a los derechos humanos fuera de un contexto de asignación institucional. Una excepción notable a esta tendencia proviene, como discutiré en profundidad más adelante, de Christian Baatz (2014), quien reconoce la distinción pre- y postinstitucional y afirma que "desde el punto de vista moral, incluso en ausencia de instituciones, las porciones justas existen".

Abordo esta tarea revisitando e inspirándome en dos modelos destacados de la filosofía política clásica para pensar acerca de las normas (derechos, permisos, límites, etc.) relativas al uso preinstitucional de los recursos sin dueño en general: Locke y Kant, respectivamente. El recurso del que me ocupo directamente, como ya he mencionado, es la Capacidad de Absorción de la Tierra (EAC, por sus siglas en inglés), que es la *capacidad del sistema terrestre de absorber los gases de efecto invernadero sin perturbaciones peligrosas para el clima*. La EAC es un recurso global escaso, valioso, rival y no excluible que nadie posee.[5] Todas las múltiples catástrofes del cambio climático llegan cuando (como está ocurriendo

---

5 Para una selección de otros trabajos que discuten esta idea, véase Shue (2014), Traxler (2002), Vanderheiden (2006), Blomfield (2013), Dolšak y Ostrom, (2003). Aunque se podría decir mucho más de cada una de estas características, que retomo en otro lugar, vale la pena mencionar algunas cosas. En primer lugar, la *escasez* aquí está "funcionalmente especificada" al estar indexada a una noción normativa de seguridad y determinada contextualmente dentro de un marco temporal específico, con respecto a un conjunto específico de prácticas, e interdependiente con algunas otras redes de normas morales (por lo que, si bien es verdad que, pase lo que pase, hay una cantidad finita de GEI que puede ser absorbida antes de que las temperaturas suban 2°C, la EAC no sería funcionalmente escasa si, por ejemplo, yo fuera el único emisor). Los debates precisos sobre este presupuesto son complicados y me remito en gran medida al IPCC, pero la concepción no está sujeta a ellos y puede servir como el modelo estructural apropiado para cualquiera que sea el caso más defendible. Se trata de una restricción *global*, dado el funcionamiento del sistema climático mundial. Además, la EAC es *valiosa* no intrínsecamente, sino por las actividades que nos permite realizar y por el tipo de vidas que nos permite llevar (si no fuera así, no sería escasa). Éstas son posibles sin la EAC (lo cual es bueno para la transición a energías limpias), pero el hecho de que sea intercambiable no quita que sea valiosa en un contexto determinado y que apoye contingentemente nuestras necesidades más básicas. Es *rival* no porque mi emisión impida que tú emitas, sino porque mi uso del presupuesto fijo y funcionalmente especificado de EAC, en tanto que recurso escaso, compite con el uso de otros del presupuesto de EAC. No es excluible y, por tanto, es un "recurso común" global del tipo que describe Ostrom, precisamente porque es difícil prevenir que los posibles apropiadores accedan globalmente al recurso (a través de las emisiones), lo que fomenta el *free-riding*. Por último, no tiene propietario en el sentido de que no tenemos regímenes de propiedad reconocidos, privados o de otro tipo, para gestionar el uso, la compra, la venta, la transferencia, etc., de la EAC. Aquellos aspectos más estándares de la propiedad implican cosas como el *derecho a o el dominio protegido para*: acceder, usar, gestionar, excluir, obtener ingresos de, o transferir un bien. No existen mecanismos recibidos para conceptualizar ninguna de esas protecciones o derechos (y mucho menos asignarlos de forma justa) en lo que respecta a la EAC, incluso si las personas ciertamente están utilizando el recurso. Esto no quiere decir que no haya *normas* vinculantes que rijan el uso o el beneficio del uso de EAC en una situación preinstitucional; más adelante argumentaré que hay normas vinculantes significativas, pero no son normas de propiedad.

rápidamente) este recurso se agota y emitimos más gases de efecto invernadero de los que pueden ser absorbidos de forma segura—una posibilidad que, desgraciadamente, nuestras amplias reservas de combustibles fósiles permiten (véase IPCC 2014 y 2018)—. Con esto en mente, todavía carecemos de esquemas de propiedad adecuados para distribuir este recurso de manera justa. Por lo tanto, sería fructífero revisitar algunas de las cuestiones básicas sobre la apropiación de los recursos sin dueño, y las porciones justas, de la tradición liberal clásica.

Para que quede claro, no estoy defendiendo ni respaldando los sistemas *generales* de Locke o Kant ni sosteniendo que ofrezcan teorías generales adecuadas de la justicia distributiva. Más bien, los destaco como un marco de referencia para pensar sobre el problema moral preinstitucional. Extraigo recursos específicos y plausibles que ambos desarrollan sobre los derechos básicos preinstitucionales, con la finalidad de introducir una concepción preliminar de las porciones distributivas de EAC y de los permisos, derechos y deberes que conllevan. En la primera sección, considero la tradición lockeana y su enfoque en las normas y derechos fundamentales de igualdad y autoconservación y cómo éstos pueden dar paso a una concepción preliminar de las porciones distributivas y los deberes preinstitucionales. En la segunda sección me ocupo de la tradición kantiana y de su enfoque en las normas y derechos fundamentales de igualdad y libertad, y de cómo éstos pueden conducir a una concepción preliminar de las porciones distributivas y los deberes preinstitucionales. En la tercera sección sostengo que inspirarse en estas dos perspectivas en lo que respecta a los derechos preinstitucionales absolutamente básicos que poseen los individuos revela una concepción disyuntiva de por qué es plausible pensar que los individuos tienen deberes preinstitucionales de restringir su uso de EAC dentro de un rango justificable. Teniendo en cuenta esta concepción disyuntiva, sugiero que estos deberes son *al menos tan exigentes como la menos exigente de las dos perspectivas*, y pueden ser moralmente susceptibles a reparación en caso de violación. Ambas perspectivas apuntan en una dirección similar con respecto a las porciones distributivas preinstitucionales, la cual es más plausible que la posición de los escépticos que, para mantener su escepticismo sobre los deberes preinstitucionales, tienen que negar los derechos básicos preinstitucionales de autoconservación o libertad. Este panorama general tiene algunas implicaciones bastante radicales, especialmente para los más acomodados. Por último, en la cuarta sección considero cómo los destinatarios de los deberes de este supuesto núcleo mínimo podrían intentar atemperar las implicaciones de esta concepción disyuntiva y muestro por qué es improbable que tales intentos tengan éxito.

2. El modelo lockeano de normas de apropiación preinstitucional de recursos

En su *Segundo tratado sobre el gobierno civil*, John Locke se enfrenta al reto de demostrar que los derechos de propiedad pueden ser válidos preinstitucionalmente (Locke 2010).[6] En esta sección me baso en Jeremy Waldron y Gopal Sreenivasan, intérpretes de Locke, para mostrar cómo el uso lockeano de las normas fundamentales de igualdad y autoconservación genera derechos preinstitucionales a los recursos que pueden servir como base mínima para ordenar las porciones distributivas justas y las restricciones al uso de EAC (Waldron 2002, especialmente el capítulo 6; Sreenivasan 1995).

Locke piensa, de manera plausible, que tenemos un derecho básico a la autoconservación. Llega a esta conclusión a través de sus compromisos teológicos de que Dios nos creó y nos dio el mundo en común para "el soporte y comodidad" de nuestro ser.[7] Esta fuente de normatividad establece la base para las normas de apropiación preinstitucional de recursos, particularmente cuando se combina con la tesis de Locke de que, fundamentalmente, todos somos fundamentalmente iguales morales.[8] Nadie tiene un estatus moral superior. Todos estamos a la

---

[6] A partir de ahora me referiré al primer tratado como 1T y al segundo como 2T y referenciaré los números de los párrafos.

[7] Para la postura de Locke sobre el comunismo original, véase 2T 25-6. Locke piensa que fuimos "enviados a este mundo por orden [de Dios] y para cumplir su encargo" (2T 6). El designio de Dios nos ha dado el derecho de "hacer uso de aquellas cosas que eran necesarias o útiles para su Ser". Dios nos implantó el fuerte deseo de autoconservación y "amuebló" el mundo con cosas "adecuadas" y "útiles" para nuestra subsistencia, como medios para nuestra conservación a la que nos dirigen nuestros sentidos y nuestra razón, por designio de Dios (1T 86).

[8] Como ha argumentado Waldron de forma contundente, Locke también mantiene esta posición sobre la igualdad por motivos estrictamente teológicos. Respecto a la opinión de Locke sobre la igualdad, véase 2T 4 y 123. Véase también Waldron 2002, 6.

par. Así que, a diferencia del egoísmo de Hobbes, que en palabras de Waldron

> trata la supervivencia de P como una fuente *sui generis* de normatividad para P, algo que es normativamente opaco para Q, y trata el interés de Q como una fuente *sui generis* de normatividad para Q, que es normativamente opaco para P

Locke reconoce que la fuente de normatividad de la autoconservación en mi caso, tu caso y todos los casos es la misma (Waldron 2002, 157–8).[9] Este aspecto clave parece plausible, incluso si rechazamos la justificación religiosa específica de Locke del derecho a la autoconservación.

a combinación de los puntos sobre la autoconservación con la afirmación de la igualdad fundamental proporciona a Locke un esquema normativo básico. Todos tienen derecho a la autoconservación y, debido a la fuente idéntica de normatividad para todos en lo que respecta a los derechos de autoconservación, *ceteris paribus* (es decir, cuando la "propia preservación no se amenazada") todos están obligados a preservar "el resto de la humanidad" (2T 6). Sreenivasan interpreta esto distinguiendo entre el "derecho natural a la preservación" de todos y su derecho natural "a preservarse a sí mismos", que difieren con respecto a los deberes correspondientes que imponen a los demás:

> En el primer caso, los demás tienen el deber de abstenerse de poner en peligro directamente la vida del titular de los derechos; en el segundo caso, los demás tienen el deber de abstenerse de impedir que el titular de los derechos se preserve activamente (Sreenivasan 1995, 24).

La forma en que ejercemos y damos sentido a esos derechos es utilizando los recursos naturales. Éstos son los *medios* para nuestra autoconservación. Así pues, el derecho de autoconservación se refiere, en última instancia, a la *porción* de los medios necesarios para la autoconservación que a uno le corresponde. Es un derecho de acceso a tales recursos, sin que se no niegue dicho acceso o se nos imponga una carga indebida, lo que será clave para pensar en las porciones

---

9 Esto no significa que la apropiación preinstitucional de recursos tenga que ser estrictamente igualitaria. De hecho, parte del objetivo mismo del *Segundo Tratado* es justificar una distribución "desproporcionada y desigual". Sin embargo, sí proporciona la base para limitar la posible apropiación de recursos. Véase 2T 50 y Waldron (2002, 152).

distributivas preinstitucionales de recursos (Sreenivasan 1995, 43). Dados tales derechos, Locke piensa que debe haber formas legítimas para que los individuos se apropien de los recursos sin dueño previo para su uso y beneficio privados legítimos sin requerir, por ejemplo, el consentimiento de todos o la aprobación de algún cuerpo político (2T 26).[10] Famosamente, Locke dirige su atención al trabajo, que en general es necesario para obtener el valor de los recursos de la Tierra.[11] Como dice Waldron, para Locke, el significado de nuestro trabajo es que, dada la teleología de los recursos descrita anteriormente, es "el modo apropiado de nuestra participación en la creación y sustento de nuestro ser" (Waldron 2002, 164). O, como dice Sreenivasan, "la propiedad del producto del trabajo puede verse como la actualización de un derecho previo a los medios de autoconservación" (Sreenivasan 1995, 41). Dentro del resto del marco hasta ahora, Locke está en condiciones de mostrar las limitaciones de la apropiación legítima de recursos por medio del trabajo, las cuales operan pre y postinstitucionalmente. Éstas adoptan la forma de las así llamadas limitaciones del desperdicio y suficiencia de Locke y su doctrina de la caridad.

La limitación del desperdicio proviene de la afirmación de Locke de que "Dios no creó ninguna cosa para que el hombre la dejara echarse a perder o para destruirla" (2T 31). Waldron cree que esto se entiende de mejor manera como una forma de condenar las adquisiciones que "perecen inútilmente" en la posesión del adquisidor. Como Waldron dice,

> Que a *todos* se les niegue el uso de ellos [los bienes echados a perder] por alguien que no los usa él mismo, o que no se propone darles un uso humano, es una afrenta directa a la relación teleológica en la que cada uno de nosotros se encuentra con la abundancia proveída por Dios (Waldron 2002, 170).

Precisamente qué tanto esta norma limita la apropiación individual de recursos o sirve para condenar la desigualdad depende de cierta interpretación. Dada la aparición del dinero y las economías de mercado,

---

10 Sreenivasan llama a esto el "problema del consentimiento" y considera que es la tarea central a resolver de Locke.
11 No puedo resolver las controversias sobre por qué exactamente el trabajo confiere propiedad aquí. Véase, por ejemplo, Sreenivasan (1995, cap. 3), y Nozick (1974, 174).

uno puede acumular tierra y apropiarse de recursos en cantidades mucho mayores de las que se pueden destinar directamente al uso personal, a cambio de dinero, que no se "echa a perder" en el sentido tradicional, como un almacén de cosechas perecederas (2T 46). Así que para que la limitación del desperdicio sirva para condenar el exceso de apropiación y la desigualdad en las economías modernas, el exceso de dinero debe poder entenderse como que se "echa a perder" en el sentido normativamente relevante. La interpretación de Waldron permite esto, aunque hasta qué punto consideraría que la riqueza almacenada se está echando a perder es incierto.[12]

La limitación de la suficiencia parte de la afirmación de Locke de que la apropiación de recursos es legítima "al menos cuando queden todavía suficientes bienes comunes para los demás" (2T 27). Waldron entiende esto como una condición suficiente, más que necesaria, para la legitimidad de la apropiación de recursos,

> destacando el punto de que ciertamente no hay ninguna dificultad con la adquisición unilateral... en circunstancias de abundancia, pero dejando abierta la posibilidad de que se tenga que encontrar alguna otra base para regular la adquisición en circunstancias de escasez (Waldron 2002, 172).[13]

En circunstancias de abundancia, en lo que respecta a los derechos de los demás, el uso que uno hace de un bien básicamente equivale a no tomar nada de los recursos sin dueño y, por lo tanto, puede utilizarse legítimamente sin el consentimiento de los demás (Sreenivasan 1995, 48). Cuando los recursos se vuelven más escasos, la posibilidad de

---

12 También vale la pena reflexionar sobre la fuerza normativa subyacente que impulsa la insistencia de Locke con respecto al uso productivo de los recursos naturales. En un mundo bajo la amenaza constante de la sobreexplotación, o reconociendo los reclamos morales de los animales no humanos, una recomendación importante podría ser precisamente no utilizar los recursos para fines humanos, o al menos cambiar nuestra interpretación de lo que cuenta como un uso "productivo" (por ejemplo, la conservación, etc.). Aun así, la naturaleza comparativa del uso/mal uso/desperdicio a la que Locke dirige nuestra atención es instructiva, incluso si con qué se llenan esas categorías requiere cierta reinterpretación. Agradezco a un dictaminador anónimo por dirigir mi atención a esto.

13 En condiciones de escasez, en las que no se pueden satisfacer los derechos de autoconservación de todos, ciertamente no puede darse el caso de que ningún uso sea legítimo, que es una de las razones por las que Waldron no quiere interpretar la condición como una condición necesaria para el uso legítimo.

perjudicar los derechos de los demás, en particular los derechos a los medios de autoconservación, se hace más patente, al igual que las vías para quejarse sobre la legitimidad del uso (Waldron 2002, 172). La apropiación de recursos viola el derecho a los medios de autoconservación cuando su uso no está al servicio de la propia autoconservación y cuando dichos recursos podrían ser utilizados por otros cuya autoconservación está amenazada (Sreenivasan 1995, 49). Por lo tanto, la limitación de la suficiencia funciona para "asegurar que las precondiciones materiales del derecho de todos a los medios de preservación se mantengan firmemente en su lugar" (Sreenivasan 1995, 49). El uso que hace Sreenivasan de expresiones como "asegurar" y "firmemente en su lugar" es digno de mención, ya que subraya el énfasis en las nociones de *estabilidad* y *seguridad* de la autoconservación implicadas por la perspectiva.[14] Más que la mera autoconservación, el derecho con el que Locke está lidiando apunta a la protección frente a las constantes amenazas a la supervivencia, donde las condiciones para la autopreservación podrían ser socavadas en cualquier momento por poderes significativos y arbitrarios.[15]

La última norma que Locke emplea para restringir la apropiación de recursos mediante el trabajo opera a través de su concepción de la caridad. Ésta es, sin embargo, muy diferente a las perspectivas contemporáneas, que conciben la caridad como supererogatoria o quizás como un deber sin un derecho correspondiente. En su lugar, aunque la llamamos una perspectiva de la "caridad", la perspectiva de Locke se entiende como un componente de una teoría de la justicia distributiva. Como dice Waldron, esta perspectiva

> requiere que los propietarios en toda economía cedan el control de algunas de sus posesiones excedentes, para que puedan ser usadas para satisfacer las necesidades apremiantes de los más pobres, cuando éstos no tienen forma de sobrevivir de otra manera (Waldron 2002, 177).

---

14 Tales valores son importantes, por ejemplo, para justificar el paso del estado de naturaleza a la sociedad civil regida por el imperio de la ley (2T caps. 1–4) y para motivar su respuesta a Hobbes, donde argumenta de forma evocadora que aceptar un Leviatán hobbesiano no proporcionaría el tipo adecuado de protección estable y segura contra las amenazas conocidas (2T 93).

15 Esta perspectiva coincide con la literatura contemporánea sobre derechos humanos, por ejemplo, Shue (1996, 29), Beitz, (2009, 109), y Nickel (2007, 55–6, 76–7).

Locke dice que esos individuos necesitados tienen "un derecho" y "un título" sobre esos excedentes, que "no se les puede negar" (1T 42). Está mal que los individuos retengan esos excedentes y no puede decirse que estén ejerciendo sus derechos de propiedad. Waldron incluso argumenta que Locke pensaba que esta forma de caridad podía ser impuesta por un Estado y que ni los ricos ni la sociedad civil podían interponerse y resistir los esfuerzos de los pobres por apoderarse de tales excedentes (Waldron 2002, 182, 185).[16] Sin embargo, la cualificación de no tener otros medios de supervivencia es importante, porque aplica sólo a los que no pueden subsistir mediante su propio trabajo y revela que la forma general de aliviar la pobreza implica reestructurar la economía para asegurar un empleo significativo para todos los que puedan (Sreenivasan 1995, 42–3).

Éste es, a grandes rasgos, el modelo lockeano de apropiación preinstitucional de recursos. Por supuesto, la concepción de Locke depende en gran medida de premisas teológicas, por lo que podríamos ser escépticos en cuanto a su utilidad en nuestro contexto actual en relación con el cambio climático y la EAC. Sigo a Sreenivasan al pensar que, a pesar de ello, "la adopción de una perspectiva secular no disminuye en absoluto la relevancia contemporánea del argumento lockeano de la propiedad privada» (Sreenivasan 1995, 6). Esto es esencialmente verdad porque podemos entender secularmente la igualdad moral fundamental entre las personas y a los derechos básicos de autoconservación del tipo empleado por el modelo lockeano, los cuales tienen implicaciones para las porciones distributivas preinstitucionales legítimas y la apropiación de recursos, y podemos hacerlo sin requerir la teleología religiosa de los recursos.

Sin embargo, antes de vincular más cabalmente el modelo lockeano (y sus diversos recursos) con el cambio climático y el uso preinstitucional de la EAC, en la siguiente sección presento el modelo kantiano de apropiación preinstitucional de recursos.

---

16 Waldron (2002, 186) lo expresa muy bien cuando dice que la posibilidad de morir de hambre "hace cortocircuito" con los reclamos sobre la legitimidad de la apropiación de recursos sin consentimiento.

3. El modelo kantiano de normas de apropiación preinstitucional de recursos

Tenemos, en la tradición lockeana, una perspectiva en la que las porciones distributivas preinstitucionales y las normas relativas a la apropiación de los recursos sin dueño son determinadas y normativamente autoritativas a la luz de nuestra igualdad moral y de nuestros derechos de autoconservación. En esta sección, examino un segundo modelo para entender estas normas, inspirado en la tradición kantiana, que toma la igualdad moral y los derechos a la libertad como mecanismos fundacionales—de nuevo con la vista puesta en la extracción de recursos plausibles para una concepción preliminar de la apropiación y de las porciones distributivas justas de EAC—.[17]

Para empezar, la perspectiva de Kant comienza con el derecho básico de libertad de todos, que proporciona la distinción central con respecto al enfoque lockeano detallado anteriormente. Este derecho se interpreta a menudo, en su raíz, como la independencia de ser limitado por la elección de otro (Kant 2010, GW 4:446-7). Como se ha dicho, esto es demasiado amplio para ser significativo. Dado que los derechos a la libertad son recíprocos y, por necesidad, mutuamente poseídos por todos, podemos, de hecho, estar limitados por las elecciones de otros (Kant 2008, MM 6:238).[18] Como dice Tom Hill, los derechos a

---

17 Debo señalar aquí que, en defensa de su versión de anarquismo filosófico y crítica a la posibilidad de la autoridad estatal, la interpretación heterodoxa de A. John Simmons de la posición lockeana se acerca más a la posición kantiana al ampliar las normas fundacionales más allá de la autoconservación a la libertad y el autogobierno que requieren una porción justa tan grande y buena como pueda ser simultáneamente poseída por otros. Véanse Simmons (2001), especialmente p. 138 y (1992), especialmente pp. 274 y 281.

18 A partir de aquí me referiré a la *Fundamentación de la Metafísica de las Costumbres* (GW) y a la *Metafísica de las Costumbres* (MM) con su paginación alemana estandarizada. El derecho igual básico a la libertad de Kant pretende generar derechos a la integridad corporal, a la igualdad, así como cosas como la libertad de pensamiento y de expresión. La idea central es que sin un derecho a, por ejemplo, la integridad corporal, no podríamos ejercer nuestro derecho a la libertad, sin estar limitados por la elección de otro; estaríamos atados a ellos. La libertad de pensamiento y de expresión, por otra parte, se desprenden de esto porque Kant piensa que, a diferencia de la fuerza física, podemos pensar o decir cualquier cosa, aunque sea falsa, sin afectar los derechos de los demás, ni obstaculizar su libertad, ya que son libres de creer o no creer nuestras afirmaciones. Por supuesto, mentir sería moralmente incorrecto para Kant, pero no forma parte propiamente de la

la libertad están limitados por "los principios de justicia, de no daño, de contrato y de responsabilidad hacia los demás" (Hill 1991, 48). El derecho básico a la libertad pretende proteger, como dice Hill, "ciertas decisiones que afectan profundamente la propia vida de una persona, siempre y cuando sean consistentes con otros principios morales básicos, incluido el reconocimiento de libertades comparables para los demás" (Hill 1991, 48). El importante valor moral de dicha protección recae en poder perseguir una serie de deseos, intereses y proyectos de una manera que puede entenderse como que nosotros hacemos nuestra propia vida (Herman 1993, 178). Tener esa protección es poder vivir una vida moderadamente autodeterminada con su propia forma que no está sujeta a la dominación de otros. Para el resto de este capítulo, consideraré que el aspecto clave de este derecho básico a la libertad recae en su compromiso y garantía de lo que llamaré una cierta *esfera umbral de agencia efectiva*.[19]

Para ser realmente libres en este sentido, debemos actuar y perseguir fines en el mundo. Necesitamos medios físicos para llevar a cabo nuestros proyectos. Necesitamos una esfera de libertad, manifestada en objetos externos, que esté normativamente (y empíricamente) protegida de las interferencias de otros. Pero a diferencia, por ejemplo, del derecho a la integridad corporal, no podemos limitarnos a señalar nuestros cuerpos para explicar intuitivamente qué es lo que otros no pueden invadir. La agencia significativa y efectiva en el mundo requiere cosas externas a nosotros para usarlas, que necesitan ser adquiridas (MM 6:248).[20] Eventualmente, Kant piensa que esto requerirá al Estado, que es en cierto modo la razón central por la que argumenta que necesitamos abandonar el estado de naturaleza y por la que, si tuviera más espacio, yo también argumentaría que tenemos deberes de participar en la creación de instituciones de justicia climática.[21]

Doctrina del Derecho. La teoría moderna de los actos de habla y el entorno actual de los medios digitales podrían, por supuesto, ejercer cierta presión sobre Kant aquí.

19   Esto parte de la concepción de James Griffin (2008) de la justificación de los derechos humanos, véase especialmente pp. 33–6.

20   Kant también genera aquí derechos y reclamos de contratos y estatus basados en roles.

21   Esto es lo que lleva a Kant a decir cosas como "la doctrina del derecho quiere determinar a cada uno lo *suyo* (con precisión matemática)", lo que requiere la existencia de instituciones justas (MM, 6:233). Como bien dice Anna Stilz, "cualquier sistema de propiedad requerirá la existencia de un conjunto de reglas

Pero antes de eso, Kant piensa que cuando combinamos nuestro derecho a la libertad como agencia efectiva con la afirmación de que es necesario utilizar objetos externos para hacer que esa libertad sea significativa, se pueden generar una serie de derechos derivados. Kant denomina a estos derechos derivados derechos a la "posesión empírica" y a la "posesión inteligible".

Los primeros (derechos a la "posesión empírica") son el tipo de derechos que nos permiten condenar a alguien por quitarme la manzana que tengo en la mano justo antes de morderla o la camisa de mi espalda. En los casos en los que estamos literalmente en posesión física de algún objeto, Kant piensa que podemos entender el reclamo de que otros no nos lo quiten más o menos de la misma manera que cuando señalamos nuestros cuerpos y hacemos reclamos a otros para que no los violenten.

Pero el simple derecho a la "posesión empírica" no es, obviamente, suficiente para asegurar nuestra libertad efectiva agencial. Necesitamos algo más que la mera protección contra la violación de los objetos que actualmente poseemos. Necesitamos alguna garantía, para perseguir la mayoría de nuestros fines, de que cuando dejamos nuestras cosas su estatus normativo sigue siendo parte de nuestra esfera legítima que otros no pueden invadir. Por ello, Kant introduce otro tipo de derecho que cree que tenemos: los derechos de "posesión inteligible". Éstos son los tipos de derechos que nos permiten condenar a alguien por tomar la manzana que iba a comer mientras me alejo para ir al baño, o por tomar mi camisa de mi cesto de ropa sucia. Reconocer los derechos sobre esas cosas es enormemente importante para asegurar una esfera de agencia efectiva. Dado que el uso unilateral de recursos sin dueño los saca del acervo común y, por lo tanto, los vuelve indisponibles para los demás (tanto en el sentido empírico de que no pueden hacer uso de ellos como en el

---

que es complejo y hasta cierto punto convencional: reglas sobre qué tipo de cosas son elegibles para ser tenidas como propiedad privada, cuáles son precisamente las condiciones que definen el intercambio voluntario, qué constituye un acuerdo explotador, cuáles son las condiciones de los derechos conyugales o parentales públicamente reconocidos, y cómo distribuir las oportunidades, la educación y los ingresos. Las condiciones que especifican este tipo de derechos serían imprecisas y difíciles de juzgar en un estado de naturaleza" (2009, 40). Estoy de acuerdo en que el cumplimiento de este estándar requiere la existencia de instituciones justas, pero eso no significa que preinstitucionalmente estemos totalmente a oscuras. La falta de determinación perfecta y de autoridad normativa no significa que no haya determinación ni autoridad.

sentido normativo de que tendrían una nueva obligación de respetar mi adquisición), cualquier posesión inteligible limita potencialmente la libertad de los demás.

Kant explica esto considerando las condiciones de la apropiación de recursos, afirmando que "sólo en conformidad con la idea de un estado civil, es decir, con respecto a él y a su establecimiento, pero antes de la realidad del mismo [...], puede algo exterior ser adquirido *originariamente*" (MM 6:264). Algunos intentos de usar las cosas, o de reclamar alguna porción distributiva preinstitucional, van a ser descartados por esto, porque no podrían razonablemente ser ratificados por instituciones a medida que nos acercamos a un "estado civil". Es decir, algunos esquemas distributivos obviamente violan una noción de igual libertad y de protección mutua de las esferas de agencia efectiva, y con ello violan las nociones de equidad y de justificación mutua. Anna Stilz ofrece una interpretación útil de lo que esto supone para Kant:

> Para que mi posesión de este objeto o terreno particular genuinamente imponga a los demás la obligación de reconocerla y respetarla, tiene que ser algo con lo que ellos podrían estar de acuerdo, considerados como individuos libres e independientes que también tienen un interés similar en tener propiedad. Y para que puedan estar de acuerdo, mis posesiones no pueden infringir su derecho humano a la independencia, porque si un régimen de propiedad externa pusiera en peligro este derecho, entonces su consentimiento hipotético sería imposible de obtener. Esto significa dos cosas: en primer lugar, que mi propiedad se extiende legítimamente sólo a una "porción justa", que sea consistente con el ejercicio de un derecho similar por parte de los demás. En segundo lugar, que estoy obligado recíprocamente a reconocer la propiedad de los demás una vez que me he apropiado de la mía, pues de lo contrario los dominaría obligándolos a reconocer un derecho en mí que yo no estoy dispuesta a conceder a los demás. Mis derechos de propiedad, en resumen, deben ser justificables para con los demás como personas libres e independientes si van a imponer obligaciones válidas (Stilz 2009, 43–4).

Estas condiciones son especialmente importantes porque Kant piensa que los derechos de propiedad vienen acompañados de un derecho a usar, individualmente, coerción contra la interferencia para proteger dicha propiedad en defensa de nuestra libertad externa (MM 6:233).[22] Reclamar

---

22 Kant dice que "si un determinado uso de la libertad misma es un obstáculo a la libertad según leyes universales [...], entonces la coacción que se le opone, en tanto

una determinada autoridad para utilizar recursos preinstitucionales (con la obligación de que otros no interfieran y el derecho a defenderse de tales interferencias) sin reconocer recíprocamente los derechos de uso de los demás limitando el propio uso es una forma de dominación. Es una forma de no respetar los derechos de libertad como agencia efectiva de los demás.

4. Locke, Kant y EAC

Hemos visto dos modelos distintos para iniciar la reflexión sobre las porciones distributivas preinstitucionales y sus normas asociadas (derechos, permisos, límites, etc.) con respecto al uso preinstitucional de los recursos sin dueño por un individuo. Ambos apelan a normas de igualdad para generar su esquema, pero mientras que la imagen lockeana empareja la igualdad con los derechos a lo que es necesario para la autoconservación segura y estable, la imagen kantiana combina la igualdad con lo que es necesario para asegurar los derechos a la libertad significativa, interpretada como una esfera de agencia efectiva. Cada modelo es una perspectiva general sobre los recursos, pero dada la estructura y función particular que la EAC desempeña, en tanto que nuestro recurso de interés en el contexto del cambio climático, cada perspectiva tiene implicaciones plausibles que indican la existencia de un núcleo determinado de restricciones preinstitucionales sobre el uso de la EAC como un mínimo moral. Partiendo de las implicaciones de las perspectivas lockeana y kantiana, sostengo que, dado que cualquiera de las dos perspectivas es más plausible como un mínimo moral que las alternativas que son totalmente escépticas acerca de la existencia de tales deberes, puesto que los derechos fundamentales que rastrean son muy plausibles, tenemos un argumento disyuntivo a favor de las porciones distributivas preinstitucionales que respetan esos derechos y, por lo tanto, a favor de la existencia de deberes preinstitucionales de restringir el uso de EAC. Como tal, considero que la controversia teórica más importante es determinar si el mínimo moral se encuentra donde lo situaría la perspectiva lockeana o donde lo situaría la kantiana, y lo que eso implica, dado que algunos individuos se encuentran por

---

que *obstáculo* [...] es conforme al derecho" (MM 6:231).

debajo de ese derecho mínimo, para establecer qué tan exigentes son esos deberes. La imagen kantiana parece presuponer los requisitos para la autoconservación segura y estable, pero podría extenderse significativamente dependiendo de cuánto requiera la agencia efectiva kantiana con respecto a los bienes materiales. Desde cierto ángulo, puede parecer que la imagen kantiana es más exigente porque requiere que se deba a los demás un estándar más alto. Desde otro ángulo, sin embargo, también tiene el potencial de proteger más nuestro uso de recursos. Al final, espero mostrar que, en nuestro contexto empírico con respecto al cambio climático, estas diferencias no suponen gran cosa.

4.1 Implicaciones de la concepción lockeana

Recordemos que para Locke sólo se tiene licencia para apropiarse de los recursos excedentes cuando se cumplen ciertas condiciones. Si esas condiciones no se cumplen, entonces la apropiación de recursos no está autorizada porque constituye una violación de un deber negativo que se debe a otros contra la interferencia en sus derechos. En particular, la perspectiva lockeana impone restricciones a la apropiación de recursos excedentes cuando dicho uso compite con la autoconservación segura y estable de los demás. Mientras los demás estén seguros en sus capacidades de autoconservación, la perspectiva lockeana, en tanto que una concepción de la justicia y de las porciones distributivas preinstitucionales, puede tolerar desigualdades significativas. Sin embargo, en cuanto las desigualdades sitúan a unos por encima y a otros por debajo de un umbral de autoconservación segura, en donde el excedente compite con la privación, los mecanismos normativos de la perspectiva lockeana entran en funcionamiento.

Locke mismo, apropiadamente situado en su época, se preocupaba en gran medida por la tierra como recurso. Poseer y trabajar la tierra era la forma por excelencia de asegurar la autoconservación. El mundo moderno es muy diferente del mundo de Locke. Poseer y trabajar la tierra no es la forma generalizada de asegurar la autoconservación. Y, sin embargo, la teoría de Locke está construida en torno a una norma básica que le permite tener implicaciones a través de circunstancias empíricas maleables. En el mundo moderno, el uso de EAC funciona de forma similar a la propiedad de la tierra en la época de Locke. El uso de EAC es la forma por excelencia de asegurar las condiciones para la autoconservación. Esto no es un hecho necesario (de hecho, ¡ojalá no lo sea!). Las condiciones para la autoconservación pueden mejorarse sin EAC (por ejemplo, con el acceso a energías limpias). Y un mayor acceso a la EAC no mejora automáticamente las condiciones de autoconservación (similar, en ese sentido, a la propiedad de la tierra para Locke, cuyo valor para la autoconservación también depende de otras cosas). Aunque siempre emitiremos algunos gases de efecto invernadero (aunque sólo sea por respirar), no tenemos por qué estructurar nuestras formas de vida, instituciones y medios de asegurar la autoconservación (entre otras cosas) en torno a ello. Éste es el objetivo de la descarbonización radical. El objetivo, de hecho, es llegar a un punto en el que esas emisiones de GEI de bajo nivel no cuenten realmente, en ningún sentido significativo, como uso de EAC en lo absoluto porque la EAC se especifica funcionalmente como un recurso "escaso". Una vez que tengamos un espacio operativo lo suficientemente seguro, aunque sigue siendo biofísicamente cierto que hay una cantidad discreta de GEI que podría emitirse antes de aumentar las temperaturas, por ejemplo, 2°C, la EAC *pierde su condición de recurso normativamente significativo para su apropiación y distribución*. Dicho esto, aunque sea intercambiable y no intrínsecamente valiosa (es, más bien, valiosa como medio para lo que nos permite hacer y ser), eso no reduce su valor en un contexto determinado, contingentemente, para proteger nuestras necesidades más básicas (de energía, pero también ligadas a todo desde el agua potable, la comida, la ropa, el refugio, la atención médica, etc.). Empíricamente, en el mundo real tal y como es ahora, una autoconservación segura está estrechamente asociada al uso de la EAC y los usos alternativos de la EAC (o las distribuciones alternativas de los beneficios de la EAC) compiten con lo que podría conducir a asegurar la autoconservación.

Hay cientos de millones, si no es que miles de millones, de personas que carecen de las condiciones para la autoconservación segura, lo que podría aliviarse con un mayor acceso al uso de EAC. Muchos otros utilizan la EAC para mucho más que la autoconservación. Además, sabemos que existe una restricción global muy ajustada sobre el uso de EAC en general. Y, por último, sabemos que, dado que la EAC es un recurso global escaso común, a diferencia de muchos otros recursos, su uso en un lugar compite con el de todo el mundo (y muchos de aquellos en el futuro). Mi emisión de GEI no impide que otros emitan GEI, pero mi uso del presupuesto limitado y funcionalmente especificado de EAC, en tanto que recurso escaso, sí compite con el uso de otros del presupuesto de EAC. En conjunto, estos elementos indican que es improbable que se cumplan las condiciones que permiten a uno a utilizar el excedente de EAC, lo que a su vez recomienda restricciones preinstitucionales al uso de EAC para el lockeano moderno.

A primera vista, podría pensarse que en tales circunstancias de escasez la perspectiva lockeana apunta a una restricción de los derechos de uso de la EAC más allá de la propia autoconservación, hasta que la autoconservación de los demás esté asegurada. Lo contrario se consideraría una violación del deber negativo de no interferir en la autoconservación de los demás. Ésta sería una implicación particularmente exigente, y aunque ciertamente satisfaría las condiciones lockeanas y evitaría la mala conducta, la perspectiva completa es algo más complicada.

Cuando Locke hablaba de la tierra, se cuidaba de dejar claro que el cumplimiento de las condiciones para el uso autorizado no significaba necesariamente que el uso de la tierra fuera ilegítimo a menos que todos tuvieran una parcela que pudieran trabajar para su autoconservación (Sreenivasan, 1995, p. 39). La posición de Locke no era un derecho de cada uno a usar y poseer la tierra *per se*. Un individuo podría haber usado y poseído porciones masivas de tierra, haber empleado a gente en ella con un salario digno, y no haber amenazado por ello sus derechos a las condiciones estables para su autoconservación, aunque se les impidiera *poseer* una parte de la tierra (Sreenivasan 1995, 51).[23]

Llevando esa lección al contexto moderno, la posición lockeana no debe entenderse como un derecho o una restricción al uso de EAC *per se*, y puede asumir las lecciones de la eficiencia de Pareto. Al igual que la persona que utilizaba extensiones de tierra desproporcionadamente grandes, impidiendo así que otros las poseyeran, pero que empleaba a otros en ellas con un salario digno, es posible que el uso masivo de EAC por parte de un individuo pudiera apoyar o expandir la autoconservación segura de otros a los que se les impidiera utilizar la EAC por sí mismos. La norma operativa fundamental para el lockeano

---

23 Esto significa, según Sreenivasan, que la tierra debe ser capaz de mantener al menos a tanta gente como si se dejara sin usar (1995, 55).

es la autoconservación segura y estable, y la distribución real del uso de EAC es meramente un medio importante para realizar esa norma. Las desigualdades en el uso de EAC sólo se vuelven problemáticas cuando socavan esa norma.[24]

Sin embargo, esto no debería reconfortar el statu quo porque la mayoría de nosotros ha socavado claramente esa norma. Lo que nos dicen los párrafos anteriores es que mientras algunos no estén seguros en su autoconservación *hay que ya sea restringir el uso de EAC a sólo lo que apoya la autoconservación segura de uno mismo o utilizar cualquier EAC más allá de eso para apoyar la autoconservación de tantos individuos como podría haber apoyado si se les dejara esa EAC*.[25] Está claro que nuestras condiciones son tales que algunos no están seguros con respecto a su autoconservación. Aunque es difícil hacer afirmaciones generales sobre lo que se requiere exactamente para una autoconservación segura y estable, si nos fijamos en cualquier medida plausible de desarrollo o en el tipo de cosas que podríamos investigar para evaluar cómo las normas de autoconservación segura se comparan entre sí, cientos de millones, si no es que miles de millones de personas en todo el mundo probablemente se encuentran por debajo de ese umbral. Casi 750 millones de personas viven en la pobreza extrema con menos de 1.90 dólares al día, cientos de millones más viven con menos de 3.10 dólares al día (Banco Mundial 2016). En 2018, unos 2,000 millones de personas experimentaron niveles moderados o graves de inseguridad alimentaria (ONU FAO 2019). Alrededor de mil millones de personas carecen de acceso a la electricidad y 3 mil millones están expuestas a niveles

---

24 Ésta es esencialmente la lección de los debates más recientes entre las perspectivas de las capacidades y recursistas de la justicia en general, simplemente con diferentes normas objetivo (autoconservación vs. capacidades agenciales efectivas). La distribución igualitaria de los recursos puede suponer una carga injusta para aquellos que necesitan más recursos para alcanzar las mismas capacidades. Véase, por ejemplo, Anderson (1999). En la literatura climática en concreto, véase el trabajo de Eric Neumayer (2004) sobre cómo cuestiones tan simples como la geografía pueden afectar las necesidades de emisiones.

25 Esto no restringe la riqueza acumulada fuera de la economía de uso de la EAC (a través de energías renovables o si se compensa con sumideros de carbono), lo que no violaría el deber lockeano de no interferencia en los medios de subsistencia. Pero dentro de la economía de uso de la EAC, esto probablemente se reduce a solamente tener derecho a retener el beneficio de, dadas las estimaciones de población y las restricciones del presupuesto total de uso de la EAC, unas pocas toneladas métricas de CO_2 por persona al año cuanto mucho, contrario a las aproximadamente 17 toneladas de CO_2 para el estadounidense medio.

peligrosos de contaminación por falta de acceso a soluciones limpias para cocinar (ONU, 2020) y 400 millones carecen de acceso a servicios vitales de salud (OMS 2015).

Está igualmente claro que la mayoría de los ricos del mundo no cumplen ninguno de las dos disyuntos que harían permisible su uso de EAC para los lockeanos en un contexto en el que los demás no están seguros con respecto a su autoconservación. Aunque hay posibles excepciones (tal vez reales), la inmensa mayoría de dichos individuos utilizan más EAC de lo que promueve su autoconservación segura. Pero también es improbable que puedan alegar de forma plausible que el *beneficio* de su uso de EAC por encima de ese umbral se distribuye de forma justificada para apoyar la autoconservación de otros a los que se les impide usar la EAC (a diferencia del empleador terrateniente).[26] Y por ello, la perspectiva lockeana, que se ocupa de los derechos iguales fundamentales preinstitucionales a la autoconservación para explicar una imagen preliminar de las porciones distributivas justas preinstitucionales, habla con fuerza, condenando la mayor parte de nuestro uso de EAC como ilícito y violatorio de los derechos de quienes están por debajo del umbral de autoconservación.

Vale la pena aclarar la naturaleza de esta violación de derechos propuesta. Recordemos, volviendo a Sreenivasan, que la perspectiva lockeana distingue entre dos aspectos del derecho a la autoconservación. El primero implica deberes en contra de amenazar directamente la vida del titular de los derechos. Se podría intentar argumentar que nuestras emisiones de GEI violan este tipo de deber. Por razones que no puedo abordar aquí, me preocupa que ésta sea una batalla cuesta arriba. Sin embargo, al dividir el derecho a la autoconservación, el lockeano tiene otro mecanismo basado en los derechos y orientado a la justicia distributiva para condenar el exceso de apropiación como algo malo. El segundo derecho asociado (el de "preservarse a uno mismo") implica el deber de abstenerse de impedir que el titular del derecho se preserve activamente. Y es este derecho, en el contexto de la distribución justa

---

26 Aunque no tengo tiempo para una discusión detallada sobre las posibles excepciones, vale la pena pensar sobre qué haría falta para ser una excepción tal con el fin de comprender el perfil completo del deber y las opciones de cada uno (por ejemplo, ¿cuál es la carga de la prueba para intentar tomar el segundo disyunto y compartir el beneficio? ¿Qué límites puede haber con base en otras normas sobre el poder y la dominación, como la disrupción de la igualdad política, etc.?)

de derechos a la apropiación de una EAC escasa que muchos millones podrían (y de hecho lo harían si se les diera la oportunidad) utilizar activamente como medio para preservarse, lo que la apropiación del excedente de EAC infringe.[27]

Antes de discutir la concepción kantiana y comparar ambas, los elementos anteriores de la perspectiva lockeana permiten evitar una posible inquietud que se ha planteado a otros, como Peter Singer, por centrarse demasiado en las emisiones de GEI directamente y no reconocer que la justicia distributiva tiene lugar en un contexto más amplio.[28] La perspectiva lockeana, tal y como la he presentado, amplía nuestra visión más allá de la atención exclusiva y aislada a los GEI (o la EAC, por así decirlo) para enfocarse en un conjunto completo de aquellos recursos necesarios para apoyar la autoconservación segura. Dicha perspectiva es sensible a la contingencia histórica y a la variación empírica dependiendo de las amenazas inminentes y de los recursos disponibles. Sin embargo, esas contingencias son precisamente las que nos permiten afirmar que, hasta que se produzca algún cambio radical en el contexto empírico, como una innovación tecnológica masiva o un cambio demográfico radical, la EAC tiene algo único a escala global, lo cual exige que nos preocupemos, desde la perspectiva de los principios de apropiación y justicia distributiva, por el uso excesivo de un *recurso global escaso, valioso, rival y no excluible que nadie posee*, y por cómo interactúa con el acceso básico a la autoconservación segura y estable. A diferencia de la distribución de manzanas, que pueden ser explotadas y simplemente desaparecer para su uso y beneficio futuros y luego ser sustituidas por peras o naranjas, la EAC es un recurso que, cuando se sobreexplota a escala, no sólo desaparece para su uso y beneficio

---

27 La concepción lockeana, con su derecho y normas centrales para la apropiación permisible, nos exhorta a evaluar el estado de nuestra apropiación con el contrafáctico de qué *podría* hacerse con cualquier excedente (no simplemente lo que pasaría si no nos apropiáramos de un recurso en exceso), ya sea facilitando el acceso directo a los recursos o compartiendo sus beneficios con aquellos que están por debajo del umbral de autoconservación segura y estable. Y esto es verdad cualquiera que sea la causa de la privación de las personas por debajo del umbral, ya sea la falta de acceso directo a los recursos, la explotación neoliberal, una discapacidad, desastres naturales, etc., cualquiera de las cuales puede indicar algo sobre *nuestra* apropiación de excedentes (con algunas excepciones para las causas de las que las personas son personalmente responsables).

28 David Miller, por ejemplo, hace esta observación en sus Conferencias Tanner (2009, esp. pp 141–2).

futuros, sino que trae consigo un legado de disrupción climática que socava estrategias futuras de sustitución. Ésta es parte de la razón por la que el uso de EAC tiene que ser gestionado y merece su protagonismo en la teoría, incluso si la perspectiva lockeana puede y debe estar de acuerdo en que la autoconservación segura y estable tiene lugar dentro de una red más amplia de recursos.

4.2. Implicaciones de la concepción kantiana

Permítanme dar un paso atrás para discutir brevemente las implicaciones de la concepción kantiana (a la que atañen los derechos que protegen una esfera de agencia efectiva) para una concepción preinstitucional de las porciones distributivas y las restricciones de EAC.

Mientras que el modelo lockeano puede ser sensible a algunas desigualdades (la asimetría de poder que ciertas formas de desigualdad en la posesión de recursos generan puede constituir una amenaza de dominación que perturbe la seguridad y la estabilidad de la autoconservación, incluso si sus posesiones absolutas serían suficientes en ausencia de dicha dominación), es plausible que la concepción kantiana, que destaca la agencia efectiva como su derecho preinstitucional fundamental, sea menos tolerante con las desigualdades. La amenaza de dominación o disrupción de una esfera de agencia efectiva se hace presente antes que la amenaza de dominación o disrupción de una autoconservación segura y estable. Por lo tanto, mientras que la perspectiva lockeana podría ser capaz de tolerar una desigualdad preinstitucional relativamente significativa, manteniendo a todos por encima del umbral de la autoconservación segura y estable, es mucho más probable que dicha desigualdad pueda perturbar el objetivo kantiano de que haya una agencia efectiva mutuamente asequible para todos.[29]

Partiendo de ese objetivo más amplio, la perspectiva kantiana llegará a gobernar el uso de la EAC dada su estrecha asociación con—más allá de la mera supervivencia—todos los aspectos de la libertad de las personas para establecer fines y perseguir sus proyectos. Así como la perspectiva

---

[29] En parte, esto se debe a que la posición kantiana está deliberadamente limitada con la vista puesta en un "estado civil" y en lo que podría ratificarse a través de instituciones.

lockeana puede apuntar a las innumerables masas que carecen de una autoconservación segura, que se vería aliviada con un mayor acceso a la EAC, la perspectiva kantiana verá que el objetivo más amplio de la libertad mutuamente asequible, entendida como agencia efectiva, se ve claramente perturbado por las distribuciones contemporáneas de la apropiación de EAC y, en virtud de ello, algunos individuos deben haber excedido lo que justamente les corresponde.

Al igual que la perspectiva lockeana con respecto a su norma básica de autoconservación, el kantiano sitúa la justificación con respecto a su norma de libertad como agencia efectiva en un contexto más amplio que simplemente el uso de la EAC, aunque es el recurso escaso y sin dueño que desencadena las normas preinstitucionales de justicia para no alterar la igualdad de libertad. Así pues, una porción distributiva justa kantiana de recursos preinstitucionales no tiene por qué significar la máxima igualdad de derechos al uso de la EAC y puede igualmente aprender de las lecciones de la eficiencia de Pareto. Algunos pueden necesitar, por todo tipo de razones, más o menos EAC real para poder expresar efectivamente su agencia y perseguir sus proyectos. Pero, al igual que en el caso de Locke con respecto a la autoconservación, el que alguien use una porción mayor que otro debe justificarse en virtud de hacer consistente, o de no socavar, la agencia efectiva mutuamente mantenida.

Por lo tanto, cuando alguien utiliza la EAC más allá de lo sancionado para una agencia efectiva mutuamente asequible (sin compartir los beneficios para apoyar una agencia efectiva igual para los demás), ese alguien habrá violado los principios preinstitucionales de justicia que aplican directamente a los individuos y que protegen la preocupación básica preinstitucional kantiana por la libertad en tanto que agencia efectiva. Al hacerlo, y al quedar fuera de la porción distributiva justa de uno, los individuos invaden los derechos preinstitucionales de justicia distributiva de otro (o de algunos otros), lo que constituye un mal.

Para ver esto de forma más esquemática, imaginemos que el esquema distributivo kantiano reparte los derechos del presupuesto de la EAC (previo al comienzo del cambio climático peligroso) entre 100 personas. La agencia efectiva máxima mutuamente alcanzable podría significar que algunas personas obtuvieran el 1% y otras el 0.5% o el 2%. Si, con base en esto, tengo derecho normativamente hablando al 1%

del presupuesto, pero en lugar de ello tomo el 2%, estoy tomando algo más allá de mi parte justa que fue asignada a otro u otros. Por supuesto, puedo, descriptivamente, emitir más GEI, pero esto sólo implica que estoy tomando un porcentaje adicional del presupuesto de la EAC, ya sea robando a otros de una parte, o contribuyendo a exceder el presupuesto. Hacerlo excede mi derecho y, normativamente hablando, excluye a los demás de tener su porción justa.[30] *Ceteris paribus*, esto perturba la norma de igual libertad, ya que ahora me encuentro en un espacio privilegiado y excepcional, aunque no pueda saber o identificar quiénes son todos los desfavorecidos.

Para reiterar, esto no es un mal ejecutable por el brazo coercitivo de la ley todavía porque estamos operando en un contexto en el que tales instituciones aún no existen, pero puede ser apropiadamente condenable a través de otros mecanismos de rendición de cuentas (por ejemplo, actitudes reactivas), así como un objetivo apropiado de la persuasión moral, el *nudging*, la educación, etc. Además, esta forma de violación ilícita de derechos conlleva un residuo, o vínculo normativo, que la sigue hasta que las instituciones en las que la reparación de la violación podría ser legítimamente ejecutada por el brazo coercitivo de la ley (por ejemplo, a manera de un impuesto retroactivo sobre el uso/beneficio de la EAC) sean actualizadas.

Puede que no seamos capaces de determinar dónde está el umbral de agencia efectiva (y, por lo tanto, qué constituye sobrepasar e invadir los derechos de los demás) con "precisión matemática", como pretende Kant en última instancia. Seguramente hay un rango ambiguo en cuanto a lo que se requiere para que los individuos alcancen ese umbral. Por lo tanto, es mejor pensar en este tipo de porciones distributivas

---

30 Esto no quiere decir que el uso excesivo de EAC previo de alguien imposibilite automáticamente que otros tomen su porción justa porque hacerlo implicaría sobrepasar el presupuesto global. La descripción causal y moral de dicho exceso puede seguir recayendo en quien usa más de lo que justamente le corresponde, no en quien usa su porción justa que resulta ser, temporalmente, quien contribuye a sobrepasar el presupuesto global. Sin embargo, a veces la temporalidad puede importar y las emisiones excesivas de alguien podrían, en principio, significar que otros ya no pueden tomar su porción justa inicial, en tanto que pensemos no sólo en los deberes primarios, sino en los deberes secundarios y en los deberes de recuperar el terreno perdido. Parece una virtud de la perspectiva kantiana el hecho de que pueda, estructuralmente, incorporar esta posibilidad y capturar tanto tales deberes como la injusticia inherente a ellos debido al incumplimiento inicial.

preinstitucionales como prohibiciones de apropiación/beneficio de recursos como prohibiciones de usar más de lo que sería permisible en el extremo más alto de este rango.

Sin embargo, parece que incluso en su forma no matemáticamente exacta, la concepción kantiana ya es lo suficientemente determinada como para descartar definitivamente una gama bastante amplia de apropiación de recursos. Por ejemplo, es obvio que la concepción descartaría que toda la EAC fuera a parar a aquellos cuyos nombres empiezan con "H". También, de forma algo más controversial, descartaría los patrones distributivos existentes. Sencillamente, no hay forma de justificar, en consonancia con la exigencia de un umbral de agencia efectiva con respecto a los posibles usuarios de EAC, en tanto que un recurso común global sin dueño del tipo que hemos descrito, la noción de que el estadounidense medio podría utilizar más de 30 veces la EAC del bangladesí medio con desigualdades paralelas en el desarrollo humano.[31]

Desde este punto de vista, puede parecer que la concepción kantiana ofrece un conjunto más exigente de deberes para, por ejemplo, el estadounidense medio que el enfoque lockeano; las porciones distributivas y los derechos preinstitucionales que protegen una esfera de agencia efectiva son probablemente derechos más amplios que protegen la autoconservación segura y estable. Sin embargo, dado cómo se construyen ambas perspectivas, la historia no es tan sencilla.

Una forma de aclarar esto es observando las dos gráficas siguientes. Cada una de ellas representa un mundo posible diferente poblado por cuatro individuos y su apropiación de recursos. También se indica qué asignación de recursos en el mundo cumpliría tanto el umbral de subsistencia lockeano como la distribución justa kantiana.[32]

---

31 Estados Unidos tuvo un IDH de 0.920 en 2018, mientras que Bangladesh se situó en 0.614 (PNUD 2018). Mientras tanto, para el último año de datos de población y emisiones disponibles, Estados Unidos emitió aproximadamente 30,7 veces más per cápita (U.S. EIA 2017). En algunos otros países del África subsahariana (por ejemplo, Níger, República Centroafricana, Chad), esa cifra puede dispararse hasta 100, 200 o 300 veces más emisiones per cápita.

32 La representación simplifica en exceso para extraer algunas lecciones, porque en realidad los recursos necesarios para alcanzar cada umbral serán diferentes de un individuo a otro.

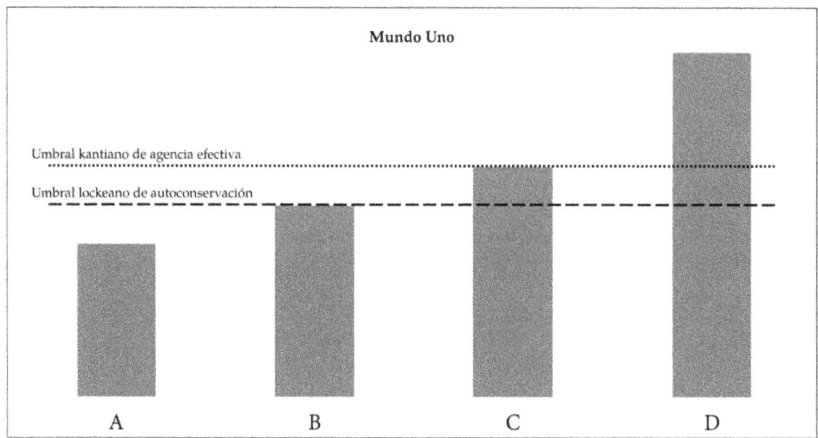

Gráfica 1. Comparación de umbrales: Mundo Uno.

En el Mundo Uno, el análisis lockeano sugeriría que tanto C como D tienen posesiones ilegítimas en virtud de la privación de A y de su excedente por encima del umbral de autoconservación segura. Para el lockeano, el hecho de que B no alcance el umbral kantiano es irrelevante para el análisis de los derechos. Pero mientras A no alcance el umbral de la autoconservación segura y estable, ya sea por la falta de acceso al uso directo de EAC o por la falta de beneficio del uso directo de otros, tanto C como D cuentan como violadores de los derechos de A y están llamados a renunciar a su uso o a compartir el beneficio del mismo. Además, el hecho de que D tiene muchas más posesiones ilegítimas y podría elevar a A hasta el umbral lockeano sin que C tenga que renunciar a nada, manteniendo aun así una ventaja general de recursos, no da derecho a C a su excedente (a pesar de que no supera lo que sería su umbral "kantiano"). Los excedentes de C están implicados porque A y B tienen derechos a la autoconservación segura y estable y en circunstancias de escasez, como las que presenta el mundo, las posesiones de C siguen siendo impedimentos próximos para que se cumplan esos derechos. Por último, si C renunciara o compartiera el beneficio de alguna EAC para elevar a A, entonces D, sin renunciar a nada y manteniendo ventajas significativas en cuanto a recursos, volvería a estar moralmente absuelto desde la perspectiva lockeana.[33]

---

33 Podríamos querer refinar la perspectiva para dar a C un reclamo contra D por no contribuir proporcionalmente al uso ilegítimo del excedente. Esto acercaría al lockeano a la posición del kantiano, por lo que es poco probable que perturbe el argumento disyuntivo que propongo.

Sin embargo, la imagen kantiana evaluaría este mundo de forma diferente en lo que respecta a quién se le debe la redistribución y quién tiene el deber de hacerla. El análisis kantiano sugeriría que C está moralmente absuelto. C tiene derecho a sus posesiones porque están dentro del rango de lo que se requiere para lograr una agencia efectiva. Por lo tanto, no se ha apropiado ilegítimamente del recurso y no se le puede exigir que renuncie a algunas de sus posesiones, incluso si hacerlo elevaría a otra persona por encima del umbral de autoconservación sin que, al mismo tiempo, C caiga por debajo de ese umbral.[34] Por otro lado, el análisis kantiano sugeriría que D ha usado el recurso ilegítimamente. Se le exigiría a D que devolviera cualquier porción del recurso (o del beneficio que obtiene de él) excedente con respecto al umbral kantiano mutuamente asequible que sea necesaria para que tanto A como B alcancen el umbral de la agencia efectiva.

Considérese, por contraste, un segundo mundo, cuyas implicaciones podrían estar ya claras.

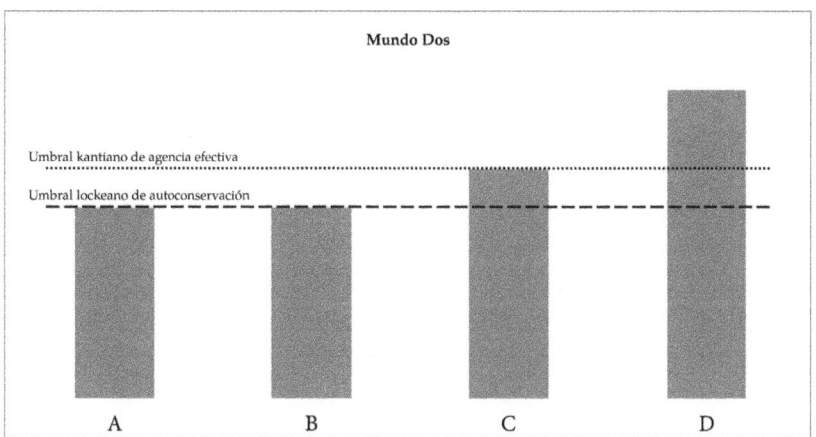

Gráfica 2. Comparación de umbrales: Mundo Dos.

En el Mundo Dos, el análisis lockeano no implica ningún deber redistributivo preinstitucional. Todos están por encima del umbral de autoconservación segura y estable. Desde la perspectiva lockeana, el

---

34 Podría ser benéfico, admirable, valiente, heroico, solidario, etc. hacerlo, pero no sería un requisito de la justicia preinstitucional. Además, C podría seguir teniendo el deber de hacer cumplir la ley moral y responsabilizar a D por su uso excesivo.

mero hecho de que D pueda eliminar alguna desigualdad y elevar a A y B al umbral kantiano no indica ningún derecho incumplido, ningún mal, ni genera ningún deber.

El análisis kantiano, por otra parte, sugeriría de nuevo que D tiene posesiones ilegítimas, que se deben a A y B. Ahora, imaginemos que D renuncia a algunas posesiones con el fin de alzar a todos por encima del umbral de agencia efectiva, pero en el proceso expande sus propias capacidades para realizar efectivamente sus fines y así sigue manteniendo una ventaja comparativa. En la interpretación que ofrezco, ese tipo de desigualdad no es problemática para el modelo kantiano. Sin embargo, es posible que D pueda aumentar su fondo de recursos lo suficiente como para socavar la acción efectiva de los demás, *incluso si los recursos de éstos no cambian*.

Vale la pena exponer estas diferencias teóricas para comprender mejor cada perspectiva y su funcionamiento, y se podría decir mucho más. Sin embargo, no es necesario que nos sumerjamos exhaustivamente en los detalles para generar una conclusión significativa. Mientras que podemos encontrar divergencias importantes entre los mundos posibles, en nuestro mundo actual, tal y como es, donde tenemos que lidiar con el problema moral del cambio climático, es probable que haya una convergencia significativa entre los resultados de los modelos. Si a uno no le gusta el mecanismo lockeano (que sólo requiere que los demás alcancen un umbral más bajo, pero simétricamente también protege menos de nuestros propios derechos a recursos contra las demandas del deber), la manera de distanciarse de él sin dejar de estar plausiblemente comprometido con alguna noción de igualdad moral preinstitucional será acercarse al modelo kantiano (que requiere que los demás alcancen un umbral más alto, pero simétricamente también protege más de nuestros propios derechos a recursos contra las exigencias del deber). Pero, en el contexto empírico de nuestros deberes climáticos, cuando "hacemos las cuentas", por así decirlo, resolver la controversia no es particularmente necesario para orientar la acción. Profundizaré sobre esto más adelante, pero dado lo ajustado que es el presupuesto global de EAC para alcanzar los objetivos de 1.5° o incluso 2°, cuántos usuarios y posibles usuarios hay, y cuántas personas se enfrentan a amenazas a su autoconservación segura, el umbral de la agencia efectiva que es mutuamente asequible probablemente no esté muy lejos del umbral lockeano.³⁵

Con esto en mente, creo que tenemos un caso preliminar a favor de porciones distributivas preinstitucionales de EAC y una concepción disyuntiva de por qué es plausible pensar que los individuos tienen deberes preinstitucionales para restringir su uso de EAC, o compartir los beneficios de forma justa de cualquier uso que exceda su derecho, dentro de un rango justificable, y pueden ser moralmente responsables de la reparación en caso de violación. No apelo a las concepciones lockeana y kantiana únicamente porque procedan de figuras destacadas de la filosofía occidental, sino porque ponen de relieve derechos preinstitucionales fundamentales muy plausibles pero distintivos que en el contexto del cambio climático y la EAC sirven como concepciones preliminares plausibles de las porciones distributivas justas y de los permisos, derechos y deberes que conllevan dichas porciones. Estos modelos, apelando a diferentes normas fundamentales, apuntan en una dirección similar que, según sostengo, supone un avance respecto al escepticismo "hobbesiano" de las restricciones preinstitucionales a la apropiación de recursos, precisamente porque puede interpretarse razonablemente que toman en serio la igualdad moral preinstitucional, mientras que el hobbesiano no puede hacerlo. Captar una forma de igualdad moral, incluso una tan estrechamente prescrita y modesta como la igualdad de derechos del lockeano a la autoconservación segura y estable, parece tan fundacional que es plausible verla como una condición de adecuación de una perspectiva. Aunque en última

---

35 De hecho, la historia podría ser más desalentadora. Un estudio reciente (Raftery et al., 2017) sugiere que hay un 95% de probabilidades de que superemos la marca de los 2 °C (por no hablar de los 1.5 °C) a finales de siglo, y otro sugiere que, incluso si los seres humanos dejaran de utilizar combustibles fósiles inmediatamente, la Tierra seguiría calentándose unos 2 °C a finales de siglo (pasando a 3 °C si continuamos a buen ritmo durante sólo otros 15 años). Esto quiere decir que la EAC, como tal, puede estar ya agotada y que cualquier emisión adicional está generando una deuda o superando la capacidad de absorción. La teoría que estoy desarrollando pretende ser prospectiva y retrospectiva de forma que sea consistente con la posibilidad de que la EAC ya se haya agotado. Si es así, entonces es posible que incluso con todo el mundo limitando su uso de EAC a los umbrales que estoy discutiendo sigamos sobrepasando el umbral de EAC y entonces nos encontremos en un *trágico dilema* intercambiando valores fundamentales. Así que lo que yo llamo "uso de EAC" podría ser ya un "uso excesivo". Sin embargo, otras investigaciones nuevas siguen sugiriendo que existen vías para mantenerse dentro de la EAC y evitar los 2 °C e incluso los 1.5 °C (Jacobson et al., 2017).

instancia podría ser necesario más trabajo para establecer las exigencias de cada perspectiva y escoger una de ellas, por ahora podemos concluir tentativamente que nuestros deberes preinstitucionales de utilizar la EAC son *al menos tan exigentes como la menos exigente de las dos perspectivas*, y quizás tan exigentes como la más exigente de las dos.[36]

5. Exigencia y prioridad de devolución

Quiero considerar brevemente cómo debemos pensar acerca de las diferencias entre las concepciones lockeana y kantiana en lo que se refiere a los deberes de devolución de los recursos excedentes (fuera de la porción distributiva justa de uno, preinstitucionalmente) y la exigencia de los mismos. Cada perspectiva es una concepción básica de los derechos a los recursos y de la legitimidad de su uso/beneficio, sin una concepción explícita de los *grados de incorrección* asociados al uso ilegítimo o de la *prioridad de devolución* de los recursos entre los que tienen un excedente. Sin dar una concepción completa, deben decirse algunas cosas para entender mejor el marco conceptual. Podemos ayudar a distinguir entre estas categorías reflexionando sobre el alcance y el propósito de la apropiación de recursos por encima del umbral de legitimidad (es decir, fuera de la porción distributiva que a uno le corresponde justamente).

Observemos primero desde la perspectiva kantiana. Si bien está comprometida con la importancia de un umbral de agencia efectiva, esto presupone que el umbral inferior lockeano de autoconservación segura es más básico. Debido a esto, si imaginamos un tercer mundo (abajo) de escasez suprema en el que las circunstancias no admiten

---

[36] Aunque no puedo decir más aquí, este núcleo determinado de manera parcialmente normativa necesitará que la autoridad institucional rellene sus rasgos oscuros y los determine por completo. Además, esto invita a preguntarse qué obligaciones complementarias se adhieren a las violaciones de los deberes de uso de la EAC; llamémoslos *deberes de reparación*, que parece que podrían funcionar en dos dimensiones que siguen las discusiones comunes de "mitigación" y "adaptación". En primer lugar, se podría intentar reparar deshaciendo el propio uso excesivo mediante el reabastecimiento de la EAC, es decir, añadiendo sumideros de carbono y reabasteciendo así los recursos comunes. En segundo lugar, se podría intentar reparar el exceso de uso aliviando directamente los daños a causa del cambio climático o contribuyendo a otros esfuerzos de adaptación. Debo dejar este punto para consideraciones futuras, pero es importante para orientar la acción.

asegurar el umbral de agencia efectiva para todos y algunos otros ni siquiera están seguros en su autoconservación, incluso el kantiano tendrá razones fuertes para sugerir que la gente renuncie a los recursos que están al servicio de asegurar la agencia efectiva para asegurar la autoconservación. Ésta es una forma de reducir la brecha entre las perspectivas en contexto.

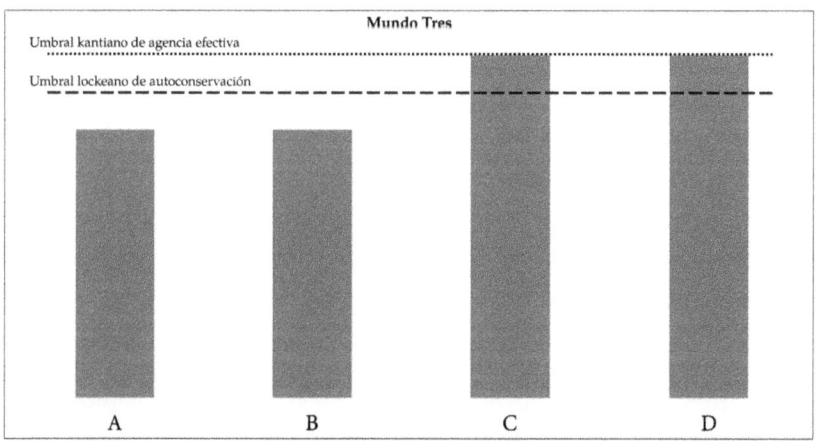

Gráfica 3. Comparación de umbrales: Mundo Tres.

Consideremos ahora las cosas desde la perspectiva lockeana. Si volvemos al Mundo Uno, el lockeano está comprometido con la idea de que tanto C como D están utilizando ilegítimamente recursos excedentes. Sin embargo, no hay ninguna razón para que niegue (de hecho, hay muy buenas razones para que acepte) el importantísimo valor moral de la agencia efectiva. Por ello, el lockeano tiene vías para sugerir que D está en una peor posición y que la prioridad de devolución debería recaer en ella primero. D está reteniendo más recursos que están al servicio de cosas de menor valor moral. Ésta es otra forma en la que la brecha se reduce entre las dos perspectivas.

Así como el umbral kantiano puede proporcionar a veces algún tipo de amortiguación frente a la incorrección del uso de los excedentes más allá del umbral lockeano y la prioridad de su devolución, podríamos preguntarnos si existen valores moralmente significativos vinculados a otros propósitos del uso de los excedentes más allá de asegurar la agencia efectiva que cumplan una función similar. La perspectiva disyuntiva que he presentado tiene el potencial de ser muy exigente, y aquellos a quienes les preocupa la exigencia probablemente estén buscando otros valores morales para amortiguar las demandas de lo que tendrán que sacrificar. En principio, parece que hay que hacer distinciones adicionales importantes. Incluso si todos están por encima del umbral de la agencia efectiva, parece peor y más prioritario para la devolución cuando la gente utiliza su excedente de forma totalmente despilfarradora o cuando simplemente persiguen la pura satisfacción de preferencias o diversión hedónica que cuando lo utilizan para contribuir a proyectos significativos para la formación de su identidad. Estos últimos pueden ser valores morales más profundos y significativos (aunque no siempre son tan claramente separables, dado que los proyectos de formación de la identidad contribuyen a lo que cuenta como satisfacción de las preferencias y placer, y viceversa). No quiero negar de ninguna manera la posibilidad de tales distinciones, incluso si se necesita más trabajo para argumentar cómo se comparan. Sin embargo, sí quiero sostener que si de hecho pensamos, como deberíamos, que hay una línea de base de consideraciones moralmente vitales como los umbrales lockeanos o kantianos a los que todo el mundo tiene derecho, es implausible pensar que este tipo de valores morales admitidos puedan anular la exigencia de devolución. Hacerlo sería violar la forma más básica de reciprocidad que esbozamos anteriormente con Anna Stilz. Hacerlo sería negar a los demás lo que crees que sería mínimamente necesario para ti. El mundo en el que vivimos actualmente, desafortunadamente, es un mundo en el que estas distinciones quedan anuladas en gran medida a la hora de generar un sentido relativamente claro de los tipos de acciones exigentes que se requieren de aquellos a los que les preocupa que estas distinciones puedan suponer una diferencia para ellos. Hay un número tan grande de individuos que se encuentran por debajo de cualquiera de los dos umbrales que las reducciones o el reparto de beneficios de la EAC son tan grandes que irán en contra del desperdicio, del lujo, de las búsquedas puramente hedónicas y de los proyectos profundamente significativos de vastas cantidades de los ricos globales, cada uno de los cuales está posicionado (desde la perspectiva global) más como D que como C en el Mundo Uno.

Por eso, cuando los académicos intentan plantear cuestiones de exigencia como posibles derrotas de los deberes, o cuando intentan interactuar con la distinción de Henry Shue entre emisiones de "subsistencia" y de "lujo" para tratar de encontrar dónde se sitúa la línea a partir de la cual sus posesiones de recursos son protegidas, quiero sugerir que es implausible si llegan a una imagen muy cercana al statu quo.

Éste es un punto importante en el que mi perspectiva se interseca con la otra perspectiva principal para atender explícitamente la distinción preinstitucional/postinstitucional con respecto a la justicia distributiva. Como he mencionado anteriormente, Christian Baatz está de acuerdo en que, "desde el punto de vista moral, incluso en ausencia de instituciones, existen porciones justas» (Baatz 2014, 3). A la luz de esto, a Baatz también le interesa intentar especificar qué deberes tienen los individuos, y llega a la conclusión de que tienen el deber de tomar "las medidas ya disponibles para reducir las emisiones bajo su responsabilidad en la medida en que se les pueda exigir razonablemente» (Baatz 2014, 15). Según su interpretación, las reducciones de emisiones pueden ser «razonablemente exigidas» en la medida en que

> una acción que genera emisiones de GEI o bien (a) no tenga peso moral o bien (b) exista un curso de acción alternativo (que debe considerarse como un sustituto adecuado) que cause menos emisiones (Baatz 2014, 15).

Baatz presenta esto como una "primera aproximación" y, en una respuesta a sus críticos, parece sugerir que estas condiciones deben interpretarse como lo que puede exigirse razonablemente "como mínimo" (Baatz 2016, 161).[37] Se trata de una aclaración importante porque, si se toman como exhaustivas, estas dos condiciones corren el riesgo de no captar adecuadamente todo lo que podría exigirse razonablemente a las personas, así como qué deberes deberían corresponder a las "porciones justas". Hay dudas genuinas sobre si seríamos capaces de alcanzar nuestros objetivos de reducción de emisiones globales (aproximadamente un 45% para 2030 con respecto a los niveles de 2010 y a cero neto para 2050) si todas las emisiones que

---

37 Aunque es difícil saber a qué se refiere exactamente Baatz porque en la respuesta sólo habla explícitamente de que la afirmación de "ningún peso moral" es lo que se puede exigir "como mínimo", no la afirmación del "sustituto adecuado". Así que si esta última fuera la única exigencia adicional razonable, entonces nuestro desacuerdo sería más significativo.

pasaran estos estándares estuvieran protegidas contra las exigencias de los deberes de reducirlas o eliminarlas (IPCC 2018, 14).

Por un lado, muy pocas emisiones carecen realmente de peso moral. Muchas de nuestras emisiones están entremezcladas con nuestros proyectos y fines que son profundamente fortalecedores de la autonomía, constitutivos de la identidad y significativos. Facilitan las obligaciones familiares, apoyan los lazos de amistad y satisfacen preferencias profundas y duraderas. Incluso los lujos más elevados tienen *cierto* peso moral. Como mínimo, pueden ser fuentes de placer, que es una característica moralmente significativa. Por lo tanto, si sólo podemos exigir razonablemente que se reduzcan/eliminen las emisiones que *no tienen peso moral*, la lista podría ser bastante reducida. Esta inquietud puede mitigarse en cierta medida si interpretamos que Baatz se refiere a un valor moral "relevante para la justicia", que algunas de las categorías anteriores podrían no tener, lo que generaría más exigencias razonables. Esto requeriría una explicación de qué valores son "relevantes para la justicia", pero sería un paso importante para llenar el vacío dejado por la concepción preliminar de Baatz, que podría ser puesta en conversación con la concepción lockeana-kantiano que desarrollo aquí.

También cabe destacar la segunda condición. Baatz no ofrece una interpretación clara de qué contaría como un "sustituto adecuado". Intentar darle contenido se topa rápidamente con dificultades potenciales. Intuitivamente, si vivo en Florida y conduzco mucho en ciudad y carretera, parecería que un coche de bajo consumo puede ser un sustituto adecuado de un Jeep que consume mucha gasolina. Pero imaginemos que vivo en las montañas de Colorado y conduzco mucho por caminos todoterreno. No es tan claro que cambiar a un híbrido sea un sustituto "adecuado". Esta ambigüedad, que depende de la pluralidad de valores que intervienen en nuestra toma de decisiones, tiene el potencial de multiplicarse a través de muchos de nuestros comportamientos. Esto conecta con un punto más amplio, que no es más que decir que incluso si hemos cambiado por el sustituto menos emisor para una acción, comportamiento o actividad dada, no podemos inferir que esas emisiones sean legítimas. Puede que tengamos que abandonarlas por completo para cumplir con lo que nos corresponde. Lo que creo que esto revela es que hay mucho más trabajo por hacer que donde nos deja Baatz, pero esto también podría alejar nuestra atención de la "sustitución" específicamente y dirigirla hacia los derechos generales más cercanos a la imagen que he estado pintando con la concepción lockeana-kantiana.

En última instancia, ver la concepción de Baatz como una concepción preliminar sobre lo que se requiere "como mínimo" nos invita a investigar más a fondo qué otros tipos de exigencias adicionales podrían hacerse razonablemente. Hasta dónde Baatz estaría dispuesto a llegar es una pregunta abierta. Al aclarar, en su respuesta a los críticos, que las condiciones que esbozó eran lo que podría exigirse razonablemente como mínimo, Baatz sigue refiriéndose a su perspectiva como una concepción "permisiva", lo que sugiere que la perspectiva realmente está diseñada para ofrecer más protecciones que otras concepciones existentes de los deberes climáticos (Baatz 2016, 165). Esto tiene sentido cuando la situamos en el panorama más amplio que es central para Baatz, que es destacar cuán dependientes son nuestras emisiones de las "estructuras de uso intensivo de carbono" en las que estamos inmersos (Baatz 2014, 10). En lo que respecta a nuestros derechos de emisión y los deberes que conllevan, su orientación básica es que cuanto más dependan nuestras emisiones de las características estructurales que nos rodean, menos se nos puede pedir que renunciemos a ellas.

Así que, independientemente de cómo Baatz pueda completar su concepción preliminar, es casi seguro que será más permisiva que la concepción lockeana-kantiana que he estado desarrollando. Así como el umbral kantiano para la agencia efectiva protegía más de nuestros propios derechos a los recursos frente a las exigencias del deber que el lockeano, es casi seguro que la concepción definitiva de Baatz protegería incluso más que eso en virtud del hecho de que nuestras emisiones dependen de las estructuras externas. Éstos son buenos argumentos que tener en cuenta.

Pero terminaré con algunas notas finales que creo que están a mi favor. En primer lugar, cuando pasemos a hablar de EAC en lugar de emisiones *per se*, podremos cuestionar la idea misma de que el hecho de que las *emisiones* de cada uno dependan de estructuras es el tipo de cosa que podría desbaratar los propios deberes de justicia distributiva. Algunas de nuestras *emisiones* pueden depender de estructuras de uso intensivo de carbono que no pueden evitarse sin amenazar con perturbar las normas lockeanas o kantianas, pero eso no significa que tengamos derecho al uso de EAC. Dado que podemos utilizar y, en cierta medida, reponer la EAC, parece plausible que, incluso si nos vemos obligados a emitir más carbono debido a las estructuras intensivas, los principios de justicia no quedarían simplemente desbaratados. Uno podría estar obligado a reponer la EAC de otras maneras como, por ejemplo, con compensaciones de carbono. La dependencia de las estructuras, por lo tanto, no es el rasgo normativamente fundamental que debería alternar o atemperar la exigencia. En su lugar, sugiero que sean nuestras habilidades con respecto al uso de EAC y nuestras vulnerabilidades con respecto a los umbrales lockeano/kantiano.[38]

Pero también hay otras razones generales para ser escépticos con respecto a cualquier perspectiva complementaria que pudiera intentar, a través de vías alternativas, proteger similarmente más de nuestro uso de EAC de las exigencias del deber que el umbral kantiano, dado el problema moral al que nos enfrentamos con el cambio climático. Estas razones se reducen, en última instancia, al hecho de que la determinación de los deberes morales en este ámbito se produce en condiciones de incertidumbre. Como en todos los casos de este tipo, existe un elemento de riesgo moral. Por supuesto, podría haber una panacea tecnológica que eliminara la vulnerabilidad por debajo del umbral de autoconservación lockeano o ampliara la esfera de la agencia efectiva kantiana mutuamente asequible para mitigar la exigencia del deber. Si bien esta posibilidad debe balancearse al momento de determinar los deberes considerando todos los factores, el peso abrumador de la incertidumbre y del riesgo moral está en el otro lado de la balanza, de modo que incluso interpretando el umbral lockeano y kantiano de forma más bien tenue, es probable que sigamos enfrentándonos al

---

38 Puede haber otras formas estructuralmente similares de tratar de defender una concepción más permisiva que la mía. Se podría intentar identificar otros valores importantes que generen fuertes derechos individuales que puedan reclamarse de forma permisible incluso si otros se ven gravemente privados. Algo como la lista de capacidades de Martha Nussbaum (2009) (si es que es verdaderamente pluralista, irreductible, incapaz de ser priorizada o intercambiada) podría ser una de esas vías. La cuestión es que, en situaciones radicalmente no ideales, cuando no todas esas capacidades pueden ser mutuamente satisfechas (lo que creo que es muy plausible globalmente en el contexto del cambio climático), una teoría debería tener los recursos normativos para establecer prioridades. Las concepciones lockeana y kantiana están bien posicionadas para ser los valores más fundamentales para resolver conflictos o priorizar en un mundo tan poco ideal.

potencial de que más personas caigan trágicamente por debajo de ellos. Aquí plantearé tres razones en particular.

El primero es lo que ocurre cuando consideramos las proyecciones de población para el próximo siglo. La División de Población las Naciones Unidas proyecta, utilizando sus modelos de "fertilidad media", que en 2050 habrá 9,700 millones de personas en el planeta. Para el año 2100 esa cifra se eleva a casi 11,000 millones, añadiendo más de 3,000 millones de personas en las "regiones menos desarrolladas" a partir de las cifras de población actuales (UN DESA 2019). Estas cifras aumentan significativamente la probabilidad de que habrá personas que caigan por debajo del umbral de Locke, lo cual desencadenaría sus implicaciones para los que están por encima del umbral. Pero, además, nos muestra que debemos ser cautelosos en cuanto a qué tan expansivamente (en lo que respecta a características de uso intensivo de EAC) podríamos interpretar la autoconservación segura o la agencia efectiva mutuamente asequible (o alguna otra norma fundamental), dado un aumento del número de individuos que necesitan una porción justa, de tal manera que no sobrepasemos completamente el presupuesto global con el aumento poblacional.[39]

Otra razón para dudar de la plausibilidad de evaluaciones más permisivas de lo que los individuos pueden utilizar a raíz del problema al que nos enfrentamos tiene que ver con las evaluaciones de probabilidad en lo que respecta a de hecho mantenernos dentro del presupuesto de EAC. Las cifras del AR5 del IPCC, que exigen una reducción de emisiones del 40–70% para 2050 y del 100% o más para 2100, dejan hasta un 33% de probabilidades de que, incluso logrando tales reducciones, superemos el umbral, ya demasiado conservador, de 2°C de cambio climático peligroso. Aumentar las probabilidades para un objetivo aún más pequeño de 1.5°C requiere un presupuesto global aún menor, lo que se traduce en porciones mutuamente asequibles más pequeñas. Además, es improbable que podamos considerar como normativamente protegidos los tipos de emisiones que perspectivas más permisivas podrían querer tomar en cuenta para mitigar la exigencia del deber

---

39   Para más información sobre esto y algunas reflexiones sobre cómo prevenir que el aumento poblacional anegue por completo nuestra capacidad para hacer frente al cambio climático, véase Hickey, Rieder y Earl (2016).

sin que sea significativamente menos probable, o incluso imposible, alcanzar tales objetivos.

Éstas no van a ser conclusiones fáciles de aceptar para muchos. Nuestras vidas están estructuradas para utilizar la EAC mucho más allá del umbral más permisivo de los kantianos en sus detalles cotidianos, pero también para construir lazos de amistad, participar en un trabajo significativo y en una actividad de formación de identidad, buscar la recreación necesaria frente al estrés de la vida, etc. Desafortunadamente, están en juego normas morales aún más fundamentales.[40]

6. Observaciones finales

En este capítulo, he argumentado que los individuos están preinstitucionalmente obligados como cuestión de justicia distributiva global a restringir su uso, o compartir los beneficios de forma justa de cualquier uso más allá de su derecho, de la capacidad de la Tierra para absorber gases de efecto invernadero (EAC) dentro de un rango justificable especificado. Aunque no puedo defender la tesis aquí, también vale la pena ver cómo este tipo de argumento puede servir como la *base normativa* para lo que serían unas instituciones globales distributivamente justas para gobernar el cambio climático al asignar el acceso a, o la porción de, ese recurso y sus beneficios—traduciendo así las prohibiciones, requisitos y permisos *morales* preinstitucionales, autoritativos pero más toscos, relativos a la justicia distributiva en otros requisitos, prohibiciones y permisos *institucionales* específicos y plenamente determinados—. Este tipo de traducción es importante para aportar no sólo la especificación, la coordinación y el cumplimiento de los deberes que las instituciones proporcionan de forma única, sino que, ayudará, en última instancia, a que sea menos arduo para muchos individuos cumplir con sus deberes de justicia distributiva, dado un mayor cumplimiento y apoyo social.

---

40 No todas las actividades a las que se dedican los ricos globales se verán socavadas por esta posición. Pero las normas a las que esas actividades se someten están al servicio de asegurar los umbrales lockeano-kantianos. Seguimos necesitando recursos que se destinen a la ciencia climática y a los esfuerzos de adaptación. Esto requerirá vuelos por todo el mundo. Incluso los lugares ricos como Nueva York o Florida podrían tener derecho a muros marinos, etc., para evitar que su situación se vuelva precaria y frágil.

Agradecimientos

Agradezco los comentarios agudos y constructivos de los dictaminadores que he recibido durante el proceso de revisión. También quiero dar las gracias a Ingrid Robeyns y al equipo de Fair Limits por su retroalimentación y discusiones, así como por la incesante ayuda que recibí de Maggie Little, Madison Powers y Henry Richardson. Parte del trabajo de este proyecto fue financiado por el Consejo Europeo de Investigación (ERC) en el marco del programa de investigación e innovación Horizonte 2020 de la Unión Europea (acuerdo de subvención n° 726153). Este capítulo se publicó por primera vez en *European Journal of Philosophy*, 2021, 19: 215-35.

Referencias

Anderson, E. 1999. What is the point of equality? *Ethics*, 109, 287-337. https://doi.org/10.1086/233897

Baatz, C. 2014. Climate change and individual duties to reduce GHG emissions. *Ethics, Policy and Environment*, 17, 1-19. https://doi.org/10.1080/21550085.2014.885406

Baatz, C. 2016. Reply to my critics: justifying the fair share argument. *Ethics, Policy & Environment*, 19, 160-69. https://doi.org/10.1080/21550085.2016.1205710

Beitz, C. 2009. *The Idea of Human Rights*. New York: Oxford University Press.

Blomfield, M. 2013. Global common resources and the just distribution of emission shares. *The Journal of Political Philosophy*, 21, 283-304. https://doi.org/10.1111/j.1467-9760.2012.00416.x

Caney, S. 2012. Just emissions. *Philosophy & Public Affairs*, 40, 255-300. https://doi.org/10.1111/papa.12005

Cripps, E. 2013. *Climate Change and the Moral Agent: Individual Duties in an Interdependent World*. Oxford: Oxford University Press.

Dolšak, N. and Ostrom, E. 2003. The challenges of the commons. In *The Commons in the New Millennium: Challenges and Adaptations*. Cambridge, MA: MIT Press, pp. 3-34.

Gardiner, S. 2004. Ethics and global climate change. *Ethics*, 114, 555-600. https://doi.org/10.1086/382247

Griffin, J. 2008. *On Human Rights*. Oxford: Oxford University Press.

Herman, B. 1993. *The Practice of Moral Judgment*. Cambridge, MA: Harvard University Press. https://doi.org/10.2307/2026397

Hickey, C., Rieder, T., and Earl, J. 2016. Population engineering and the fight against climate change. *Social Theory and Practice*, 42, 845–70. https://doi.org/10.5840/soctheorpract201642430

Hill, T. 1991. *Autonomy and Self-Respect*. Cambridge: Cambridge University Press.

IPCC. 2014. Summary for policymakers. *Climate Change 2014: Impacts, Adaptation, and Vulnerability*, C.B. Field, et al. (Eds.). Cambridge: Cambridge University Press. http://www.ipcc.ch/pdf/assessment-report/ar5/wg2/ar5_wgII_spm_en.pdf

IPCC. 2018. Summary for policy makers. *Global Warming of 1.5°C. An IPCC Special Report*, V. Masson-Delmotte, et al., (Eds.). Geneva: World Meteorological Organization, https://www.ipcc.ch/site/assets/uploads/sites/2/2019/05/SR15_SPM_version_report_LR.pdf

Jacobson, M., et al. 2017. 100% clean and renewable wind, water, and sunlight all-sector energy roadmaps for 139 countries of the world. *Joule*, 1, 1–14, http://dx.doi.org/10.1016/j.joule.2017.07.005

Johnson, B. 2003. Ethical obligations in a tragedy of the commons. *Environmental Values*, 12, 271–87. https://doi.org/10.3197/096327103129341324

Kant, I. 1996. *The Metaphysics of Morals* (MM), ed., M. Gregor, trans. M. Gregor. New York: Cambridge University Press.

Kant, I. 2008. *La metafísica de las costumbres*. Traducido por Adela Cortina Orts y Jesús Conill Sancho. Madrid: Tecnos.

Kant, I. 2010. *Groundwork of the Metaphysics of Morals* (GW), ed., M. Gregor, trans., M. Gregor. New York: Cambridge University Press.

Kingston, E. and Sinnott-Armstrong, W. 2018. What's wrong with joyguzzling? *Ethical Theory and Moral Practice*, 21, 169–86. https://doi.org/10.1007/s10677-017-9859-1

Locke, J. 1963. *Two Treatises of Government*, rev. ed., ed., P. Laslett. Cambridge: Cambridge University Press.

Locke, J. (2010). *Segundo Tratado sobre el Gobierno Civil*. Traducido por Carlos Mellizo. Madrid: Tecnos.

Maltais, A. 2013. Radically non-ideal climate politics and the obligation to at least vote green. *Environmental Values*, 22, 589–608. https://doi.org/10.3197/096327113X13745164553798

Mauritsen, T. and Pincus, R. 2017. Committed warming inferred from observations. *Nature Climate Change*, 7, 652–55. doi:10.1038/nclimate3357

Miller, D. 2009. Global justice and climate change: How should responsibilities be distributed? In *The Tanner Lectures on Human Values Vol. 28*, Peterson, G. (Ed.). Salt Lake City, UT: The University of Utah Press.

Neumayer, E. 2004. National carbon dioxide emissions: Geography matters. *Area*, 36, 33–40. https://doi.org/10.1111/j.0004-0894.2004.00317.x

Nickel, J. 2007. *Making Sense of Human Rights*, 2nd Ed. Malden, MA: Blackwell.

Nozick, R. 1974. *Anarchy, State and Utopia*. New York: Basic Books.

Nozick, Robert. 1991. *Anarquía, Estado y utopía*. Traducido por Rolando Tamayo. Buenos Aires-México: Fondo de Cultura Económica.

Nussbaum, M. 2009. *Creating Capabilities: The Human Development Approach*. Cambridge: The Belknap Press of Harvard University Press.

O'Neill, O. 2005. The dark side of human rights. *International Affairs*, 81, 427–39. https://doi.org/10.1111/j.1468-2346.2005.00459.x

Raftery, A., et al. 2017. Less than 2°C warming by 2100 unlikely. *Nature Climate Change*, 7, 637–41. doi:10.1038/nclimate3352.

Shue, H. 1996. *Basic Rights*, 2nd ed. Princeton: Princeton University Press.

Shue, H. 2014. Subsistence emissions and luxury emissions. In *Climate Justice: Vulnerability and Protection*. New York: Oxford University Press. https://doi.org/10.1111/j.1467-9930.1993.tb00093.x

Simmons, A. J. 1992. *The Lockean Theory of Rights*. Princeton: Princeton University Press.

Simmons, A. J. 2001. *Justification and Legitimacy*. Cambridge: Cambridge University Press.

Singer, P. 2006. Ethics and climate change: A commentary on MacCracken, Toman and Gardiner. *Environmental Values*, 15, 415–22. https://doi.org/10.3197/096327106778226239

Sinnott-Armstrong, W. 2005. It's not my fault: Global warming and individual moral obligations. In his (co-ed.) *Perspectives on Climate Change: Science, Economics, Politics, Ethics: Advances in the Economics of Environmental Research, Vol. 5*. Amsterdam: Elsevier JAI, pp. 285–309.

Sreenivasan, G. 1995. *The Limits of Lockean Rights in Property*. Oxford: Oxford University Press.

Stilz, A. 2009. *Liberal Loyalty: Freedom, Obligation, and the State*. Princeton, NJ: Princeton University Press.

Traxler, M. 2002. Fair chore division for climate change. *Social Theory and Practice*, 28, 101–34. https://doi.org/10.5840/soctheorpract20022814

U.S. EIA. 2017. *International Energy Statistics*. Available at: http://www.eia.gov/cfapps/ipdbproject/IEDIndex3.cfm?tid=5&pid=5&aid=8 [Accessed 13 May 2020].

UN. 2020. Goal 7: Affordable and clean energy. *Sustainable Development Goals: 17 Goals to Transform Our World*. Available at: https://www.un.org/sustainabledevelopment/energy/ [Accessed 13 May 2020].

UN DESA (Department of Economic and Social Affairs, Population Division). 2019. *World Population Prospects 2019*. Available at: https://population.un.org/wpp/Download/Standard/Population/ [Accessed 13 May 2020].

UN FAO. 2019. The state of food security and nutrition in the world. Available at: http://www.fao.org/state-of-food-security-nutrition/en/ [Accessed 13 May 2020].

UNDP. 2018. *Human Development Reports*. Available at: http://hdr.undp.org/en/data [Accessed 13 May 2020].

Vanderheiden, S. 2006. Climate change and the challenge of moral responsibility. *Ethics and the Life Sciences*, 85–92. https://doi.org/10.5840/jpr_2007_5

Waldron, J. 2002. *God, Locke, and Equality: Christian Foundations of John Locke's Political Thought*. Cambridge: Cambridge University Press.

WHO. 2015. New report shows that 400 million do not have access to essential health services. 12 June. Available at: http://www.who.int/mediacentre/news/releases/2015/uhc-report/en/ [Accessed 13 May 2020].

World Bank. 2016. Poverty overview. Available at: http://www.worldbank.org/en/topic/poverty/overview [Accessed 13 May 2020]

13. Límites ecológicos: Ciencia, justicia, políticas y la vida buena

Fergus Green

1. Introducción

Desde afirmaciones sobre el "pico del petróleo" y los "puntos de inflexión" climáticos hasta las propuestas de objetivos de estabilización climática y "límites planetarios", en los últimos años se ha visto un resurgimiento del discurso científico y político sobre la noción de límites ecológicos (Dobson 2016). La crisis climática y una plétora de otras preocupaciones ecológicas han llevado a los filósofos a hacer varios tipos de afirmaciones sobre los límites ecológicos. Al revisar estas afirmaciones, uno se sorprende de su diversidad. Los límites ecológicos se expresan en términos de vocabularios normativos ampliamente variados, desde las teorías de la "justicia de los recursos naturales" (Armstrong 2017) hasta los "techos de capacidades" (Holland 2008), desde un "ethos de moderación" (Hayward 2009) hasta las "asignaciones personales de carbono" (Hyams 2009). El propósito de este artículo es revisar y dar un poco de orden a este complejo conjunto de material y sugerir algunas vías prometedoras de investigaciones futuras.

Clasifico las tesis (*claims*) sobre los límites ecológicos, en su nivel más general, en dos dimensiones. La primera dimensión se refiere a las *tesis sobre el tipo de límite*, que divido en dos categorías: *descriptivas* y *normativas*. A su vez, subdivido la categoría descriptiva en *límites de recursos* y *límites del sistema*, y la categoría normativa en *justicia distributiva, reforma institucional/legal* y *la vida buena*. La segunda dimensión es el *nivel* en el que se establece el límite (Spengler 2016,

927). A efectos de este análisis, divido esta dimensión en dos categorías discretas: *nivel individual* y *nivel agregado*, reconociendo que este último abarca una amplia gama de posibilidades entre el nivel planetario y una multiplicidad de unidades colectivas de nivel inferior (por ejemplo, el nivel nacional, el nivel de ecosistema, etc.). Estas dimensiones están representadas en los encabezados de la Tabla 1 y cada casilla tiene un ejemplo. Hay que enfatizar que ésta no es la única manera de dividir el terreno. En particular, las categorías normativas se traslapan inevitablemente. No obstante, he intentado captar las diferencias funcionales significativas en los tipos de teorización que se han realizado sobre los límites ecológicos. Una posible tercera dimensión, aplicable a las tesis normativas, es su naturaleza ideal o no ideal, entendida aquí como su grado de "sensibilidad a los hechos". En mi discusión sobre el trabajo normativo abordaré esta cuestión cuando sea relevante.

Tabla 1: Tipología de las tesis sobre los límites ecológicos, con ejemplos

Tipo de tesis	Descriptiva		Normativa		
Nivel	Límites de recursos	Límites del sistema	Justicia distributiva	Reforma institucional/ legal	La vida buena
Agregado	Existencias limitadas de petróleo	Puntos de inflexión climáticos	Límites agregados implícitos en el uso de los recursos naturales	Legislación sobre los límites nacionales a las emisiones de gases de efecto invernadero	*Ethos* de la moderación; normas contra los combustibles fósiles
Individual	n/a	n/a	Techos de capacidad; restricciones de funcionamientos	Asignaciones personales legisladas de emisiones de carbono	Virtudes medioambientales

Más allá de su función conceptual-clarificadora, uso este marco para estructurar este capítulo. La segunda parte discute las tesis descriptivas. Éstas son afirmaciones sobre cómo es el mundo en realidad, es decir, sobre la existencia de *límites biofísicos* reales. Revisaré algunas afirmaciones prominentes recientes que sostienen que hay límites biofísicos, situándolas en el contexto del discurso histórico sobre los límites medioambientales que se remonta a la década de 1970. A la luz de esta discusión, identifico y describo las dos subcategorías de tesis de los límites biofísicos mencionadas anteriormente (límites de recursos y límites del sistema), antes de discutir algunas cuestiones filosóficas clave relativas al estatus (controvertido) de dichas tesis, con la vista puesta en sus implicaciones para la teorización normativa.

En la tercera parte, reviso las propuestas de límites ecológicos halladas en la teorización normativa, siguiendo la estructura de las subcategorías mencionadas arriba (justicia distributiva; reforma institucional/legal y la vida buena). Existe una voluminosa literatura sobre teoría normativa relativa al medio ambiente. Esta revisión se limita a los trabajos que invocan específicamente la noción de límites superiores a la explotación ecológica (o nociones similares). Permanecer dentro de este límite ha resultado más fácil con respecto a las teorías de la justicia (sección 3.1) y las propuestas institucionales/legales (sección 3.2) que con respecto a los constructos más aretaicos y teleológicos discutidos en la sección 3.3. En consecuencia, la sección 3.3 es más breve y sinóptica que las otras dos secciones de la Parte 3, y sirve más como un portal hacia conversaciones más amplias en ética ambiental que como una revisión de propuestas específicas. La parte 4 concluye con algunas sugerencias para investigaciones futuras.

2. Tesis descriptivas sobre los límites ecológicos

2.1 Preparando el terreno: algunas tesis prominentes sobre los límites biofísicos

La noción de límites ecológicos ganó prominencia en la década de 1970 tras la publicación del influyente informe del Club de Roma: *Los límites del crecimiento* (Meadows et al. 1973). El informe utiliza una metodología de análisis de sistemas computarizados para modelar escenarios de desarrollo global que capturan las interacciones entre variables relacionadas con cinco "tendencias de interés global": "la acelerada industrialización, el rápido crecimiento demográfico, la extendida desnutrición, el agotamiento de los recursos no renovables y el deterioro del medio ambiente" (*ibid*., 37). Los autores modelaron primero un escenario en el que las cosas siguen "como de costumbre" hasta el año 2100, con lo que hallaron que el *agotamiento de los recursos no renovables* era la característica que determinaba el eventual colapso del sistema. La respuesta escéptica estándar fue sostener que probablemente las reservas de recursos no renovables sean mayores y se utilicen de forma más eficiente en el futuro de lo que se sabía en ese momento (por ejemplo, debido a las mejoras en la ciencia y la tecnología) (véase Dobson 2016, 290). En respuesta, los autores duplicaron las reservas de recursos asumidas. El modelo seguía proyectando un colapso económico, aunque esta vez la restricción determinante era la *contaminación ambiental* resultante del crecimiento adicional de la producción económica permitido por las reservas mayores de recursos naturales presupuestas (por ejemplo, el uso excesivo de la tierra causa erosión, lo que provoca una disminución de la producción de alimentos) (Meadows et al. 1973, 177).

Los Límites del Crecimiento fue objeto de críticas por parte de varios sectores (véase Dobson 2016, 291–96), las cuales "fueron lo suficientemente convincentes como para alejar la idea del foco de la atención pública durante gran parte de la década de 1990" (ibid 297). Sin embargo, la noción de límites biofísicos ha vuelto a cobrar importancia en diversas formas en el siglo 21 (ibid 297–301). Resulta instructivo considerar quizá la variante contemporánea más influyente de la noción de límites biofísicos a escala planetaria: el *marco de los Límites Planetarios*.

En una serie de artículos influyentes, Johan Rockström, Will Steffen y sus colegas (Rockström et al. 2009a; Rockström et al. 2009b; Steffen et al. 2015) desarrollan la noción de "límites planetarios" para orientar las actividades humanas en los sistemas humano-ambientales con el fin de garantizar que las condiciones biofísicas sigan siendo propicias para el desarrollo humano de la misma manera que lo han sido durante el Holoceno. Los autores identifican nueve sistemas relevantes y variables de respuesta asociadas: el cambio climático, la integridad de la biosfera (biodiversidad funcional y genética), el cambio en el sistema de tierras, el uso de agua dulce, ciclos bioquímicos (fósforo y nitrógeno), la acidificación de los océanos, la carga atmosférica de aerosoles, el agotamiento del ozono estratosférico y las "entidades nuevas"[1] (Steffen et al. 2015). Los autores sostienen que estos sistemas tienen *umbrales* intrínsecos: puntos en los que alguna variable biofísica de interés (la "variable de respuesta") experimenta una transición no lineal en su funcionamiento (Rockström et al. 2009b, 2). Estos umbrales constituyen las tesis descriptivas de los límites ecológicos en la medida en que plantean la existencia de un fenómeno biofísico real. En cambio, los *límites planetarios* que estos autores definen son límites construidos por el ser humano de las "variables de control" relevantes para cada sistema, determinados en relación con el conocimiento científico sobre los umbrales relevantes. Los límites planetarios son informados por juicios normativos sobre cuestiones tales como cuál es un grado de riesgo aceptable para el desarrollo humano de cruzarse un umbral, dada la incertidumbre científica sobre la ubicación precisa del umbral (Rockström et al. 2009b, 3–5).[2]

Utilicemos el cambio climático como ejemplo para ilustrar el marco. El límite del cambio climático propuesto por los autores pretende evitar que se crucen umbrales que desencadenen cambios "altamente no lineales, posiblemente abruptos e irreversibles" en diversas variables de respuesta, como el colapso de la circulación termohalina[3] (*ibid.* 9). Una de las dos variables de control propuestas es la concentración de dióxido de carbono (CO_2) en la atmósfera, para la cual los autores sugieren un límite planetario de 350 partes por millón (ppm), que representa el límite inferior de la zona de incertidumbre con respecto a la ubicación del umbral (Rockström et al. 2009b, 10; Steffen et al. 2015, 2). El hecho de que los niveles de CO_2 superan ampliamente el límite (en 2020 superaban las 410 ppm) es una de las principales preocupaciones que motivan las

---

[1] Las entidades nuevas se definen como "nuevas sustancias, nuevas formas de sustancias existentes y formas de vida modificadas que tienen el potencial de producir efectos geofísicos y/o biológicos no deseados" (Steffen et al. 2015, 7).

[2] Dado que la identificación de los umbrales está sujeta a la incertidumbre, los autores proponen límites planetarios en el extremo inferior de la zona identificada de incertidumbre (reconociendo correctamente que esto implica una aproximación normativa—específicamente, conservadora—al riesgo) (Rockström et al. 2009b, 473).

[3] Este proceso actúa como una cinta transportadora de aguas superficiales cálidas hacia las regiones polares y desempeña un papel clave en la regulación del clima local en varias partes del mundo: véase, por ejemplo, https://gpm.nasa.gov/education/videos/thermohaline-circulation-great-ocean-conveyor-belt.

discusiones científicas, políticas y filosóficas contemporáneas sobre los límites ecológicos.

2.2 Dos tipos de tesis sobre los límites biofísicos

A la luz de la discusión anterior, podemos distinguir dos tipos genéricos de tesis sobre los límites biofísicos. El primer tipo es una tesis sobre la *disponibilidad finita de las reservas o flujo de un recurso natural*. Llamo a este tipo de tesis una *tesis de los límites de recursos*. Un ejemplo común es la tesis sobre las reservas limitadas de un recurso natural no renovable como el petróleo. Las tesis sobre los límites de recursos son muy intuitivas, ya que apelan al sentido común sobre qué significa que algo sea limitado. Los recursos naturales forman parte de sistemas ecológicos más amplios, cuyos procesos pueden reponer ciertos recursos naturales en plazos relevantes para los seres humanos. La disponibilidad de estos recursos naturales "reponibles" o "renovables" depende, por lo tanto, del tiempo. Por ejemplo, puede haber un límite en la cantidad de madera de un bosque disponible para la cosecha de *este año*. La disponibilidad de tales recursos también *depende del sistema*. Siguiendo con el ejemplo, habrá más madera disponible para la cosecha en un año posterior, *siempre y cuando el ecosistema relevante permanezca intacto*.

La dependencia que tienen los recursos naturales del sistema proporciona una importante motivación para proteger los sistemas ecológicos: si un recurso se sobrexplota o el sistema relevante se ve excesivamente perturbado, su capacidad para reponer los recursos naturales puede disminuir o destruirse. Otras motivaciones instrumentales para proteger los sistemas ecológicos incluyen los servicios de "regulación" que proporcionan, como la purificación del aire y el agua y el mantenimiento de la biodiversidad, y su valor cultural y estético (Duraiappah 2004, 13–14). Estas consideraciones nos llevan al segundo tipo de tesis de límites biofísicos, que se refiere a *la capacidad finita de un sistema ecológico para soportar perturbaciones mientras permanece en su estado actual*. Llamo a este tipo de tesis una *tesis de los límites del sistema*. Los autores de los estudios sobre los límites planetarios sostienen este segundo tipo de tesis. Las tesis de los límites del sistema son menos intuitivas que las relativas al límite de los recursos, ya que invocan conceptos abstractos del campo de la dinámica de los sistemas complejos.

Ambos tipos de tesis forman parte de la ciencia de la sostenibilidad y es importante que los filósofos que invocan tesis de límites biofísicos tengan claro lo que cada una de ellas implica.

2.3. Controversias filosóficas sobre las tesis de los límites biofísicos

Ya que son empíricas, las tesis de los límites biofísicos son controvertibles en formas que interesan principalmente a los filósofos de la ciencia. Dado que este capítulo está interesado en última instancia en la teorización normativa sobre los límites ecológicos, sólo mencionaré brevemente aquí dos tipos de tales controversias, señalando su importancia para la teorización normativa.

En primer lugar, las tesis de los límites biofísicos invitan al escrutinio científico ordinario entre la comunidad científica. Aquí, los teóricos normativos deberían ser conscientes de (los debates sobre) el papel de los valores contextuales en la ciencia (Douglas 2009; Elliott 2017). Los valores desempeñan necesariamente un papel en la ciencia de los límites biofísicos. Por ejemplo, los valores informan la determinación del estado cualitativo en el que se sostiene que un sistema debería estabilizarse (es decir, informan la motivación para plantear un límite del sistema). Esto queda claro en los estudios de los Límites Planetarios, en los que los autores presuponen que los sistemas terrestres relevantes deberían estabilizarse en "un estado propicio para el desarrollo humano" (Rockström et al. 2009b, 23). Además, los valores contextuales entran en la delineación del propio sistema y en la evaluación de las hipótesis científicas sobre dónde se encuentran los umbrales relevantes en un sistema—por ejemplo, a la hora de decidir cuánta evidencia es necesaria para aceptar una hipótesis científica sobre la ubicación de un umbral y de decidir cómo determinar los intervalos de confianza / límites de incertidumbre—.[4]

Estar conscientes de estos valores contextuales es particularmente importante al escudriñar las tesis científicas dentro de las ciencias

---

[4] Véase la nota 2.

ambientales, porque algunas de las tesis de estas ciencias son especialmente controvertidas entre los expertos científicos. Esta controversia se debe a la complejidad de muchas de estas ciencias y al hecho de que las pruebas experimentales directas de sus hipótesis están a menudo fuera de alcance (en principio, o por razones éticas o prácticas) (Parker 2017, 27). Los filósofos que sostienen tesis normativas a la luz de las tesis científicas sobre los límites biofísicos deben tener especial cuidado en considerar los valores implicados por estas afirmaciones.

En segundo lugar, las tesis de los límites ecológicos (cuando se combinan con valores normativos ampliamente compartidos) suelen motivar prescripciones para transformaciones sociales y políticas de gran alcance y/o chocan con las ideologías y formas dominantes de ver el mundo. En consecuencia, suelen ser objeto de controversias más abiertamente politizadas—a menudo organizadas y estratégicas—que ocurren fuera (o en la interfaz pública) de las instituciones y procesos científicos establecidos. Considérese, por ejemplo, las décadas de esfuerzos financiados por corporaciones de combustibles fósiles para engañar al público sobre la ciencia climática (por ejemplo, Oreskes y Conway 2010; Supran y Oreskes 2017).

¿Cómo deberían tomar en consideración los filósofos normativos este segundo tipo de controversia, cuando se dirige a las tesis de los límites biofísicos? Esto, sugiero, depende de si uno está haciendo teoría ideal o no ideal. Los teóricos ideales pueden, según los principios del método teórico ideal estándar, abstraerse permisiblemente de tal controversia.[5] Sin embargo, cuanto más no ideal (en el sentido de "sensible a los hechos") sea la teorización de uno, más relevante será dicha controversia para la teorización normativa de uno. Por ejemplo, sugeriré más adelante en la sección 3.2 que quienes hagan propuestas de reformas institucionales u otros tipos de acciones en el mundo real deberían tomar en serio la prevalencia de la controversia estratégica, ya que afecta al contexto epistémico e ideológico en el que las propuestas de reforma serán consideradas por los ciudadanos y las élites políticas.

---

5 La distinción entre "abstracción" e "idealización", y los tipos de idealizaciones que se consideran permisibles, se han discutido en O'Neill (1987), Robeyns (2008) y Valentini (2009). Este tipo de abstracción de los hechos de la vida social y política, y la teoría ideal en general, es polemizada con más fuerza por los teóricos políticos realistas: para una discusión, véase Rossi y Sleat (2014).

3. Teoría normativa y límites ecológicos

Supongamos ahora la veracidad de las siguientes dos tesis de los límites biofísicos: que hay límites biofísicos y que, tal y como sugiere el trabajo de los Límites Planetarios y su ciencia subyacente, muchos de estos límites están a punto de ser superados o ya lo han sido. ¿Qué se desprende de estos hechos empíricos (supuestos, pero bastante plausibles) para la teorización normativa?

3.1. Límites ecológicos y teorías de la justicia distributiva

La teorización sobre la justicia distributiva ha sido un interés central de la filosofía política normativa analítica desde la publicación de *Teoría de la justicia* de Rawls (2012). Sin embargo, los pensadores canónicos de la justicia distributiva en la tradición liberal, como Rawls y Dworkin, han sido criticados por no tomar en serio las implicaciones de los límites biofísicos en sus teorías (por ejemplo, Bell 2017).

Sin embargo, más recientemente, los teóricos de la justicia distributiva han comenzado a tomar en serio la idea de que la explotación ecológica por parte de un agente[6] requiere una justificación mucho mayor de lo que tradicionalmente se ha supuesto en la teorización liberal (Armstrong 2017; Bell 2017, 284; Caney 2016; Hayward 2017; Vanderheiden 2009).[7] Dichos teóricos se han enfocado principalmente en el imperativo de respetar (es decir, evitar infringir) los límites ecológicos agregados (incluyendo la determinación justificada de dichos límites) y, dentro de dichos límites agregados, la distribución de los derechos y deberes asociados al consumo de los recursos naturales y la conservación de los sistemas ecológicos (cf. Caney 2020, secs. 2–6; Hayward 2017, 313–14).

Se pueden observar dos grandes direcciones en esta literatura. La primera aproximación, y la aparentemente dominante, involucra el desarrollo más o menos evolutivo de las teorías de la justicia dominantes

---

6 Para conceptualizaciones interesantes de las interacciones ambientales de los humanos en términos de "espacio ecológico", véase Hayward (2017) y Vanderheiden (2009).

7 Otros dos ejes de discusión sobre las teorías de la justicia que han sido catalizados por los límites biofísicos, o explorados de otro modo en el contexto de éstos, han sido los *alcances* geográfico y temporal de la justicia. No puedo explorar aquí estos voluminosos debates.

a través de la especificación más detallada de sus implicaciones para las interacciones entre el ser humano y el medio ambiente. Un ejemplo reciente es la teoría de la justicia y los recursos naturales de Chris Armstrong (2017), que desarrolla las implicaciones de una teoría cosmopolita igualitaria de la justicia para las cuestiones relativas tanto a la distribución de los recursos naturales limitados como a la asignación de las cargas y ventajas asociadas a la conservación de los ecosistemas. También es plausible considerar la literatura sobre la justicia climática como un ejemplo de este tipo de teorización: hay debates sobre qué tipo de límite agregado a las emisiones antropogénicas netas de gases de efecto invernadero exige la justicia, así como debates sobre cómo debería distribuirse el "presupuesto de emisiones" resultante (véase Caney 2020). Este último debate se ha abordado, además, a la luz de supuestos más y menos "ideales" con respecto, por ejemplo, a los niveles de cumplimiento y a las restricciones de viabilidad (ibid).

La segunda dirección, seguida por un grupo más pequeño de teóricos, ha sido introducir constructos *teóricos* nuevos *en* las teorías de la justicia mismas sobre la presunta base de que tales innovaciones explican mejor los hechos sobre los límites biofísicos. Aquí consideraré dos de estas propuestas, que pueden llamarse "limitaristas" (Robeyns 2017, 2019).[8]

Breena Holland ha propuesto una innovación de la teoría de la justicia de las capacidades de Nussbaum. La teoría de Nussbaum postula diez capacidades centrales y defiende que los Estados deberían proteger constitucionalmente el derecho de cada persona a un nivel mínimo de umbral de cada capacidad (Nussbaum 2000, 2006, 287–91, 2011, 33–36). El argumento de Holland es el siguiente:[9]

---

8   Robeyns (2017, 2019) no argumenta a favor de los límites ecológicos *per se*. Más bien aboga por un límite superior de la *riqueza* y una de las justificaciones de ese límite son las "necesidades urgentes insatisfechas"—incluyendo los problemas de acción colectiva relativos al deterioro ecológico—que requieren recursos financieros públicos. Dicho esto, Robeyns incluye los límites ecológicos dentro de una teoría limitarista más amplia (comunicación personal). En cuanto a si el limitarismo se entiende mejor como una teoría (parcial) de la justicia, un principio de nivel medio o una propuesta de políticas, véase Timmer (de próxima publicación).

9   Para un interesante debate sobre la relación entre esta propuesta y los límites biofísicos a nivel de sistema, véase Holland (2014, 159–64).

Dado que la protección de las precondiciones ambientales de algunas capacidades puede socavar las condiciones económicas que posibilitan otras capacidades, la protección adecuada de todas las capacidades requerirá establecer *techos de capacidades*, además de umbrales de capacidad. (Holland 2008, 416)

Holland parte del ejemplo de Nussbaum sobre la conducción de SUVs (que consumen mucha gasolina):

Impedir que la gente conduzca SUVs es limitar las formas en que la gente puede moverse libremente de un lugar a otro, que es un componente de la capacidad de integridad corporal de Nussbaum. Por supuesto, el nivel de umbral de este componente de movilidad puede no ser tan alto como para incluir el poder desplazarse libremente de un lugar a otro en SUVs y está claro que Nussbaum no vería este grado de movilidad como un derecho fundamental. Sin embargo, ésa es precisamente la razón por la que se necesita un techo de capacidad. (Ibid 417)

Sin embargo, Peeters, Dirix y Sterckx argumentan que la propuesta de Holland es redundante, ya que la existencia del umbral mínimo garantiza que las actividades perjudiciales para el medio ambiente que privan a las personas de sus capacidades mínimas no se permitirán cuando esas actividades superen los derechos (*entitlements*) mínimos de alguien. Todas las partes relevantes del debate están de acuerdo en que conducir una SUV va más allá de los derechos mínimos de alguien, por lo que, suponiendo que esto amenace el disfrute de los demás de sus derechos mínimos, tendría que ser restringido; el techo de capacidades no es necesario para generar este resultado (Peeters, Dirix y Sterckx 2015, 379).[10]

Estos autores critican además la propuesta de Holland con base en que no es "*tener una capacidad*, sino derivar funcionamientos *de ella*" lo que perjudica de forma relevante al medio ambiente (2015, 381, énfasis en el original). "Para prevenir interferencias ilegítimas, que reducirían el bienestar de otra persona", sugieren, "podría ser necesario restringir los funcionamientos de las personas " (ibid 381). Es más, argumentan

---

10 Técnicamente, este resultado se generaría sólo si los beneficios submínimos tienen prioridad léxica sobre los beneficios por encima del mínimo o una prioridad ponderada suficiente para superarlos. Cuando esto no es el caso, el techo puede hacer un trabajo normativo independiente dentro de la teoría (y véase también el texto que precede a la nota 14, más abajo).

que "las *combinaciones* de funcionamientos de las personas deberían restringirse como un todo—en términos de su apropiación agregada de activos medioambientales" (ibid 382, énfasis en el original).

Sin embargo, esta propuesta, si debe entenderse como una innovación al nivel de una *teoría* de la justicia,[11] parece ser vulnerable a una versión equivalente de la primera objeción que estos autores hacen a Holland. Si lo que realmente importa para la justicia es la consecución universal de los umbrales mínimos de capacidades (ibid 381), entonces la "restricción de funcionamientos" parece redundante porque la teoría ya descartará las acciones que superen el umbral y que impidan a otros alcanzar el umbral mínimo.

Aun así, quizá la acusación de redundancia sea demasiado prematura. Por un lado, la teoría de las capacidades de Nussbaum es una teoría *parcial* de la justicia, cuyo interés consiste en elevar a todas las personas hasta los umbrales mínimos de capacidades (Nussbaum 2006, 71, 75, 291-92; 2011, 36); Nussbaum dice menos sobre la(s) regla(s) distributiva(s) que debería(n) aplicar por encima del umbral mínimo (Nussbaum 2006, 71, 75, 292-95; 2011, 40-42).[12] En la teoría de Nussbaum, las demandas de recursos sociales para garantizar las capacidades *superiores* al mínimo tienen claramente una prioridad menor, pero no está claro cómo deberían redistribuirse los recursos de los que disfrutan de capacidades por encima del mínimo a los que actualmente están por debajo del umbral mínimo (por ejemplo, quién, entre las personas que disfrutan capacidades por encima de lo mínimo a lo que tienen derecho, debería renunciar primero a sus recursos excedentes). Los límites superiores (es decir, los umbrales *máximos*[13]) pueden desempeñar un papel en la

---

11 Varios pasajes del artículo sugieren que los autores *están* interesados en las teorías de la justicia (véanse, por ejemplo, las páginas 377 y 381). Esta impresión es reforzada cuando los autores pasan a discutir una propuesta de la "operacionalización de restricciones de funcionamientos" a manera de asignaciones personales de carbono (en la p. 382). Si las restricciones de funcionamientos requieren una operacionalización institucional, entonces no son propuestas institucionales en sí mismas y deben ser implícitamente elementos propuestos de una teoría de la justicia.

12 La regla distributiva que debería aplicar por encima del umbral mínimo es un tema sobre el que también discrepan otros suficientaristas: para el debate, véase Huseby (2019).

13 La concepción de un "umbral" en esta discusión pretende significar, en términos generales, una discontinuidad en las razones normativas que aplican a ambos lados de un nivel distributivo específico. En consecuencia, puede haber, en teoría,

determinación de los patrones redistributivos que aplican al lidiar con los recursos de los agentes que están por encima del umbral mínimo (por ejemplo, dando prioridad a la redistribución de los recursos de aquellos que tienen recursos por encima del máximo por delante de aquellos cuyos recursos se encuentran entre el mínimo y el máximo).[14] Esto sugiere una posible dirección en la que podrían desarrollarse propuestas de techos de capacidad o restricciones de funcionamientos.

Una dirección alternativa—quizás más cercana a los objetivos más amplios de estos autores—es conceptualizar dichos límites superiores no como elementos teóricos novedosos en las teorías de la justicia, sino más bien como heurística o herramientas en procesos no ideales de deliberación y diseño de políticas. La idea sería que el razonamiento sobre políticas alternativas podría mejorarse mediante el uso de techos de capacidades o restricciones de funcionamientos para conceptualizar los *efectos* limitantes sobre las personas de las políticas medioambientales que pretenden controlar directamente los comportamientos perjudiciales para el medio ambiente (cf. Spengler 2016, 935).[15]

Ahora pasaré a las propuestas que entran de lleno en la categoría de reforma institucional/legal.

3.2 Límites ecológicos y reforma institucional/legal

Hasta ahora, he considerado dos posibles rutas desde las teorías de la justicia hasta la conclusión de que la sociedad debería respetar límites a la explotación ecológica: una ruta aplica teorías de la justicia candidatas existentes a los hechos supuestos sobre los límites biofísicos; otra ruta añade elementos teóricos adicionales a las teorías de la justicia existentes. Sin embargo, las teorías que hemos revisado nos dicen poco sobre la

---

"umbrales *máximos*" (un "límite superior" o "techo" es un umbral máximo), así como los "umbrales mínimos" más comúnmente discutidos (véase además Timmer 2021).

14   Sin embargo, los defensores de estas perspectivas de umbrales múltiples deben especificar cuidadosamente las reglas distributivas que aplican en los tres rangos relevantes (debajo del mínimo, por encima del máximo y entre los dos umbrales) y las reglas de prioridad que se necesitan para resolver los conflictos entre ellos, como cuando el respeto del límite superior dejaría recursos insuficientes para elevar a algunas personas hasta el mínimo (Timmer 2021).

15   Holland se acerca a esta sugerencia cuando describe los límites legales institucionales como "una forma indirecta de establecer techos de capacidades" (2008, 417).

forma institucional que dicho respeto por los límites debería adoptar. A continuación, examinaré dos categorías amplias de propuestas relativas a los límites ecológicos institucionalizados (es decir, legales): los límites a nivel agregado y los límites a nivel individual. Dado que se trata de un ámbito de investigación filosófica especialmente activo, me centraré en el ejemplo del cambio climático, es decir, los límites a la explotación de la capacidad de la biosfera para absorber los gases de efecto invernadero respetando los límites biofísicos del sistema climático.[16]

Si tenemos razones de justicia (o de otro tipo) para respetar ciertos límites a la explotación ecológica, se deduce de forma relativamente incontrovertida que tales límites deben institucionalizarse a un nivel administrativo adecuado. A ese nivel, un límite ecológico se expresará a menudo como una meta (u objetivo o blanco). Considérese, por ejemplo, los objetivos de mitigación de gases de efecto invernadero que han sido legislados por muchos gobiernos nacionales y subnacionales y por la UE con el fin de enfrentar el cambio climático (Iacobuta et al. 2018).[17] Dichos objetivos suelen incluirse en leyes climáticas "estratégicas" o "marco" que también establecen procesos e instituciones gubernamentales para facilitar la consecución de los objetivos y determinar la responsabilidad administrativa para hacerlo (Averchenkova y Nachmany 2017; Averchenkova, Fankhauser y Finnegan 2021).[18] Sin embargo, para *realmente* alcanzar un objetivo o meta relevante, el gobierno correspondiente normalmente tendrá que emprender (más) acciones ejecutivas y/o promulgar (más) leyes para incentivar a los actores privados a cambiar su comportamiento. Podríamos decir que el objetivo necesita ser *operacionalizado* (cf. Vanderheiden 2008).

Existe una tendencia en la literatura sobre límites ecológicos a suponer que, dado que tenemos razones de justicia para limitar la explotación ecológica agregada (tal vez consagrada en la ley como un objetivo agregado), tales límites deberían ser operacionalizados <i>a

---

[16] Esta forma de expresar los límites abarca tanto la emisión de gases de efecto invernadero a la atmósfera como la erosión de los "sumideros" de carbono (por ejemplo, la tala de árboles).

[17] También hay límites determinados internacionalmente en el ámbito climático, como se expresa, por ejemplo, en el Protocolo de Kioto de la Convención Marco de las Naciones Unidas sobre el Cambio Climático y, más recientemente (pero de forma menos precisa), en el Acuerdo de París.

[18] Para profundizar en los fundamentos normativos de la legislación climática, véase Green (2017).

través de cuotas (posiblemente comerciables[19]) *individuales* les sobre la explotación ecológica, ya sean asignadas a agentes grupales, como corporaciones, a personas naturales, o ambos (véase especialmente Hyams 2009; Vanderheiden 2018). Sin embargo, este supuesto es erróneo. El que las cuotas individuales sean o no la mejor política con la que operacionalizar un límite ecológico agregado depende, de hecho, de una amplia gama de factores (cf. Spengler 2016, 927, 929, 2018).

Considérense dos factores tales que son pertinentes para la elección de la política para resolver los problemas medioambientales (incluido el respeto de los límites a nivel agregado). Ambas consideraciones desaconsejan el uso de cuotas a nivel individual para abordar el cambio climático, pero pueden favorecer cuotas para otros problemas medioambientales.

La primera de estas consideraciones se refiere a la *sustituibilidad* del producto o actividad perjudicial.[20] Cuando las expectativas de sustitución (por ejemplo, a través de la innovación tecnológica) son débiles, puede haber un argumento más fuerte a favor de las cuotas (comerciables), ya que la consecución del objetivo agregado se convierte en una cuestión de limitar y distribuir legalmente el acceso al recurso relevante mismo. Sin embargo, si es posible respetar un límite a nivel agregado mediante la invención y/o difusión de sustitutos de la actividad/producto perjudicial para el medio ambiente, entonces puede ser preferible disponer políticas orientadas a la invención y difusión masiva de los sustitutos. Como han señalado destacados especialistas en ética climática, gran parte de las emisiones de gases de efecto invernadero que causan el cambio climático son producidas como resultado de actividades y tecnologías que son sustituibles (por ejemplo, Caney 2012, 285–91; O'Neill, Holland y Light 2008). Dado esto, una política climática mejor justificada podría centrarse en la innovación y la difusión de tales sustitutos. Para sustituir los combustibles fósiles para usos energéticos e industriales, por ejemplo, una combinación eficaz

---

19 La negociabilidad o no de las cuotas es una característica de diseño importante que puede ser analizada filosóficamente, pero no es pertinente para mis argumentos a continuación.

20 La cuestión de la sustituibilidad también es central al debate sobre el "crecimiento" frente al "decrecimiento" entre los académicos medioambientalistas (por ejemplo, Hickel y Kallis 2020), que también es relevante para la cuestión de las reformas institucionales/legales a la luz de los límites ecológicos.

de políticas podría incluir investigación y desarrollo financiados por el gobierno, subsidios para la demostración y el despliegue de nuevas tecnologías, provisión gubernamental de la infraestructura necesaria e impuestos para promover cambios de comportamiento a favor del sustituto (Acemoglu et al. 2012; Aghion et al. 2014). Es probable que un sistema de cuotas (comerciables) *no* ofrezca los mejores incentivos para obtener estos resultados (Aldred 2016; Pearse y Böhm 2014). Sin embargo, los sistemas de cuotas comerciables (también conocidos como sistemas de "comercio de emisiones") han dominado los debates sobre los instrumentos de política climática entre los teóricos normativos (por ejemplo, Caney y Hepburn 2011; Hyams 2009; Page 2013; Vanderheiden 2018).

La segunda consideración se refiere a la *política de las ideas normativas*. Los filósofos suelen evaluar las propuestas de políticas normativas para los problemas medioambientales de una manera que se abstrae del contexto político e ideológico al que se dirigen sus propuestas. Sin embargo, para ser políticamente relevante, el análisis filosófico de las políticas públicas debe tomar en cuenta más hechos contextuales que lo que típicamente ocurre en la teoría ideal. Como sostiene Jonathan Leader Maynard, esto debería incluir

> reflexionar sobre cómo un determinado sistema normativo o prescripción se desenvolverá en el pensamiento político de los actores del mundo real—enfocándose... [en] las probables formas de razonamiento, supuestos y actitudes que tales argumentos y afirmaciones podrían fomentar en la práctica política real de los ciudadanos y las élites (Leader Maynard 2017, 307).

Con respecto al cambio climático y otros problemas ambientales complejos, el contexto ideológico incluye intentos estratégicos por parte de los intereses creados de: engañar al público sobre los límites biofísicos (véase la parte 2.3, más arriba); enmarcar las leyes de mitigación climática como cargas económicas para las familias trabajadoras (MacNeil 2016), y enmarcar la responsabilidad de los problemas ambientales como cuestiones de elección personal del consumidor (Downey 2015, 18–19; Turner 2014). Los defensores de los sistemas de cuotas para mitigar el cambio climático en general, y los defensores de las cuotas *personales*[21] en particular (Hyams 2009; Vanderheiden 2018), han ignorado en gran medida el peligro muy real de que sus propuestas jueguen a favor de dichos intereses creados, haciendo potencialmente menos probable que se respeten los límites ecológicos a nivel agregado.

Estas consideraciones plantean la pregunta de qué tan "sensible a los hechos" debería ser la filosofía de las políticas públicas, especialmente con respecto a los hechos políticos e ideológicos. Ciertamente, las propuestas institucionales para abordar el cambio climático y otros límites ecológicos varían mucho en su postura sobre esta cuestión. Por ejemplo, supóngase que las cuotas individuales de emisiones son realmente el "mejor" mecanismo de política pública para enfrentar el cambio climático, en algún sentido que se abstraiga de los hechos políticos e ideológicos relevantes. De esto parecería implicarse que deberíamos *cambiar las condiciones políticas* que limitan su implementación. Simon Caney ha propuesto que se asignen "responsabilidades de segundo orden" para llevar a cabo dicho cambio en relación con la acción climática (Caney 2014, págs. IV-V).[22] Sin embargo, cuando se trata del cambio climático y de muchos otros límites ecológicos, el tiempo es esencial y la propuesta de Caney simplemente empuja los problemas de motivación y acción colectiva "hacia arriba" un nivel, hacia la implementación de dichas "responsabilidades de segundo orden". En consecuencia, Green y Brandstedt (2020) instan a los teóricos a trabajar con agentes *ya motivados* como parte de un enfoque más políticamente "comprometido" de la ética climática—uno que tome en serio las limitaciones y oportunidades políticas e ideológicas al construir ideas normativas y propuestas de políticas—.

---

21 En un sistema de cuotas personales de carbono, la responsabilidad se impone a las personas físicas por el consumo de uso final, en lugar de a las empresas a la cabeza de las cadenas de suministro de productos que requieren un uso intensivo de carbono.

22 La propuesta de Caney (2014) no está explícitamente vinculada al establecimiento de un sistema de comercio de emisiones, aunque en otro lugar defiende dichos sistemas de un modo relativamente idealizado (Caney y Hepburn 2011).

3.3 Límites ecológicos y la vida buena

No obstante, parece claro que cualquier propuesta de reforma institucional lo suficientemente ambiciosa como para respetar los límites biofísicos, tanto en el sistema climático como en otros ámbitos, dependerá de los cambios en la agencia política de muchos individuos y agentes grupales y, por lo tanto, en sus valores y creencias motivadoras. De hecho, parece que tenemos que instanciar visiones alternativas de la "vida buena" para motivar la acción política, pero también para cambiar los hábitos y prácticas personales, sociales y económicos más mundanos que amenazan los límites ecológicos. Éste es, al menos, un impulso importante que subyace en una amplia gama de investigaciones de teoría normativa que no encuadran fácilmente en teorías de la justicia o en propuestas específicas de políticas, pero que se ocupan manifiestamente, al menos en parte, de los límites ecológicos y sus implicaciones.

Por ejemplo, numerosos académicos han encontrado, en el reconocimiento de los límites ecológicos, la necesidad e inspiración de nuevas *virtudes* y *vicios* (Jamieson 2007, 2014; Sandler 2007; Sandler y Cafaro 2005; Wensveen 1999; Zwarthoed 2015), *prácticas* (Schlosberg y Coles 2016), *normas* morales-sociales (Green 2018) y *ethos ambientales* (Butt 2017; Hayward 2009). *Valores* como la libertad (Fragnière 2016; Lambacher 2016), la autonomía (Vanderheiden 2009) y el bienestar (J. O'Neill 1993), así como las *prácticas de valoración* sociales, económicas e institucionales (J. O'Neill 1993; J. O'Neill, Holland y Light 2008), han sido objeto de una reconceptualización crítica a la luz de los límites ecológicos. En una línea similar, Melissa Lane (2011) toma inspiración de la filosofía antigua para desafiar la inercia contemporánea frente a las crisis ecológicas y para estimular nuevas formas de *imaginación* e iniciativa sociopolíticas. Académicos indígenas y no occidentales han llamado la atención sobre los ricos recursos de las tradiciones filosóficas indígenas y no occidentales para repensar nuestras orientaciones valorativas siguiendo líneas más ecológicamente conscientes (Whyte 2017; Whyte y Cuomo 2017; Winter 2020). Mientras tanto, numerosos teóricos políticos han instado a una reconceptualización de las *instituciones políticas* fundamentales siguiendo líneas ecológicas (Dobson 2003; Eckersley 2004; Hayward 2006).

Apenas he rozado la superficie de este cuerpo de investigación, que aborda cuestiones y temas medioambientales más allá de los límites ecológicos *per se* y nos lleva a los campos mucho más amplios de la ética medioambiental y la teoría política verde.[23] Permítanme concluir esta sección con dos observaciones. En primer lugar, al igual que en la investigación sobre la justicia distributiva y reformas institucionales/legales, existe una división similar en la investigación ética entre constructos éticos más enfocados en el individuo, como las virtudes verdes, y constructos más estructural y colectivamente enfocados, como las prácticas sociales y el *ethos*. Sin embargo, los constructos de éticas de las virtudes a nivel individual no están enmarcados en términos de límites, sino que se entienden como disposiciones de comportamiento que conducen a mantener los límites a nivel agregado. Esta forma menos directa de contribución individual al respeto de los límites agregados puede evitar algunos de los problemas provocados por los límites a nivel individual discutidos en las secciones anteriores.

En segundo lugar, gran parte de esta investigación se enfoca en los constructos éticos que idealmente sería bueno instanciar. En cambio, una vertiente más pequeña pero aparentemente creciente de la teorización normativa lidia estrechamente con los agentes que ya están motivados y activos en dar forma al contexto cultural y de formación de ideas, y por lo tanto centra las oportunidades y limitaciones contemporáneas en su enfoque de la (re)construcción de valores, normas, virtudes, prácticas, etc. (Green y Brandstedt 2020). Por ejemplo, algunos teóricos están explotando las numerosas interconexiones entre temas ecológicos y otras cuestiones que son de interés para movimientos culturales y sociales ya activos—los que surgen de proyectos de clase/trabajo, raciales, indígenas, feministas, anticoloniales y otros proyectos progresistas— con vistas a forjar nuevos alineamientos ideológicos y políticos capaces de responder a retos interrelacionados (Agyeman, Bullard y Evans 2003; Bullard 1990; Green 2017; Hathaway 2020; Healy y Barry 2017; Prakash y Girgenti 2020; Schlosberg 2007; Walker 2011; Whyte 2017).

---

23 Para un panorama más completo de estos campos, véase, respectivamente, el artículo de *Philosophy Compass* por McShane (2009), y Gabrielson et al. (2016).

4. Conclusión

A medida que la devastación ecológica y el cambio climático siguen avanzando, los límites biofísicos pueden ser uno de los temas que definan el siglo 21. Por ello, es de agradecer que los teóricos normativos parezcan estar prestando cada vez más atención al papel de los límites normativos en la explotación ecológica. En este artículo he tratado de clasificar y revisar las tesis sobre los límites ecológicos, enfocándome en las tesis descriptivas sobre los límites biofísicos y en las investigaciones normativas en las que las nociones de límites biofísicos desempeñan un papel central. El debate normativo distingue la investigación sobre la justicia distributiva de la investigación enfocada en las reformas institucionales/legales y de una literatura más amplia sobre los valores, las prácticas, las virtudes y otras nociones éticas relacionadas con vivir bien dentro de los límites ecológicos. La revisión trató de destacar algunos debates clave dentro de la literatura para dar una idea de las promesas y los peligros de la teorización sobre los límites ecológicos. Concluiré con algunas reflexiones sobre vías prometedoras para estudios futuros que, en mi opinión, se desprenden del análisis anterior, enfocándome en dos temas que atraviesan las distintas secciones de la Parte 3.

En primer lugar, a lo largo del análisis normativo, advertí del peligro de pasar demasiado rápido de la aceptación (a la luz de las tesis sobre los límites biofísicos) de los límites normativos e institucionalizados a la explotación ecológica *agregada* a la conclusión de que los límites a *nivel individual* de la explotación ecológica están justificados—ya sea que dichos límites individuales adopten la forma de constructos teóricos nuevos dentro de las teorías de la justicia distributiva, de sistemas institucionalizados de cuotas individuales o de nuevas virtudes ambientales—. Es en el espacio que uno atraviesa al hacer este movimiento donde veo la necesidad más apremiante de desarrollar más estudios normativos (empíricamente informados). Hay tres líneas de investigación que me parecen muy prometedoras a este respecto. En primer lugar, desarrollar más investigación sobre constructos teóricos nuevos como los techos de capacidad y las restricciones de funcionamientos ayudaría a profundizar en la función distintiva de estos constructos, a explicar su relación con umbrales (por ejemplo, suficientaristas) mínimos y a justificarlos. En segundo lugar, las cuotas a nivel individual para diversas formas de explotación ecológica merecen una mayor exploración en la filosofía de las políticas públicas, prestando especial atención a justificar/criticar el salto de los límites agregados a las cuotas a nivel individual, dada la disponibilidad potencial de instrumentos de políticas alternativos (con diferentes características normativamente relevantes), especialmente los destinados a la innovación y la difusión de sustitutos de actividades/productos perjudiciales para el medio ambiente. En tercer lugar, sería valioso explorar más a fondo tanto las virtudes y los vicios individuales como (su relación con) las estructuras sociales colectivas destinadas a motivar y movilizar a los individuos para que emprendan acciones ecológicamente sostenibles.

En segundo lugar, en todos estos temas hay una cuestión metodológica que ha resurgido en varios puntos a lo largo de esta revisión. La cuestión se refiere al grado de sensibilidad a los hechos—particularmente políticos e ideológicos—que los teóricos normativos deberían tomar en cuenta al teorizar sobre los límites ecológicos. Dado lo apremiantes que son los problemas relacionados con los límites ecológicos, puede ser conveniente un cambio en el equilibrio de la teorización normativa hacia una mayor proporción de teorización sensible a los hechos. Al fin y al cabo, las teorías ideales elegantes no servirán de mucho en una tierra inhabitable.

Agradecimientos

Agradezco a Colin Hickey, Matthias Kramm, Erin Nash, Chris Neuhäuser, Ingrid Robeyns y Dick Timmer por sus útiles comentarios. Este proyecto recibió financiamiento del Consejo Europeo de Investigación (ERC) en el marco del programa de investigación e innovación Horizonte 2020 de la Unión Europea (acuerdo de subvención No. 726153). Este capítulo fue publicado originalmente en *Philosophy Compass*, 16(6), e12740. Doi: https://dx.doi.org/10.1111/phc3.12740

Referencias

Acemoglu, Daron, Aghion, Philippe, Bursztyn, Leonard & Hemous, David. 2012. The Enviroment and Directed Technical Change. *American Economic Review*, 102, 131–66. https://doi.org/10.1257/aer.102.1.131

Aghion, Philippe, Hepburn, Cameron, Teytelboym, Alexander & Zenghelis, Dimitri. 2014. *Path Dependence, Innovation and the Economics of Climate Change*. London. http://2014.newclimateeconomy.report/wp-content/uploads/2014/11/Path-dependence-and-econ-of-change.pdf.

Agyeman, Julian, Bullard, Robert D. & Evans, Bob (Eds.). 2003. *Just Sustainabilities: Development in an Unequal World*. Cambridge, MA.: The MIT Press.

Aldred, Jonathan. 2016. Emissions Trading Schemes in a 'Non-Ideal' World. In Clare Heyward & Dominic Roser (Eds.), *Climate Justice in a Non-Ideal World* (pp. 148–68). Oxford: Oxford University Press. https://doi.org/10.1093/acprof:oso/9780198744047.003.0008

Armstrong, Chris. 2017. *Justice and Natural Resources: An Egalitarian Theory*. Oxford: Oxford University Press. https://doi.org/10.1093/oso/9780198702726.001.0001

Averchenkova, Alina, & Nachmany, Michal. 2017. Institutional Aspects of Climate Legislation. In Alina Averchenkova, Sam Fankhauser & Michal Nachmany (Eds.), *Trends in Climate Change Legislation* (pp. 108–22). Cheltenham: Edward Elgar. https://doi.org/10.4337/9781786435781.00015

Averchenkova, Alina, Fankhauser, Sam & Finnegan, Jared J. 2021. The Impact of Strategic Climate Legislation: Evidence from Expert Interviews on the UK Climate Change Act. *Climate Policy*, 21, 251–63. https://doi.org/10.1080/14693062.2020.1819190

Bell, Derek. 2017. Justice on One Planet. In Stephen M. Gardiner & Allen Thompson (Eds.), *The Oxford Handbook of Environmental Ethics* (pp. 276–87). Oxford: Oxford University Press. https://doi.org/10.1093/oxfordhb/9780199941339.013.25

Bullard, Robert D. 1990. *Dumping in Dixie: Race, Class, and Environmental Quality*. Boulder: Westview Press.

Butt, Daniel. 2017. Law, Governance, and the Ecological Ethos. In Stephen M. Gardiner & Allen Thompson (Eds.), *The Oxford Handbook of Environmental Ethics* (pp. 51–61). Oxford: Oxford University Press.

Caney, Simon. 2012. Just Emissions. *Philosophy & Public Affairs*, 40, 255–300. https://doi.org/10.1111/papa.12005

Caney, Simon. 2014. Two Kinds of Climate Justice: Avoiding Harm and Sharing Burdens. *Journal of Political Philosophy*, 22, 124–49. https://doi.org/10.1111/jopp.12030

Caney, Simon. 2016. Cosmopolitanism and the Environment. In Teena Gabrielson, Cheryl Hall, John M. Meyer, & David Schlosberg (Eds.), *The Oxford Handbook of Environmental Political Theory* (pp. 238–54). Oxford: Oxford University Press. https://doi.org/10.1093/oxfordhb/9780199685271.013.16

Caney, Simon. 2020. Climate Justice. In Edward N. Zalta (Ed.), *The Stanford Encyclopedia of Philosophy*. https://stanford.library.sydney.edu.au/entries/justice-climate/.

Caney, Simon, & Hepburn, Cameron. 2011. Carbon Trading: Unethical, Unjust and Ineffective? *Royal Institute of Philosophy Supplement*, 69, 201–34. https://doi.org/10.1017/S1358246111000282

Dobson, Andrew. 2003. *Citizenship and the Environment*. Oxford: Oxford University Press. https://doi.org/10.1093/0199258449.001.0001

Dobson, Andrew. 2016. Are There Limits to Limits? In Teena Gabrielson, Cheryl Hall, John M. Meyer, & David Schlosberg (Eds.), *The Oxford Handbook of Environmental Political Theory* (pp.289–303). Oxford: Oxford University Press. https://doi.org/10.1093/oxfordhb/9780199685271.013.41

Douglas, Heather E. 2009. *Science, Policy, and the Value-Free Ideal*. Pittsburgh: University of Pittsburgh Press.

Downey, Liam. 2015. *Inequality, Democracy, and the Environment*. New York: New York University Press.

Duraiappah, Anantha Kumar. 2004. *Exploring the Links: Human Well-Being, Poverty, and Ecosystem Services*. Nairobi. https://www.iisd.org/system/files/publications/economics_exploring_the_links.pdf.

Eckersley, Robyn. 2004. *The Green State: Rethinking Democracy and Sovereignty*. Cambridge, MA.: The MIT Press.

Elliott, Kevin C. 2017. *A Tapestry of Values: An Introduction to Values in Science*. Oxford: Oxford University Press. https://doi.org/10.1093/acprof:oso/9780190260804.001.0001

Fragnière, Augustin. 2016. Ecological Limits and the Meaning of Freedom: A Defense of Liberty as Non-Domination. *De Ethica*, 3, 472–75. https://doi.org/10.3384/de-ethica.2001-8819.163333

Gabrielson, Teena, Hall, Cheryl, Meyer, John M. & Schlosberg, David. (Eds.). 2016. *The Oxford Handbook of Environmental Political Theory*. Oxford: Oxford University Press. https://doi.org/10.1093/oxfordhb/9780199685271.001.0001

Green, Fergus. 2017. The Normative Foundations of Climate Legislation. In Alina Averchenkova, Sam Fankhauser & Michal Nachmany (Eds.), *Trends in Climate Change Legislation* (pp.85–107). Cheltenham: Edward Elgar. https://doi.org/10.4337/9781786435781.00014

Green, Fergus. 2018. Anti-Fossil Fuel Norms. *Climatic Change*, 150, 103–16. https://doi.org/10.1007/s10584-017-2134-6

Green, Fergus & Brandstedt Eric. 2020. Engaged Climate Ethics. *Journal of Political Philosophy*, 29, 539–63. https://onlinelibrary.wiley.com/doi/full/10.1111/jopp.12237.

Hathaway, Julia Robertson. 2020. Climate Change, the Intersectional Imperative, and the Opportunity of the Green New Deal. *Environmental Communication*, 14, 13–22. https://doi.org/10.1080/17524032.2019.1629977

Hayward, Tim. 2006. Ecological Citizenship: Justice, Rights and the Virtue of Resourcefulness. *Environmental Politics*, 15, 435–46. https://doi.org/10.1080/09644010600627741

Hayward, Tim. 2009. International Political Theory and the Global Environment: Some Critical Questions for Liberal Cosmopolitans. *Journal of Social Philosophy*, 40, 276–95. https://doi.org/10.1111/j.1467-9833.2009.01451.x

Hayward, Tim. 2017. Ecological Space: The Concept and Its Ethical Significance. In Stephen M. Gardiner & Allen Thompson (Eds.), *The Oxford Handbook of Environmental Ethics* (pp. 311–20). Oxford: Oxford University Press. https://doi.org/10.1093/oxfordhb/9780199941339.013.31

Healy, Noel, & Barry, John. 2017. Politicizing Energy Justice and Energy System Transitions: Fossil Fuel Divestment and a 'Just Transition'. *Energy Policy*, 108, 451–59. https://doi.org/10.1016/j.enpol.2017.06.014

Hickel, Jason & Kallis, Giorgos. 2020. Is Green Growth Possible? *New Political Economy*, 25, 469–86. https://doi.org/10.1080/13563467.2019.1598964

Holland, Breena. 2008. Ecology and the Limits of Justice: Establishing Capability Ceilings in Nussbaum's Capabilities Approach. *Journal of Human Development*, 9, 401–25. https://doi.org/10.1080/14649880802236631

Holland, Breena. 2014. *Allocating the Earth*. Oxford: Oxford University Press. https://doi.org/10.1093/acprof:oso/9780199692071.001.0001

Huseby, Robert. 2019. Sufficientarianism. In William R. Thompson (Ed.), *Oxford Research Encyclopedia of Politics*. Oxford University Press. https://doi.org/10.1093/acrefore/9780190228637.013.1382.

Hyams, Keith. 2009. A Just Response to Climate Change: Personal Carbon Allowances and the Normal-Functioning Approach. *Journal of Social Philosophy*, 40, 237–56. https://doi.org/10.1111/j.1467-9833.2009.01449.x

Iacobuta, Gabriela, Dubash, Navroz K., Upadhyaya, Prabhat, Deribe, Mekdelawit, & Höhne, Niklas. 2018. National climate change mitigation legislation, strategy and targets: a global update. *Climate Policy*, 18, 1114–32. https://doi.org/10.1080/14693062.2018.1489772

Jamieson, Dale. 2007. When Utilitarians Should Be Virtue Theorists. *Utilitas*, 19, 160–83. https://doi.org/10.1017/S0953820807002452

Jamieson, Dale. 2014. *Reason in a Dark Time: Why the Struggle Against Climate Change Failed—and What It Means for Our Future*. New York: Oxford University Press. https://doi.org/10.1093/acprof:oso/9780199337668.001.0001

Lambacher, Jason. 2016. The Limits of Freedom and the Freedom of Limits. In Teena Gabrielson, Cheryl Hall, John M. Meyer, & David Schlosberg (Eds.), *The Oxford Handbook of Environmental Political Theory* (pp. 385–98). Oxford: Oxford University Press. https://doi.org/10.1093/oxfordhb/9780199685271.013.27

Lane, Melissa. 2011. *Eco-Republic: Ancient Thinking for a Green Age*. Witney, UK: Peter Lang Ltd.

Leader Maynard, Jonathan. 2017. Ideological Analysis. In Adrian Blau (Ed.), *Methods in Analytical Political Theory* (pp. 297–324). Cambridge: Cambridge University Press. https://doi.org/10.1017/9781316162576.015

MacNeil, Robert. 2016. Death and Environmental Taxes: Why Market Environmentalism Fails in Liberal Market Economies Robert. *Global Environmental Politics*, 13, 21–37. https://doi.org/10.1162/GLEP_a_00336

McShane, Katie. 2009. Environmental Ethics: An Overview. *Philosophy Compass*, 4, 407–20. https://doi.org/10.1111/j.1747-9991.2009.00206.x

Meadows, Donella, Meadows, Dennis, Randers, Jørgen & Beerens III, William. 1974. *The Limits to Growth*. London: Pan.

Meadows, Donella, Dennis Meadows, Jørgen Randers y William Behrens III. 1973. *Los límites del crecimiento*. Traducido por María Soledad Loaeza de Graue. Distrito Federal: Fondo de Cultura Económica.

Nussbaum, Martha. 2000. *Women and Human Development: The Capabilities Approach*. Cambridge: Cambridge University Press.

Nussbaum, Martha. 2006. *Frontiers of Justice: Disability, Nationality, Species Membership*. Cambridge, MA.: Harvard University Press.

Nussbaum, Martha. 2011. *Creating Capabilities: The Human Development Approach*. Cambridge, MA.: Harvard University Press.

O'Neill, John. 1993. *Ecology, Policy and Politics: Human Well-Being and the Natural World*. London: Routledge.

O'Neill, John, Holland, Alan & Light, Andrew. 2008. *Environmental Values*. London: Routledge.

O'Neill, Onora. 1987. Abstraction, Idealization and Ideology in Ethics. *Royal Institute of Philosophy Supplement*, 22, 55–69. https://doi.org/10.1017/S1358246100003660

Oreskes, Naomi & Conway, Erik M. 2010. *Merchants of Doubt: How a Handful of Scientists Obscured the Truth on Issues from Tobacco Smoke to Global Warming*. London: Bloomsbury Press.

Page, Edward A. 2013. The Ethics of Emissions Trading. *WIRES Climate Change*, 4, 233–43. https://doi.org/10.1002/wcc.222

Parker, Wendy. 2017. Environmental Science: Empirical Claims in Environmental Ethics. In Stephen M. Gardiner & Allen Thompson (Eds.), *The Oxford*

Handbook of Environmental Ethics (pp. 27–39). Oxford: Oxford University Press. https://doi.org/10.1093/oxfordhb/9780199941339.013.3

Pearse, Rebecca & Böhm, Stefen. 2014. Ten Reasons Why Carbon Markets Will Not Bring about Radical Emissions Reduction. *Carbon Management*, 5, 325–37. https://doi.org/10.1080/17583004.2014.990679

Peeters, Wouter, Dirix, Jo & Sterckx, Sigrid. 2015. The Capabilities Approach and Environmental Sustainability: The Case for Functioning Constraints. *Environmental Values*, 24, 367–89. https://doi.org/10.3197/0963271 15X14273714154575

Prakash, Varshini, & Girgenti, Guido. (Eds.). 2020. *Winning the Green New Deal: Why We Must, How We Can*. London: Simon & Schuster.

Rawls, John. 1971. *A Theory of Justice*. Cambridge, MA.: Harvard University Press.

Rawls, John. 2012. *Teoría de la justicia*. Traducido por María Dolores González. Distrito Federal: Fondo de Cultura Económica.

Robeyns, Ingrid. 2008. Ideal Theory in Theory and Practice. *Social Theory and Practice*, 34, 341–62. https://doi.org/10.5840/soctheorpract200834321

Robeyns, Ingrid. 2017. Having too much. In Jack Knight & Melissa Schwartzberg (Eds.), *Wealth - Yearbook of the American Society for Political and Legal Philosophy* (pp. 1–44). New York: New York University Press.

Robeyns, Ingrid. 2019. What, If Anything, Is Wrong with Extreme Wealth? *Journal of Human Development and Capabilities*, 20, 251–66. https://doi.org/10.1080/19452829.2019.1633734

Rockström, Johan, Steffen, Will, Noone, Kevin, Persson, Åsa Chapin III, F. Stuart,. Lambin, Eric F, Lenton, Timothy M., Scheffer, Marten, Folke, Carl, Schellnhuber, Hans Joachim, Nykvist, Björn, De Wit, Cynthia A., Hughes, Terry, van der Leeuw, Sander et al. 2009. A Safe Operating Space for Humanity. *Nature*, 461, 472–75. https://doi.org/10.1038/461472a

Rockström, Johan, Steffen, Will, Noone, Kevin, Persson, Åsa Chapin III, F. Stuart,. Lambin, Eric F, Lenton, Timothy M., Scheffer, Marten, Folke, Carl, Schellnhuber, Hans Joachim, Nykvist, Björn, De Wit, Cynthia A., Hughes, Terry, van der Leeuw, Sander et al. 2009. Planetary Boundaries: Exploring the Safe Operating Space for Humanity. *Ecology & Society*, 14, 32. https://doi.org/10.5751/ES-03180-140232

Rossi, Enzo & Sleat, Matt. 2014. Realism in Normative Political Theory. *Philosophy Compass*, 9, 689–701. https://doi.org/10.1111/phc3.12148

Sandler, Ronald. 2007. *Character and the Environment: A Virtue-Oriented Approach to Environmental Ethics*. New York: Columbia University Press.

Sandler, Ronald & Cafaro, Philip. (Eds.). 2005. *Environmental Virtue Ethics*. Lanham, MD.: Rowman & Littlefield.

Schlosberg, David. 2007. *Defining Environmental Justice: Theories, Movements, and Nature*. Oxford: Oxford University Press. https://doi.org/10.1093/acprof:oso/9780199286294.001.0001

Schlosberg, David & Coles, Romand. 2016. The New Environmentalism of Everyday Life: Sustainability, Material Flows and Movements. *Contemporary Political Theory*, 15, 160–81. https://doi.org/10.1057/cpt.2015.34

Spengler, Laura. 2016. Two Types of 'Enough': Sufficiency as Minimum and Maximum. *Environmental Politics*, 25, 921–40. https://doi.org/10.1080/09644016.2016.1164355

Spengler, Laura. 2018. *Sufficiency as Policy: Necessity, Possibilities and Limitations*. Baden-Baden: Nomos.

Steffen, Will et al. 2015. Planetary Boundaries: Guiding Human Development on a Changing Planet. *Science*, 347, n.1259855. https://doi.org/10.1126/science.1259855

Supran, Geoffrey & Oreskes, Naomi. 2017. Assessing ExxonMobil's Climate Change Communications (1977–2014). *Environmental Research Letters*, 12. https://doi.org/10.1088/1748-9326/aa815f

Timmer, Dick. Forthcoming. Limitarianism: Pattern, Principle, or Presumption? *Journal of Applied Philosophy*.

Timmer, Dick. 2021. *Thresholds in Distributive Justice*. Unpublished manuscript.

Turner, James Morton. 2014. Counting Carbon: The Politics of Carbon Footprints and Climate Governance from the Individual to the Global. *Global Environmental Politics*, 14, 59–78. https://doi.org/10.1162/GLEP_a_00214

Valentini, Laura. 2009. On the Apparent Paradox of Ideal Theory. *Journal of Political Philosophy*, 17, 332–55. https://doi.org/10.1111/j.1467-9760.2008.00317.x

Vanderheiden, Steve. 2008. Two Conceptions of Sustainability. *Political Studies*, 56, 435–55. https://doi.org/10.1111/j.1467-9248.2007.00691.x

Vanderheiden, Steve. 2009. Allocating Ecological Space. *Journal of Social Philosophy*, 40, 257–75. https://doi.org/10.1111/j.1467-9833.2009.01450.x

Vanderheiden, Steve. 2018. Personal Carbon Trading and Individual Mitigation Accountability. In Beth Edmondson & Stuart Levy (Eds.), *Transformative Climates and Accountable Governance* (pp. 273–99). Springer. https://doi.org/10.1007/978-3-319-97400-2_12

Walker, Gordon. 2011. *Environmental Justice: Concepts, Evidence and Politics*. London: Routledge. https://doi.org/10.4324/9780203610671

Wensveen, Louke van. 1999. *Dirty Virtues: The Emergence of Ecological Virtue Ethics*. Lanham, MD.: Rowman & Littlefield.

Whyte, Kyle P. 2017. Indigenous Climate Change Studies: Indigenizing Futures, Decolonizing the Anthropocene. *English Language Notes*, 55, 153–62. https://doi.org/10.1215/00138282-55.1-2.153

Whyte, Kyle P. & Cuomo, Chris. 2017. Ethics of Caring in Environmental Ethics: Indigenous and Feminist Philosophies. In Stephen M. Gardiner & Allen Thompson (Eds), *The Oxford Handbook of Environmental Ethics* (pp. 234–47). Oxford: Oxford University Press. https://doi.org/10.1093/oxfordhb/9780199941339.013.22

Winter, Christine Jill. 2020. Does Time Colonise Intergenerational Environmental Justice Theory? *Environmental Politics*, 29, 278–96. https://doi.org/10.1080/09644016.2019.1569745

Zwarthoed, Danielle. 2015. Creating Frugal Citizens: The Liberal Egalitarian Case for Teaching Frugality. *Theory and Research in Education*, 13, 286–307. https://doi.org/10.1177/1477878515606620

14. Limitarismo y generaciones futuras

Tim Meijers

Introducción

La idea de demasía, de límites, es central para entender los problemas prácticos intergeneracionales más apremiantes. El limitarismo—la idea de que es malo o injusto tener demasiado—parece encajar perfectamente con esto. Conducimos y volamos demasiado. Comemos demasiada carne y productos lácteos. Compramos demasiadas cosas. Como resultado, emitimos demasiado CO2 y otros gases de efecto invernadero. Colectivamente, ocupamos demasiado espacio ecológico. Este capítulo pregunta cuáles son las ventajas y las limitaciones de una perspectiva limitarista en el contexto intergeneracional.

Dado el tipo de teoría que es el limitarismo—no ideal[1] y parcial— no deberíamos esperar que nos proporcione una teoría cabal de la justicia intergeneracional. El objetivo de este capítulo es primariamente exploratorio: pregunta a qué oportunidades y retos se enfrenta el limitarismo y esboza los contornos de lo que podría y debería ser el limitarismo intergeneracional. Dado que algunos de los retos más apremiantes a los que nos enfrentamos hoy en día tienen una dimensión intergeneracional, tiene sentido plantear dos preguntas sobre el limitarismo.

---

1 Pero véase Herzog (de próxima publicación), Icardi (en este volumen) y Neuhäuser (en este volumen) sobre el limitarismo en la teoría ideal.

Primero, podríamos preguntar si las preocupaciones intergeneracionales refuerzan los argumentos a favor del limitarismo. ¿Las preocupaciones sobre la justicia intergeneracional nos dan razones adicionales para adoptar el limitarismo? Segundo, podríamos preguntar si introducir preocupaciones por las generaciones futuras puede ayudarnos a desarrollar un limitarismo que se ajuste a los retos intergeneracionales más apremiantes a los que nos enfrentamos. Estas dos preguntas guían este artículo. El capítulo procede de la siguiente manera. En primer lugar, introduzco muy brevemente la versión más destacada del limitarismo: el limitarismo económico (Sección 2). A continuación, arguyo que los principales argumentos a favor del limitarismo tienen una fuerza intergeneracional considerable. Sin embargo, esto también plantea cuestiones sobre qué principio de asignación tendrían que respaldar los limitaristas (Sección 3). La sección 4 argumenta que, si queremos que el limitarismo abarque la justicia medioambiental y los límites medioambientales, el limitarismo necesita ser revisado, no puede ser sólo sobre el dinero o las posesiones individuales. Pero estas revisiones tendrían un costo teórico considerable para el limitarismo. Tal vez no deberíamos esperar esto del limitarismo para empezar. La última sección antes de la conclusión, de forma un tanto especulativa, propone una defensa inspirada en Rawls de un limitarismo intergeneracional.

Introducción al limitarismo económico

Esta sección ofrece un breve esbozo de las características clave del limitarismo económico. El limitarismo es la perspectiva de que es injusto (o malo) que la gente sea muy rica. Nadie debería tener riqueza por encima de cierta línea: el umbral limitarista. Los principales argumentos contra tener demasiado son dos. En primer lugar, las grandes desigualdades distributivas amenazan la igualdad democrática (porque el dinero viene acompañado de poder y puede corromper la política). En segundo lugar, porque el dinero podría hacer más bien en otra parte: por ejemplo, abordando la pobreza global, las desventajas o los problemas de acción colectiva.

Hay varias formas de identificar el umbral limitarista. Primero, se puede argumentar que existe algo así como una línea de riqueza, por encima de la cual tener más dinero no aporta nada de valor moral a quien lo posee. En otras palabras, en algún punto, tener más riqueza no aporta nada a nuestro bienestar objetivo (aunque podríamos querer tener más). La línea de riqueza presupone la sociabilidad, un límite a nuestra capacidad de convertir el dinero en bienestar objetivo. Supongamos que alguien tiene una fortuna F de la que la cantidad N está por encima de la línea de la riqueza; quitarle la cantidad N-1 (de dólares, euros, lo que sea) no menoscabaría sus intereses de ninguna manera moralmente significativa (aunque puede que no le guste). Se podría argumentar que el umbral limitarista coincide con la línea de riqueza: la gente no debería tener riqueza que exceda la línea de riqueza. También se puede defender un umbral limitarista independientemente de la línea de riqueza (e independientemente de si se piensa que tal línea de hecho existe). Dicho umbral podría definirse en términos absolutos o—dada la naturaleza posicional de muchos bienes relevantes para la justicia—en términos relativos: que uno cuente como "demasiado rico" depende de cuánto tengan los demás (véase Ben Shahar 2019; Timmer 2021b).

El limitarismo económico trata sobre el *dinero*, o al menos sobre los activos cuyo valor puede expresarse en términos monetarios. Los muy ricos deberían donar su riqueza excedente, o deberían pagar impuestos por ella, o deberíamos pasar a un sistema económico en el que nunca llegaran a ser tan ricos. El limitarismo económico trata sobre las posesiones de los individuos, no sobre las posesiones de un Estado, una generación o una empresa. Robeyns sugiere una unidad de análisis mayor en su formulación inicial de la perspectiva: la familia, pero incluso en ese caso lo que importa son las posesiones per cápita de la familia.[2] Sólo *una persona en particular* puede tener demasiado. La razón es clara: si nos fijamos en las posesiones medias per cápita, pasamos por alto el hecho de que los distintos miembros del grupo pueden poseer cantidades diferentes. Podrían tener demasiado en promedio, mientras

---

[2] El análisis a nivel familiar surge en el contexto de la objeción sobre la fertilidad. Robeyns (2017) se pregunta si, al determinar si una familia tiene posesiones por encima de la línea de riqueza, deberíamos tomar en cuenta si tiene hijos o no. Robeyns argumenta que deberíamos considerarlo porque algunos niños tienen intereses propios moralmente relevantes que podrían verse perjudicados por la distribución. Así, la línea de la riqueza para una familia de cuatro miembros sería más alta que para una familia de dos.

que miembros individuales pueden tener demasiado poco, si los activos están concentrados en manos de un subconjunto de miembros.[3]

El limitarismo, al enfocarse en los ricos, desplaza la atención de los beneficiarios de la redistribución a aquellos que pagarán por ella. Se enfoca en los contribuyentes (por razones relacionadas con los beneficiarios). Por último, el limitarismo económico es una teoría parcial y no ideal de la justicia. No debemos esperar que el limitarismo proporcione una teoría completa de la justicia distributiva; más bien, es una parte de una imagen más amplia a la que le concierne lo que nos debemos unos a otros. Pretende ser orientadora de la acción, una bandera de movilización, para mover el mundo en la dirección correcta. Aunque no ofrece una imagen de cómo sería una sociedad justa, señala algo necesariamente ausente en cualquier imagen atractiva de una sociedad justa: una gran abundancia en manos de unos pocos frente a la privación. Las acciones y políticas que recomienda no son (si el umbral es alto) muy exigentes. La ventaja es que no requiere consenso sobre lo que la justicia exige exactamente. El limitarismo es teóricamente ligero. Las personas que sostienen todo tipo de opiniones pueden estar de acuerdo con lo siguiente: si debemos reasignar el dinero para promover objetivos importantes universalmente apoyados, es preferible hacerlo por cuenta de quienes tienen una enorme cantidad de riqueza. No perderán nada, o muy poco. Las personas que tienen opiniones muy diferentes de la justicia pueden estar de acuerdo en que imponer un umbral limitarista es un paso en la dirección correcta.

Limitarismo económico y generaciones futuras

Las discusiones actuales sobre el limitarismo tienen un enfoque temporal limitado. Quienes defienden el limitarismo se fijan en la riqueza que

---

[3] Así es como se ha formulado el limitarismo hasta ahora. Por supuesto, a uno podría preocuparle la riqueza concentrada en las "manos" de grandes corporaciones, y las preocupaciones limitaristas que tenemos sobre esto podrían no ser reducibles a las preocupaciones que tenemos con respecto al hecho de que esta riqueza esté (indirectamente) en las manos de los accionistas de esta corporación. Del mismo modo, a uno podría preocuparle la riqueza de ciertos Estados a nivel mundial, lo cual permite que haya desigualdades tanto de poder como de riqueza de cara a la pobreza en formas que no son reducibles a las preocupaciones sobre las posesiones de los ciudadanos individuales de ese Estado: el poder del dinero para corromper el proceso político no está ligado a que esté en manos de personas físicas.

poseen *actualmente* los extremadamente ricos y sobre todo en los males sociales *actuales* que podrían abordarse mediante una distribución alternativa.[4] Esta sección explora los aspectos intergeneracionales del limitarismo económico. Me enfoco aquí en la justicia entre generaciones de nacimiento (se traslapen o no), no en la justicia entre grupos de edad (los viejos y los jóvenes).[5] ¿Tenemos razones, desde el punto de vista de la justicia intergeneracional, para apoyar el limitarismo económico? Examinaré las implicaciones intergeneracionales de los dos argumentos principales a favor del limitarismo por separado; dado que son argumentos de una naturaleza diferente, pueden tener implicaciones divergentes y pueden dar como resultado umbrales diferentes (por ejemplo, Robeyns 2017, p. 36).

¿Acaso esta pregunta entiende las cosas al revés? ¿No deberíamos preguntar primero cuáles son las implicaciones del limitarismo intergeneracional? Así es como uno procedería con otras teorías de la justicia intergeneracional. No preguntaríamos si la igualdad *ahora* sería buena para las personas futuras, sino si los principios igualitaristas aplican a través de las generaciones. ¿No deberíamos preguntar si el limitarismo tiene implicaciones intergeneracionales y luego examinar si esas implicaciones coinciden con algunas convicciones morales profundamente arraigadas? Este tipo de objeción no entiende la cuestión. El limitarismo no pretende ser una teoría de la justicia, sino más bien un compromiso parcial, tal vez mejor entendido como un principio de nivel medio que tenemos razones para adoptar en circunstancias no ideales. Si tenemos razones para ser limitaristas, las tenemos a raíz de compromisos morales previos.[6] El limitarismo puede desempeñarse como una bandera de movilización porque sus principios centrales

---

[4] La excepción es el argumento ecológico que desarrolla Robeyns (2018). Aunque el argumento es claramente relevante para las generaciones futuras, trata principalmente sobre las distribuciones justas de los costos de la sostenibilidad desde un punto de vista intrageneracional. Holland (de próxima publicación) defiende una perspectiva adyacente al limitarismo.

[5] Si el limitarismo tiene un papel que desempeñar en las cuestiones sobre la justicia de los grupos de edad es una pregunta interesante, pero que no voy a explorar aquí. Para algunas observaciones sobre esta cuestión, véase Manuel Sa Valente (2022).

[6] Para una crítica que sugiere que esto hace que el limitarismo sea superfluo, véase Huseby (2022); para una respuesta, véase Robeyns (2022) y Timmer (este volumen). Timmer (2021a) propone otras formas de concebir el limitarismo: como una presunción, como un principio de nivel medio o—de forma más práctica— como un limitarismo de políticas.

están apoyados por una amplia variedad de perspectivas morales más sustantivas. La justicia viene primero, y el limitarismo, segundo. Si uno respalda un principio limitarista, lo hace por razones de justicia (u otras consideraciones morales): porque la igualdad democrática importa, porque las necesidades insatisfechas son injustas, etc. Entonces, ¿tenemos razones relativas a la justicia intergeneracional para apoyar el limitarismo económico?

El argumento democrático y las personas futuras

El primer argumento a favor de los límites a la riqueza se enfoca en los efectos de la riqueza extrema sobre la igualdad democrática. Robeyns (2017), basándose, por ejemplo, en Christiano (2012), argumenta que las personas extremadamente ricas pueden gastar (y de hecho gastan) grandes sumas de dinero en influir en el proceso político con poco o ningún costo para ellas. Pueden hacerlo haciendo donaciones a partidos políticos y organizaciones de cabildeo, intentando influir en los votantes, etc. Esto es una amenaza para la democracia. En una sociedad democrática, los ciudadanos deberían ejercer una influencia aproximadamente igual (o al menos deberían tener una oportunidad aproximadamente igual de ejercer influencia). La riqueza extrema amenaza esto. Y para los teóricos liberales, la igualdad democrática tiene importancia suprema y tiene prioridad sobre las consideraciones económicas (por ejemplo, Rawls 2012).

Los límites a la riqueza reducirían las desigualdades de poder derivadas de las desigualdades de riqueza. Dependiendo de si se adopta la línea de la riqueza o un umbral limitarista relativo, los multimillonarios no pierden nada o al menos muy poco en términos de florecimiento si les quitamos su riqueza excedente.[7] Dado que el limitarismo promueve significativamente la igualdad democrática a un costo moral muy bajo, ésta es una decisión fácil de tomar. ¿Tiene fuerza el argumento democrático en un contexto intergeneracional? A primera vista, la igualdad democrática desempeña un papel limitado entre nosotros y las personas futuras. No votamos en las mismas elecciones ni

---

7   Es concebible que, si uno adopta un umbral limitarista muy sensible a las circunstancias, el umbral limitarista podría ser bastante bajo. El resultado sería que el limitarismo *es* bastante exigente.

somos directamente miembros del mismo *demos*. Aunque ciertamente ejercemos poder sobre las generaciones futuras, esto se debe a la unidireccionalidad del tiempo. El hecho de que tenemos un poder sobre las generaciones futuras que ellas no tienen sobre nosotros es inevitable.

El poder político, y, con él, la igualdad democrática, es un bien posicional. Lo que importa es cuánto poder puedes ejercer en comparación con otros relevantes. El valor de mi parte de poder político depende en parte de la cantidad de poder político que otros ejercen. Pero las preocupaciones sobre la igualdad democrática sólo aplican en relación con los que ejercen el poder político en el mismo contexto. El hecho de que Julio César tuviera una espantosa cantidad de poder político en comparación con sus contemporáneos no influye en mi igual posición como ciudadano neerlandés. Hay que compartir un régimen político, en cierto sentido, para que surjan cuestiones de igualdad democrática. Se puede pensar que lo que importa desde el punto de vista de la igualdad democrática es que quienes viven juntos en un momento determinado en una sociedad determinada ejerzan cantidades aproximadamente similares de poder político. Si esto es correcto, el alcance temporal del argumento democrático es limitado. A primera vista, la igualdad democrática importa sincrónicamente, no diacrónicamente (al menos entre generaciones que no se traslapan).[8]

La literatura sobre el argumento democrático a favor del limitarismo ha dicho muy poco sobre qué tiene de malo exactamente la desigualdad democrática. Esto tiene sentido para una perspectiva no ideal: la mayoría de las personas están de acuerdo en que la igualdad democrática es de importancia suprema. Esto es suficiente para que una teoría no ideal obtenga apoyo. Pero es útil para nuestros propósitos aquí hablar un poco más de esta cuestión. Podemos distinguir entre argumentos instrumentales e intrínsecos a favor de la democracia o del valor de la igualdad democrática. En primer lugar, podemos pensar que las desigualdades democráticas son intrínsecamente malas: está mal que algunas personas tengan más oportunidades de influencia política que otras. Se puede pensar que la legitimidad democrática requiere que todas las personas sujetas a una ley sean, en cierto sentido, coautoras de la misma. Esto es independiente del contenido de la ley decidida. Incluso si

---

8   Véase Sa Valente (2022).

una influencia política desigual hubiera conducido a una mejor decisión según algún estándar objetivo, esa decisión sería problemática desde el punto de vista de la legitimidad democrática. En segundo lugar, se puede pensar que la desigualdad democrática es mala porque conduce a decisiones malas o injustas. Ésta es una preocupación instrumental sobre la desigualdad democrática: las desigualdades democráticas son malas porque—y en la medida en que—conducen a malas leyes y políticas. Esto podría deberse a razones epistémicas (quizás omitimos las perspectivas de grupos marginados) o morales (la exclusión de algunos sesgó la decisión, perjudicando a los marginados). Las leyes pueden ser menos efectivas o menos justas (o ambas cosas).

El argumento instrumental tiene una clara fuerza en el contexto intergeneracional: si una sociedad democráticamente igualitaria toma (moral o epistémicamente) mejores decisiones con respecto a las generaciones futuras, existen razones instrumentales para proteger la igualdad democrática. Las decisiones que se toman ahora afectan a las personas futuras. Si los ricos cabildean a favor de la desregulación, por ejemplo, en el ámbito de los combustibles fósiles, ello impactará negativamente a las generaciones futuras. En este sentido, la existencia de una riqueza extrema *en cualquier lugar* y *en cualquier momento* podría ser una amenaza para la igualdad democrática *en todas partes*, ahora y en el futuro, porque da a quienes tienen mucha riqueza la oportunidad de sesgar la toma de decisiones a su favor. Así pues, podemos concluir lo siguiente:

> *Consecuencias futuras de las decisiones actuales*: En la medida en que las grandes desigualdades crean (un mayor riesgo de) decisiones que amenazan los derechos (o intereses moralmente significativos) de las generaciones futuras, tenemos razones intergeneracionales para apoyar el limitarismo.

Por razones instrumentales, en la medida en que las desigualdades democráticas den lugar a malas decisiones para las personas futuras—o tengan un mayor riesgo de hacerlo que distribuciones alternativas—hay motivos para restringir la influencia de los muy ricos. Si esta condición se cumple o no es una cuestión empírica, pero hay algunas razones para pensar que sí lo hace. Una razón para pensar que una sociedad más igualitaria sería mejor para las generaciones futuras es que las sociedades igualitarias tienden históricamente a ser más adaptables ante las crisis.[9] Otra razón (o algo sintomático de la razón anterior) es que muchos de los individuos muy ricos se oponen activamente a la regulación de las industrias perjudiciales, se oponen a impuestos que beneficiarían a los menos favorecidos y distorsionan activamente el discurso científico. Uno podría pensar razonablemente que habríamos hecho un mejor trabajo, y que podríamos hacer un mejor trabajo, frente a los retos creados por el cambio climático sin décadas de financiación para los negacionistas del cambio climático y la desinformación que ha sido parcialmente encabezada por la oposición empecinada de la industria..[10] Pero el dinero puede actuar en varias direcciones y no es inconcebible que los multimillonarios inviertan—y algunos lo hacen—su dinero en causas buenas.[11] Sin embargo, no deberíamos depender de la buena voluntad de los ricos para que gasten su dinero de una manera particular.[12] El mero hecho de que *puedan* actuar de maneras tremendamente perjudiciales, se podría pensar, es razón suficiente para asegurarse de que no puedan hacerlo. Desde la perspectiva limitarista, no hay necesidad de arriesgarse si, en lugar de ello, podemos asegurarnos de que se haga un buen uso de la riqueza despojándolos de ella.

¿Y el argumento intrínseco? Puede que las personas futuras vivan nominalmente en el mismo régimen político que nosotros, pero no tomamos decisiones juntos. Los neerlandeses futuros viven en los Países Bajos como yo, pero no tomamos decisiones juntos. Las personas futuras (por definición) no existen, así que no pueden votar.[13] La preocupación por la posición relativa (*positionality*) no parece aplicar entre nosotros y las personas futuras.

---

9   Véase, por ejemplo, Van Bavel, Curtis & Soens (2018).
10 Hay demasiados ejemplos como para enumerar, desde grupos de presión hasta desinformación, grupos de acción falsos, etc. Un ejemplo sorprendente es que "Exxon knew of climate change in 1981, email says—but it funded deniers for 27 more years [Exxon sabía del cambio climático en 1981, según un correo electrónico, pero financió a negacionistas durante 27 años más]", https://www.theguardian.com/environment/2015/jul/08/exxon-climate-change-1981-climate-denier-funding
11 Un ejemplo de un multimillonario que lo hizo es, por supuesto, Bill Gates.
12 Véanse las preocupaciones sobre la filantropía de Reich (2018); para argumentos republicanos de este tipo, véase Icardi (este volumen).
13 Uno podría pensar que, por motivos que tomen en cuenta a todos los afectados, las personas futuras deberían poder influir sobre las decisiones actuales que les afectan. Para una discusión crítica, véase Heyward (2008).

Esto no significa que las preocupaciones intrínsecas sean totalmente mudas. Incluso si las desigualdades de riqueza entre los individuos extremadamente ricos en el presente y los individuos futuros no son una preocupación directa, la riqueza extrema *en el futuro* puede ser una amenaza para la *igualdad democrática futura*. Rawls argumenta que la justicia intergeneracional requiere que leguemos instituciones justas estables a las generaciones futuras (Rawls 2012, sección 44). Aunque podría argumentarse que la teoría de Rawls sobre la justicia intergeneracional no es lo suficientemente exigente (por ejemplo, Gaspart & Gosseries 2007), sin duda esto es parte de lo que le debemos a las personas futuras. Legar instituciones justas a las generaciones futuras requiere que leguemos instituciones en las que las personas futuras puedan vivir como iguales democráticos. Éste es el argumento del *arraigamiento de la desigualdad democrática* a favor del limitarismo: las desigualdades actuales persisten en el futuro, socavando una sociedad futura de iguales.

La riqueza tiende a acumularse intergeneracionalmente. Las grandes fortunas suelen remontarse muy atrás en el tiempo y las familias ricas son capaces de acaparar oportunidades para sus propios miembros.[14] La acumulación intergeneracional de la riqueza podría profundizar y arraigar las desigualdades. Pero incluso si hubiera una forma de romper la cadena intergeneracional de riqueza dinástica, por ejemplo, mediante un alto impuesto a las herencias, transferir una sociedad con grandes desigualdades socava la capacidad de los ciudadanos futuros para vivir como iguales democráticos. Limitar la riqueza extrema hoy, ya sea dinásticamente o cambiando un sistema económico que permite grandes desigualdades, limitaría las desigualdades de riqueza en el futuro. Y dada la conexión entre riqueza e influencia política, esto reduciría la desigualdad democrática futura. Si le debemos a las generaciones futuras la igualdad democrática, también le debemos a las generaciones futuras transferirles una sociedad sin riqueza extrema.

Desigualdades sincrónicas futuras. Es importante que los miembros de las generaciones futuras puedan relacionarse entre sí como iguales dentro de su generación. En la medida en que no limitar las desigualdades económicas ahora arraiga o incluso aumenta la desigualdad democrática

---

14 Por ejemplo, Barone & Mocetti (2021); Clark & Cummins (2015).

en el futuro, tenemos razones de justicia intergeneracional para adoptar el limitarismo.

Por motivos intrínsecos, tenemos razones para asegurarnos de que haya menos riqueza extrema en el futuro, porque amenaza a las instituciones democráticas justas en el futuro. Esto refuerza los argumentos a favor del limitarismo.

El argumento de las necesidades insatisfechas

El segundo argumento a favor del limitarismo es el argumento de las necesidades insatisfechas (Robeyns 2017). En este caso, el argumento no apela a la desigualdad, sino al bien que podría hacerse con el dinero excedente. El multimillonario no pierde nada significativo (o muy poco si se adopta un umbral relativo) si pierde su riqueza excedente. Pero si se utiliza bien, otros tienen mucho que ganar. La riqueza excedente podría hacer más bien en manos de los que menos tienen, porque podría hacer frente a necesidades insatisfechas: por ejemplo, podría satisfacer necesidades básicas como la alimentación, la vivienda y la escolarización. De nuevo, a primera vista este argumento está enfocado en los que actualmente son ricos y en los actualmente desfavorecidos. Pero el argumento de las necesidades insatisfechas puede plantearse en términos intergeneracionales. Tenemos que prevenir déficits en el futuro (véase, por ejemplo, Caney 2010) y para ello necesitamos recursos. Debido al cambio climático, al agotamiento de los recursos, etc., es posible que la satisfacción de las necesidades básicas de las personas futuras esté en peligro. Esto puede prevenirse en parte mediante la mitigación y la adaptación, pero esto requiere inversiones considerables.

¿Podemos extender el alcance del argumento de las necesidades insatisfechas para incluir a las generaciones futuras? Una de las preocupaciones es que las necesidades básicas futuras no serán las mismas que las necesidades básicas actuales. Incluso si ponemos entre paréntesis los desafíos sobre el estatus moral de los miembros de las generaciones futuras y las dificultades resultantes de hablar sobre las necesidades y los daños de las personas futuras, el argumento de las generaciones futuras plantea dificultades (véase Meijers 2018). Podemos determinar con relativa certeza si las acciones que realizamos ahora ayudarían a alguien a satisfacer sus necesidades básicas. Pero el futuro, sobre todo si pensamos a más largo plazo, es incierto. Existe la probabilidad de que se materialicen malos resultados y no sabemos para quién se materializarán. El hecho de que estemos lidiando con probabilidades puede ser una razón para descartar los intereses de las generaciones futuras. El sufrimiento futuro *puede* ocurrir, mientras que el actual *sí* ocurre. Es posible que satisfacer las necesidades insatisfechas ahora deba tener prioridad sobre las necesidades insatisfechas posibles, o incluso probables, en el futuro.

Una forma de avanzar es señalar que el limitarismo no pretende ser una teoría completa. Asignar un peso diferencial a varios destinos posibles para la riqueza excedente no es una pregunta que el limitarismo tenga que responder. Simplemente tenemos razones para atender *ambos* tipos de necesidades insatisfechas. No corresponde al limitarismo como tal decir qué importa más, si es que algo importa siquiera. Esto sólo puede ser parte de una respuesta. Aunque los intereses de las generaciones actuales y futuras suelen estar alineados (como se enfatiza acertadamente, por ejemplo, en los Objetivos de Desarrollo Sostenible de la ONU), esto no siempre es el caso. En primer lugar, puede que no haya suficiente riqueza excedente para hacer ambas cosas, dada la magnitud de los problemas actuales y futuros.[15] El limitarismo, en tanto que es una perspectiva enfocada en de dónde *sacar* el dinero para hacer frente a la injusticia, nos dice poco sobre cómo debería gastarse. Sin embargo, es mucho lo que está en juego. El argumento de las necesidades básicas justifica el limitarismo (sobre todo) en términos consecuencialistas prospectivos: los límites producen un resultado más deseable. Esto *presupone* un punto de vista sobre qué constituye un mejor resultado.

Tal vez, siguiendo la tendencia consecuencialista del argumento de las necesidades insatisfechas, deberíamos *maximizar* el impacto de la forma en que gastamos el dinero. Nos aseguramos de que se satisfagan más necesidades básicas y de que florezcan más personas que actualmente no florecen. Sin una tasa de descuento sobre el bienestar de las personas futuras, surge otro problema clásico de la ética intergeneracional. A menos que se produzca un gran desastre, habrá muchas más personas

---

15 Este desafío puede evitarse adoptando un límite que sea más bajo o más flexible que la línea de la riqueza: por ejemplo, si la altura de la línea respondiera a la cantidad de necesidades básicas insatisfechas, o si el umbral fuera relativo (por ejemplo, una versión intrageneracional de la idea sugerida por Ben Shahar (2019)).

futuras que actuales (por ejemplo, Rawls 2012, pp. 264–65). Por lo tanto, las medidas orientadas al futuro pueden ser más eficientes que las medidas dirigidas a abordar la pobreza actual, simplemente porque nosotros (las personas actuales) estamos en inferioridad numérica. Además, "si consideramos que el tamaño de la población es variable, y postulamos, a largo plazo, una productividad marginal de capital muy elevada, acaso lleguemos a una tasa de acumulación excesiva (al menos en el futuro cercano)" (Rawls 2012, p. 264). El resultado de seguir la lógica consecuencialista de imponer límites a un principio de asignación, a menos que se pueda justificar asignar menos peso moral a las personas futuras, ciertamente podría ser que se priorice el futuro sobre el presente (véase también Lippert-Rasmussen 2012).

Dadas las preocupaciones en el corazón del proyecto limitarista, parece improbable que los limitaristas adopten una forma impersonal de consecuencialismo. Tales perspectivas asignan importancia a que haya más personas con un bienestar positivo. No sólo asignan valor a que le vaya bien a las personas futuras, sino también a que haya personas futuras (y al hecho de que habrá más de ellas en lugar de menos). Los limitaristas tienden a preocuparse de hacer que la vida de las personas vaya bien, no de que haya más personas con vidas buenas. Independientemente de si una perspectiva limitarista es recursista, bienestarista o basada en las capacidades, el limitarismo enfatiza las razones de-afectación-de-personas porque toma como punto de partida las injusticias existentes.[16]

Pero incluso si uno adopta una perspectiva de-afectación-de-personas que incluya a los miembros de las generaciones futuras, si las personas futuras tienen un peso moral igual, se sigue que deberíamos dar prioridad al futuro. Nosotros—las personas que actualmente existen—estamos en inferioridad numérica. Ésta puede ser una conclusión problemática, aunque algunos la adoptan. En lugar de que el limitarismo sea una bandera de movilización para las personas que quieren hacer frente a las peores injusticias del mundo actual, acabaríamos con una postura enfocada en el futuro que ya no está

---

16 Los limitaristas probablemente adoptarían un principio consecuencialista de asignación, pero es poco probable que sea el tipo de principio de asignación adoptado, por ejemplo, por los altruistas efectivos largoplacistas de índole utilitarista (o su variante enfocada en las políticas).

principalmente preocupada por las necesidades de las generaciones actuales. El resultado de estas consideraciones es que es difícil saber si el limitarismo intergeneracional es una perspectiva atractiva a menos que conozcamos el tipo de principio de asignación con el que se combina. Decir "el limitarismo es sólo una perspectiva parcial.[17] Pongámonos de acuerdo sobre el limitarismo primero y luego hablemos de cómo gastar el dinero" no es una opción. Si el limitarismo está (parcialmente) justificado sobre un fundamento consecuencialista, tenemos que saber distinguir entre resultados mejores y peores para decidir si siquiera deberíamos ser limitaristas.

Hay una forma más simple y contingente en la que los límites a la riqueza podrían beneficiar a las generaciones futuras. Los superricos son particularmente perjudiciales para el medio ambiente. Tómese el ejemplo de Taylor Swift, cuyo avión privado se utilizó 170 veces entre julio de 2021 y julio de 2022.[18] Independientemente de quién estuviera a bordo (Swift o las personas a las que permitió utilizar su avión), es bastante probable que, aunque tener y utilizar un avión privado es extremadamente caro, comprarlo y utilizarlo no requiriera un sacrificio significativo. Si no hubiera sido extremadamente rica, no habría podido costearse un avión privado. Tener menos personas extremadamente ricas sería una buena forma de limitar el consumo innecesariamente contaminante, creando menos necesidades insatisfechas en el futuro.

Los ricos disponen de medios para comportarse de una forma que perjudica al planeta de los que carecen las personas sin grandes cantidades de dinero y pueden hacerlo sin un costo significativo para ellos mismos. No es sólo que los ricos tengan dinero para gastar en cosas frívolas; la riqueza extrema también fomenta tales actos. Entre los ricos hay competencia en cuanto al estatus. Tómese el ejemplo de los yates privados.[19] Incluso si concedemos que un yate puede aportar algo de

---

17 Robeyns (2022) ve el limitarismo como una perspectiva parcial, un ladrillo para construir una teoría de la justicia más amplia. Mi preocupación aquí es que no podemos juzgar la plausibilidad del limitarismo sin saber de qué teoría de la justicia forma parte.

18 https://www.theguardian.com/music/2022/aug/02/taylor-swift-private-jet-carbon-emissions-blatantly-incorrect

19 Hay una categoría de bienes de estatus que me hace titubear. Los muy ricos pueden "comprar" estatus proporcionando grandes cantidades de fondos para objetivos que consideran valiosos. Por ejemplo, haciendo donaciones con su nombre a organizaciones de artes escénicas, o que un edificio—una biblioteca, edificio

valor, llega un punto en el que un yate más grande y lujoso no hace que poseerlo o utilizarlo sea mejor. Lo que parece impulsar la demanda de embarcaciones cada vez más grandes y extravagantes es que el tamaño relativo de la embarcación importa en relación con la experiencia del estatus que conlleva poseerla. Pero el bienestar objetivo no mejora cuando el yate de un multimillonario supera en tamaño al de otro multimillonario, aunque puede que importe enormemente en términos subjetivos. Con menos riqueza excedente, se suprime la competición por el estatus: es mucho más costoso liberar recursos para participar en una competición tan inútil y derrochadora.[20]

Si reducir el número de grandes despilfarradores redujera la cantidad de emisiones de lujo y esto beneficiara a las generaciones futuras de formas moralmente relevantes, tendríamos una razón adicional para apoyar el limitarismo.[21] El impacto medioambiental de limitar la riqueza puede no ser insignificante—después de todo, el 10% de la población mundial produce el 50% de todas las emisiones de CO2 (Oxfam 2020). Si gravar la riqueza promueve o no los objetivos de sostenibilidad dependerá de lo que ocurra después con el dinero excedente. No existe una correlación perfecta entre dinero y emisiones, pero cabe pensar que, al menos en nuestras circunstancias actuales, el resultado sería netamente positivo. Es importante enfatizar esto: este argumento de las necesidades insatisfechas a favor del limitarismo es mucho más contingente que su contraparte democrática. En un mundo en el que, por ejemplo, la clase multimillonaria invirtiera en reservas naturales o en el desarrollo de tecnologías verdes, el cálculo podría tener un resultado diferente.

Esto nos da una razón adicional para pensar en un principio de asignación. El dinero excedente puede hacer más daño a las personas

---

universitario, ala de hospital—lleve su nombre. No todos los gastos de estatus son frívolos. Si el multimillonario donante de verdad ama la ópera o las bibliotecas, hay un modo en el que su interés se verá perjudicado de formas moralmente relevantes si no puede seguir apoyando objetivos valiosos. Con estas donaciones promueven el bienestar objetivo de otros, aunque no de forma óptima.

20 Este problema se da en todas las clases sociales y afecta a todo tipo de bienes de estatus. Creo que debería ser incontrovertible que la mayoría de los bienes de estatus en los que los multimillonarios gastan su riqueza no promueven su bienestar objetivo, pero es más difícil determinarlo para quienes no son extremadamente ricos. Véase, por ejemplo, Axelsen y Nielsen (2022, p. 744).

21 Véase también Koch & Buch-Hansen (2020).

futuras que bien si se asigna de forma equivocada, incluso si contribuye a mejorar la vida de los que actualmente están desfavorecidos. El limitarismo nos dice adónde llevar el dinero y en qué dirección general enviarlo. Pero, como tal, no especifica cómo debemos lidiar con los *trade-offs* en la asignación. En una economía de uso intensivo de carbono, permitir que más personas consuman podría aumentar las emisiones, la contaminación y el agotamiento de recursos. Puede que los intereses de los desfavorecidos actuales y de las generaciones futuras no estén completamente alineados y que incluso diverjan significativamente. El caso intergeneracional muestra, de forma particularmente cruda, que para que el limitarismo sea plausible necesita una perspectiva sobre lo que ocurre hasta abajo, no sólo sobre lo que ocurre hasta arriba.

Para saber si gravar a los ricos conduce efectivamente a mejores resultados para las personas futuras, necesitamos saber dos cosas. Primero, necesitamos saber qué hacen los ricos con su dinero y qué harán con él los beneficiarios. Si (de forma poco realista) todos los multimillonarios se convierten en fanáticos ecologistas y promueven la sostenibilidad y los beneficiarios más pobres empiezan a comer carne, a quemar más carbón o a comprar coches, no tenemos razones intergeneracionales para adoptar el limitarismo (incluso si, de hecho, mejoraría la vida de los más desfavorecidos). En segundo lugar, necesitamos saber cómo ponderar los diferentes destinos posibles de la riqueza excedente. Esto es teóricamente más apremiante.

> *Objeción de la asignación*: no podemos juzgar las implicaciones del argumento de las necesidades insatisfechas en el ámbito intergeneracional sin un principio de asignación.

Una de las razones por las que el limitarismo es atractivo es su ligereza teórica. El limitarismo tiene un conjunto relativamente delgado de compromisos sustantivos. Si el limitarismo no puede prescindir de un principio de asignación, de una perspectiva de qué hace que una distribución alternativa sea *mejor* y cuándo es mejor, necesita compromisos más fuertes y posiblemente más controversiales, lo que podría hacerle perder parte de su potencial ecuménico. Nótese que esta preocupación sólo aplica al argumento de las necesidades básicas. El argumento de la igualdad democrática no se ve afectado.

¿Cómo podrían responder los limitaristas a la objeción de la asignación? Cuando hay más destinos para la riqueza excedente que riqueza excedente disponible, los limitaristas tienen dos opciones. En primer lugar, podrían proponer una regla de asignación en condiciones de escasez. Esto requeriría una postura sobre qué tipo de preocupaciones tienen prioridad. Por ejemplo, la incertidumbre sobre el futuro debería ser un factor a considerar a la hora de ponderar qué tanto le debemos a las generaciones futuras. O tal vez nuestros deberes para con nuestros contemporáneos son más exigentes porque tenemos deberes asociativos más fuertes para con ellos, o porque por razones epistémicas estamos mejor posicionados para ayudarles. O tal vez le debamos *menos* a las generaciones futuras debido a una diferencia moralmente relevante entre nuestros contemporáneos y las personas futuras.

En segundo lugar, uno podría proponer umbrales de riqueza más bajos y flexibles.[22] Se podría pensar que, dadas las circunstancias apremiantes en las que nos encontramos desde el punto de vista medioambiental, deberíamos quitarles a los ricos mucho más que sólo su riqueza excedente. Con más para distribuir, es menos probable que las tensiones se vuelvan insalvables. En su discusión sobre el argumento ecológico, Robeyns (2018) justifica de manera muy extensa tomar la riqueza excedente con fines climáticos. Mientras que el argumento de las necesidades insatisfechas apela únicamente a las consecuencias de la distribución, Robeyns defiende los límites por estos motivos en parte por razones retrospectivas (*backward-looking*). Argumenta que, como los ricos son responsables de las emisiones y como son los que más se benefician de ellas, tienen una responsabilidad *especial* adicional. Es justo que asuman la mayor parte de los deberes medioambientales, que parcialmente encapsulan nuestros deberes para con las generaciones futuras.

Este argumento sienta las bases para otra respuesta: quizá deberíamos adoptar la idea de que tenemos buenas razones para dejar que quienes contaminan demasiado paguen por la transición medioambiental, *incluso* si eso les hace caer por debajo de la línea de riqueza. Chris

---

22 Icardi (este volumen) también plantea este punto: si el limitarismo apela al hecho de que los intereses de los que tienen necesidades insatisfechas simplemente superan los intereses de los muy ricos en conservar su riqueza, la naturaleza distintiva de la perspectiva se ve sometida a presión.

Neuhäuser apunta a esta idea en el contexto del cambio climático cuando dice: "Resulta que aquellos que dentro de los países ricos cuentan como meramente acomodados claramente son ricos de maneras moralmente problemáticas en el contexto global" (Neuhäuser 2018, p. 187).

Esta última respuesta tiene un costo para el limitarismo. Ya no apela únicamente a la riqueza excedente. Los principios de responsabilidad y equidad tendrían que hacer gran parte del trabajo. O, si la riqueza actúa como *proxy* de la responsabilidad, los limitaristas tendrían que adoptar un umbral bastante bajo y el limitarismo no versaría sobre lo que ser rico significa para la mayoría de las personas. Mencioné anteriormente que el 10% más rico del mundo emite el 50% de las emisiones, pero por supuesto muchos miembros de la clase media de los países más ricos pertenecen al 10% más rico. Esta estrategia no excluye *trade-offs* interpersonales trágicos. A medida que la crisis climática se agrave, es posible que esto sea cada vez más el caso.

¿Más allá del limitarismo económico?

El limitarismo económico discute principalmente los males sociales actuales. Y aunque los problemas medioambientales y el cambio climático se mencionan como posibles destinos del dinero excedente,[23] las preocupaciones por las generaciones futuras no son el punto de partida. Aunque el limitarismo económico tiene potencial intergeneracional, se enfrenta a retos cuando intenta captar las preocupaciones centrales de la justicia intergeneracional.

La primera razón detrás de esto es su énfasis en el dinero. El dinero no es irrelevante cuando se trata de transferencias intergeneracionales, pero no es lo único ni lo más importante. Importa que transfiramos suficientes recursos financieros a las generaciones futuras y que no les dejemos, por ejemplo, una enorme deuda soberana [externa]. Pero una posición financiera sólida no puede compensar los fenómenos meteorológicos extremos, las cosechas fallidas, el agotamiento de los

---

[23] La preocupación radica sobre todo en repartir de forma equitativa la carga que supone actuar en relación con nuestros deberes medioambientales, haciendo que carguen con ella tanto los hombros más anchos como los contaminadores (en el mundo real suelen ser las mismas personas; por ejemplo, Shue 2005).

recursos, etc. Ésta es la *objeción de la sostenibilidad ecológica*. Como dice Robeyns:

> Sin embargo, por razones ecológicas, seguramente importa mucho si las personas utilizan su [riqueza] para asistir a clases de yoga, comprar una SUV o volar con regularidad. [Mi] concepción de la riqueza [...] no nos dice nada sobre la huella ecológica de las personas. ¿No es ésa una consideración moral relevante cuando decidimos quién cuenta como rico y quién no? (Robeyns 2017, p. 28)

La respuesta de Robeyns a esta preocupación es que los recursos ecológicos son un problema analíticamente distinto. Deberíamos considerar las limitaciones ecológicas como límites *adicionales*: puede haber límites al impacto ecológico, a las emisiones, etc., así como a la riqueza. Sin embargo, en el caso de la justicia intergeneracional, las necesidades básicas de las generaciones futuras no pueden considerarse separadamente de los límites ecológicos. Si las necesidades básicas futuras dan lugar al limitarismo económico, también dan lugar al limitarismo ecológico. Ambos están entrelazados y los límites ecológicos son más fundamentales. Es concebible que haya personas muy ricas que se sitúen muy por encima de la línea del florecimiento, pero si invierten su dinero en paneles solares, jardines para abejas y el desarrollo de tecnología sostenible, la riqueza extrema no es una preocupación desde el punto de vista de la justicia intergeneracional. Y las personas que están muy por debajo de la línea de la riqueza pueden ser una seria amenaza si gastan sus limitados recursos de forma incorrecta. El limitarismo enfocado únicamente en el dinero sería aislacionista (enfocado en una sola cosa entre otras que importan) y parece incapaz de captar aquellas cosas que más importan desde una perspectiva intergeneracional.

Ya he señalado el hecho de que la redistribución en una economía dependiente del carbono podría conducir a un aumento de las emisiones globales, creando un posible choque entre los intereses de las personas actuales y futuras. Si el alcance del argumento de las necesidades básicas es intergeneracional, el vínculo entre los límites ecológicos y financieros es más fuerte de lo que parece a primera vista. Podríamos desviar el dinero excedente hacia la resolución de grandes problemas de acción colectiva con clara relevancia para las generaciones futuras, convirtiendo el dinero en sostenibilidad. Pero ésta no puede ser la historia completa. Es muy posible que, incluso sin demasiado dinero, la gente emita demasiado, consuma demasiado y contamine demasiado. Y repartir equitativamente la carga de los problemas de acción colectiva es una cuestión intrageneracional a pesar de que le atañen inversiones que beneficiarán, entre otros, a las generaciones futuras (por ejemplo, Robeyns 2017).

Los limitaristas compartirán estas preocupaciones. Las preocupaciones por las necesidades, el bienestar y la capacidad de llevar una vida buena son centrales para el argumento de las necesidades básicas. El dinero es simplemente un *proxy*. Y sólo deberíamos fiarnos de un *proxy* si es fiable. En el contexto intergeneracional, el dinero no es la forma correcta de medir—no es la métrica correcta—lo que realmente nos importa desde el punto de vista de la justicia. El primer paso para obtener una imagen más completa de los límites intergeneracionales sería distanciarse de este *proxy* y enfocarnos en los límites ecológicos. Si seguimos el modelo del limitarismo del dinero, tenemos que preguntarnos si existe algo así como las emisiones excedentes, la contaminación excedente, etc., entendidas como las emisiones y la contaminación que tienen poco o ningún valor para los contaminadores o los emisores. Esta línea puede ser más difícil de trazar que en el caso del dinero. Si puedo ir al trabajo en bicicleta o en coche y ambas opciones son igual de buenas, está claro que mi interés no se ve menoscabado significativamente por no utilizar el coche. Pero no es verdad que ir en coche al trabajo no tenga ningún valor para mí. Esto sugiere otro tipo de umbral: no deberíamos preguntarnos si las emisiones o la contaminación adicionales conducen a una mejora en términos de bienestar adicional, sino si la contaminación o las emisiones son necesarias para una mejora en términos de bienestar objetivo.[24] Quizá no necesitemos un umbral tan estricto como éste. Breena Holland, que defiende los techos de capacidad, propone un tipo de umbral diferente más suave que resulta de ponderar intereses. Escribe que "limitar las actividades de baja importancia y de altas emisiones per cápita es lo que más contribuiría a maximizar la libertad de las personas presentes y futuras" (Holland, de próxima publicación, p. 15). En este caso, el límite se convertiría en algo más flexible destinado a equilibrar los intereses de las personas futuras y actuales.

---

24 Véase, por ejemplo, Shue (1993) sobre las emisiones de lujo y de subsistencia.

Un limitarismo ecológico aportaría una parte de la solución al problema de asignación al que se enfrenta el limitarismo económico. Nos permitiría ordenar las prioridades a la hora de decidir dónde asignar el dinero excedente para tomar en cuenta directamente el impacto medioambiental de la riqueza. La preocupación por las necesidades básicas va más allá del dinero. Para que el limitarismo desempeñe un papel central en la teorización de la justicia intergeneracional, tendría que adoptar la tesis de que no sólo importa el dinero: el limitarismo intergeneracional no puede tratar sólo, ni siquiera principalmente, sobre el dinero.

La segunda razón por la que el limitarismo económico se queda corto como una perspectiva de la justicia intergeneracional es su enfoque en los límites individuales.[25] Pero desde el punto de vista de la sostenibilidad, esto no es lo único que importa: tenemos que pensar si la humanidad en su conjunto actúa de forma sostenible. Esto sugiere la idea de que lo que importa son los límites colectivos y no los individuales. Podemos seguir violando los límites colectivos incluso si nadie en particular incurre en excedentes de emisiones, contaminación o consumo. Los límites colectivos pueden ser mucho más bajos que la suma de los límites individuales, entendida como el consumo que no contribuye significativamente al bienestar objetivo.[26] Esto, de nuevo, apunta a la necesidad de una versión más exigente del limitarismo que sitúe los umbrales colectivos por encima de los individuales. Uno tendría que adoptar la idea de que los límites colectivos son anteriores a los individuales: los límites colectivos tienen prioridad y determinan los límites dentro de los cuales hay que establecer los límites individuales.

---

25 Véase también Hickey (2021) para una discusión minuciosa de los límites individuales inferiores derivados de los límites planetarios, y Green (2021) para los diferentes papeles que desempeñan los umbrales ecológicos.

26 Esto sugiere otro tipo de límite: si tanto el total como el per cápita importan, ¿deberíamos pensar también en límites a la población? Parte del precedente histórico de alguna forma de limitarismo es la obra de Thomas Malthus, que vincula la idea de tener (colectivamente) demasiados hijos con que los individuos caigan por debajo del umbral de suficiencia. No hace falta ser maltusiano para respaldar la idea de que algunos desarrollos demográficos son problemáticos desde el punto de vista de la justicia, incluso si uno debería ser reacio a hablar de personas "excedentes" por razones obvias. Para una discusión sobre los límites del crecimiento demográfico, véase Meijers (2017).

¿Qué pasa con las situaciones en las que hay suficiente para todos sin sobrepasar el límite colectivo? Llegados a ese punto, ¿los límites generacionales ya no tendrían un papel que desempeñar? Se puede pensar que tan pronto como leguemos lo suficiente a las personas futuras, las actuales podrán hacer lo que quieran con el excedente. Esto es lo que permite el principio de suficiencia en su interpretación tradicional o conservadora. Tenemos permitido usar más de lo suficiente siempre que no privemos a ningún otro individuo presente o futuro de lo suficiente, incluso si al hacerlo alteramos la igualdad intra o intergeneracional. Desde este punto de vista, aunque la igualdad puede tener fuerza cuando muchos carecen de lo suficiente, una vez que todos tienen lo suficiente no hay justificación para insistir en una distribución igualitaria. Paula Casal ha propuesto una interpretación diferente de la suficiencia, que ella denomina Suficiencia Conservacionista. Según esta interpretación, la suficiencia universal no socava los argumentos a favor de la igualdad, sino que socava los argumentos a favor de una mayor destrucción medioambiental. Una vez que tengamos lo suficiente, podemos seguir utilizando los recursos de forma inofensiva o sostenible, pero tenemos razones, quizá anulables, pero muy poderosas para no causar más destrucción medioambiental, al menos hasta que se haya asegurado una conservación suficiente.[27] Una razón para ello es que el futuro es muy incierto, y si evitar la insuficiencia es muy importante, evitar el riesgo de insuficiencia también lo es. Según una interpretación razonable del principio de precaución, se requiere un límite incluso en circunstancias de abundancia relativa. Si utilizar más recursos ecológicos no mejora significativamente la posición de las generaciones actuales (salvo quizá permitiéndoles incurrir en preferencias frívolas), es mejor transferir un planeta con una capacidad de carga mayor que menor. No sabemos a qué tipo de circunstancias se enfrentarán las personas del futuro y si nuestras vidas ya son lo suficientemente buenas, quizá no tengamos permiso para usar más de formas que no beneficien a las generaciones futuras. Esta versión de la suficiencia y alguna versión del limitarismo que enfatice la necesidad de reducir el consumo pueden tener implicaciones similares.

---

27 Minimizar los riesgos de insuficiencia futura es una de las muchas razones a favor de la "suficiencia conservacionista" expuestas por Casal (borrador).

Una versión del limitarismo intergeneracional—con límites colectivos, enfocado en los recursos naturales y la capacidad de carga, que adopta un principio de precaución—puede ofrecer una visión atractiva de nuestros deberes intergeneracionales. Pero se aleja considerablemente del limitarismo económico. Puede que ya no sea reconocible como una versión del mismo. Es mucho más exigente y requiere un grado mucho mayor de consenso teórico y político. Se parecerá más a una perspectiva de las porciones distributivas justas (intergeneracionales). Pero ya tenemos perspectivas de este tipo (en las que los límites desempeñan un papel importante). Esto plantea interrogantes sobre el propósito de una perspectiva como el limitarismo: un paso para incluir las preocupaciones ecológicas (y límites colectivos, no sólo el dinero) puede venir a costa del papel distintivo del limitarismo en la literatura sobre la justicia distributiva.

¿Límites y restricciones a las transferencias intergeneracionales?

Hasta ahora, el enfoque de este capítulo ha sido en los límites sobre la generación actual: cuánto pueden poseer y cuánto pueden utilizar. Pero los límites también podrían desempeñar otro papel: límites sobre cuánto deberíamos transferir a las generaciones futuras. Desde una perspectiva igualitarista, Gaspart y Gosseries (2007) argumentan que los igualitaristas rawlsianos deberían considerar injusto el ahorro generacional (transferir más de lo que se recibe). Esto se debe a que el ahorro también podría utilizarse para beneficiar a los menos favorecidos de una generación particular. Desde este punto de vista, la igualdad sería el límite intergeneracional debido a la regla de asignación máxima.

La perspectiva de Rawls sobre la justicia intergeneracional suele interpretarse como una forma institucional de suficientarismo, pero algunos de los argumentos que ofrece tienen potencial limitarista. Rawls (2012, §44) adopta el principio de ahorro justo, que implica que nuestros deberes para con las personas futuras son saciables: en algún momento hemos hecho lo suficiente. Este punto ocurre cuando las instituciones justas persisten de forma estable a lo largo del tiempo (y, plausiblemente, sus precondiciones naturales) (Meijers 2017). Tenemos que ahorrar y transferir más de lo que hemos recibido hasta que estemos en ese punto. Después, el deber de ahorrar desaparece. Rawls escribe sobre este estado estable, diciendo que "la última etapa, en lo que refiere al ahorro, no es de gran abundancia" y que "[e]s un error creer que una sociedad justa y buena debe esperar un elevado nivel material de vida" (Rawls 2012, p. 268). Lo que esto enfatiza es que los deberes para con las generaciones futuras tienen un tope (a diferencia, para Rawls, de los deberes de justicia entre contemporáneos). El nivel del tope no es particularmente alto: no le debemos a las generaciones futuras un estándar de vida extremadamente alto. Ni gran abundancia, ni un alto estándar material de vida. Hasta este punto, la perspectiva de Rawls es suficientarista. Hay deberes hasta cierto nivel, pero no hay por encima de él. Sin embargo, Rawls expresa a continuación una posición limitarista:

> Lo que los hombres quieren es un trabajo significativo en libre asociación con otros y estas asociaciones regularán sus relaciones con los demás en un marco de instituciones básicas justas. Para lograr este estado de cosas no se exige una gran riqueza. De hecho, franqueados ciertos límites, puede ser más un obstáculo, una distracción insensata, si no una tentación para el abandono y la vacuidad (Rawls 2012, p. 268).

Hay dos afirmaciones aquí. La primera es que lo que hace que la vida vaya bien no proviene de una "gran riqueza", sino de la autorrealización (no es coincidencia que este sentimiento vuelva a aparecer en la discusión del Principio Aristotélico: véase Rawls 2012, §65). La segunda afirmación va más allá: no sólo no necesitamos una gran riqueza, sino que ésta es un obstáculo. No se gana nada con un mayor consumo material; al contrario, una gran riqueza puede ser un estorbo.

Esta segunda afirmación tiene una pinta limitarista: hay un punto en el que más riqueza no tiene ningún valor adicional. Pero es un limitarismo radical. La riqueza puede ser *mala para* los que la tienen. Y esto puede ser verdad no sólo para los muy ricos; es concebible que muchos tengan *demasiado*. No es fácil descartar este pasaje como una anomalía en Rawls. Más de treinta años después, expresó un sentimiento muy similar en una carta a Philippe van Parijs, hablando de la UE:

> El gran mercado abierto que incluye a toda Europa es el objetivo de los grandes bancos y la clase capitalista empresarial cuya principal meta es simplemente aumentar sus ganancias. La idea de crecimiento económico, con éxito creciente e imparable, sin ningún fin a la vista, le

sirve perfectamente a esta clase. Si hablan de distribución, es siempre en términos de derrame [*trickle down*]. El efecto a largo plazo de esto—que ya tenemos en los Estados Unidos—es una sociedad civil atiborrada de un tipo de consumismo sin sentido. No puedo creer que eso sea lo usted quiera (Rawls & Van Parijs 2023, p. 352).

Ésta es quizá la declaración anticapitalista y anticrecimiento más impactante de Rawls de la que tenemos constancia pública, pero es consistente con su posición desde *Teoría de la justicia* hasta sus últimos escritos. No estamos interesados aquí en la "verdadera" posición de Rawls; la cuestión es si tal limitarismo tiene sentido y, si lo tiene, qué implica.[28] Esta segunda cita nos ayuda a dar sentido a la anterior. ¿Por qué sería malo tener más *riqueza*? Esto se aclara si no entendemos más riqueza en términos de una vida mejor. Se trata del crecimiento económico y de lo que se hace con el dinero resultante: incurrir en un *consumismo sin sentido* o gastarlo en un estándar de vida *material* muy elevado. El crecimiento "creciente e imparable" es malo si es crecimiento en términos de riqueza entendida como riqueza material. Lo que yo considero que es la afirmación limitarista de Rawls aquí es que es incorrecto transferir el tipo de sociedad en la que el consumo y el crecimiento son tratados como centrales para la vida buena, *incluso* si estos altos estándares de consumo pueden ser alcanzados. Se trata del tipo de sociedad que legamos y de que sea propicia para que las personas futuras sean capaces de llevar una vida buena y no hereden una sociedad obsesionada con el crecimiento del PIB o el consumo.

A primera vista, este recurso a los elementos más perfeccionistas y aristotélicos de la obra de Rawls evoca formas perfeccionistas o "intrínsecas" del limitarismo como, por ejemplo, las desarrolladas por Danielle Zwarthoed, aunque en un nivel social y posiblemente con un umbral más bajo.[29] Quiero sugerir—de manera un tanto tentativa, he de admitir—que no hay razones impermisiblemente perfeccionistas para adoptar una postura como ésta. Importantemente, el limitarismo que sugiere la cita de Rawls trata sobre el crecimiento económico y los niveles de consumo, no sobre todo tipo de transferencias. Transferir más

---

28 Véanse Gaspart y Gosseries (2007), Attas (2009) y Meijers (2017) para lecturas cercanas de Rawls.
29 Zwarthoed (2018), al igual que Aristóteles, como analizan Kramm y Robeyns (2020).

conocimientos, más formas de curar enfermedades, más belleza natural, o biodiversidad o un clima más resiliente no quedan descartados claramente: podemos dar *más* a las generaciones futuras en este sentido. La preocupación por el "consumismo sin sentido" no aplica a este tipo de preocupaciones. No prohíbe aumentar o enriquecer las oportunidades valiosas de las personas futuras..[30]

Transferir una sociedad obsesionada por el crecimiento y el consumo podría considerarse incorrecto por dos razones. En primer lugar, la capacidad de formular, revisar y perseguir planes razonables y racionales de vida es crucial para las teorías liberales. Una teoría liberal de la justicia no nos dice cuál debe ser nuestro plan, sino que protege nuestra capacidad de formular y perseguir el plan que nosotros mismos respaldamos reflexivamente. Esto implica tener responsabilidad sobre nuestros fines: tenemos la responsabilidad de formular planes que se ajusten a nuestra porción justa. Sería irrazonable, incluso si el plan en sí no fuera irracional, perseguir un plan que exigiera a los demás sacrificar sus planes por los míos. Si existen límites ecológicos planetarios, tenemos razones para ajustar nuestros planes de vida a esos límites. Transferir a las personas futuras un conjunto de valores que enfatiza el consumo y el crecimiento económico cuando esto es incompatible con los límites de la justicia pone a las generaciones futuras en una situación difícil. Básicamente estamos transfiriendo valores irracionales a las personas futuras, si estos valores informan planes de vida que no pueden realizarse con la porción justa intergeneracional de cada uno. Aunque las generaciones futuras podrían ser capaces de aceptar los límites, les supondrá un costo considerable—tener que revisar sus planes—. Aunque aquí la preocupación es sobre vivir dentro de los límites de la propia porción justa, esto alinea nuestros planes con los límites planetarios, tal y como se discutió en la sección anterior. Se trata claramente de una razón no perfeccionista, pero las razones a su favor son contingentes.

---

30 Rawls piensa que muchas de las cosas más importantes de la vida no se nutren principalmente del consumo. En el contexto de la racionalidad de las concepciones del bien y el principio aristotélico, escribe: "[a]sí, los valores comunes del afecto personal y de la amistad, el trabajo significativo y de la cooperación social, de la búsqueda del conocimiento y la modelación y contemplación de objetos bellos, no sólo son importantes en nuestros proyectos racionales, sino que, en las más de las veces, pueden mejorarse de un modo que la justicia permite". (Rawls 2012, p. 380).

En segundo lugar, nótese la referencia al abandono, a la vacuidad y a un estilo de vida "atiborrado de sinsentido" en Rawls. Esto sugiere un segundo mal: transferir una sociedad que inculca planes de vida sin sentido a sus miembros y perjudica nuestra capacidad (y la de las personas futuras) de llevar vidas significativas. Esto es una preocupación más profunda y, de ser legítima, se sostendría *incluso* si no fuera probable que el consumismo condujera a males intergeneracionales. Incluso si, a través de un milagro tecnológico, fuéramos capaces de elevar a toda la población mundial a los niveles actuales de consumo y más allá, hay razones para que titubeemos. Esto suena perfeccionista: la vida buena consiste en actividades significativas, no en un consumo vacío. Pero, como mínimo, no es *más* perfeccionista que mantener las perspectivas actuales, que enfatizan el consumo material. Una sociedad así también deja muy poco espacio para otros planes de vida: incluso si uno lo eligiera, todas las alternativas tienen un costo considerable. Si bien es cierto que una cultura así obstaculiza a las personas que intentan perseguir planes racionales de vida, por ejemplo, porque se verán inmersas en una interminable competición por el estatus con otros ciudadanos-consumidores en lugar de perseguir una concepción real del bien, podemos decir algo más: alejarse de una cultura que convierte actividades sin sentido en centrales (y las vuelve las actividades por defecto) no obstaculiza la capacidad de las personas para llevar vidas con sentido. Si, después de todo, deciden que una vida materialista es la vida para ellos, se les debería permitir perseguirla dentro de los límites de la justicia (así como el contador de hierba puede contar las briznas de hierba (Rawls 2012, p. 386) aunque no tenga sentido). Pero no debería ser la norma.

Una forma de pensar en lo que le debemos a las generaciones futuras en este contexto es en términos de los tipos de planes de vida que nuestras sociedades establecen por defecto. Hacer menos énfasis en las actividades de consumo que requieren un uso intensivo de recursos y enfatizar otras. Un resultado de esto es que los tipos de límites discutidos en la Sección 4 no se *sentirán* como límites imposibles de cumplir, o se sentirán menos. Para alguien que concibe la vida buena como una vida de consumo, vivir dentro de los límites de la justicia intergeneracional es difícil, casi imposible. Podríamos proponernos interiorizar los límites que la justicia intergeneracional nos exige respetar, formular planes de vida y perseguirlos de forma ecológicamente ligera. Esto no tiene por qué ser una peor vida (véase la nota 31). Si el consumismo es en efecto una distracción sin sentido, puede incluso ser mejor. No tiene por qué ser una vida monacal carente de placer. Rechazar un consumo cada vez mayor no implica rechazar el crecimiento en términos de florecimiento o bienestar.

En la sección sobre el limitarismo económico, discutí el arraigamiento de la desigualdad democrática. Pero éstas no son las únicas cosas que se transmiten intergeneracionalmente como resultado de la riqueza extrema. *Hoy en día*, el dinero influye y da forma al tipo de ideas e ideologías que persisten a lo largo del tiempo. Esto pueden hacerlo individuos ricos que financian *think tanks* o grandes empresas o industrias. Un ejemplo sería el éxito de la industria automotriz al convertir su producto en un elemento central de nuestro modo de vida, a menudo en detrimento del transporte público, las ciudades habitables y el medio ambiente. Las grandes fortunas con fuertes intereses en que nuestro modo de vida actual continúe pueden, y de hecho lo hacen, utilizar sus fortunas para mantener nuestra atención en el consumo. Actualmente, la riqueza puede sustentar ideas, normas y valores que son perjudiciales para las personas futuras, como también sugiere Rawls en su carta a Van Parijs sobre los grandes bancos y la clase capitalista empresarial que presionan a favor de una determinada visión de lo que debería ser Europa. Los tipos de límites que podemos leer en la postura de Rawls sobre la justicia intergeneracional se relacionan con las preocupaciones sobre la igualdad democrática; deberíamos preocuparnos por cómo la riqueza actual—poseída por individuos, pero también por corporaciones—da forma no sólo al presente sino también al futuro. Y no se trata sólo de una preocupación consecuencialista, ya que también puede preocuparnos el hecho de que los ricos tengan una influencia tan desproporcionada sobre el futuro de nuestras sociedades y del planeta.[31]

Aunque un límite de este tipo se enfoca en cambiar la forma en que las personas formulan sus planes de vida, versa principalmente sobre un cambio social. No se trata sólo de que los individuos no utilicen más de lo que justamente les corresponde, sino de crear el tipo de

---

31 Agradezco a Paula Casal por haber insistido en este punto. No puedo hacer aquí plena justicia a su sugerencia; es necesario decir mucho más sobre la capacidad de la riqueza actual para moldear el futuro material e ideológicamente.

sociedad en la que las personas formulen libremente planes de vida que requieran un uso menos intensivo de recursos. Esto implica algo más que cambiar el comportamiento individual; también implica cambiar cómo nos tratamos unos a otros, cómo nos organizamos política y socialmente, cómo diseñamos nuestro entorno físico, etc. Esto nos ayudaría a reconciliarnos—así como a las generaciones futuras—con los límites a los que nos enfrentamos. Podría mejorar nuestra capacidad de llevar vidas con sentido. Quizá le debemos a las generaciones futuras una sociedad que limite el crecimiento.[32]

El limitarismo aquí sugerido enlaza diferentes preocupaciones planteadas en este artículo y tiene algo que decir sobre los ricos actuales, los límites medioambientales y el tipo de sociedad que deberíamos legar. Se aleja considerablemente del limitarismo tal como se formuló originalmente y es considerablemente más exigente y teóricamente menos ligero. El ideal puede ser atractivo, pero si debemos presentarlo bajo la etiqueta del limitarismo o no depende de qué se supone que trata el limitarismo. El ideal presentado aquí, sin embargo, se mantiene fiel a una de las ideas centrales del limitarismo, enfatizando la idea de demasiada riqueza.

Conclusión

Este capítulo ha explorado las expectativas del limitarismo en los debates sobre la justicia intergeneracional. Incorporar la perspectiva intergeneracional refuerza el argumento a favor del limitarismo, pero también plantea retos importantes. El argumento democrático tiene una fuerza considerable desde un punto de vista intergeneracional: si le debemos a las generaciones futuras instituciones democráticas, no podemos transferirles una sociedad que sea muy desigual. El argumento de las necesidades insatisfechas también tiene fuerza intergeneracional. Pero apunta a una cuestión importante de cara al futuro: las preguntas sobre la asignación. No podemos asumir realmente las implicaciones del limitarismo si no sabemos qué ocurre con la riqueza excedente: en

---

32 Queda mucho por decir sobre el tipo de limitarismo que se insinúa aquí: si es realmente una teoría *liberal*, si es o no una teoría de Rawls, y cómo se relaciona con campos adyacentes como la economía del decrecimiento y el replanteamiento de los términos de la prosperidad, etc.

manos de quién acaba, qué hacen con ella y qué bien habría hecho en otro lugar.

Aunque el limitarismo económico tiene fuerza en el ámbito intergeneracional, parece mal equipado para abordar cuestiones cruciales relativas a la justicia intergeneracional. Debido a que se enfoca en el dinero y en los límites individuales, parece incapaz de llegar a una perspectiva mínimamente plausible de la justicia intergeneracional. Adaptar el limitarismo a las exigencias de la justicia intergeneracional daría como resultado una perspectiva más exigente y teóricamente más controversial. Además, esa perspectiva probablemente se movería en la dirección de las teorías existentes sobre la justicia distributiva. Una cuestión importante es qué conclusión debería extraerse de todo esto para el limitarismo. Tal vez la conclusión sea que el limitarismo como ideal político únicamente es adecuado para abordar un conjunto limitado de preguntas relacionadas con la riqueza económica extrema. Más allá de esto, sugerí de forma un tanto especulativa una perspectiva rawlsiana del limitarismo intergeneracional. Esta perspectiva—sobre la que hace falta decir más cosas—contribuye en cierta medida a incluir las consideraciones medioambientales bajo la categoría de una forma de limitarismo económico, reconciliando los límites razonables a nuestro impacto medioambiental con la amenaza que esto supone para nuestra capacidad de perseguir nuestros planes de vida.

Las preocupaciones que he expresado sobre el limitarismo tienen una temática general. El limitarismo es, en parte, atractivo porque es teórica, moral y políticamente ligero, debido a que se enfoca en los que más tienen y a que apela a males sociales que, por lo general, no son controversiales. Muy poca gente se opone, al menos abiertamente, a satisfacer las necesidades básicas o a proteger la igualdad democrática, y no es una perspectiva particularmente exigente. Es una perspectiva que, en principio, podría obtener un amplio apoyo. Pero los principios de asignación (intergeneracional) o definir los límites para proteger las necesidades de las personas futuras conllevan compromisos teóricos más onerosos, lo que perjudica el amplio apoyo a esta perspectiva. Se trata de una preocupación más amplia, que se refleja en el debate actual sobre el limitarismo. Un limitarismo más ambicioso—con umbrales de riqueza más bajos, o umbrales relativos, como muchos proponen—podría ser más capaz de captar las injusticias graves, pero corre el riesgo de perder un amplio apoyo, así como de transformarse en perspectivas distributivas existentes. Uno de los mayores retos del limitarismo consiste en navegar el camino entre la capacidad de explicar los peores casos de injusticia y la capacidad de seguir siendo lo suficientemente ligero como para mantener un atractivo ecuménico social y teórico.

Agradecimientos

Quiero dar las gracias a David Axelsen, Anca Gheaus, Colin Hickey, Christian Neuhäuser, Dick Timmer, Elena Icardi, Jelena Belic, Manuel Sa Valente, Paula Casal e Ingrid Robeyns por sus comentarios sobre versiones anteriores de este artículo. La investigación para este artículo ha sido posible gracias a la subvención VI.veni.191F.002 de la NWO.

Referencias

Attas, Daniel. 2009. A Transgenerational Difference Principle. In: Gosseries, A. and L. Meyer (Eds.). *Intergenerational Justice*. Oxford: Oxford University Press, pp. 189–218.

Barone, G., and Mocetti, S. 2021. Intergenerational mobility in the very long run: Florence 1427–2011, *The Review of Economic Studies, 88*(4), 1863–91. https://doi.org/10.1093/restud/rdaa075

Casal, Paula. draft. Conservative and Conservationist Sufficiency. On file with author.

Christiano, Thomas. 2012. Money in Politics. In: David Estlund (Ed.). *The Oxford Handbook of Political Philosophy*. Oxford: Oxford University Press, pp. 241–57. https://doi.org/10.1093/oxfordhb/9780195376692.013.0013

Clark, Gregory and Cummins, Neil. 2015. Intergenerational wealth mobility in England, 1858–2012: Surnames and social mobility. *The Economic Journal, 125*(582), 61–85. https://doi.org/10.1111/ecoj.12165

Gaspart, Frederic., and Gosseries, Axel. 2007. Are generational savings unjust? *Politics, Philosophy & Economics, 6*(2), 193–217. https://doi.org/10.1177/1470594X07073006

Green, F. 2021. Ecological limits: Science, justice, policy, and the good life. *Philosophy Compass, 16*(6), , e12740, 1–14. https://doi.org/10.1111/phc3.12740

Harel Ben-Shahar, Tammy. 2019. Limitarianism and relative thresholds. https://doi.org/10.2139/ssrn.3404687

Herzog, Lisa. Forthcoming. Liberal Egalitarianism beyond Methodological Atomism. In: Ingrid Robeyns (Ed.). *Pluralizing Political Philosophy: Economic and Ecological Inequalities in Global Perspective*. Oxford: Oxford University Press, in press.

Heyward, Clare. 2008. Can the all-affected principle include future persons? Green deliberative democracy and the non-identity problem. *Environmental Politics, 17*(4), 625–43. https://doi.org/10.1080/09644010802193591

Hickey, Colin. 2021. Climate change, distributive justice, and "pre-institutional" limits on resource appropriation. *European Journal of Philosophy, 29*(1), 215–35. https://doi.org/10.1111/ejop.12569

Huseby, Robert. 2022. The limits of limitarianism. *Journal of Political Philosophy*, 3, 230–48. https://doi.org/10.1111/jopp.12274

Icardi, Elena. 2022. Perché limitare l'eccessiva ricchezza individuale? Ragioni e problemi del limitarianesimo. *Biblioteca della libertà*, LVII, 1–27. https://doi.org/10.23827/BDL_2022_1

Icardi, Elena. 2023. A Neo-Republican Argument for Limitarianism. In: Ingrid Robeyns (Ed.). *Having Too Much: Philosophical Essays on Limitarianism*. Cambridge: Open Book Publishers (pp. 247–70).

Koch, Max and Buch-Hansen. 2020. The IPE of degrowth and sustainable welfare. In: Vivares, E. (Ed.). *The Routledge Handbook to Global Political Economy*. Routledge: London, pp. 375–90.

Kramm, Matthias and Robeyns, Ingrid. 2020. Limits to wealth in the history of Western philosophy. *European Journal of Philosophy, 28*(4), 954–69. https://doi.org/10.1111/ejop.12535

Lippert-Rasmussen, Kasper. 2012. 'Equality of What?' and Intergenerational Justice. *Ethical Perspectives, 19*(3), 501. https://doi.org/10.2143/EP.19.3.2172301

Meijers, Tim. 2017. Citizens in appropriate numbers: evaluating five claims about justice and population size. *Canadian Journal of Philosophy, 47*(2–3), 246–68. https://doi.org/10.1080/00455091.2017.1285166

Meijers, Tim. 2018. Justice Between Generations. In: *Oxford Research Encyclopedia of Politics*. Oxford: Oxford University Press. https://doi.org/10.1093/acrefore/9780190228637.013.233

Neuhäuser, Christian. 2018. *Reichtum als moralisches Problem*. Berlin: Suhrkamp Verlag.

Nielsen, Lasse, and Axelsen, David. 2022. Envy, Levelling-Down, and Harrison Bergeron Defending Limitarianism from Three Common Objections. *Ethical Theory and Moral Practice*, 25, 737–53. https://doi.org/10.1007/s10677-022-10319-3

Oxfam. 2020. *Confronting Carbon Inequality*. https://www.oxfam.org/en/research/confronting-carbon-inequality

Rawls, John. 1971. *A Theory of Justice*. Cambridge, MA.: Harvard University Press.

Rawls, John. 2012. *Teoría de la justicia*. Traducido por María Dolores González. Distrito Federal: Fondo de Cultura Económica.

Rawls, John. 2001. *Justice as Fairness: A Restatement*. Harvard: Harvard University Press.

Rawls, J. (2002). *La justicia como equidad. Una reformulación*. Editado por Erin Kelly. Barcelona: Paidós.

Rawls, John and Van Parijs, Philippe. 2003. Three Letters on The Law of Peoples and the European Union. *Revue de philosophie économique*, 7, 7–20.

Rawls, John, Philippe van Parijs, Mario Josue Cunningham Matamoros (trad.), y Mario Solís Umaña (trad.). 2023. "Tres Cartas Sobre El Derecho De Gentes Y La Unión Europea". *Revista De Filosofía De La Universidad De Costa Rica* 62 (163):), 347–56. https://doi.org/10.15517/revfil.2023.55121.

Reich, Rob. 2018. *Just Giving. Why Philanthropy Is Failing Democracy and How It Can Do Better*. Princeton: Princeton University Press.

Robeyns, Ingrid. 2017. Having too much. In: Jack Knight & Melissa Schwartzberg (Eds.). *Wealth - Yearbook of the American Society for Political and Legal Philosophy*. New York: New York University Press, pp. 1–44.

Robeyns, Ingrid. 2019. What, If Anything, Is Wrong with Extreme Wealth? *Journal of Human Development and Capabilities*, 20, 251–66. https://doi.org/10.1080/19452829.2019.1633734

Robeyns, Ingrid. 2022. Why Limitarianism? *Journal of Political Philosophy*, 30(2), 249–70. https://doi.org/10.1111/jopp.12275

Scheffler, Samuel. 2013. *Death and the Afterlife*. Oxford: Oxford University Press.

Shue, Henry. 2015. Historical Responsibility, Harm Prohibition, and Preservation Requirement: Core Practical Convergence on Climate Change. *Moral Philosophy and Politics* (2) 1, 7–31. https://doi.org/10.1515/mopp-2013-0009

Shue, Henry. 1993. Subsistence Emissions and Luxury Emissions. *Law and Policy*, 15, 39- 59. https://doi.org/10.1111/j.1467-9930.1993.tb00093.x

Timmer, Dick. 2019. Defending the Democratic Argument to Limitarianism: A Reply to Volacu and Dumitru, *Philosophia*, 47, 1331–39. https://doi.org/10.1007/s11406-018-0030-6

Timmer, Dick. 2021a. Limitarianism: pattern, principle, or presumption? *Journal of Applied Philosophy*, 38, 760–73. https://doi.org/10.1111/japp.12502

Timmer, Dick. 2021b. Thresholds in distributive justice. *Utilitas*, 33, 422–41. https://doi.org/10.1017/S0953820821000194

Timmer, Dick. 2023. Presumptive Limitarianism: A Reply to Robert Huseby. In: Ingrid Robeyns (Ed.). *Having Too Much: Philosophical Essays on Limitarianism*. Cambridge: Open Book Publishers (pp. 129–50).

Valente, Manuel. 2022. Proportionality without Inequality: Defending Lifetime Political Equality through Storable Votes. *Res Publica* 28, 715–32. https://doi.org/10.1007/s11158-022-09547-2

Van Bavel, Bas, Curtis, Daniel, and Soens, Tim. 2018. Economic inequality and institutional adaptation in response to flood hazards. *Ecology and Society*, 23(4), 30–47. https://www.ecologyandsociety.org/vol23/iss4/art30/

Zwarthoed, Danielle. 2019. Autonomy-based reasons for limitarianism. *Ethical Theory and Moral Practice*, 21, 1181–204. https://doi.org/10.1007/s10677-018-9958-7

Biografías de los colaboradores

Fergus Green es catedrático de Teoría Política y Políticas Públicas en el Departamento de Ciencias Políticas del University College de Londres. Su trabajo se enfoca en la política, la gobernanza y la ética de las transiciones hacia un mundo bajo en carbono, incluyendo la agenda de la "transición justa", el suministro de combustibles fósiles y los programas de políticas públicas al estilo del Green New Deal. Ha publicado en revistas académicas que van desde *Nature Climate Change* al *Journal of Political Philosophy*, y ha escrito numerosos documentos de políticas públicas. Antes de incorporarse al UCL, Fergus realizó un doctorado en teoría política en el Departamento de Gobierno de la LSE, seguido de una investigación posdoctoral en la Universidad de Utrecht.

Colin Hickey es profesor adjunto en la Universidad de Ámsterdam, en el Instituto de Biodiversidad y Dinámica de Ecosistemas. Anteriormente fue investigador postdoctoral asociado en la Universidad de Princeton, en el Centro Universitario de Valores Humanos y el Instituto Medioambiental de High Meadows, y antes fue investigador postdoctoral en la Universidad de Utrecht, en el proyecto Fair Limits. Se doctoró en Filosofía por la Universidad de Georgetown. Su trabajo se enfoca en la filosofía moral y política, especialmente en cuestiones de justicia y responsabilidad climáticas.

Robert Huseby es profesor del Departamento de Ciencias Políticas de la Universidad de Oslo. Está especializado en teoría política y se interesa en particular por la justicia distributiva, la teoría democrática y la ética climática. Sus investigaciones se han publicado en revistas como *Utilitas, Politics, Philosophy and Economics, Journal of Social and Ethical Philosophy, Journal of Political Philosophy, Political Research Quarterly* y *World Politics*.

Elena Icardi es doctora en Estudios Políticos por la Red para el Avance de los Estudios Sociales y Políticos (NASP) de la Universidad de Milán (plan de estudios de Teoría Política). Escribió una tesis sobre el republicanismo contemporáneo y la justicia distributiva. Sus intereses de investigación se centran principalmente en el neorrepublicanismo, el pensamiento político de Rousseau, la libertad como no-dominación, la igualdad y la participación democrática. Recientemente publicó un artículo (en italiano) en *la Biblioteca della libertà* sobre "¿Por qué limitar la riqueza individual? Razones y problemas del limitarismo".

Matthias Kramm es investigador postdoctoral en el grupo de Conocimiento, Tecnología e Innovación (KTI) de la Universidad de Wageningen (Países Bajos). En su investigación se interesa por cómo los discursos filosóficos pueden aplicarse a los problemas políticos, económicos y medioambientales. Se enfoca en particular en la filosofía política, la filosofía no occidental y la ética del desarrollo. Ha publicado en *CRISPP, Journal of Human Development and Capabilities* y *Journal of Global Ethics*, entre otros.

Tim Meijers es profesor adjunto de filosofía moral y política en la Universidad de Leiden. Se interesa sobre todo por cuestiones de justicia intergeneracional. También reflexiona sobre cuestiones de justicia global, ética reproductiva y ética de la población, y se interesa por las preguntas fundacionales de la filosofía política. Recibió una beca VENI de la Fundación Neerlandesa para la Ciencia. Sus investigaciones se han publicado en revistas como *Politics, Philosophy and Economics; Economics & Philosophy; CRISPP; Canadian Journal of Philosophy; Philosophy Compass;* y *Ethics & International Affairs*.

Christian Neuhäuser es profesor de Filosofía Política en la Universidad Técnica (TU) de Dortmund. Sus investigaciones se enfocan en las teorías de la dignidad, las teorías de la responsabilidad, la filosofía de la economía y la filosofía de las relaciones internacionales. Es miembro de la Green Academy y editor de *The Journal for Business, Economics & Ethics*. Estudió Filosofía, Sinología y Sociología en Gotinga, Berlín y Hong Kong y se doctoró en la Universidad de Potsdam con una tesis sobre "Las empresas como actores morales". Ha publicado en *Review of*

Social Economy, Philosophy Compass, Moral Philosophy and Politics y *Ethical Theory and Moral Practice*, entre otros.

Ingrid Robeyns ocupa la cátedra de Ética de las Instituciones en la Universidad de Utrecht. Obtuvo su doctorado en la Universidad de Cambridge en 2003 y desde entonces ha publicado ampliamente sobre cuestiones de justicia distributiva, desigualdades, ética aplicada y consideraciones metodológicas. Fue la primera Directora de la Escuela Neerlandesa de Investigación Filosófica, ex Directora del Instituto de Ética de la Universidad de Utrecht y octava Presidenta de la Asociación de Desarrollo Humano y Capacidades. Ha coeditado dos volúmenes editados y tres números especiales de revistas, y ha publicado anteriormente el libro *Wellbeing, Freedom and Social Justice* (2017, https://www.openbookpublishers.com/books/10.11647/obp.0130) con Open Book Publishers. Actualmente tiene un contrato con Allen Lane (Reino Unido) y Astra House (Estados Unidos) para un libro comercial sobre el limitarismo (con derechos de traducción vendidos a otras siete editoriales), que está previsto que aparezca en el invierno de 2023-2024.

Dick Timmer es profesor adjunto en la Universidad Técnica (TU) de Dortmund. Trabaja en filosofía política y ética, con especial atención a la justicia distributiva. Su trabajo ha sido publicado en revistas como *Journal of Applied Philosophy, Economics and Philosophy, Journal of Political Philosophy, Philosophy Compass* y *Utilitas*.

Danielle Zwarthoed es historiadora y filósofa. Al momento de publicar el artículo que se incluye en este volumen, era catedrática en la Cátedra Hoover de la Universidad Católica de Lovaina. Actualmente cursa un segundo doctorado en la EHESS de París.

Índice analítico

agua 1, 21, 347, 376, 378
al-Ghazali, Abu Hamid 71
alimentos 1, 77, 376. *Véase también* comida
América del Norte 34, 49
Anderson, Elizabeth 17–18, 39, 46, 313, 349
Aquino, Tomás de 22, 70, 83–86, 89–90, 92–95, 171
Aristóteles 22, 70, 73–78, 80–85, 88–89, 92–95, 171, 183, 425
  De anima 74
  Ética Nicomáquea 76, 80
  Política 75, 80
Armstrong, Chris 373, 381–382
Arneson, Richard 18, 162
Attas, Daniel 425
autonomía 5, 9, 46, 103–115, 117–122, 124–140, 153, 172, 182–183, 186–189, 204, 206, 221, 264–265, 271, 364, 390
autoridad 1, 322, 341, 343, 345, 360. *Véase también* poder
autorrespeto 7, 303–311, 313–316, 318–320, 322–324, 326–327
Axelsen, David 151, 199, 249, 266, 271, 415

Baatz, Christian 332, 363–365
Banco Mundial 129, 349
Bangladesh 355
Barry, Brian 256, 391
Benbaji, Yitzak 254, 268
Berry, Christopher 91
bienes de estatus 222, 321, 414–415
bienestar 17, 22, 24, 27, 32–33, 38–39, 44, 47, 62, 105, 113, 116, 126, 131, 138, 162, 171, 179, 182, 184–186, 219, 252, 293, 312, 319, 326, 383, 390, 403, 412–413, 415, 420–421, 428

Bird, Colin 309, 315
Bourdieu, Pierre 120
Broome, John 30, 50–51
Buffett, Warren 112

cambio climático 13, 30, 150, 153, 156, 198, 206, 235, 250, 257, 272, 331–333, 340, 345–346, 353, 358–360, 366–368, 376–377, 386–389, 392, 409, 411, 418
Caney, Simon 30, 332, 381–382, 387–389, 411
Capacidad de Absorción de la Tierra (EAC) 333–335, 340–341, 345–356, 358–360, 362, 365–368
capacidades 17, 21, 39–41, 43, 46–50, 96, 107–108, 110–112, 121, 128, 130–131, 138, 160, 171, 173, 179, 184–187, 219, 256, 265, 281, 293, 318, 346, 349, 358, 366, 373, 382–385, 413
capitalismo 78, 85, 95
Carter, Ian 317
Casal, Paula 33, 45, 104, 213–214, 218, 247, 249, 324, 422, 428
Chad 355
Christiano, Thomas 23–26, 174–175, 177, 263, 277–278, 283–284, 294, 406
Club de Roma 375
  Los límites del crecimiento 375
Cohen, Gerald A. 97, 312, 322
combustibles fósiles 2, 257, 334, 359, 374, 380, 387, 408
comida 23, 47, 74, 77, 92, 347. *Véase también* alimentos
comunismo 78, 95, 335
consumismo 425–428
consumo 3, 13, 39, 44–45, 87, 90, 92–93, 116–117, 120, 122–123, 126, 136, 199, 263, 269, 321, 364, 381, 389, 414, 421–422, 424–428

contaminación 199, 350, 376, 416, 420–421
corrupción 27, 200
Couch, Ethan 103
Cripps, Elizabeth 332
crisis climática 69, 97, 373, 418
Crisp, Roger 155, 184, 189, 248, 259–260
Crouch, Colin 104, 126

De Dijn, Annelien 73
democracia 6, 12, 23, 25, 27–28, 48, 53, 76, 95, 127, 174, 199, 204, 208–209, 277–278, 282–283, 285–286, 288–289, 293, 295–299, 325, 406–407
desigualdad 19–20, 25, 27, 35, 41, 44, 56–57, 61, 76, 78–79, 91, 93, 129–130, 153, 159, 175–178, 181, 191, 199, 208–209, 222, 232, 235–236, 243, 253–254, 264, 284, 296, 304, 308, 310–314, 319–326, 337–338, 352, 358, 407–408, 410–411, 428
dinero excedente 9, 21–22, 24, 27–28, 30–32, 53, 56, 58, 60–61, 175–177, 179–180, 189, 204, 206, 208, 212, 215, 263, 286, 289, 411, 415, 418–419, 421
Dirix, Jo 383
Disney, Walt 128
Dumitru, Adelin Costin 3, 6, 9, 70, 147, 176, 180, 216–217, 245, 277, 279, 287–291, 293–295, 298, 304
Dworkin, Gerald 106–107, 119, 182, 381
Dworkin, Ronald 40, 56, 96, 162

economía del decrecimiento 429
energía 1, 347
enfoque de las capacidades 39–41, 43, 47, 128
Engels, Friedrich 70, 80–82, 85, 95, 97
Estados Unidos de América 19, 325, 355, 425
Europa 2, 34, 37, 48–49, 424, 428

Festinger, Leon 122
florecer, florecimiento 6, 8–9, 11, 17, 24, 30–32, 38–39, 44, 46, 77, 80–82, 84–86, 118, 148, 153, 173–174, 176–182, 185, 188, 199, 203–206, 208–209, 214–216, 221, 231, 258, 263, 271–272, 279, 285–286, 288–295, 298–299, 303, 406, 419, 428
Francia 130
Frankfurt, Harry 18, 107, 249, 266, 271
Frank, Robert 116, 322
Freeman, Samuel 312, 315–316
Frey, Bruno 111, 116
Fricker, Miranda 126–127

gases de efecto invernadero (GEI) 3, 12, 21, 26, 331–334, 347–348, 350–351, 354, 363, 368, 374, 382, 386–387, 401
Gaspart, Frédéric 410, 423, 425
Gates, Bill 409
Gosseries, Axel 104, 213, 410, 423, 425
Gough, Ian 269, 304
Green, Fergus 7, 201, 373, 386, 389–391, 421
Griffin, James 342
Grouchy, Sophie de 71

Harel Ben Shahar, Tammy 3, 9, 11, 147, 149, 204, 208, 320, 403, 412
Harrington, James 73
Herzog, Lisa 4, 11, 162, 401
Heyward, Clare 409
Hickey, Colin 6–7, 205, 242, 245, 263, 271–272, 331, 367, 421
Hill, Tom 341–342
Hirsch, Fred 320–321
Hobbes, Thomas 336, 339
Hobhouse, L.T. 5
Holland, Breena 21, 48, 373, 382–385, 405, 420
Hope, Simon 256
Hume, David 111, 255–256
Huseby, Robert 5–6, 8, 171, 179, 184, 189, 197–198, 202–203, 205, 207–213, 215, 220–221, 227–230, 232–234, 236–237, 240–242, 251–252, 255, 260, 267–268, 271, 304, 384, 405

Icardi, Elena 6, 9, 277, 289–290, 295–296, 304, 401, 409, 417
igualdad 6, 8–9, 17–18, 20, 22–24, 26–28, 52–53, 56–57, 59–62, 70, 72, 79, 91,

93, 96, 104, 129–130, 135, 148, 150, 153, 157–161, 163–166, 174–179, 181, 183, 187, 192–193, 206, 208–211, 217, 220–221, 233–235, 237, 239–241, 249, 251, 263–264, 268, 272, 279–283, 286, 288–290, 293, 295–296, 303–305, 308–314, 316, 318–322, 324–325, 334–336, 340–341, 345, 350, 353, 358–359, 402, 405–408, 410, 416, 422–423, 428, 430
igualitarismo 4–5, 20, 22, 151, 165, 172, 177–179, 181, 184, 188–189, 197, 199, 202, 207–211, 213, 218, 220–223, 232–236, 240, 242, 249, 292, 332
impuestos 2, 13, 19, 27, 42, 55, 60–61, 73, 91–93, 106, 120–121, 123, 125, 130–138, 140–141, 154, 162, 242, 284, 294, 354, 388, 403, 409–410
India 29, 35, 71
Ing, Kaniela 69
Inglaterra 35
ingreso 1–2, 13, 18–19, 23, 28, 30–32, 34–36, 39, 41–45, 47, 51–52, 55–56, 58–60, 62–63, 84, 95, 109, 111, 114–118, 123, 129–130, 138, 149, 154, 161, 166, 173–175, 197–198, 209, 220, 299, 310, 313, 320, 322–324, 326, 333, 343. *Véase también* renta

jainismo 71
justicia 4, 6–7, 9, 11–12, 17–19, 31–33, 39, 41, 46–47, 51, 53–55, 57–58, 60, 62–63, 70, 83–86, 94–97, 103–104, 109–111, 122–123, 125, 127–129, 134–135, 137–139, 147–148, 150–151, 153–154, 156–158, 160–166, 171–174, 182–183, 186–187, 189, 192–194, 197, 199–201, 205–209, 211, 213–214, 216, 218–223, 229–230, 234–243, 245, 247–250, 252, 254–256, 258–261, 265–267, 270–271, 273, 281, 286–287, 291, 294, 297, 303–310, 312–314, 316, 318–319, 322–327, 331, 334, 339, 342, 346, 349–351, 353, 357, 363–366, 368, 373, 375, 381–382, 384–386, 390–392, 401–406, 410–411, 414, 418–421, 423–430
justicia distributiva 4, 6–7, 11–12, 17–18, 32–33, 41, 58, 62, 94–97, 104, 128–129, 134–135, 139, 147–148, 150–151, 156–158, 160–162, 165–166, 171–173, 182–183, 187, 189, 192–194, 197, 199, 201, 205, 207, 209, 211, 214, 218–222, 230, 234, 236–237, 241–242, 245, 247–249, 254, 258, 261, 266–267, 270–271, 273, 294, 324, 331, 334, 339, 350–351, 353, 363, 365, 368, 373, 375, 381, 391–392, 404, 423, 430
justicia intergeneracional 7, 401–402, 405–406, 410–411, 418–419, 421, 423, 427–430
justicia medioambiental 402

Kant, Immanuel 333–334, 341–345, 354
Keynes, John Maynard 70, 77–82, 95, 171
Khader, Serene 113–114
Knight, Carl 112
Kramm, Matthias 3, 5, 69, 171, 425

Lane, Melissa 390
Leader Maynard, Jonathan 388
liberalidad 71, 82–87
limitarismo 1–13, 17–18, 20–24, 26, 28, 31–33, 51, 53–63, 70, 72–75, 77–80, 82–84, 86, 88, 91–92, 94–97, 103–105, 125, 127, 130, 133, 135–136, 138, 147–157, 159–161, 163–167, 171–194, 197–200, 202–223, 227–229, 231–243, 245–246, 248–250, 252–255, 257–258, 260–267, 277–279, 285–288, 295–299, 303–304, 307, 309, 317, 326, 382, 401–408, 410–425, 428–431
limitarismo ecológico 419, 421
limitarismo económico 7, 70, 95, 147, 198, 402–406, 418–419, 421, 423, 428, 430
limitarismo intergeneracional 401–402, 405, 414, 421, 423, 430
limitarismo no intrínseco 22–23, 61, 182, 188
Limitarismo
Limitarismo intrínseco 21, 182
Limitarismo presuntivo 6, 157–158, 160–161, 227–228
línea de pobreza 8, 19, 31, 34–35, 52, 129, 213–214, 217. *Véase también* línea de riqueza

línea de riqueza 10, 30, 34, 37, 45–46, 48–49, 51, 54, 58, 63, 204, 208, 211–212, 286–287, 289–290, 298, 402–403, 417. *Véase también* línea de pobreza
Locke, John 70, 90–95, 171, 333–340, 345–348, 353, 367
 Segundo tratado sobre el gobierno civil 335

Machin, Dean 27
Malleson, Tom 4
Malta 199
Malthus, Thomas 421
Mankiw, Greg 20
Margalit, Avishai 309
Marx, Karl 70, 74, 77–82, 84–86, 95, 97, 171
materialismo 8, 136, 427
Maurin, Éric 118
McCloskey, Deirdre 84
McCormick, John 277–278, 282–283
McKay, Stephen 36, 39
Meijers, Tim 7, 304, 401, 411, 421, 423, 425
Meikle, Scott 74–75
Mélenchon, Jean-Luc 130
Miller, David 155, 205, 216, 351
Mill, John Stuart 70, 91–95, 97–98, 171
Mirrlees, James 138
moderación 84, 183, 256, 373–374. *Véase también* templanza
Monbiot, George 69
Morton, Jennifer 111–112
multimillonarios 2, 39, 44, 128, 200, 231, 236, 238, 253, 270, 406, 409, 411, 415–416
Musk, Elon 2, 236

Naciones Unidas 367, 386
necesidades 1, 8–10, 12–13, 18, 20, 22, 28–32, 34, 40–41, 54–55, 57–61, 63, 71–72, 77–79, 81, 83, 87, 90–91, 93–97, 104, 110, 118, 123, 149–150, 153, 155, 157, 163–164, 174, 176–177, 179–181, 183, 186, 188, 193–194, 198, 205–208, 210, 212, 215–219, 222, 236–237, 239–241, 254–256, 258–259, 262–267, 271–272, 285, 290, 303–304, 310–311, 320, 323–327, 332–333, 339, 341, 347, 349, 382, 390, 392, 406, 409, 411–412, 414–417, 419–422, 429–430
 necesidades básicas 1, 18, 31, 34, 79, 123, 186, 217, 266–267, 271–272, 411–412, 416, 419–421, 430
 necesidades urgentes insatisfechas 8–10, 20, 22, 28–32, 54–55, 57, 59–61, 63, 72, 79, 94, 149, 174, 177, 179–180, 206–208, 210, 212, 215, 222, 262–263, 272, 285, 290, 303–304, 382
neorrepublicanismo 6, 277–280, 285, 287–288, 294, 297–299
Neuhäuser, Christian 3–4, 7, 9, 13, 69, 147, 199, 303, 312, 317, 401, 418
Neumayer, Eric 349
Nielsen, Lasse 151, 199, 249, 255, 266, 271, 415
Níger 355
Nozick, Robert 18, 134, 337
Nussbaum, Martha 46, 113, 155, 256, 303, 308, 316–317, 366, 382–384

objeción de la fertilidad 51–52
O'Neill, Daniel 272
O'Neill, Martin 22, 53, 151, 171, 325
O'Neill, Onora 97, 205, 332, 380
O'Shea, Tom 278
Ostrom, Elinor 333

Países Bajos 409
pandemia del Covid 19 272
Pansardi, Pamela 282, 295–297
Parijs, Philippe Van 95, 322, 424–425, 428
paternalismo 113, 172, 182–183
Pavlakos, George 134
Peeters, Wouter 383
Peffer, Rodney 323
Pettit, Philip 277, 279–282, 287, 291–292, 297, 321
Piketty, Thomas 19–20, 173, 199, 282
Pizzigati, Sam 69
Platón 3, 9, 70, 73–78, 80, 82–85, 87–88, 91–95, 98, 171

Cármides 83
Leyes 3, 83, 87, 98
República 74, 80, 83, 92, 355
Poama, Andrei 281
pobreza 1-3, 8-9, 18-19, 28-29, 31, 34-37, 39, 41, 43-44, 47, 52-53, 57, 71, 87, 90, 109, 112-114, 127, 129, 148, 150, 152-153, 155-156, 199, 205-206, 213-217, 220, 235, 238, 272, 285, 320, 340, 349, 402, 404, 413
poder 1, 13, 23-27, 38-41, 43, 45, 47-49, 52-53, 60, 83, 89, 104, 115, 120, 127, 130-132, 134-135, 139, 151, 153, 175, 180, 214, 218, 221, 235, 253, 263-264, 277-280, 283, 287-289, 291-292, 294-297, 303, 305, 311, 318-320, 325, 338, 342, 350, 352-353, 383, 402, 404, 406-407, 409. *Véase también* autoridad
poder de los recursos materiales (PMR) 38, 41-43, 45, 49-52
principio de diferencia 7, 17, 57-58, 62, 135, 305-306, 309-310, 312, 314, 316, 318-319, 322-324
prioritarismo 20, 151, 165, 181, 187-189, 207, 214, 218, 236, 242, 251

Quiggin, John 59

Räikkä, Juha 158, 190-191, 228, 230
Rawls, John 6-7, 12, 17, 54, 58, 95, 97, 108-110, 127, 135-136, 218, 220, 255-256, 304-311, 316, 322-324, 326, 381, 402, 406, 410, 413, 423-429
Teoría de la justicia 109-110, 381, 425
Raz, Joseph 108, 131-134, 137
Reino Unido 10
renta 29, 34-37, 42, 44, 52, 59-60, 73, 106, 123, 125, 130-131, 154, 162, 199, 218. *Véase también* ingreso
República Centroafricana 355
republicanismo 277-279
riqueza 1-4, 6-13, 17-20, 22-24, 26-27, 30-39, 45-51, 54, 56, 58, 60, 62-63, 69-71, 73, 75-78, 80-81, 83, 85-89, 92-95, 97, 103-112, 114-115, 117-125, 127-131, 133-140, 147-157, 159-167, 173-177, 179-182, 184-186, 191-194, 197-200, 203-205, 207-212, 215, 217-222, 227-229, 231-243, 246, 250, 263-265, 278-279, 282-290, 292-299, 303-304, 310, 313, 317, 320, 322, 324, 338, 349, 382, 402-404, 406, 408-412, 414-419, 421, 424-425, 428-430
riqueza excedente 9, 71, 148-152, 155-157, 160-161, 164, 166, 175, 180, 192, 203-205, 208-209, 215, 221, 232, 236, 238, 241, 286, 290, 403, 406, 411-412, 415-418, 429
riqueza extrema 104, 111-112, 114-115, 117, 122, 150, 152, 199, 221, 235, 263-265, 287, 406, 408, 410-411, 414, 419, 428
Robeyns, Ingrid 1, 5, 8-9, 12, 17, 46, 48, 69-70, 72, 94, 104-105, 128, 130, 147-150, 154-156, 171-188, 190, 193-194, 197-199, 201, 203-204, 206, 209, 216, 222, 227, 230-233, 236-237, 239, 241-242, 245-246, 250, 252, 257-258, 260, 263, 271, 278, 283, 285-286, 289, 293, 297-298, 303-304, 380, 382, 403, 405-406, 411, 414, 417, 419-420, 425
Roemer, John 5, 12
Rowlingson, Karen 35-36, 39

Scanlon, Thomas 30-31, 281, 283, 285, 288
Schemmel, Christian 284-285, 318
Schliesser, Eric 5
Sen, Amartya 34-35, 40, 97, 113, 201, 223, 303
Shields, Liam 5, 12, 18, 62, 151, 213-214, 218, 247, 249, 251, 253
Shue, Henry 30, 96, 332-333, 339, 362, 418, 420
Singer, Peter 9, 31, 155, 332, 351
Smith, Adam 70, 77-79, 84, 86, 91-95
Sócrates 74, 76, 80
sostenibilidad 50-51, 324, 326-327, 379, 405, 415-416, 419, 421
Spinoza 5
Sreenivasan, Gopal 335-340, 348, 350
Stark, Cynthia 157, 304, 306-308, 316
Stedman Jones, Daniel 26
Stemplowska, Zosia 51

Sterckx, Sigrid 383
Stilz, Anna 342, 344, 362
Stutzer, Alois 111, 116
Sudáfrica 29
suficiencia 17, 62, 70, 87, 130, 148, 153, 165, 178, 186–187, 192, 210–211, 213–221, 235, 241, 246, 248, 250, 252–254, 257, 261, 267–269, 287–288, 294–295, 337–339, 421–422
  suficiencia conservacionista 422
suficientarismo 4–6, 18, 20, 33, 62, 104, 127, 151, 165, 172, 177–181, 184–185, 188–189, 197, 202, 205, 207, 210–211, 213–218, 220–222, 236–237, 240, 242, 245–252, 254–255, 257, 259–260, 262, 264, 267, 288, 294, 423
Sunstein, Cass 153, 212, 234
Swan, Kyle 292–293

Tebble, Adam 256
templanza 71, 82–86. *Véase también* moderación
Thomas, Alan 307, 318, 325
Thurow, Lester 126
Timmer, Dick 3–6, 9, 11, 13, 70, 147, 179–180, 186, 188, 190–192, 197, 204, 208, 222, 227–229, 231–232, 234–240, 254–255, 263, 278, 283, 289, 304, 312, 382, 385, 403, 405

umbrales 6, 8–12, 21, 33, 87–88, 93, 95, 149, 155, 180, 204, 211–214, 216–219, 231, 245, 247, 254–255, 266–271, 273, 286, 324, 356–357, 359, 361–362, 366, 368, 377, 379, 383–385, 392, 405, 417, 421, 430
  umbrales relativos 9, 430
Unión Europea 34, 44
utilitarismo 181, 189, 218, 242
utopismo 35, 79

Valente, Manuel 405, 407
Vanderschraaf, Peter 256
vivienda 1, 34, 57, 87–88, 92, 126, 239, 411
Volacu, Alexandru 3–4, 69, 147, 176, 179–180, 216–217, 245, 281, 289, 304

Waldron, Jeremy 91, 97, 132–133, 335–340
White, Stuart 125, 278
Williamson, Thad 53, 325

Zwarthoed, Danielle 5, 9, 70, 103, 147, 150, 172, 182, 186–187, 194, 206, 265, 304, 390, 425

Este libro no tiene que acabar aquí...

Comparte

Todos nuestros libros—incluyendo el que acabas de leer— son de acceso gratuito *online* para que estudiantes, investigadores y otros lectores que no pueden costear una edición impresa tengan acceso a las mismas ideas. Cientos de lectores accederán a este título *online* cada mes. ¿Por qué no compartir el enlace para que alguien que conoces sea uno de ellos? Este libro y otros contenidos adicionales están disponibles en: https://doi.org/10.11647/OBP.0354

Dona

Open Book Publishers es una editorial galardonada, dirigida por académicos y sin fines de lucro que da acceso gratuito al conocimiento un libro a la vez. No le cobramos a los autores para publicar con nosotros; en cambio, nuestro trabajo es financiado por los miembros de nuestra biblioteca y por las donaciones de personas que creen que la investigación no debería estar encerrada tras una barrera de pago. ¿Por qué no unírteles en la liberación del conocimiento apoyándonos?

https://www.openbookpublishers.com/support-us

Síguenos @OpenBookPublish
Para más información, véase Open Book Publishers **BLOG**

You may also be interested in:

Having Too Much
Philosophical Essays on Limitarianism
Ingrid Robeyns (editor)

https://doi.org/10.11647/OBP.0338

A Common Good Approach to Development
Collective Dynamics of Development Processes
Mathias Nebel, Oscar Garza-Vázquez and Clemens Sedmak (eds)

https://doi.org/10.11647/OBP.0290

Wellbeing, Freedom and Social Justice
The Capability Approach Re-Examined
Ingrid Robeyns

https://doi.org/10.11647/OBP.0130

www.ingramcontent.com/pod-product-compliance
Lightning Source LLC
Chambersburg PA
CBHW041040020526
44117CB00038B/2974